高等院校经济学管理学精品规划教材

# 政府与非营利组织会计

(第三版)

徐曙娜　主编

上海财经大学出版社
SHANGHAI UNIVERSITY OF FINANCE & ECONOMICS PRESS

### 图书在版编目(CIP)数据

政府与非营利组织会计 / 徐曙娜主编. -- 3版. -- 上海：上海财经大学出版社, 2025.3. -- (高等院校经济学管理学精品规划教材). -- ISBN 978-7-5642-4533-7

Ⅰ.F810.6

中国国家版本馆CIP数据核字第20255YY750号

---

□ 责任编辑　刘光本
□ 责编电邮　lgb55@126.com
□ 责编电话　021-65904890
□ 封面设计　张克瑶

---

## 政府与非营利组织会计
### （第三版）

徐曙娜　主编

上海财经大学出版社出版发行
（上海市中山北一路369号　邮编200083）
网　　址：http://www.sufep.com
电子邮箱：webmaster@sufep.com
全国新华书店经销
上海华教印务有限公司印刷装订
2025年3月第3版　2025年3月第1次印刷

787mm×1092mm　1/16　25印张　640千字
印数：34 501—37 400　定价：69.00元

# 前言

政府会计是政府预算管理的基础。不管是政府的财政管理还是行政事业单位的财务管理，都需要政府会计。为了使财政专业和会计专业的学生更好地掌握我国的政府与非营利组织会计制度，我们编写了本教材。本教材第一版出版于 2006 年，第二版出版于 2010 年。第三版介绍的都是最新的政府与民间非营利组织会计制度：2023 年开始实施的财政总会计制度、2019 年开始实施的行政事业单位会计制度和 2026 年 1 月 1 日开始实施的民间非营利组织会计制度。本教材第二版获得上海财经大学 2012 年优秀教材二等奖。

政府与非营利组织会计主要由两部分组成：一部分是政府会计，另一部分是非营利组织会计。《政府会计准则——基本准则》规定，政府会计的主体是各级政府、各部门、各单位。所以本教材中的政府会计由两部分组成：实行《财政总会计制度》的财政总会计和实行《政府会计制度——行政事业单位会计科目和报表》的行政事业单位会计。

为了能够全面反映我国现行的政府与非营利组织会计的全貌。本教材共分四篇：第一篇包括第一章和第二章，主要介绍政府与非营利组织会计的概念和一些基本理论、我国政府会计的历史演变及未来发展、与政府会计相关的政府预算基本知识等。第二篇包括第三章到第十一章，主要介绍我国现行的财政总会计制度。第三篇包括第十二章到第十九章，主要介绍我国现行的行政事业单位会计制度。第四篇是民间非营利组织会计制度，包括第二十章。

为了让读者更好地理解和掌握这三种会计，本教材具有以下几个特点：

1. 突出介绍政府预算管理的相关概念、制度和理论。不管是财政总会计还是行政事业单位会计中的预算会计部分都与政府预算有着密切的联系，是政府预算管理的工具，为公共财政管理提供所需信息。本教材一开始介绍了政府预算基本概念、政府预算体系、政府预算与政府会计的关系，并在财政总会计和行政事业单位会计的相关部分介绍了国库集中收付制度、政府收支分类、政府预算收入管理和支出管理等，为读者更好地学习政府会计提供了所需的背景知识。

2. 注重与实务部门合作。本教材提供了大量的实践案例，便于读者能更好地理解和掌握三大会计制度。本教材的编者不仅有来自上海财经大学的具有丰富教学经验的教师，还有来自会计师事务所和财政部门的实务专家，他们为本教材提供了大量丰富的实践案例。

3. 注重中外政府会计和非营利组织会计的比较。本教材虽然以介绍我国的政府会计和非营利组织会计为主要内容，但为了使读者更好地了解我国政府与非营利组织会计与国外政府与非营利组织会计的不同，也对国外的政府与非营利组织会计做了简单的介绍。

4. 梳理了我国政府会计的历史演变，分析了我国政府会计的未来发展。

5. 教材不仅在正文中有大量的案例，还在每一章中安排了一定的复习思考题及练习题，便于读者及时复习和巩固。

本教材不仅适合作为高等院校的教材，也适合作为财政总会计人员、行政事业单位会计人员以及会计师事务所等中介部门的培训用书。

本教材由上海财经大学徐曙娜拟定大纲并通稿。具体的写作分工如下：徐曙娜：第一、二、三、四、五、六、七、八、九、十、十一、十二章；王芳、杨翔：第十三、十四、十五章；马季、徐曙娜：第十六、十七、十八章；费金燕：第十九和二十章。

编　者

2025 年 3 月

# 目 录

## 第一篇 政府与非营利组织会计基础

### 第一章 政府与非营利组织会计概述 ……………………………………… 3
第一节 政府会计概述 ………………………………………………………… 3
第二节 政府会计与政府预算 ………………………………………………… 8
第三节 国外的政府与非营利组织会计概述 ………………………………… 12
复习思考题 …………………………………………………………………… 17

### 第二章 我国政府会计的基本理论 ………………………………………… 18
第一节 我国政府会计的历史演变及未来发展 ……………………………… 18
第二节 我国政府会计的基本前提与一般原则 ……………………………… 24
第三节 我国政府会计要素 …………………………………………………… 27
复习思考题 …………………………………………………………………… 29

## 第二篇 财政总会计

### 第三章 财政总会计概述 …………………………………………………… 33
第一节 财政总会计的概念、特点和职责 …………………………………… 33
第二节 财政总会计的会计理论 ……………………………………………… 35
复习思考题 …………………………………………………………………… 40

### 第四章 财政总会计的资产 ………………………………………………… 41
第一节 财政存款 ……………………………………………………………… 42
第二节 有价证券、在途款和预拨经费 ……………………………………… 46
第三节 借出款项、暂付及应收款项 ………………………………………… 48
第四节 股权投资和应收股利 ………………………………………………… 51
第五节 应收转贷款 …………………………………………………………… 59
复习思考题 …………………………………………………………………… 62
练习题 ………………………………………………………………………… 62

## 第五章　财政总会计的负债 … 63
### 第一节　应付及暂收款项 … 63
### 第二节　应付政府债券和借入款项 … 67
### 第三节　应付转贷款和其他负债 … 72
  复习思考题 … 75
  练习题 … 75

## 第六章　财政总会计的净资产 … 77
### 第一节　本期盈余与累计盈余 … 77
### 第二节　预算稳定调节基金和预算周转金 … 81
### 第三节　权益法调整和以前年度盈余调整 … 83
  复习思考题 … 85
  练习题 … 85

## 第七章　财政总会计的收入和费用 … 86
### 第一节　财政总会计的收入 … 86
### 第二节　财政总会计的费用 … 92
  复习思考题 … 101
  练习题 … 101

## 第八章　财政总会计的预算收入 … 103
### 第一节　预算收入的范围和定义 … 103
### 第二节　预算收入的管理 … 105
### 第三节　三大预算本级收入 … 108
### 第四节　财政专户管理资金收入和专用基金收入 … 111
### 第五节　债务预算收入和债务转贷预算收入 … 113
### 第六节　转移性预算收入 … 119
### 第七节　动用预算稳定调节基金和待处理收入 … 126
  复习思考题 … 127
  练习题 … 128

## 第九章　财政总会计的预算支出 … 129
### 第一节　预算支出的范围和定义 … 129
### 第二节　预算支出的管理 … 131
### 第三节　三大政府预算的本级支出 … 134
### 第四节　财政专户管理资金支出和专用基金支出 … 136
### 第五节　债务还本预算支出和债务转贷预算支出 … 138
### 第六节　转移性支出 … 141
### 第七节　安排预算稳定调节基金和待处理支出 … 149

复习思考题 150
　　练习题 150

## 第十章　财政总会计的预算结余 152
　第一节　各项结转结余 153
　第二节　预算稳定调节基金和预算周转金 156
　第三节　资金结存 158
　　复习思考题 161
　　练习题 161

## 第十一章　财政总会计的会计报表 162
　第一节　财政总会计报表编制前的准备工作 162
　第二节　财政总会计会计报表的编制 163
　　复习思考题 178

# 第三篇　行政事业单位会计

## 第十二章　行政事业单位会计概述 181
　第一节　行政事业单位会计的适用范围与特点 181
　第二节　行政事业单位会计要素 182
　第三节　行政事业单位的会计科目与报表 184
　　复习思考题 186

## 第十三章　行政事业单位的资产（上） 188
　第一节　货币资金 189
　第二节　财政应返还额度 195
　第三节　预算管理一体化下的货币资金和财政应返还额度 196
　第四节　应收及预付款项 198
　第五节　存货 206
　第六节　对外投资 214
　　复习思考题 226
　　练习题 227

## 第十四章　行政事业单位的资产（下） 229
　第一节　固定资产 229
　第二节　在建工程 237
　第三节　无形资产 242
　第四节　经管类资产 248
　第五节　其他资产 257

复习思考题 ……………………………………………………………………… 262
　　练习题 …………………………………………………………………………… 262

## 第十五章　行政事业单位的负债和净资产 …………………………………… 264
　第一节　借款 …………………………………………………………………… 264
　第二节　应缴款项 ……………………………………………………………… 266
　第三节　应付职工薪酬 ………………………………………………………… 273
　第四节　应付及预收款项 ……………………………………………………… 275
　第五节　其他负债 ……………………………………………………………… 280
　第六节　行政事业单位的净资产 ……………………………………………… 282
　　复习思考题 ……………………………………………………………………… 288
　　练习题 …………………………………………………………………………… 288

## 第十六章　行政事业单位的收入和费用 ……………………………………… 290
　第一节　行政事业单位的收入 ………………………………………………… 290
　第二节　行政事业单位的费用 ………………………………………………… 300
　　复习思考题 ……………………………………………………………………… 309
　　练习题 …………………………………………………………………………… 310

## 第十七章　行政事业单位的预算收入和预算支出 …………………………… 311
　第一节　预算收入 ……………………………………………………………… 311
　第二节　预算支出 ……………………………………………………………… 318
　　复习思考题 ……………………………………………………………………… 327
　　练习题 …………………………………………………………………………… 328

## 第十八章　行政事业单位的预算结余 ………………………………………… 329
　第一节　资金结存 ……………………………………………………………… 329
　第二节　财政拨款结转与结余 ………………………………………………… 333
　第三节　非财政拨款结转与结余 ……………………………………………… 338
　第四节　其他结余、经营结余与专用结余 …………………………………… 342
　第五节　非财政拨款结余分配与年末结账流程 ……………………………… 344
　　复习思考题 ……………………………………………………………………… 346
　　练习题 …………………………………………………………………………… 346

## 第十九章　行政事业单位的会计报表 ………………………………………… 348
　第一节　财务报表 ……………………………………………………………… 349
　第二节　预算会计报表 ………………………………………………………… 359
　　复习思考题 ……………………………………………………………………… 365

# 第四篇　民间非营利组织会计

## 第二十章　我国民间非营利组织会计 ······ 369
### 第一节　我国民间非营利组织会计概述 ······ 369
### 第二节　民间非营利组织会计的资产、负债和净资产 ······ 373
### 第三节　民间非营利组织会计的收入和费用 ······ 379
### 第四节　民间非营利组织会计的财务会计报告 ······ 383
复习思考题 ······ 389

## 参考文献 ······ 390

第一篇

# 政府与非营利组织会计基础

# 第一章

# 政府与非营利组织会计概述

政府与非营利组织会计主要由两部分组成：一部分是政府会计，另一部分是非营利组织会计。我国的政府会计又包括财政总会计和行政事业单位会计两个子部分。

我国自 2014 年新《预算法》规定建立权责发生制的政府综合财务报告制度起，开启了政府会计制度改革的步伐。2015 年颁布的要求 2017 年实施的《政府会计准则——基本准则》是政府会计制度改革的第一步。陆续出台的各《政府会计具体准则》及其应用指南、《政府会计制度——行政事业单位会计科目和报表》《财政总会计制度》和一系列《政府会计准则制度解释》为政府会计制度的实施奠定了可操作的基础和依据。所以编写全新的《政府与非营利组织会计》教材，让学生和实务工作人员了解和掌握最新的政府与非营利组织会计，就显得尤为必要。

我国民间非营利组织现在实行的是 2004 年颁布 2005 年 1 月 1 日起实施的《民间非营利组织会计制度》，2020 年财政部又通过了《〈民间非营利组织会计制度〉若干问题的解释》，对民间非营利组织会计进行了补充和完善。2024 年 8 月财政部发布了《民间非营利组织会计制度（征求意见稿）》，对民间非营利组织会计制度进行了修订。

本章主要介绍和探讨政府会计的概念和目标、我国政府会计的特点、我国政府会计标准体系，探讨政府预算的基本原理、我国政府预算体系、我国政府会计与预算的关系，最后探讨了国外政府与非营利组织的概念和主要形式、国外政府与非营利组织会计的特殊性、组成体系和会计原则。为了避免重复，将我国的非营利组织会计概述放在了第二十章进行论述。

## 第一节 政府会计概述

我国的政府会计包括财政总会计和行政事业单位会计。我国的财政总会计实行的是 2022 年颁布、2023 年 1 月 1 日起实施的《财政总会计制度》，而行政事业单位会计实行的是 2017 年颁布的要求 2019 年 1 月 1 日实施的《政府会计制度——行政事业单位会计科目和报表》。从法律规定看，《政府会计准则——基本准则》和《政府会计具体准则》既适用于财政总会计，也适用于行政事业单位会计。

## 一、政府会计的概念、目标

会计是以货币为主要计量单位,运用一整套观察、计量、登记、传送的专门方法,对企事业、机关团体单位的经济活动进行连续、系统、全面、综合的反映与监督,促进提高经济效益的一项经济管理活动。会计一般分为企业会计和非营利组织会计。由于广义的非营利组织包括政府和狭义的非营利组织,所以后者又称为政府与非营利组织会计。

### (一) 政府会计的概念

政府会计是确认、计量、记录和报告政府会计主体经济业务和事项及其公共受托责任履行情况的专业会计。在我国,按照《政府会计准则——基本准则》的规定,政府会计主体为各级政府、各部门、各单位。各部门、各单位是指与本级政府财政部门直接或者间接发生预算拨款关系的国家机关、军队、政党组织、社会团体、事业单位和其他单位。军队、已纳入企业财务管理体系的单位和执行《民间非营利组织会计制度》的社会团体,不适用政府会计基本准则,也就不是政府会计主体。

我国的政府会计按照会计主体分,分为财政总会计和行政事业单位会计。"各级政府"按照《财政总会计制度》实行政府会计;而"各部门、各单位"则是按照《政府会计制度——行政事业单位会计科目和报表》实行政府会计制度(为了区分各级政府所实行的财政总会计,我们在本教材中将行政事业单位实行的政府会计称为行政事业单位会计,下同)。

我国的政府会计按照内容分,分为预算会计和财务会计。政府会计基本准则规定,预算会计和财务会计作为政府会计的组成部分,所有的政府会计主体都应该包括这两部分。我国现行的《政府会计制度——行政事业单位会计科目和报表》和《财政总会计制度》也分别规定行政事业单位会计和财政总会计都包括预算会计和财务会计。预算会计是反映政府会计主体纳入预算管理的预算资金收支执行情况及其结果的专业会计。预算会计实行收付实现制,国务院另有规定的,依照其规定。财务会计是反映政府会计主体财务状况、运行情况和现金流量的专业会计。财务会计实行权责发生制。

### (二) 政府会计及其报告的目标

既然政府会计是通过提供信息反映政府会计主体的财务状况、预算执行情况、运行情况以及现金流量情况等,会计的目标当然就是为信息使用者服务。但会计信息使用者包括内部信息使用者和外部信息使用者。政府内部信息使用者一般是指政府会计主体内部管理人员和管理部门。而外部信息使用者包括政府与人大、国内外政府投资债权者、各级政府其他有关部门以及作为政府最终负责对象的社会公众等。而不管是内部信息使用者还是外部信息使用者都是通过政府会计的各种报表和报告来获得相关信息。所以政府会计的目标往往就是政府会计各种报告的目标。

1. 一般意义上的政府会计及其报告的目标

根据信息使用者的不同,政府会计的各种报告至少存在三种类型:内部报告、特定目的外部报告以及通用目的外部报告。

(1) 内部报告的目标

内部报告的使用对象是政府会计主体内部的管理人员和其他利益相关方。内部报告通常要实现两个目标:一是有利于内部管理部门监控公共资金遵守法律的情况。二是为内部管理部门做出决策提供所需的信息。

(2) 特定目的外部报告的目标

特定目的外部报告是各级政府及其部门,为了特定的管理需要要求政府会计主体提供特殊的报告。比如，作为是否给予补助的条件，中央/联邦机构可能要求接受方政府定期提供关于补助行为和补助余额的专门财务报告。特定的外部报告也是为特定外部使用者做出决策提供信息，另一方面特定报告的使用者往往也是资金来源的提供者，需要对接收方进行评价，所以也需要特定目的的外部报告提供有利于他们评价接收方绩效的信息，也就是反映接收方受托责任实现的情况信息。

(3) 通用目的外部报告的目标

通用目的外部报告的使用对象往往是人大、公众、政府债券投资者。公众和人大更关注政府会计主体公共受托责任实现的程度。而政府债券投资者关注政府会计主体的债务风险和偿债能力，以便于做出正确的决策。所以，通用目的外部报告的目标应是为外部使用者评价政府会计主体实现公共受托责任和投资者决策提供信息。

从上面三类报告的目标可以看出，政府会计及其报告的目标可以归纳为三类：为信息使用者提供决策信息、为信息使用者提供评价政府会计主体实现公共受托责任的信息和提供有利于信息使用者对政府会计主体进行监督检查的信息。

2. 各国政府会计及其报告的目标

美国的政府会计准则委员会(GASB)认为，政府财务报告的首要目标是向相关信息使用者提供有关政府受托责任履行情况的财务信息，但其同时也指出，政府财务报告应提供帮助相关信息使用者进行政治、经济和社会决策的财务信息。

按照我国《政府会计准则——基本准则》的规定，我国的政府会计主体必须编制决算报告和财务报告。决算报告的目标是向决算报告使用者提供与政府预算执行情况有关的信息，综合反映政府会计主体预算收支的年度执行结果，有助于决算报告使用者进行监督和管理，并为编制后续年度预算提供参考和依据。政府决算报告使用者包括各级人民代表大会及其常务委员会、各级政府及其有关部门、政府会计主体自身、社会公众和其他利益相关者。财务报告的目标是向财务报告使用者提供与政府的财务状况、运行情况（含运行成本）和现金流量等有关信息，反映政府会计主体公共受托责任履行情况，有助于财务报告使用者做出决策或者进行监督和管理。政府财务报告使用者包括各级人民代表大会常务委员会、债权人、各级政府及其有关部门、政府会计主体自身和其他利益相关者。

## 二、政府会计的特点

政府会计的特点，主要指其与企业会计的不同。

1. 会计主体不同

政府会计的主体是各级政府、各部门和各单位，通俗地讲就是政府以及行政事业单位。而企业会计主体则是以营利为目的的各类从事生产经营活动的经济实体，即各行各业各种类型的企业。

2. 会计目标不同

政府会计的目标是提供有利于信息使用者决策的信息，提供有利于信息使用者评价政府会计主体公共受托责任实现程度的信息，提供信息使用者监督检查政府会计主体的信息。企业使用的资金并不是公共资金，不承担公共受托责任，只承担股东的受托责任。所以企业会计的目标一般是为信息使用者提供决策信息和评价其受托责任的信息。

3. 会计核算对象即会计要素不同

政府会计不仅要核算财务会计的会计要素，也要核算纳入预算管理的预算资金的收支执行,由此产生了预算会计的会计要素。而企业会计只核算财务会计的会计要素,并不存在预算会计的会计要素。

即便都是财务会计的会计要素,政府会计的财务会计要素与企业会计的财务会计要素也不同。政府会计的财务会计要素是资产、负债、净资产、收入和费用;而企业会计则是资产、负债、所有者权益、收入、费用和利润。对于政府会计主体而言,净资产归属于公众,并不属于政府会计主体,所以不适合采用"所有者权益"这个会计要素,而采用"净资产"。企业会计以营利为目的,应该有"利润"会计要素;但政府会计不以营利为目的,是追求社会效益最大化,所以不应该有"利润"会计要素。

4. 会计等式不同

由于会计要素的不同,导致了会计等式的不同。

企业会计的会计等式为:

$$资产 = 负债 + 所有者权益(静态)$$

$$资产 + 费用 = 负债 + 收入 + 所有者权益(动态)$$

政府会计的会计等式为:

$$预算收入 - 预算支出 = 预算结余(预算会计)$$

$$资产 = 负债 + 净资产(财务会计静态)$$

$$资产 + 费用 = 负债 + 收入 + 净资产(财务会计动态)$$

5. 会计核算基础不同

政府会计的预算会计实行收付实现制(国务院另有规定的,依照其规定);政府会计的财务会计实行权责发生制。企业会计只实行权责发生制。

收付实现制又称为现金制,以现金的实际收付时间作为确认、记录和报告交易的基础。以收到现金的时间和金额来确认收入的实现,以现金支付的时间和金额来确认支出的实现。权责发生制又称为应计制,收入和支出以应收到或应支付时确认。引起收入的交易一旦发生,不管是否真正有现金流入都确认为收入已经实现;引起费用的交易一旦发生,不管现金是否流出,都确认为支出的实现。

6. 会计报告不同

政府会计因为由预算会计和财务会计两部分组成,对应预算会计的有政府决算报告,对应财务会计的有政府财务报告。而企业会计只有财务会计,没有预算会计,所以企业只有财务报告。

政府决算报告是综合反映政府会计主体年度预算收支执行结果的文件。政府决算报告应当包括决算报表和其他应当在决算报告中反映的相关信息和资料。政府财务报告是反映政府会计主体某一特定日期的财务状况和某一会计期间的运行情况和现金流量等信息的文件。政府财务报告应当包括财务报表和其他应当在财务报告中披露的相关信息和资料。

企业财务报告是企业向财务会计报告使用者提供与企业财务状况、经营成果和现金流量等有关会计信息,反映企业管理层受托责任履行情况的书面报告。企业财务报告由财务报表和财务情况说明书组成。企业财务报表是对企业财务状况、经营成果和现金流量的结构性表述。财务报表至少应当包括下列组成部分:资产负债表、利润表、现金流量表、所有者权益(或股东权益)变动表和附注。

我国上市公司现在也公布企业财务决算报告,但与政府决算报告不同,没有决算报表,只是对年度财务数字的一些分析。我国国有企业按照财政部的统一规定，必须编制财务会计决算报告。从财政部规定的内容看，国有企业、国有控股公司和城镇集体企业编制的财务会计决算报告包括资产负债表、利润表、所有者权益变动表、国有资本权益变动表、资产减值情况表等财务会计报表，以及报表附注、财务情况说明书、财务分析报告等，其实质还是年度财务报告，与政府决算报告完全不同。

### 三、我国政府会计标准体系

根据2014年的《权责发生制政府综合财务报告制度改革方案》，政府会计标准体系主要由四个层次组成：政府会计基本准则、政府会计具体准则、政府会计具体准则的应用指南、政府会计具体制度（包括财政总会计和行政事业单位会计）。

1. 政府会计基本准则

政府会计基本准则用于规范政府会计目标、政府会计主体、政府会计信息质量要求、政府会计核算基础，以及政府会计要素定义、确认和计量原则、列报要求等原则事项。政府会计基本准则作为政府会计的"概念框架"，统驭政府会计具体准则和政府会计制度的制定，并为政府会计实务问题提供处理原则，为编制政府财务报告提供基础标准。《政府会计准则——基本准则》发布于2015年10月23日，2017年1月1日施行。

2. 政府会计具体准则

政府会计具体准则依据政府会计基本准则制定，用于规范政府会计主体发生的经济业务或事项的会计处理，详细规定经济业务或事项引起的会计要素变动的确认、计量、记录和报告。政府会计具体准则不能违背政府会计基本准则，是政府会计基本准则的下位法规。截至2023年底，我国发布了11个政府会计具体准则，包括：《政府会计准则第1号——存货》《政府会计准则第2号——投资》《政府会计准则第3号——固定资产》《政府会计准则第4号——无形资产》《政府会计准则第5号——公共基础设施》《政府会计准则第6号——政府储备物资》《政府会计准则第7号——会计调整》《政府会计准则第8号——负债》《政府会计准则第9号——财务报表编制和列报》《政府会计准则第10号——政府和社会资本合作项目合同》《政府会计准则第11号——文物资源》。

3. 政府会计具体准则的应用指南

政府会计具体准则的应用指南是对具体准则的实际应用做出的操作性规定。截至2023年底，我国出台了《〈政府会计准则第3号——固定资产〉应用指南》《〈政府会计准则第10号——政府和社会资本合作项目合同〉应用指南》《〈政府会计准则第11号——文物资源〉应用指南》。

4. 政府会计制度

按照我国《政府会计准则——基本准则》的规定，政府会计主体是各级政府、各部门、各单位，所以政府会计制度应该包括财政总会计制度和行政事业单位会计制度。我国2017年发布了《政府会计制度——行政事业单位会计科目和报表》，要求2019年1月1日起各部门各单位按照此制度施行。我国的各级政府则实行2022年发布、2023年1月1日开始施行的《财政总会计制度》。

《政府会计制度——行政事业单位会计科目和报表》规定，行政事业单位的会计科目设置须实现预算会计和财务会计双重功能。预算会计科目应准确、完整反映单位的预算收入、预算支出和预算结余等预算执行信息，财务会计科目应全面、准确反映单位的资产、负债、净资产、收入、费用等财务信息。条件成熟时,推行单位成本会计,规定单位运行成本归集和分摊方法等,反映单位向社会提供公共服务成本和机关运行成本等财务信息。

《财政总会计制度》规定,总会计是各级政府财政核算、反映、监督一般公共预算资金、政府性基金预算资金、国有资本经营预算资金、社会保险基金预算资金以及财政专户管理资金、专用基金和代管资金等资金有关的经济活动或事项的专业会计。会计科目同样分设预算会计科目和财务会计科目。

政府会计标准体系之间的关系应该从政府会计基本准则、政府会计具体准则、具体准则应用指南和政府会计制度,自上而下进行规范和约束:基本准则约束具体准则及其应用指南和政府会计制度;具体准则约束其应用指南和政府会计制度;具体准则的应用指南也对政府会计制度有约束性。

除了这四层主要的标准体系外,我国财政部还出台了一系列政府会计准则制度解释。截至 2023 年底共出台了七个政府会计准则制度解释。政府会计准则制度解释是对政府会计准则和制度的一些解释和补充,主要是为了回应和解决政府会计准则制度实施中的问题,对政府会计准则制度相关内容做进一步的解释说明,补充和完善政府会计准则制度中的相关规定。

因为有些事业单位的业务比较特殊,2019 年之前有自己的独立行业会计制度,如《医院会计制度》《科学事业单位会计制度》《高等学校会计制度》等。我国财政部考虑这些事业单位的特殊业务和新旧会计制度的衔接,出台了一系列的特殊行业事业单位关于执行《政府会计制度——行政事业单位会计科目和报表》的补充规定和衔接规定。

本教材就是按照上面提到的这些政府会计标准体系的内容编写的。

## 第二节 政府会计与政府预算

### 一、政府预算的基本内容

本部分介绍政府预算的一些相关概念和基本要素。

#### (一) 政府预算的概念和特点

政府预算是指经法定程序审批的具有法律效力的政府财政收支计划,是政府筹集、分配和管理财政资金及宏观调控的重要工具。从表现形式上看,政府预算是按照统一标准、格式、原则和方法编制的各项财政资金收支表格。从构成上看,政府预算包括政府本级预算和政府汇总预算。从功能上看,政府预算是政府实现政府职责的财力保障,体现着国家与市场的关系,体现着财政分配关系,规定着政府活动的范围和方向。从内容上看,任何一个国家的年度预算,都能清楚地反映政府在这个年度内的具体工作安排。从流程上看,政府预算包括预算编制、审批、执行、调整、监督、决算、绩效评价等一系列的预算活动。

政府预算的特点主要体现在以下几个方面:

1. 法定性

法定性是指政府预算的形成和执行都是以宪法、法律和规章为依据的。政府预算必须由立法机关审核批准,并接受立法机关的监督,这突出表明了政府预算的法定性。我国各级政府预算法案每年要提请本级人民代表大会审查、批准,经过批准后的政府预算具有法律效力,各级人民政府、各部门、各单位都要按照批准后的政府预算执行,并保证各项收支计划的圆满完成。

2. 公开性

公开性是指政府预算的形成和执行是透明的,是受公众监督的。政府虽然是预算编制和执行的主体,但本质上是公众的"受托人",因此政府预算必须向公众公开。当然为了国家安全,也有相应的保密规定。同时,政府预算收支的立法也是透明的。

3. 全面性

全面性是指所有政府收支都应在政府预算中得到反映。这就是说,政府预算要全面反映政府活动的范围和方向。2014年我国修改《预算法》后,明确"政府的全部收入和支出都应当纳入预算。"

4. 统一性

全国预算由中央预算和地方预算汇总而成。如果不同地方的预算格式和内容都不一样,或者地方是统一的,但与中央不一样,那就很难科学地将中央预算和地方预算进行汇总,汇总的数据也不一定准确。所以我国的各级政府预算的内容和格式都是统一的。

5. 时效性

政府预算又可以分为年度预算和中长期预算。年度预算就是在一个财政年度内有效的预算。世界上存在着两种财政年度(有时称为预算年度):历年制和跨年制。我国实行历年制,即按照公历年算,从1月1日到12月31日为一个预算年度;有些国家实行跨年制,如美国,从上一年的10月1日到下年的9月30日为一个预算年度。年度预算一般一年编一次,在预算年度前编制并审批通过,并在预算年度中执行。但中长期预算一般为3~5年一个周期,实行滚动编制。

(二) 我国政府预算组成体系

我国实行一级政府建立一级预算的原则。我国由中央、省、市(地区级)、县、乡五级政府组成,我国政府预算相应也有中央、省、市(地区级)、县、乡五级预算组成。我国政府预算按照级次范围的不同,有中央政府预算与地方预算、各级总预算与本级预算、部门预算和单位预算之分(见图1-1和图1-2)。

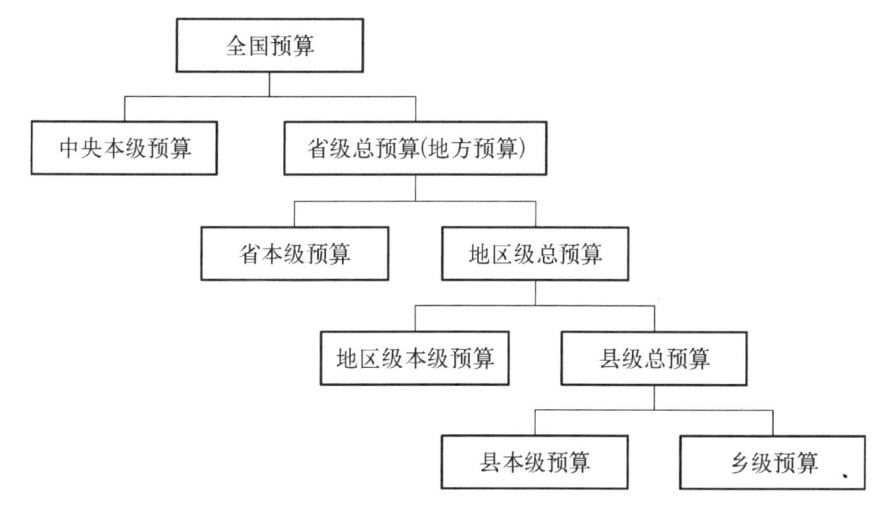

图 1-1 我国政府预算体系

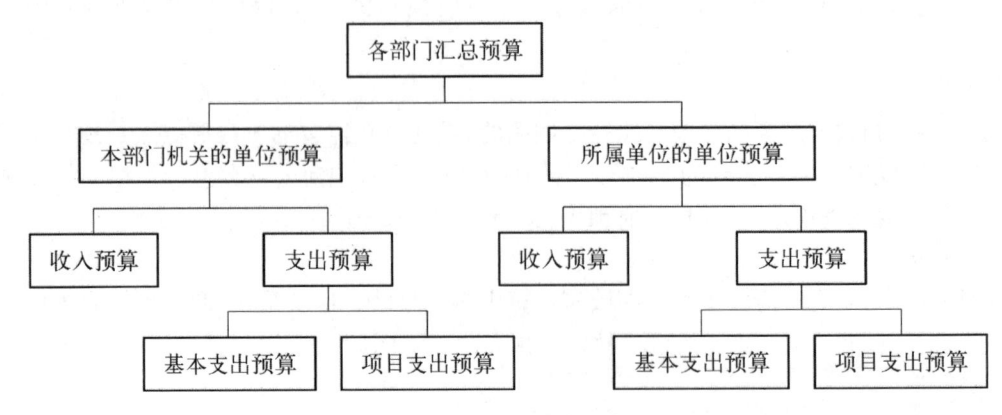

图 1-2 部门预算体系

**1. 中央政府预算与地方预算**

中央政府预算反映中央政府的收入来源和中央政府的支出用途及中央政府的职能,中央政府预算在政府预算中居于主导地位。地方预算由各省、自治区、直辖市总预算组成。地方预算收入主要来源于政府税收中属于地方的税收等,反映发展地方经济和文化教育事业以及地方行政经费等所需要的资金,它是政府预算的组成部分,在政府预算中居于重要地位。

**2. 各级总预算与本级预算**

总预算,是各级政府将本级预算与下级总预算汇总而成的。没有下一级预算的,总预算即指本级预算,如乡级预算。总预算和本级预算由四大预算组成,即一般公共预算、政府性基金预算、国有资本经营预算和社会保险基金预算组成。

**3. 部门预算与单位预算**

部门预算由本部门机关的单位预算和所属各单位的单位预算汇总而成。单位预算指列入部门预算的国家机关、社会团体和其他单位的收支预算,它是政府预算的重要组成部分。

单位预算分为收入预算和支出预算。支出预算又包括基本支出预算和项目支出预算两部分(见图 1-2)。收入预算是指预算单位所有纳入部门预算管理的收入计划。基本支出预算是指预算单位为实现日常运行所需的人员经费和单位运转的公用经费预算,包括人员经费支出预算和日常公用经费支出预算。项目支出预算是指预算单位在基本支出预算之外为完成特定的工作任务或事业发展目标编制的项目支出计划,包括大型的会议、修缮、设备购置费用以及生产建设性支出等。

### (三)我国政府预算的内容

我国各级政府预算包括一般公共预算、政府性基金预算、国有资本经营预算、社会保险基金预算。一般公共预算是主体预算,其他三大预算都与一般公共预算相衔接。

**1. 一般公共预算**

一般公共预算是对以税收为主体的财政收入,安排用于保障和改善民生、推动经济社会发展、维护国家安全、维持国家机构正常运转等方面的收支预算。

中央一般公共预算包括中央各部门(含直属单位)的预算和中央对地方的税收返还、转移支付预算。中央一般公共预算收入包括中央本级收入和地方向中央的上解收入。中央一般公共预算支出包括中央本级支出、中央对地方的税收返还和转移支付。

地方各级一般公共预算包括本级各部门(含直属单位)的预算和税收返还、转移支付预算。

地方各级一般公共预算收入包括地方本级收入、上级政府对本级政府的税收返还和转移支付、下级政府的上解收入。地方各级一般公共预算支出包括地方本级支出、对上级政府的上解支出、对下级政府的税收返还和转移支付。

2. 政府性基金预算

政府性基金预算是对依照法律、行政法规的规定在一定期限内向特定对象征收、收取或者以其他方式筹集的资金，专项用于特定公共事业发展的收支预算。

政府性基金预算应当根据基金项目收入情况和实际支出需要，按基金项目编制，做到以收定支。

3. 国有资本经营预算

国有资本经营预算是对国有资本收益做出支出安排的收支预算。国有资本经营预算应当按照收支平衡的原则编制，不列赤字，并安排资金调入一般公共预算。

4. 社会保险基金预算

社会保险基金预算是对社会保险缴款、一般公共预算安排和其他方式筹集的资金，专项用于社会保险的收支预算。社会保险基金预算应当按照统筹层次和社会保险项目分别编制，做到收支平衡。

## 二、政府会计与政府预算的关系

政府会计是政府预算管理的手段，是为政府预算管理服务的，是为政府预算管理提供相应的财务信息、预算执行信息和政府预算控制服务的。

### （一）我国政府本级预算与部门预算的关系

正如我们前面介绍的，我国政府预算有政府总预算和政府本级预算之分。部门预算与政府本级预算有关，部门预算不实行不同政府层级的部门汇总预算，如省级教育系统的部门预算不会与市级教育系统的部门预算进行汇总。省级教育系统的部门预算大部分收支纳入省级本级预算，市级教育系统的部门预算大部分收支纳入市级本级预算。

部门预算是纳入部门预算管理的收支计划，而纳入部门预算管理的收支并不是全部纳入政府本级预算中，如财政专户管理的教育收费以及由此收入形成的支出都没有纳入政府的四大预算中，但纳入了教育系统的部门预算和单位预算。另一方面，也并非所有的政府预算都是通过部门预算实现的，如国有资本经营预算并没有包括于部门预算中。所以说部门预算和政府本级预算之间是有联系也有区别的。

### （二）我国政府会计主体与政府预算主体的关系

我国的政府会计分为财政总会计和行政事业单位会计，前者按照2023年执行的《财政总会计制度》实行，后者按照《政府会计制度——行政事业单位会计科目和报表》实行。按照政府会计基本准则和具体准则的规定，这两种政府会计都受政府会计基本准则和具体准则的规范。

1. 财政总会计主体和政府本级预算主体一致

财政总会计的组成体系与国家的预算管理体系一致。我国的预算体系总共分为五级，即中央，省、自治区、直辖市，设区的市、自治州，县、自治县、不设区的市、直辖区，乡、民族乡、镇五级预算。与之对应，我国的财政总会计体系也分为五级，每一级独立的预算都设立一级财政总会计。所以财政总会计的主体就是每一级政府本级预算的主体，两者是一致的。

2. 行政事业单位会计主体与单位预算主体基本一致

我们前面介绍了同一系统中的行政事业单位预算汇总成这一系统的部门预算。单位预算的主体就是各行政事业单位。2017年版的《政府会计制度——行政事业单位会计科目和报表》规定:"本制度适用于各级各类行政单位和事业单位。纳入企业财务管理体系执行企业会计准则或小企业会计准则的单位,不执行本制度。"所以行政事业单位会计的主体与单位预算的主体基本一致,与部门汇总预算(部门预算)的主体不一致。

**(三)我国政府会计核算内容与政府预算编制内容的关系**

既然政府会计主体与政府本级预算主体、单位预算主体基本一致,那么它们的核算内容是否一致呢?

1. 财政总会计核算内容和政府本级预算编制内容不完全一致

财政总会计核算的是政府本级预算的相关资金活动,主要是三大预算资金和财政专户管理资金、专用基金和代管资金等资金活动。社会保险基金有单独的社会保险基金会计,不包括在财政总会计中。政府本级预算包括四大预算(含社会保险基金预算),不包括财政专户预算和代管资金预算等,所以两者内容不完全一致。

2. 行政事业单位预算会计核算内容与单位预算的编制内容一致

现行的行政事业单位会计分为财务会计和预算会计。预算会计反映和记录行政事业单位预算执行的情况和结果;财务会计反映和记录行政事业单位的财务状况和运营情况。所以行政事业单位会计中的预算会计核算范围的就是行政事业单位的预算范围,两者的范围是一致的。行政事业单位财务会计与预算会计和单位预算的范围不一定一致,因为没有纳入单位预算的资金也必须进行财务会计核算,但不进行预算会计核算。

## 第三节 国外的政府与非营利组织会计概述

美国的政府与非营利组织会计非常典型,所以本教材所介绍的国外政府与非营利组织会计主要是美国的政府与非营利组织会计。

### 一、国外的政府与非营利组织的概念

一般认为,社会组织按照是否以营利为目的,可分为营利组织和非营利组织两大类。非营利组织顾名思义就是不以营利为目的的组织。政府机构也属于广义的非营利组织。在国外,目前对广义的非营利组织的称谓并不统一,归纳起来,主要有政府与非营利组织、政府、非营利组织、公立单位等几种。在本教材中,我们运用"政府与非营利组织"这一称谓表示广义的非营利组织,而用非营利组织来表示狭义的非营利组织。

1. 美国财务会计准则委员会在1980年12月发布的财务会计概念公告第四辑《非营利组织编制财务报告的目的》中指出,非营利组织的主要特征有:

(1)大部分资财来源于资财的供给者,他们不期望收回或据以取得经济上的利益;

(2)业务运营的目的,主要不是为了获取利润或利润等同物而提供产品或劳务;

(3)不存在可以出售、转让、赎回,或一旦机构清算,可以分享一份剩余资财的明确的所有者利益。

2. 政府与非营利组织与营利组织比较,存在着一定的区别:

(1)政府与非营利组织不是为了获利而组建,是为了提供服务或完成一定业务量,而营利组织组建的目的就是为了获得利润;

(2) 政府与非营利组织取得收入的主要途径是税收、捐赠、会费及固定税款等,而营利组织获得收入是通过销售产品或提供劳务;

(3) 政府与非营利组织的收入只有在符合某种条件时才可以开支,这些条件受政府和捐赠人的约束和限制,而营利组织的开支很少受到某种条件的约束和限制。

## 二、国外的政府与非营利组织的主要形式

政府与非营利组织的主要形式有如下几类:

(1) 政府机构,如联邦、州、县、市、镇、村和其他地方政府机关,包括特别行政区;
(2) 教育组织,如幼儿园、小学、中学、职业技术学校以及学院和大学等;
(3) 健康和福利组织,如医院、疗养院、儿童保护组织、红十字会等;
(4) 宗教组织;
(5) 慈善组织;
(6) 基金会,如为教育、宗教或慈善目的而组织的隔日信托和有限公司;
(7) 政府企业或者说是公立企业、国有企业。

目前在国外,在上述组织或单位中,通常将诸如教育组织、健康和福利组织、宗教组织、慈善组织和各种基金会等合称为非营利组织,而且按照所有权性质区分为公立和私立两种。对于公立非营利组织和公立企业,通常将它们视为政府的一个组成单位。

## 三、国外的政府与非营利组织会计的特殊性

政府与非营利组织会计的特殊性表现在下面四个方面:

### (一) 基金和基金会计的使用

提供给政府与非营利组织的财务资源一般是有限定的,所以政府与非营利组织通过建立基金控制限定资源的使用,并保证其遵从法律和行政要求。基金是独立的财务和会计主体,包括现金和非现金资源以及相关的负债。基金是一套拥有自我平衡账户的财务和会计主体,用于记录现金和其他经济资源、相关的负债和剩余权益或余额及其变动,基金的划分遵从特定规则、限制和约束,并以进行特定活动和实现一定目标为目的。多数政府与非营利组织所使用的两种典型的基金会计主体是:

(1) 动本(政府)基金:核算可能在其"非经营型"活动中耗费的流动资产、相关负债、净资产的变化及余额。

(2) 留本(权益)基金:核算其"经营型"活动中的收入、费用、资产、负债和权益以及信托基金。

### (二) 预算和预算会计的使用

动本(政府)基金通常不具有耗用其资源的权利,在多数政府与非营利组织中,特别是在政府中,开支只能在拨款或类似的管委会授权的限额之内进行。每项动本基金一般要编制一个固定币值预算,申请管委会批准,一经管委会批准,预算支出预计就成为限定的拨款。所以预算具有重要的意义,它对于政府与非营利组织尤其是政府的未来活动发挥着规划、控制、评价的重要作用,因而为政府当局、立法机构、社会公众、新闻媒体等各方关注。为了控制和证明预算的执行,特别是对政府而言,在动本基金账户体系中建立预算账户是常见的做法。另一方面,留本(权益)基金也可能不是由固定币值预算控制,而是由弹性预算控制,就像在企业中运用的那样。在这种情况下,并不使用预算账户。但多数以固定币值预算控制其留本基金的政

府与非营利组织也使用预算账户。

### (三) 会计核算基础的特殊性

会计核算基础一般有四类：现金制（即现收现付制）、修正的现金制（即修正的现收现付制）、修正的应计制（即修正的权责发生制）、应计制（即权责发生制）。

现金制，即以现金的实际收付时间作为确认、记录和报告交易的基础。它适合处理实际发生现金流量的交易。如果现金流量并未实际发生，不予记录，也就是以收到现金的时间和金额来确认收入的实现，以现金支付的时间和金额来确认支出的实现。

修正的现金制，即追加一个确认年末付款的额外期间。例如财政年度结束后的30天为额外期间，那么在这30天内发生的应由上年承担的支付也确认为上年的支出，而不作为新年度的支出；30天以后支付的上年费用，则确认为新年度的支出。

修正的应计制，即以取得收入的权利、承担政府义务所发生的时间作为确认、记录和报告交易的基础。具体来说，在收入上采用现金制，而在支出上采用应计制。

应计制，即完全的权责发生制，收入和支出以应收到或应支付时确认。具体来说，引起收入的交易一旦发生，不管是否真正有现金流入都确认为收入已经实现；引起费用的交易一旦发生，不管现金是否流出，都确认为支出的实现。

目前大部分国家仍然采用传统的现金制或修正现金制，但越来越多的国家开始引入应计制。美国的政府会计和非营利组织会计主要采用应计制和修正的应计制，而且政府必须对承诺做出记录，即政府必须在契约签订时记录这一契约责任。

### (四) 其他特殊性

与企业会计一样，政府与非营利组织的留本（权益）基金会计的"成本"计量焦点是"费用"，也就是预算期内消耗的资产的成本。与此相反，动本（政府）基金会计的"成本"计量焦点是"支出"，也就是预算期内为以下目的消耗的财务资源的金额：日常运营（如工资、公用事业等），资本支出（取得固定资产），长期借款本金的偿还和计付利息。

更为特殊的是，在动本基金中支出被定义为"已发出货物或已提供的劳务的成本（无论是否支付），包括日常经营成本、未被列为偿债基金负债的借款偿还金额和资本支出"，因此，在动本基金会计中非常重要的"支出"一词不能与营利权益会计定义的"费用"一词相混淆。

固定资产一般不是可供专用的财务资源，通常从动本基金会计主体中分离出来单独列示和核算。类似地，不是某一特定基金负债（而是整个政府的负债）的未到期长期借款也可以列入单独的非基金会计主体中。

## 四、国外的政府与非营利组织会计的组成体系

美国的政府与非营利组织分为政府、非营利组织两部分，前者包括联邦政府和地方政府；后者包括公立的非营利组织和私立的非营利组织。联邦政府及其公立非营利组织会计单独适用一套会计制度，由会计总局（The General Accounting Office）制定；州及地方政府及其公立非营利组织的会计由政府会计准则委员会制定；私立非营利组织会计则适用另一套会计准则，由财务会计准则委员会制定。会计总局还声明：政府会计准则委员会公布的各项公告和准则以及财务会计准则委员会制定准则中的适用部分完全可以在最大可能的程度上作为联邦机构的会计准则。

美国政府会计中使用的基金，是一个独立的会计主体。每项基金，都有自己的资产、负债、收入、支出或费用，以及基金余额或基金权益，并有自己的一套完整的财务报表。在每个政府

组织中设置的各个基金,都有一个完整的会计核算和一套完整的会计报表。与此同时,整个政府组织还有一套完整的财务报告,整个政府组织称为"财务报告主体"。

一般的政府与非营利组织会计中有动本和留本两大类基金,但具体机构又有不同的情况,例如,联邦政府一般有政府基金、权益基金和信托基金;公立的高等院校会计又包括流动基金、固定资产基金、信托及代理基金;医院会计一般分为陪同基金和捐赠人限定基金等。

### 五、国外的政府与非营利组织会计的会计原则

美国的政府会计准则委员会在其颁布的第1号公告中,规定了州及地方政府会计的12条会计原则。

1. 会计和报告能力

政府会计系统必须使下列两者成为可能:依照公认会计原则,合理列示和充分披露政府单位的基金和账户组的财务状况及运营成果;确认和证实政府单位对财务法规和合同条款的遵守。

2. 基金会计体系

政府会计系统应按基金组织和运作;基金是一系列自我平衡账户的财务和会计实体,这些账户记录现金和其他资源,相关的负债和剩余权益或余额及其变动,基金的划分遵从特定规则、限制和约束,并以进行特定活动和实现一定目标为目的。

3. 基金的种类

政府机构的基金通常包括以下几类:

(1) 政府基金:政府基金是为符合法律要求而设置的,用来处理法律许可的收入和支出。政府基金并不向享有其服务的用户索取费用。它可分为普通基金、特种收入基金、基本建设项目基金、偿债基金。

(2) 权益基金:权益基金是一种需要服务用户支付费用的基金。由于向用户提供服务而收取服务成本,或收取超过或低于服务成本的费用,权益基金有与营利组织相类似的特性。权益基金可分为两种:企业基金和内部服务基金。

(3) 信托基金:信托基金是用来处理某一政府机构以受托人或代理人身份持有的资产。信托基金可分为动本信托基金、留本信托基金、养老信托基金、代理基金等。

4. 基金的数量

政府机构应建立和保有法律、合理的财务管理所需要的那些基金。由于不必要的基金会导致僵化、复杂和效率低下的管理,应建立与法律和运营要求相一致的最小数目的基金。换句话说,在满足法律规定、运营要求和基金分类基本原则的前提下,设立尽可能少的基金。

5. 固定资产和长期负债的会计处理

应明确区分下列两者的不同:基金固定资产和普通固定资产;基金长期负债和普通长期负债。

与权益基金或信托基金相关的固定资产应在这些基金中核算,不必独立出来。而政府单位所有其他固定资产均应在普通固定资产账户组中核算。相应地,与权益基金或信托基金相关的长期负债应在这些基金中核算,不必独立出来。政府单位所有的其他未到期普通长期负债,包括政府以某种形式承担义务的特种税债务,均应在长期债务账户组中核算。

6. 固定资产计价

固定资产应按成本入账。若无法确定固定资产成本,以估计成本计价入账。受赠固定资产应按照受赠时的公允价值入账。

#### 7. 固定资产折旧

普通固定资产的折旧不应在政府基金账户中记录。该折旧可在成本会计体系中记录，也可在成本确定分析中计算；累计折旧可以记录在普通固定资产账户组中。

在权益基金中核算的固定资产，其折旧也应记入该基金中。若信托基金需计量费用、净利润和资本保全，则在信托基金中核算的固定资产的折旧也应予以确认。

#### 8. 政府会计的权责发生制

在计量财务状况和运营成果时，应视情况使用修正权责发生制或权责发生制：

（1）政府基金收入和支出应按修正权责发生制确认。收入应在其可取得且计量的会计期间确认。若计量，支出应在发生基金负债的会计期间确认；但普通长期债务的未到期利息（和本金）除外，它们应在到期时确认。

（2）权益基金收入和费用应按权责发生制确认。收入应在其被赚得和可计量的会计期间确认；若可计量，费用应在其发生的会计期间确认。

（3）信托基金收入和费用或支出（视情况而定）应按与基金会计计量目标一致的基础确认。留本信托基金和养老信托基金应按权责发生制核算。

（4）转账应在基金间应收应付项目发生的会计期间予以确认。

#### 9. 预算、预算控制和预算报告

每个政府单位都应有年度预算；会计系统应为适当的预算控制提供基础；对有年度预算的政府基金，应在其适当的财务报表或附表中包括预算比较表。

在政府会计系统中实施预算控制必须开设包括估计收入、拨款、保留支出、保留支出准备等预算账户。这些账户既包括总分类账户，也包括按照预算中的收入、支出项目开设的明细分类账户（保留支出准备除外）。与估计收入相对应反映实际的账户是收入账户，与拨款、保留支出相对应反映实际的账户是支出账户，保留支出账户则是为了反映各种基金余额中准备支出的数额，以免将来可能发生超支。在为反映和控制预算执行情况的各总分类账户中，估计收入、收入账户分别用来登记年度的估计总收入和实际总收入，拨款、保留支出、支出账户分别用来反映年度内的总拨款（即授权的预计支出）、保留支出（已经预定但尚未收到的商品或服务的预计成本）和实际支出。这些账户除本身反映了有关收支的预算与实际数据外，还同时对各收支明细账具有控制作用。

#### 10. 转账、收入、支出和费用的划分

基金间转账和发行普通长期债务的收入不属于基金收入、支出或费用；政府基金收入应按基金和来源分类，支出应按基金、功能（项目）、组织单位、活动、特征和支出项目分类；权益基金收入和支出应按与类似企业组织、功能或活动相同的方式分类。

#### 11. 相同的术语和分类

每只基金的预算、账户和财务报告中，都应使用相同的术语和分类。

#### 12. 财务报告

应编制恰当反映财务状况及其执行成果的中期财务报表，以便进行经营管理控制，立法监督以及在必要或被要求时对外界提出报告；

应编制包括政府单位所有基金和账项的综合年度财务报告，包括个别基金报表及其汇编报表，财务报表的注释、附表、文字说明及统计表；

除年度财务报告外，可另编通用财务报告，包括基本财务报表及其注释，以公允反映财务状况和经营成果。

# 复习思考题

1. 政府会计的概念和特点是什么?
2. 政府会计的目标有哪些?
3. 我国政府会计标准体系包括哪些?
4. 论述政府会计主体与政府预算主体之间的关系。
5. 论述政府会计核算内容与政府预算编制内容之间的关系。
6. 国外的政府与非营利组织会计的特殊性有哪些?

# 第二章

# 我国政府会计的基本理论

本章主要按照我国政府会计准则介绍政府会计的一些基本理论,包括政府会计的记账基础、基本前提、一般原则(信息质量要求)、会计要素、会计等式等,以及我国政府会计的历史演变及未来发展。

## 第一节 我国政府会计的历史演变及未来发展

早在公元前11世纪的西周,我国就有了政府会计的雏形——"官厅会计"("宫廷会计"),由"司会"官职专管朝廷财务和税赋,对朝廷收支进行"岁计月会",其后不断发展至汉朝和清朝时期的"国计"。北洋政府时期,开始将普通政府会计与官办事业特种会计(事业单位会计)区分开来。

中华人民共和国成立至今,我国的政府会计主要可以分为三个阶段:第一阶段是2000年前的预算会计体系阶段;第二阶段就是2000年到2015年预算会计体系向政府会计体系过渡阶段;第三阶段是2015年后现行政府会计体系建立阶段。

### 一、2000年之前的预算会计体系阶段[①]

中华人民共和国成立初期,我国借鉴了苏联的预算会计体系,后经多次修订和变革,最终形成财政总预算会计、行政单位会计和事业单位会计(包括一般事业单位会计和特殊事业单位会计)三部分的预算会计体系。

在这一阶段,预算会计核算政府以及行政事业单位的政府预算资金的运动过程和结果;基本实行收付实现制;只有预算会计没有财务会计,只有决算报告没有财务报告。当然在这漫长的时期,预算会计体系还是经历了从建立到发展完善的过程。

#### (一)我国预算会计体系的初创阶段(1949—1978年)

中华人民共和国成立后,为适应计划经济,我国建立了高度集中、统收统支的政府预算管

---

① 这部分主要根据徐曙娜主编的《2015中国财政发展报告——中国政府综合财务报告制度研究》(北京大学出版社2015年版,294—300页)修改而来。

理体制。与之相适应,我国预算会计制度的发展也经历了前后两个阶段。

1. 预算会计暂行制度的创立和初步形成(1949—1952年)

中华人民共和国成立初期,财政部根据中央人民政府政务院公布的《预算决算暂行条例》和《中央金库条例》提出了建立我国预算会计体系的设想。1950年10月,财政部召开"第一次全国预算会计金库制度会议"。这次会议通过了适用于各级财政机关的《各级人民政府暂行总预算会计制度》和适用于各级行政事业单位的《各级人民政府暂行单位预算会计制度》两部法规,并于同年12月2日正式颁布。这两项暂行预算会计制度从1951年开始实施,标志着我国预算会计的诞生,初步确立了总预算会计和单位预算会计分立的框架。

两项暂行制度对预算会计体系和方法做出了重要规定:预算会计由财政总预算会计和单位预算会计两部分组成;总预算会计与单位预算会计都以收付实现制为基础;以"实际支出数"作为支出口径,记账方法以现金收付记账法为主,借贷记账法为辅;两项会计制度采用统一的会计要素;"总预算会计"规定的会计科目分为岁入、岁出、资产、负债和资产负债共同类五类,"单位预算会计"规定的会计科目为收入、支出、资产、负债和资产负债共同类五类;总预算会计报表包括资产负债表、收入支出决算表,分为日报、月报、季报、年报四类;单位预算会计报表包括资产负债表、支出计算表和基本数字表,分为日报、月报、年报三类。

2. 预算会计制度的修订和正式颁行(1953—1965年)

1953—1965年,借鉴苏联的管理经验,我国对预算会计的总则、会计科目、凭证、账簿和记账方法、会计报表等进行了全面修订,并于1954年取消了以上制度中的"暂行"两字,改为正式颁布执行。主要修订事项包括:

(1) 适用范围:将《总预算会计制度》区分为中央、省和县(市)两部分。《单位预算会计制度》的适用范围明确为各级人民政府所属行政机关、事业单位、企业主管机关和团体。差额预算单位由财政部另行规定《差额预算机关会计制度》。

(2) 会计要素:1953年的预算会计要素为金库存款、预算支出、预算收入、往来款项、预算执行结果五项。1956—1962年,会计要素修订为货币资金、预算支出、预算收入、贷出款项、借入款项、预算执行结果六项。

(3) 支出口径:基建拨款支出以"银行支出数"列支报销;财政机关直接经办的支出以"财政拨款数"列支;单位预算机关的行政事业经费支出,1956—1998年全部采用"银行支出数"列报。

(4) 记账方法:从1954年开始,统一采用借贷记账法。

(5) 会计报告:总预算会计报表改为月报、季报和年报三类。1955年会计报表基本定型,月报为"预算收支执行情况表";季报共三种,分别是"预算收支计算表""资产负债表""定员定额情况表";年报分为"最终资产负债表""收入支出总决算表"以及附表类。

1965年8月,财政部召开全国预算会计工作会议,再次修订预算会计制度。这次修订颁行《行政事业单位会计制度》,取代原《单位预算会计制度》,并补充了《财政总预算会计制度》。主要修订事项包括:会计科目修改为资金来源、资金运用和资金结存三类,会计基本等式由"资产=负债"调整为"资金来源－资金运用＝资金结存"的平衡方法;记账方法由"借贷记账法"改为"资金收付记账法"。经过这次修订,我国基本上形成一套以总预算会计为先导,以单位预算会计为补充,区别于企业会计的独立预算会计体系。

### (二) 我国预算会计制度的调整与变动阶段(1979—1992年)

1979年开始,伴随改革开放后经济社会的巨变,为适应国家财税、金融和预算管理体制改革的要求,财政部着手进行预算会计制度的改革,分别于1983年和1988年两次修改预算会计制度,最终形成了以总预算会计为主导、行政事业单位会计为补充、以制度形式确定的独立预算会计系统。

#### 1. 调整总预算会计制度

1984年开始执行新的《财政机关总预算会计制度》。该制度加强了总预算会计的组织管理职能,包括更灵活地调度预算资金,协助国库做好库款的收纳、划分、报解、支拨,制定各项预算会计、国库制度和实施办法,以及组织指导本地区的预算会计工作等。

1989年《财政机关总预算会计制度》再次修订,改称"财政总会计",规定是财政部和地方各级财政机关核算、反映、监督国家和地方各级总预算执行的会计。总会计的核算范围也进一步拓宽,由核算预算资金和预算外资金拓宽为包括财政信用资金在内的全部财政资金,并区分预算资金和预算外资金"两条线"分别核算和报告。修订后的总预算会计报表分为月报和年报两类。月报主要有"资金活动情况表""经费支出明细表"两种;年报主要有"资金活动情况表""财政收支决算总表""预算外资金收支决算表"等。

#### 2. 调整单位会计制度

1989年颁布新的《事业行政单位预算会计制度》,将原"行政事业单位会计"改称"事业行政单位会计",并将其界定为核算、反映和监督中央和地方各级事业行政单位预算执行和其他经济活动的专业会计。为了与修订后的总预算会计相适应,单位预算会计的会计要素分类、记账方法和会计等式等进行了一些调整。此外,这一时期我国行政事业单位的预算管理方式区分为全额预算单位、差额预算单位和自收自支单位三类。三类预算管理单位的会计科目设置各不相同。会计报表也因不同预算管理方式而存在差异。其中,"资金活动情况表"是通用的主要会计报表。此外,全额预算单位还编报"拨入经费增减情况表""经费支出明细表"等;差额预算单位编报"业务收支表";自收自支单位编报"收益表"等。

事业行政单位的会计核算一般实行收付实现制,简单成本费用核算的会计事项可以采用权责发生制。

### (三) 我国预算会计体系的发展完善阶段(1993—2000年)

财政部自1993年启动预算会计改革,于1997年正式颁布《财政总预算会计制度》《行政单位会计制度》《事业单位会计制度》[①]和《事业单位会计准则》等系列预算会计改革文件,并于1998年1月1日起全面实行,简称为"一则三制"。改变了过去一直以"制度"进行规范的模式,财政总预算会计和行政单位会计继续实行"制度规范",而事业单位会计则实行"准则和制度双规范"的模式。

与当时经济体制和行政管理体制基本相适应,"一则三制"实现了财政总预算会计的统一以及事业单位会计与行政单位会计的分离,是我国预算会计理论和实务的一次重大突破。这一改革标志着我国由各级人民政府财政总预算会计、各级行政单位会计和各类事业单位会计以及参与预算执行的国库会计和税收征解会计(包括税收会计、农业征解会计、海关征解会计)、基本建设拨款会计等组成的预算会计体系正式形成。改革同时设计了比较完备的预算会

---

[①] 一般事业单位实行《事业单位会计制度》;特殊事业单位实行事业单位分类会计,如高等学校实行《高等学校会计制度》、医院实行《医院会计制度》等。

计报告体系。这套新的预算会计报告体系根据相关会计规范的条款,主要由资产负债表、收入支出表(总预算会计为"预算执行情况表")及相关的明细表、附表和报表附注(或"报表说明书")等组成。

这一阶段的预算会计具有以下特征:
(1) 预算会计具体区分为财政总预算会计、行政单位会计和事业单位会计三个分支;
(2) 总预算会计由若干重要分支组成,金库会计、基建拨款会计、税收征缴会计等也属于预算会计范畴;
(3) 明确事业、行政单位范围,事业单位形成单独的政府会计分支;
(4) 行政事业单位按其同各级财政总预算的缴拨款关系进行分类,相应分设会计科目和会计报表;
(5) 会计核算基础主要采用现金制,在事业单位会计准则尤其在医院会计制度中植入财务会计要素和权责发生制;
(6) 财务报表包括总预算会计报表、行政单位报表和事业单位报表。

## 二、2000—2015 年预算会计体系向政府会计体系过渡阶段

21 世纪初,为加强财政预算管理,我国先后推行了编制部门预算、政府收支重新分类、收支两条线、政府采购、国库单一账户制度等预算管理改革措施,初步构建起与公共财政相适应的政府预算管理框架。与此相适应,财政部对自 1998 年开始实施的"一则三制"进行了相应改进,并于 2012—2013 年对当时实行的预算会计体系做了全面的修订。

### (一) 为适应政府预算管理改革发布了十几个补充规定(2000—2012 年)

为适应公共财政改革要求,财政部在 2012 年前先后发布了十几个补充规定对财政总预算会计核算方法进行调整,对单位会计制度也进行了相应的修订完善。主要变化是:对各类行政事业单位不再按其同财政总预算的缴拨款关系分类组织核算;对行政事业单位的预算内外资金进行统一核算;在行政事业单位会计之外逐步建立了若干预算会计的分支,如社保基金会计、住房公积金会计等。

为适应国库管理制度改革引起的支付方式变化,财政部先后于 2001 年、2002 年发布了《财政国库管理制度改革试点会计核算暂行办法》和《〈财政国库管理制度改革试点会计核算暂行办法〉补充规定》,以满足集中支付改革对会计核算的需求;随着财政国库管理制度改革的深化,适时对财政总预算会计部分事项以及行政单位、事业单位和国有建设单位年底应支未支留存国库的结余资金会计核算实行权责发生制;为适应实施国债余额管理、试行国有资本经营预算、建立预算稳定调节基金及政府收支分类改革的需要,对《财政总预算会计制度》《预算外资金财政专户会计核算制度》《行政单位会计制度》《事业单位会计制度》等进行了相应的修订完善;为适应工资和津补贴改革的需求,出台《行政事业单位工资和津贴补贴有关会计核算办法》。

2003 年财政部成立政府会计改革领导小组,正式启动政府会计改革研究工作。财政部以及会计司、预算司、国库司、中国会计学会和财政科学研究院组织举办了一系列政府会计研讨会,设计并安排了一系列研究课题,全面展开政府会计研究。2007 年政府会计改革被写入《国民经济和社会发展第十一个五年规划纲要》,目标是建立规范统一的政府会计准则制度体系和政府综合财务报告制度。2007 年起,我国正式加入国际公共部门会计准则委员会,具有了一定的话语权。2009 年我国修订了《高等学校会计制度》和《医院会计制度》,旨在配合财政预算

体制改革。此外,2004年财政部发布了《民间非营利组织会计制度》,确立了非营利组织会计部门的制度规范。①

### (二) 为全面适应新的政府预算管理要求重新制定"一则两制"②(2012—2013年)

财政部将2012年确定为"事业单位会计准则制度改革年",全面改革《事业单位会计准则》和《事业单位会计制度》,要求2013年1月1日开始执行。2013年又确定为"行业事业单位会计制度改革年",相继修订和发布了《行政单位会计制度》和《高等学校会计制度》《中小学校会计制度》《科学事业单位会计制度》《彩票机构会计制度》等行业事业单位会计制度,要求2014年1月开始执行。

1. 2012年《事业单位会计准则》《事业单位会计制度》的主要变化内容

将事业单位会计准则统驭范围由原先的事业单位会计制度扩大到事业单位会计制度和行业事业单位会计制度;明确了事业单位会计核算目标:首先应当反映"受托责任",同时兼顾"决策有用",体现了事业单位提供会计信息要满足财务管理和预算管理双重需要的特点;会计核算基础从原来的"会计核算一般采用收付实现制,但经营性收支业务核算可以采用权责发生制",修改为"事业单位会计核算一般采用收付实现制;部分经济业务或者事项,以及行业事业单位,采用权责发生制核算的,在有关会计制度中具体规定";会计要素修改为"事业单位会计要素包括资产、负债、净资产、收入、支出或者费用",首次提出了"费用"的会计要素;在资产构成项目中增加"在建工程",为各会计制度将基建账套相关数据并入会计"大账"提供了依据;提出了名义金额计量的适用范围;明确了事业单位对固定资产计提折旧、对无形资产进行摊销的,由财政部在相关财务会计制度中规定;调整了净资产项目构成,增加了"财政补助结转结余""非财政补助结转结余"等项目;完善了财务会计报告体系,引入"财务会计报告"概念,对其构成进行明确,并统一规定了相关报表的基本列报格式。

2. 2013年《行政单位会计制度》的主要变化内容

会计核算目标进一步明晰,不仅要反映行政单位预算执行情况,也要反映行政单位财务状况;会计核算方法进一步改进,在原制度仅对固定资产采用"双分录"核算方法的基础上,将该方法的应用范围扩大到所有非货币性资产和部分负债;进一步充实了资产负债核算内容,将原制度中的资产负债科目进行细分,新增了"无形资产""在建工程"等会计科目;新增了行政单位直接负责管理的为社会提供公共服务资产的核算规定,增设"政府储备物资""公共基础设施"科目;增加固定资产折旧和无形资产摊销的会计处理;解决了基建会计信息未在行政单位"大账"上反映的问题,基建会计信息要定期并入行政单位会计"大账";进一步完善净资产核算,增设"资产基金"和"待偿债净资产"科目;完善财务报表体系和结构,增加财政拨款收入支出表,改进资产负债表和收入支出表的结构和项目。

## 三、2015年后现行政府会计体系建立阶段

2014年我国全面修订《预算法》,规定各级政府财政部门应当按年度编制以权责发生制为基础的政府综合财务报告,报告政府整体财务状况、运行情况和财政中长期可持续性。《预算法》修订后,2014年国务院发布了《权责发生制政府综合财务报告制度改革方案》,明确政府会计改革的目标规划和总体部署;2015年财政部成立政府会计准则委员会,作为政府会计准则

---

① 荆新:《中国政府会计改革发展四十年:回顾与展望》,《财会月刊》2018年第19期。
② 这里的"一则两制"是指《事业单位会计准则》《事业单位会计制度》和《行政单位会计制度》。

制度制定的协调机制。2015年10月10日修订发布了《财政总预算会计制度》,要求2016年1月1日开始执行;2015年10月23日发布了《政府会计准则——基本准则》,要求2017年1月1日实施。然后陆续出台了一系列具体准则,截至2023年底,我国发布了11个政府会计具体准则,具体包括:《政府会计准则第1号——存货》《政府会计准则第2号——投资》《政府会计准则第3号——固定资产》《政府会计准则第4号——无形资产》《政府会计准则第5号——公共基础设施》《政府会计准则第6号——政府储备物资》《政府会计准则第7号——会计调整》《政府会计准则第8号——负债》《政府会计准则第9号——财务报表编制和列报》《政府会计准则第10号——政府和社会资本合作项目合同》《政府会计准则第11号——文物资源》,以及两个具体准则应用指南《〈政府会计准则第3号——固定资产〉应用指南》《〈政府会计准则第11号——文物资源〉应用指南》。2017年10月24日财政部发布了《政府会计制度——行政事业单位会计科目和报表》,要求2019年1月1日开始执行。2022年11月18日财政部对财政总会计制度进行了修订,发布了《财政总会计制度》,要求2023年1月1日起施行。2019年至2023年底财政部还发布了7个《政府会计准则制度解释》,对已经发布的政府会计准则制度进行了补充和说明。

此次政府会计制度的改革,建立了我国现行、规范的政府会计体系。它的重大制度和理论创新包括:

一是构建了政府预算会计和财务会计适度分离并相互衔接的政府会计核算体系。相对于实行多年的预算会计核算体系,新政府会计强化了政府财务会计核算。政府会计由预算会计和财务会计构成,前者一般实行收付实现制,后者实行权责发生制。通过预算会计核算形成决算报告,通过财务会计核算形成财务报告,全面、清晰地反映政府预算执行信息和财务信息。

二是确立了"3+5会计要素"的会计核算模式。《政会计准则——基本准则》规定预算收入、预算支出和预算结余3个预算会计要素和资产、负债、净资产、收入和费用5个财务会计要素。其中,提出收入、费用两个要素,有别于现行预算会计中的收入和支出要素,主要是为了准确反映政府会计主体的运行成本,科学评价政府资源管理能力和绩效。同时,按照政府会计改革最新理论成果对资产、负债要素进行了重新定义。

三是科学界定了会计要素的定义和确认标准。《政会计准则——基本准则》针对每个会计要素,规范了其定义和确认标准,为在政府会计具体准则和政府会计制度层面规范政府发生的经济业务或事项的会计处理提供了基本原则,保证了政府会计标准体系的内在一致性。特别是,对政府资产和负债进行界定时,充分考虑了当前财政管理的需要,比如:在界定政府资产时特别强调了"服务潜力",除了自用的固定资产等以外,将公共基础设施、政府储备资产、文化文物资产、保障性住房和自然资源资产等纳入政府会计核算范围;对政府负债进行界定时强调了"现时义务",将政府因承担担保责任而产生的预计负债也纳入会计核算范围。

四是明确了资产和负债的计量属性及其应用原则。《政会计准则——基本准则》提出,资产的计量属性主要包括历史成本、重置成本、现值、公允价值和名义金额,负债的计量属性主要包括历史成本、现值和公允价值。同时,强调了历史成本计量原则,即政府会计主体对资产和负债进行计量时,一般应当采用历史成本。采用其他计量属性的,应当保证所确定的金额能够持续、可靠计量。这样规定,既体现了资产负债计量的前瞻性,也充分考虑了政府会计实务的现状。

五是构建了政府财务报告体系。《政会计准则——基本准则》要求政府会计主体除按财政部要求编制决算报表外,至少还应编制资产负债表、收入费用表和现金流量表,并按规定编制合并财务报表。同时强调,政府财务报告包括政府综合财务报告和政府部门财务报告,构建了满足现代财政制度需要的政府财务报告体系。

### 四、我国政府会计的未来发展

截至2023年底,我国构建了现行政府会计体系的大框架,制定和施行了政府会计基本准则、11个具体准则、2个具体准则应用指南、7个政府会计准则制度解释、若干个特殊行业事业单位关于执行《政府会计制度——行政事业单位会计科目和报表》的补充规定和衔接规定。

从实际执行看,从2019年1月1日起我国各行政事业单位开始按照新的政府会计准则和制度进行核算和报告;2023年1月1日各级财政开始执行新的《财政总会计制度》。毕竟新的政府会计体系才刚刚在实践中运行,还存在进一步完善的地方:

1. 结合全面实行预算的绩效管理和政府内控制度建立的要求,及时建立政府成本会计核算体系和政府成本控制体系

为了更好地实现公共受托责任,不仅要提高财政透明度,也应该及时回应公众对政府支出的绩效要求。近几年,我国政府不断提高财政透明度,要求全面实行预算的绩效管理,建立政府内控机制。绩效管理的核心之一就是要进行绩效评价,除了对社会效益进行评价外,政府支出的成本也是绩效评价的核心指标。而现行的政府会计准则和制度,为政府会计的成本核算搭起了技术框架。在费用会计要素中设置"业务活动费用"为行政事业单位成本的归集提供了核算的空间。如何利用"业务活动费用"的明细科目归集直接费用、分摊间接费用则是政府成本会计核算体系所要规范的内容。随着我国政府会计制度的完善,政府成本核算体系的建立也可以逐渐跟上。

除了要建立政府成本核算体系,更重要的是建立政府成本控制体系。当然政府成本控制体系不属于政府会计的内容,更应该归属于政府预算管理和政府财务管理的内容。但政府核算只是手段,成本控制才是目标,成本核算也是为成本控制服务的。所以在建立成本核算体系后,应该着手建立政府成本控制体系。

2. 随着政府预算管理的进一步完善,政府会计准则和制度也会进一步发展和完善

随着新公共管理理论在世界各国的全面实施,财政透明度的呼声越来越高。不同的政府预算管理技术会影响财政透明度,如政府收支分类的进一步完善、政府预算体系的进一步优化等都会影响政府会计的核算内容。

另外,我国新的政府会计准则和制度毕竟2019年1月1日才开始执行,准则制度方面不完善的地方也逐渐随着准则制度的实施体现出来。所以财政部才会出台7个《政府会计准则制度解释》,对政府会计准则和制度出台一些解释和补充。相信这样的解释和补充还会不断增加。只有这样,才能使我国的政府会计准则制度越来越合理、越来越科学。

## 第二节 我国政府会计的基本前提与一般原则

在本节中我们主要介绍政府会计基本准则中规范的我国政府会计的记账基础、基本前提、一般原则(即信息质量要求)、政府决算报告和财务报告等内容。

## 一、政府会计的记账基础

现行世界上通行的会计记账基础有四类,即现金制(即现收现付制或者收付实现制)、修正的现金制(即修正的现收现付制或者修正的收付实现制)、修正的应计制(即修正的权责发生制)、应计制(即权责发生制)。

我国的《政府会计准则——基本准则》规定:"政府会计由预算会计和财务会计构成。预算会计实行收付实现制,国务院另有规定的,依照其规定。财务会计实行权责发生制。"我国政府会计基本准则按规定是适用于行政事业单位会计和财政总会计,所以我国的财政总会计和行政事业单位的会计核算基础按以上规定执行。

## 二、政府会计的基本前提

政府会计的基本前提是指各级政府与行政事业单位进行会计处理时所依据的会计假设,包括以下四个方面:

**1. 会计主体**

会计主体是指政府会计工作特定的空间范围。《政府会计准则——基本准则》规定,政府会计主体是各级政府、各部门、各单位,各部门、各单位是指与本级政府财政部门直接或者间接发生预算拨款关系的国家机关、军队、政党组织、社会团体、事业单位和其他单位。

《政府会计制度——行政事业单位会计科目和报表》规定,行政事业单位会计主体是各级各类行政单位和事业单位。《财政总会计制度》规定,财政总会计的主体是中央,省、自治区、直辖市及新疆生产建设兵团,设区的市、自治州,县、自治县、不设区的市、市辖区,乡、民族乡、镇等各级政府。需要注意的是,政府财政总会计的主体是各级政府,而不是各级政府的财政部门。因为财政总预算各项收支的收取和分配是各级政府的职权范围,财政部门只是代表政府执行预算,充当经办人的角色。

**2. 持续性**

持续性是指假设一个会计主体将在可预期的未来持续有各种活动发生。虽然政府及行政事业单位不以营利为目的,其开展各项公共活动不仅不能带来盈利,而且要耗费一定的资源。但如果不做这样的假设,我们很难想象一个社会能够延续下去。在这个前提下,会计主体将按照既定用途使用资产,按照既定的合约条件清偿债务,并且在此基础上选择会计原则和会计政策。

《政府会计准则——基本准则》规定,政府会计主体应当对其自身发生的经济业务或者事项进行会计核算;政府会计核算应当以政府会计主体持续运行为前提。《财政总会计制度》也规定,总会计的会计核算应当以本级政府财政业务活动持续正常地进行为前提。

**3. 会计分期**

会计分期是指将政府会计主体持续运行的时间人为地划分成时间阶段,以便分阶段结算账目、编制会计报表。实行会计分期的作用在于能够对连续、相等的会计期间会计主体的财务状况及其变动以及经营成果进行核算,并据以编制会计报告。

《政府会计准则——基本准则》规定,政府会计核算应当划分会计期间,分期结算账目,按规定编制决算报告和财务报告;会计期间至少分为年度和月度;会计年度、月度等会计期间的起讫日期采用公历日期。《财政总会计制度》还规定,年度终了后,可根据工作需要设置一定期限的上年报告清理期。

### 4. 货币计量

货币计量是指政府会计的核算对象能够以货币方式加以度量,在实际操作中以人民币作为记账本位币。

《政府会计准则——基本准则》规定,政府会计核算应当以人民币作为记账本位币;发生外币业务时,应当将有关外币金额折算为人民币金额计量,同时登记外币金额。《财政总会计制度》规定,总会计应当以人民币作为记账本位币,以元为金额单位,元以下记至角、分。发生外币业务,在登记外币金额的同时,一般应当按照业务发生当日中国人民银行公布的汇率中间价,将有关外币金额折算为人民币金额记账。期末,各种以外币计价或结算的资产负债项目,应当按照期末中国人民银行公布的汇率中间价进行折算。因汇率变动产生的差额记入有关费用和支出科目。可见,《财政总会计制度》比《政府会计准则——基本准则》规定得更为详细。

对于"持续性""会计分期"和"货币计量",《政府会计制度——行政事业单位会计科目和报表》没有做出具体的规定,也就是完全按照《政府会计准则——基本准则》执行。

## 三、政府会计的一般原则(信息质量要求)

《政府会计准则——基本准则》对政府会计的信息质量要求进行了规定,《政府会计制度——行政事业单位会计科目和报表》《财政总会计制度》没有做出具体的规定。

### 1. 客观真实原则

政府会计主体应当以实际发生的经济业务或者事项为依据进行会计核算,如实反映各项会计要素的情况和结果,保证会计信息真实可靠。

### 2. 全面性原则

政府会计主体应当将发生的各项经济业务或者事项统一纳入会计核算,确保会计信息能够全面反映政府会计主体预算执行情况和财务状况、运行情况、现金流量等。

### 3. 相关性原则

政府会计主体提供的会计信息,应当与反映政府会计主体公共受托责任履行情况以及报告使用者决策或者监督、管理的需要相关,有助于报告使用者对政府会计主体过去、现在或者未来的情况做出评价或者预测。

### 4. 及时性原则

政府会计主体对已经发生的经济业务或者事项,应当及时进行会计核算,不得提前或者延后。

### 5. 可比性原则

政府会计主体提供的会计信息应当具有可比性。同一政府会计主体不同时期发生的相同或者相似的经济业务或者事项,应当采用一致的会计政策,不得随意变更。确需变更的,应当将变更的内容、理由及其影响在附注中予以说明。不同政府会计主体发生的相同或者相似的经济业务或者事项,应当采用一致的会计政策,确保政府会计信息口径一致,相互可比。

### 6. 清晰性原则

政府会计主体提供的会计信息应当清晰明了,便于报告使用者理解和使用。

### 7. 实质性原则

政府会计主体应当按照经济业务或者事项的经济实质进行会计核算,不限于以经济业务或者事项的法律形式为依据。

## 四、政府决算报告和财务报告

《政府会计准则——基本准则》对政府决算报告和财务报告做出了基本规范。不管是《财政总会计制度》还是《政府会计制度——行政事业单位会计科目和报表》,都对相关会计报表做了具体的规定,我们也在本教材的具体章节中进行了具体的介绍。所以这里不再对《财政总会计制度》和《政府会计制度——行政事业单位会计科目和报表》的具体规定进行介绍,以免重复。我们这里主要介绍《政府会计准则——基本准则》的相关规定。

### (一)政府决算报告

政府决算报告是综合反映政府会计主体年度预算收支执行结果的文件。政府决算报告应当包括决算报表和其他应当在决算报告中反映的相关信息和资料。政府决算报告的具体内容及编制要求等,由财政部另行规定。

### (二)政府财务报告

政府财务报告是反映政府会计主体某一特定日期的财务状况和某一会计期间的运行情况和现金流量等信息的文件。政府财务报告应当包括财务报表和其他应当在财务报告中披露的相关信息和资料。

政府财务报告包括政府综合财务报告和政府部门财务报告。政府综合财务报告是指由政府财政部门编制的,反映各级政府整体财务状况、运行情况和财政中长期可持续性的报告。政府部门财务报告是指政府各部门、各单位按规定编制的财务报告。

财务报表是对政府会计主体财务状况、运行情况和现金流量等信息的结构性表述。财务报表包括会计报表和附注。会计报表至少应当包括资产负债表、收入费用表和现金流量表。政府会计主体应当根据相关规定编制合并财务报表。

资产负债表是反映政府会计主体在某一特定日期的财务状况的报表。收入费用表是反映政府会计主体在一定会计期间运行情况的报表。现金流量表是反映政府会计主体在一定会计期间现金及现金等价物流入和流出情况的报表。附注是对在资产负债表、收入费用表、现金流量表等报表中列示项目所做的进一步说明,以及对未能在这些报表中列示项目的说明。

政府决算报告的编制主要以收付实现制为基础,以预算会计核算生成的数据为准。政府财务报告的编制主要以权责发生制为基础,以财务会计核算生成的数据为准。

# 第三节 我国政府会计要素

我国《政府会计准则——基本准则》既适用于各级政府,又适用于各行政事业单位,所以本节介绍的是《政府会计准则——基本准则》中规范的政府会计要素。《政府会计准则——基本准则》规定,政府会计由财务会计和预算会计组成,所以会计要素也包括财务会计要素和预算会计要素两部分。财务会计要素包括资产、负债、净资产、收入和费用5个会计要素;预算会计要素包括预算收入、预算支出和预算结余3个会计要素。

## 一、政府预算会计要素

政府预算会计要素包括预算收入、预算支出与预算结余。会计要素之间的关系可以用会计等式来表示,政府预算会计的会计等式为:

预算收入－预算支出＝预算结余

预算收入是指政府会计主体在预算年度内依法取得的并纳入预算管理的现金流入。预算收入一般在实际收到时予以确认，以实际收到的金额计量。

预算支出是指政府会计主体在预算年度内依法发生并纳入预算管理的现金流出。预算支出一般在实际支付时予以确认，以实际支付的金额计量。

预算结余是指政府会计主体预算年度内预算收入扣除预算支出后的资金余额，以及历年滚存的资金余额。预算结余包括结余资金和结转资金。结余资金是指年度预算执行终了，预算收入实际完成数扣除预算支出和结转资金后剩余的资金。结转资金是指预算安排项目的支出年终尚未执行完毕或者因故未执行，且下年需要按原用途继续使用的资金。

符合预算收入、预算支出和预算结余定义及其确认条件的项目应当列入政府决算报表。

## 二、政府财务会计要素

政府财务会计要素包括资产、负债、净资产、收入和费用。政府财务会计的会计等式是：

资产＝负债＋净资产（财务会计静态会计等式）

资产＋费用＝负债＋收入＋净资产（财务会计动态会计等式）

### （一）资产

资产是指政府会计主体过去的经济业务或者事项形成的，由政府会计主体控制的，预期能够产生服务潜力或者带来经济利益流入的经济资源。服务潜力是指政府会计主体利用资产提供公共产品和服务以履行政府职能的潜在能力。经济利益流入表现为现金及现金等价物的流入，或者现金及现金等价物流出的减少。

政府会计主体的资产按照流动性，分为流动资产和非流动资产。流动资产是指预计在1年内（含1年）耗用或者可以变现的资产，包括货币资金、短期投资、应收及预付款项、存货等。非流动资产是指流动资产以外的资产，包括固定资产、在建工程、无形资产、长期投资、公共基础设施、政府储备资产、文物资源、保障性住房和自然资源资产等。

1. 资产的确认条件

符合资产定义的经济资源，在同时满足以下条件时确认为资产：与该经济资源相关的服务潜力很可能实现或者经济利益很可能流入政府会计主体；该经济资源的成本或者价值能够可靠地计量。

2. 资产的计量属性

资产的计量属性主要包括历史成本、重置成本、现值、公允价值和名义金额。

在历史成本计量下，资产按照取得时支付的现金金额或者支付对价的公允价值计量。在重置成本计量下，资产按照现在购买相同或者相似资产所需支付的现金金额计量。在现值计量下，资产按照预计从其持续使用和最终处置中所产生的未来净现金流入量的折现金额计量。在公允价值计量下，资产按照市场参与者在计量日发生的有序交易中出售资产所能收到的价格计量。无法采用上述计量属性的，采用名义金额（即人民币1元）计量。

政府会计主体在对资产进行计量时，一般应当采用历史成本。采用重置成本、现值、公允价值计量的，应当保证所确定的资产金额能够持续、可靠计量。

符合资产定义和资产确认条件的项目，应当列入资产负债表。

## (二) 负债

负债是指政府会计主体过去的经济业务或者事项形成的,预期会导致经济资源流出政府会计主体的现时义务。现时义务是指政府会计主体在现行条件下已承担的义务。未来发生的经济业务或者事项形成的义务不属于现时义务,不应当确认为负债。

政府会计主体的负债按照流动性,分为流动负债和非流动负债。流动负债是指预计在1年内(含1年)偿还的负债,包括应付及预收款项、应付职工薪酬、应缴款项等。非流动负债是指流动负债以外的负债,包括长期应付款、应付政府债券和政府依法担保形成的债务等。

**1. 负债的确认条件**

符合负债定义的义务,在同时满足以下条件时确认为负债:履行该义务很可能导致含有服务潜力或者经济利益的经济资源流出政府会计主体;该义务的金额能够可靠地计量。

**2. 负债的计量属性**

负债的计量属性主要包括历史成本、现值和公允价值。

在历史成本计量下,负债按照因承担现时义务而实际收到的款项或者资产的金额,或者承担现时义务的合同金额,或者按照为偿还负债预期需要支付的现金计量。在现值计量下,负债按照预计期限内需要偿还的未来净现金流出量的折现金额计量。在公允价值计量下,负债按照市场参与者在计量日发生的有序交易中转移负债所需支付的价格计量。

政府会计主体在对负债进行计量时,一般应当采用历史成本。采用现值、公允价值计量的,应当保证所确定的负债金额能够持续、可靠计量。

符合负债定义和负债确认条件的项目,应当列入资产负债表。

## (三) 净资产

净资产是指政府会计主体资产扣除负债后的净额。净资产金额取决于资产和负债的计量。净资产项目应当列入资产负债表。

## (四) 收入

收入是指报告期内导致政府会计主体净资产增加的、含有服务潜力或者经济利益的经济资源的流入。

收入的确认应当同时满足以下条件:与收入相关的含有服务潜力或者经济利益的经济资源很可能流入政府会计主体;含有服务潜力或者经济利益的经济资源流入会导致政府会计主体资产增加或者负债减少;流入金额能够可靠地计量。

符合收入定义和收入确认条件的项目,应当列入收入费用表。

## (五) 费用

费用是指报告期内导致政府会计主体净资产减少的、含有服务潜力或者经济利益的经济资源的流出。

费用的确认应当同时满足以下条件:与费用相关的含有服务潜力或者经济利益的经济资源很可能流出政府会计主体;含有服务潜力或者经济利益的经济资源流出会导致政府会计主体资产减少或者负债增加;流出金额能够可靠地计量。

符合费用定义和费用确认条件的项目,应当列入收入费用表。

# 复习思考题

1. 2015年后政府会计制度改革,建立了我国现行的政府会计体系。它的重大制度和理论创新有哪些?
2. 我国政府会计的信息质量要求有哪些?
3. 我国政府预算会计的会计要素有哪些?
4. 我国政府会计中资产是怎么定义的？它的确认条件有哪些?
5. 我国政府会计中负债是怎么定义的？它的确认条件有哪些?

第二篇

# 财政总会计

# 第三章

# 财政总会计概述

## 第一节 财政总会计的概念、特点和职责

### 一、财政总会计的概念

我国《财政总会计制度》(库〔2022〕41号)指出:"总会计是各级政府财政核算、反映、监督一般公共预算资金、政府性基金预算资金、国有资本经营预算资金、社会保险基金预算资金以及财政专户管理资金、专用基金和代管资金等资金有关的经济活动或事项的专业会计。社会保险基金预算资金会计核算不适用本制度,由财政部另行规定。"财政总会计的组成体系与国家的预算管理体系一致。按照《中华人民共和国预算法》的规定,根据一级政府一级预算的原则,我国的预算体系总共分为五级,即中央、省、自治区、直辖市,设区的市、自治州,县、自治县、不设区的市、直辖区,乡、民族乡、镇五级预算。与之对应,每一级独立的预算都设立一级财政总会计。各级财政总会计都设立在该级政府的财政管理机构内,执行对该级政府的经济财务活动的统一核算、全面监督管理工作。

### 二、财政总会计的特点

我国财政总会计具有以下四个特点:

1. 财政总会计改革与预算管理制度改革有着密切的联系。《预算法》和《预算法实施条例》的修订,国库管理制度及预算管理一体化等制度的改革,使财政总会计的核算也发生了一定的变化。

2. 财政总会计具备财务会计与预算会计双重功能。实现财务会计与预算会计适度区分并相互衔接,全面清晰反映政府财政财务信息和预算执行信息。对于纳入预算管理的财政资金收支业务,在采用预算会计核算的同时应当进行财务会计核算;对于不同预算类型资金间的调入调出、待发国债等业务,仅需进行预算会计核算;对于其他业务,仅需进行财务会计核算。

3. 财政总会计的核算采用双核算基础。财务会计实行权责发生制。预算会计实行收付实现制,国家法律法规等另有规定的,依照其规定。

4. 财政总会计实行双报告制度。财政总会计报表包括财务会计报表和预算会计报表;财务会计报表包括资产负债表、收入费用表、现金流量表、本年预算结余与本期盈余调节表等会计报表和附注;预算会计报表包括预算收入支出表、一般公共预算执行情况表、政府性基金预算执行情况表、国有资本经营预算执行情况表、财政专户管理资金收支情况表、专用基金收支情况表等会计报表和附注。

### 三、财政总会计的职责

财政总会计是预算管理中一项专业性较强的经常性工作,也是整个预算管理体系的重要组成部分,它与预算工作、财务工作具有同样重要的作用。除了收付、记账、报表等经常性工作以外,财政总会计还担负着组织和监督工作,如协调预算收入征收部门、国家金库、国库集中收付代理银行、财政专户开户银行和其他有关部门之间的业务关系等。

具体地讲,财政总会计的主要职责是进行会计核算,反映预算执行,实行会计监督,参与预算管理,合理调度资金。

1. 进行会计核算。办理政府财政各项预算收支、资产负债以及财政运行的会计核算工作,反映政府财政预算执行情况、财务状况、运行情况和现金流量等。

2. 严格财政资金收付调度管理。组织办理财政资金的收付、调拨,在确保资金安全性、规范性、流动性前提下,合理调度管理资金,提高资金使用效益。

3. 规范账户管理。加强对国库单一账户、财政专户、零余额账户和预算单位银行账户等的管理。

4. 实行会计监督,参与预算管理和财务管理。通过会计核算和反映,进行预算执行情况、财务状况、运行情况和现金流量情况分析,并对财政、部门及其所属单位的预算执行和财务管理情况实行会计监督。

5. 协调预算收入征收部门、国家金库、国库集中收付代理银行、财政专户开户银行和其他有关部门之间的业务关系。

6. 组织本地区财政总决算、部门决算、政府财务报告编审和汇总工作。

7. 组织和指导下级政府总会计工作。

### 四、财政总会计与其他政府会计的关系

#### (一)与行政事业单位会计的关系

政府预算的主要收支尤其是支出,通过部门预算实现。政府预算支出时一般既会涉及财政总会计也会涉及行政事业单位会计。例如,财政总会计中"一般公共预算支出""政府性基金预算支出"和"国有资本经营支出",一般会形成行政事业单位的"财政拨款预算收入",财政总会计中的"财政专户管理资金支出"会形成事业单位的"事业收入"。相应的财政总会计中的费用也会与行政事业单位中财务会计的收入紧密联系,如财政总会计中的"政府机关商品和服务拨款费用"与行政单位的"财政拨款收入"有关等。

其次,在报表编制上,总会计要与行政事业单位财务报表和预算会计报表核对,编制总会计财务报表和预算会计报表。

#### (二)与收入征解会计、国库会计的关系

收入征解会计包括税收会计、关税会计等。收入征解会计、国库会计和财政总会计都具有核算、反映和监督各级财政预算执行的功能,也是财政预算管理的重要基础,它们具有共同的

目的：为圆满完成中央预算和地方预算服务。三个方面在工作中要互相配合、密切合作，才能使国家的财、税、库等方面顺利运行。

当然三者的工作性质、内容等也有很大的区别：财政总会计具有核算、反映、监督本级财政预算资金的集中和分配情况的职能，全面掌握着本级财政预算收支的情况，处于综合地位；收入征解会计是核算、反映、监督政府预算中各项资金的征收、缴纳过程的专业会计，处于专业地位；国库会计则是具体核算预算收支缴拨的专业会计，处于专业地位。由此可见，三者在具体职能上是有区别的。

## 第二节　财政总会计的会计理论

### 一、财政总会计的一般原则

财政总会计应该遵循的原则一般体现在对其的会计信息质量要求上。

（1）客观真实原则。总会计应当以实际发生的经济业务或者事项为依据进行会计核算，如实反映各项会计要素的情况和结果，保证会计信息真实可靠，全面反映政府财政的预算执行情况、财务状况和运行情况等。

（2）相关性原则。总会计提供的会计信息应当与政府财政受托责任履行情况的反映，会计信息使用者的监督、决策和管理的需要相关，有助于会计信息使用者对政府财政过去、现在或者未来的情况做出评价或者预测。

（3）可比性原则。总会计提供的会计信息应当具有可比性。同一政府财政不同时期发生的相同或者相似的经济业务或者事项，应当采用一致的会计政策，不得随意变更。确需变更的，应当将变更的内容、理由和对政府财政预算执行情况、财务状况和运行情况的影响在附注中予以说明。

不同政府财政发生的相同或者相似的经济业务或者事项，应当采用统一的会计政策，确保不同政府财政的会计信息口径一致、相互可比。同一政府财政不同时期发生的相同或者相似的经济业务或者事项，应当采用一致的会计政策，不得随意变更。

（4）全面性原则。总会计应该全面反映政府财政的预算执行情况、财务状况和运行情况等。

（5）及时性原则。总会计对于已经发生的经济业务或者事项，应当及时进行会计核算。

（6）清晰性原则。总会计提供的会计信息应当清晰明了，便于会计信息使用者理解和使用。

### 二、财政总会计的会计核算基础

《财政总会计制度》第七条第二款规定："财务会计实行权责发生制。预算会计实行收付实现制，国家法律法规等另有规定的，依照其规定。"

### 三、财政总会计的会计要素和会计科目

#### （一）财政总会计的会计要素

财政总会计制度会计要素包括财务会计要素和预算会计要素。财务会计要素包括资产、负债、净资产、收入和费用，预算会计要素包括预算收入、预算支出和预算结余。

1. 资产

资产是指政府财政过去的经济业务或者事项形成的,由各级政府财政控制的,预期能够产生服务潜力或者带来经济利益流入的经济资源。具体包括财政存款、国库现金管理资产、有价证券、应收非税收入、应收股利、应收及暂付款项、借出款项、预拨经费、在途款、应收转贷款、股权投资等。总会计核算的资产按照流动性,分为流动资产和非流动资产。

2. 负债

负债是指政府财政过去的经济业务或者事项形成的,预期会导致经济资源流出政府会计主体的现时义务。具体包括应付政府债券、应付国库集中支付结余、应付及暂收款项、应付代管资金、应付利息、借入款项、应付转贷款、其他负债等。总会计核算的负债按照流动性,分为流动负债和非流动负债。

3. 净资产

净资产是指本级政府财政总会计核算的资产扣除负债后的净额。包括累计盈余、本期盈余、预算稳定调节基金、预算周转金、权益法调整、以前年度盈余调整等。

4. 收入

收入是指报告期内导致政府财政净资产增加的、含有服务潜力或者经济利益的经济资源的流入。包括税收收入、非税收入、投资收益、转移性收入、其他收入、财政专户管理资金收入和专用基金收入等。

5. 费用

费用是指报告期内导致政府财政净资产减少的、含有服务潜力或者经济利益的经济资源的流出。包括政府机关商品和服务拨款费用、政府机关工资福利拨款费用、对事业单位补助拨款费用、对企业补助拨款费用、对个人和家庭补助拨款费用、对社会保障基金补助拨款费用、资本性拨款费用、其他拨款费用、财务费用、转移性费用、其他费用、财政专户管理资金支出、专用基金支出等。

6. 预算收入

预算收入是指政府财政在预算年度内依法取得的并纳入预算管理的现金流入。包括一般公共预算收入、政府性基金预算收入、国有资本经营预算收入、财政专户管理资金收入、专用基金收入、转移性预算收入、动用预算稳定调节基金、债务预算收入、债务转贷预算收入和待处理收入等。

7. 预算支出

预算支出是指政府财政在预算年度内依法发生并纳入预算管理的现金流出。包括一般公共预算支出、政府性基金预算支出、国有资本经营预算支出、财政专户管理资金支出、专用基金支出、转移性预算支出、安排预算稳定调节基金、债务还本预算支出、债务转贷预算支出和待处理支出等。

8. 预算结余

预算结余是指政府财政在预算年度内政府预算收入扣除预算支出后的余额,以及历年滚存的库款和专户资金余额。包括一般公共预算结转结余、政府性基金预算结转结余、国有资本经营预算结转结余、财政专户管理资金结余、专用基金结余、预算稳定调节基金、预算周转金和资金结存等。

**(二) 财政总会计的会计科目**

会计科目是各级总会计设置账户、确定核算内容的依据。《财政总会计制度》规定各级总会计必须按以下要求使用会计科目：

1. 总会计应当对有关法律、法规允许进行的经济活动，按照本制度的规定使用会计科目进行核算；不得以本制度规定的会计科目及使用说明作为进行有关经济活动的依据。

2. 总会计应当按照本制度的规定设置和使用会计科目，不需使用的总账科目可以不用；在不影响会计处理和编报会计报表的前提下，各级总会计可以根据实际情况在本套科目体系下自行增设下级明细科目。

3. 总会计应当执行本制度统一规定的会计科目编号，不得随意打乱重编，以便于填制会计凭证、登记账簿、查阅账目，实行会计信息化管理。

4. 总会计在填制会计凭证、登记会计账簿时，应同时填列会计科目的名称及编号。

5. 总会计设置明细科目或进行明细核算，除遵循本制度规定外，还应当满足政府财政预算管理和财务管理的需要。

具体财政总会计科目如表3-1、表3-2所示。

表3-1　　　　　　　　　　　　　　财政总会计财务会计科目表

| （一）资产类 | | （二）负债类 | |
|---|---|---|---|
| 1001 | 国库存款 | 2001 | 应付短期政府债券 |
| 1002 | 其他财政存款 | 200101 | 应付国债 |
| 1003 | 国库现金管理资产 | 200102 | 应付地方政府一般债券 |
| 100301 | 商业银行定期存款 | 200103 | 应付地方政府专项债券 |
| 100399 | 其他国库现金管理资产 | 2011 | 应付国库集中支付结余 |
| 1011 | 有价证券 | 2012 | 与上级往来 |
| 1021 | 应收非税收入 | 2013 | 其他应付款 |
| 1022 | 应收股利 | 2014 | 应付代管资金 |
| 1031 | 借出款项 | 2015 | 应付利息 |
| 1032 | 与下级往来 | 201501 | 应付国债利息 |
| 1033 | 预拨经费 | 201502 | 应付地方政府债券利息 |
| 1034 | 在途款 | 201503 | 应付地方政府主权外债利息 |
| 1035 | 其他应收款 | 2021 | 应付长期政府债券 |
| 1041 | 应收地方政府债券转贷款 | 202101 | 应付国债 |
| 104101 | 应收本金 | 202102 | 应付地方政府一般债券 |
| 104102 | 应收利息 | 202103 | 应付地方政府专项债券 |
| 1042 | 应收主权外债转贷款 | 2022 | 借入款项 |
| 104201 | 应收本金 | 2031 | 应付地方政府债券转贷款 |
| 104202 | 应收利息 | 203101 | 应付本金 |
| 1061 | 股权投资 | 203102 | 应付利息 |

续表

| | | | |
|---|---|---|---|
| 106101 | 国际金融组织股权投资 | 2032 | 应付主权外债转贷款 |
| 106102 | 政府投资基金股权投资 | 203201 | 应付本金 |
| 106103 | 企业股权投资 | 203202 | 应付利息 |
| | | 2041 | 其他负债 |
| | | (三) 净资产类 | |
| | | 3001 | 累计盈余 |
| | | 300101 | 预算管理资金累计盈余 |
| | | 300102 | 财政专户管理资金累计盈余 |
| | | 300103 | 专用基金累计盈余 |
| | | 3011 | 本期盈余 |
| | | 301101 | 预算管理资金本期盈余 |
| | | 301102 | 财政专户管理资金本期盈余 |
| (五) 费用类 | | 301103 | 专用基金本期盈余 |
| 5001 | 政府机关商品和服务拨款费用 | 3021 | 预算稳定调节基金 |
| 5002 | 政府机关工资福利拨款费用 | 3022 | 预算周转金 |
| 5003 | 对事业单位补助拨款费用 | 3041 | 权益法调整 |
| 5004 | 对企业补助拨款费用 | 3051 | 以前年度盈余调整 |
| 5005 | 对个人和家庭补助拨款费用 | 305101 | 预算管理资金以前年度盈余调整 |
| 5006 | 对社会保障基金补助拨款费用 | 305102 | 财政专户管理资金以前年度盈余调整 |
| 5007 | 资本性拨款费用 | 305103 | 专用基金以前年度盈余调整 |
| 5008 | 其他拨款费用 | | |
| 5011 | 财务费用 | (四) 收入类 | |
| 501101 | 利息费用 | 4001 | 税收收入 |
| 501102 | 债务发行兑付费用 | 4002 | 非税收入 |
| 501103 | 汇兑损益 | 4011 | 投资收益 |
| 5021 | 补助费用 | 4021 | 补助收入 |
| 5022 | 上解费用 | 4022 | 上解收入 |
| 5023 | 地区间援助费用 | 4023 | 地区间援助收入 |
| 5031 | 其他费用 | 4031 | 其他收入 |
| 5041 | 财政专户管理资金支出 | 4041 | 财政专户管理资金收入 |
| 5042 | 专用基金支出 | 4042 | 专用基金收入 |

表 3-2　　　　　　　　　　　　　财政总会计预算会计科目表

| (一) 预算收入类 | | (二) 预算支出类 | |
|---|---|---|---|
| 6001 | 一般公共预算收入 | 7001 | 一般公共预算支出 |
| 6002 | 政府性基金预算收入 | 7002 | 政府性基金预算支出 |
| 6003 | 国有资本经营预算收入 | 7003 | 国有资本经营预算支出 |
| 6005 | 财政专户管理资金收入 | 7005 | 财政专户管理资金支出 |
| 6007 | 专用基金收入 | 7007 | 专用基金支出 |
| 6011 | 补助预算收入 | 7011 | 补助预算支出 |
| 601101 | 　一般公共预算补助收入 | 701101 | 　一般公共预算补助支出 |
| 601102 | 　政府性基金预算补助收入 | 701102 | 　政府性基金预算补助支出 |
| 601103 | 　国有资本经营预算补助收入 | 701103 | 　国有资本经营预算补助支出 |
| 601111 | 　上级调拨 | 701111 | 　调拨下级 |
| 6012 | 上解预算收入 | 7012 | 上解预算支出 |
| 601201 | 　一般公共预算上解收入 | 701201 | 　一般公共预算上解支出 |
| 601202 | 　政府性基金预算上解收入 | 701202 | 　政府性基金预算上解支出 |
| 601203 | 　国有资本经营预算上解收入 | 701203 | 　国有资本经营预算上解支出 |
| 6013 | 地区间援助预算收入 | 7013 | 地区间援助预算支出 |
| 6021 | 调入预算资金 | 7021 | 调出预算资金 |
| 602101 | 　一般公共预算调入资金 | 702101 | 　一般公共预算调出资金 |
| 602102 | 　政府性基金预算调入资金 | 702102 | 　政府性基金预算调出资金 |
| 6031 | 动用预算稳定调节基金 | 702103 | 　国有资本经营预算调出资金 |
| 6041 | 债务预算收入 | 7031 | 安排预算稳定调节基金 |
| 604101 | 　国债收入 | 7041 | 债务还本预算支出 |
| 604102 | 　一般债务收入 | 704101 | 　国债还本支出 |
| 604103 | 　专项债务收入 | 704102 | 　一般债务还本支出 |
| 6042 | 债务转贷预算收入 | 704103 | 　专项债务还本支出 |
| 604201 | 　一般债务转贷收入 | 7042 | 债务转贷预算支出 |
| 604202 | 　专项债务转贷收入 | 704201 | 　一般债务转贷支出 |
| 6051 | 待处理收入 | 704202 | 　专项债务转贷支出 |
| 605101 | 　库款资金待处理收入 | 7051 | 待处理支出 |
| 605102 | 　专户资金待处理收入 | | |

续表

| | | | |
|---|---|---|---|
| (三) 预算结余类 | | | |
| 8001 | 一般公共预算结转结余 | | |
| 8002 | 政府性基金预算结转结余 | | |
| 8003 | 国有资本经营预算结转结余 | | |
| 8005 | 财政专户管理资金结余 | | |
| 8007 | 专用基金结余 | | |
| 8031 | 预算稳定调节基金 | | |
| 8033 | 预算周转金 | | |
| 8041 | 资金结存 | | |
| 804101 | 库款资金结存 | | |
| 804102 | 专户资金结存 | | |
| 804103 | 在途资金结存 | | |
| 804104 | 集中支付结余结存 | | |
| 804105 | 上下级调拨结存 | | |
| 804106 | 待发国债结存 | | |
| 804107 | 零余额账户结存 | | |
| 804108 | 已结报支出 | | |
| 804109 | 待处理结存 | | |

# 复习思考题

1. 我国财政总会计的特点有哪些？
2. 我国财政总会计的任务是什么？
3. 财政总会计与其他政府会计之间存在怎样的关系？
4. 财政总会计的一般原则是什么？
5. 财政总会计的会计核算基础是什么？
6. 财政总会计的会计要素有哪些？

# 第四章

# 财政总会计的资产

在《政府会计准则——基本准则》中,资产是指政府会计主体过去的经济业务或者事项形成的,由政府会计主体控制的,预期能够产生服务潜力或者带来经济利益流入的经济资源。财政总会计的资产包括财政存款、国库现金管理资产、有价证券、应收非税收入、应收股利、应收及暂付款项、借出款项、预拨经费、在途款、应收转贷款、股权投资等。其中,流动资产包括财政存款、国库现金管理资产、有价证券、应收非税收入、应收股利、应收及暂付款项、借出款项、预拨经费、在途款;非流动资产包括应收转贷款和股权投资等。总会计核算的资产,应当按照取得或发生时实际金额进行计量。

财政存款是指政府财政部门代表政府管理的国库存款和其他财政存款等。财政存款的支配权属于同级政府财政部门,并由总会计负责管理,统一在国库或选定的银行开立存款账户,统一收付,不得透支,不得提取现金。

国库现金管理资产是指政府财政在确保支付需要前提下,将暂时闲置的国库存款存放于商业银行或者投资于货币市场形成的资产,包括国库现金管理商业银行定期存款以及国库现金管理其他资产。

有价证券是指政府财政按照有关规定取得并持有的有价证券。

应收非税收入是指政府财政应向缴款人收取但实际尚未缴入国库的非税收入款项。

应收股利是指政府因持有股权投资应当收取的现金股利或应当分得的利润。

应收及暂付款项是指政府财政业务活动中形成的债权,包括与下级往来和其他应收款等。应收及暂付款项应当及时清理结算,不得长期挂账。

借出款项是指政府财政按照对外借款管理相关规定借给预算单位临时急需,并需按期收回的款项。借出款项仅限于政府财政对纳入本级预算管理的一级预算单位(不含企业)安排借款,不得经预算单位再转借企业。借款资金仅限于临时性资金周转或应对社会影响较大突发事件的临时急需垫款,借款期限不得超过一年,借款时应明确还款来源。

预拨经费是指政府财政在本级人民代表大会批准年度预算前,可以提前预拨已经列入年度预算的各部门基本支出、项目支出和对下级转移支付支出,以及法律规定必须履行支付义务的支出和用于自然灾害等突发事件处理的支出。除上述支出事项及财政部另有规定外,其他支出均不得提前预拨。预拨经费(不含预拨下年度预算资金)应在年终前转列费用或清理收回。

在途款是指报告清理期和库款报解整理期内发生的需要通过本科目过渡处理的属于上年度收入、费用等业务的款项。

应收转贷款是指政府财政将借入的资金转贷给下级政府财政的款项，包括应收地方政府债券转贷款、应收主权外债转贷款等。

股权投资是指政府持有的各类股权投资，包括国际金融组织股权投资、政府投资基金股权投资、国有企业股权投资等。

## 第一节　财政存款

财政存款的内容主要包括国库存款、其他财政存款和国库现金管理存款。相关收付制度主要涉及国库集中收付制度，所以本节主要介绍我国的国库集中收付制度和"国库存款""其他财政存款""国库现金管理存款"科目的核算。

### 一、国库集中收付制度

我国各地现行的国库管理制度一般是国库集中收付制度。国库集中收付制度也称为国库单一账户制度，包括国库集中支付制度和收入收缴管理制度，是指由财政部门代表政府设置国库单一账户体系，所有的财政性资金均纳入国库单一账户体系收缴、支付和管理的制度。

财政部于2001年3月16日印发了《财政国库管理制度改革试点方案》，具体规定了试点的主要做法：

#### （一）国库单一账户体系

财政部门在中国人民银行开设国库单一账户，按收入和支出设置分类账，收入账按预算科目进行明细核算，支出账按资金使用性质设立分账册。国库单一账户用于记录、核算和反映纳入预算管理的财政收入和支出活动，并用于与财政部门在商业银行开设的零余额账户进行清算，实现支付。

财政部门按资金使用性质在商业银行开设零余额账户，用于财政直接支付和与国库单一账户支出清算；财政部门在商业银行为预算单位开设零余额账户，用于财政授权支付和清算。

财政部门在商业银行开设预算外资金财政专户，用于记录、核算和反映预算外资金的收入和支出活动，并用于预算外资金日常收支清算。

财政部门在商业银行为预算单位开设小额现金账户，用于记录、核算和反映预算单位的零星支出活动，并用于与国库单一账户清算。

经国务院和省级人民政府批准或授权财政部门开设特殊过渡性专户（简称特设专户），用于记录、核算和反映预算单位特殊专项支出活动，并用于与国库单一账户清算。

#### （二）规范收入收缴程序

财政收入的收缴方式有两种：直接缴库和集中汇缴。直接缴库方式下，由纳税人提出纳税申报，经征收机关审核无误后，由纳税人通过开户银行将税款直接缴入国库单一账户。集中汇缴方式下，由征收机关将收缴收入汇总缴入国库单一账户，一般是对小额零散税收和法律另有规定的收入。

#### （三）规范支出拨付程序

首先把财政支出分为工资支出、购买支出（除工资支出、零星支出之外购买服务、货物、工程项目等支出)、零星支出、转移支出。接着按照不同的支付主体,对不同类型的支出分别实行财政直接支付和财政授权支付。

1. 财政直接支付

预算单位按照批复的预算和资金使用计划,向财政国库支付执行机构提出支付申请,经财政国库支付执行机构审核无误后,向代理银行发出支付令,并通知中国人民银行,通过代理银行进入全国银行清算系统实时清算,财政资金从国库单一账户划拨到收款人的银行账户。实行财政直接支付的支出包括工资支出、购买支出、转移支出。转移支出(中央对地方专项转移支出除外)支付到用款单位,其他支出支付到收款人。财政直接支付主要通过转账方式进行,也可以采用"国库支票"支付。财政国库支付执行机构根据预算单位的要求签发支票,并将签发给收款人的支票交给预算单位,由预算单位转给收款人。收款人持支票到其开户银行入账,收款人开户银行再与代理银行进行清算。每日营业终了前由国库单一账户与代理银行进行清算。

2. 财政授权支付

预算单位按照批复的预算和资金使用计划。向财政国库支付执行机构申请授权支付的月度用款限额,财政国库支付执行机构批准后的限额通知代理银行和预算单位,并通知中国人民银行国库部门。预算单位在月度用款限额内,自行开具支付令,通过财政国库支付执行机构转由代理银行向收款人付款,并与国库单一账户清算。实行财政授权支付的支出包括未实行财政直接支付的购买支出和零星支出。

## 二、财政部门开设的银行账户

财政部门开设的银行账户分为国库存款账户、财政部门零余额账户和财政专户三类。

### (一) 国库存款账户

该账户在中国人民银行开设,为国库单一账户,用于记录、核算和反映纳入财政预算管理的财政收入和支出,并用于与财政部门在商业银行开设的财政部门零余额账户以及财政部门为预算单位在商业银行开设的预算单位零余额账户进行清算,实现支付。

### (二) 财政部门零余额账户

该账户也简称财政零余额账户,在商业银行开设,用于财政直接支付以及与国库单一账户进行清算。该账户为过渡性质的账户。代理银行在根据财政部门开具的支付指令向有关货品或劳务供应者支付款项,并按日向国库单一账户申请清算后,该账户的余额即为零,因此称为财政部门零余额账户。

### (三) 财政专户

该账户在商业银行开设,用于记录、核算和反映实行财政专户管理的资金收入和支出,并用于财政专户管理资金日常收支清算。

## 三、财政存款的科目设置及账务处理

为核算财政性存款业务,财政总会计应设置"国库存款""其他财政存款"和"国库现金管理存款"三个科目。

### (一) 国库存款

"国库存款"科目核算政府财政存放在国库单一账户的款项。该科目期末借方余额反映政府财政国库存款的结存数。

财政总会计国库存款的主要账务处理如下：

1. 国库存款增加时，按照实际收到的金额，借记本科目，贷记有关科目。
2. 国库存款减少时，按照实际支付的金额，借记有关科目，贷记本科目。

【例 4-1】 2024 年，某市财政局收到中心支库报来市级预算收入日报表和所附的缴款书，列明收到市级税收收入 700 000 元，所属县上解收入 100 000 元。该市财政总会计应编制的会计分录如下：

| 财 务 会 计 | 预 算 会 计 |
|---|---|
| 收到市级税收收入 700 000 元：<br>借：国库存款　　　　　　　　700 000<br>　贷：税收收入　　　　　　　　　700 000 | 收到市级税收收入 700 000 元：<br>借：资金结存——库款资金结存　700 000<br>　贷：一般公共预算收入　　　　　700 000 |
| 收到县上解收入 100 000 元：<br>借：国库存款　　　　　　　　100 000<br>　贷：上解收入　　　　　　　　　100 000 | 收到县上解收入 100 000 元：<br>借：资金结存——库款资金结存　100 000<br>　贷：上解预算收入　　　　　　　100 000 |

### （二）其他财政存款

"其他财政存款"科目核算政府财政未列入"国库存款"科目反映的各项财政存款。本科目应按照存款资金的性质和存款银行等进行明细核算。本科目期末借方余额反映政府财政持有的其他财政存款。

其他财政存款的主要账务处理如下：

1. 财政专户收到款项时，按照实际收到的金额，借记本科目，贷记有关科目。
2. 其他财政存款产生的利息收入，除规定作为专户资金收入外，其他利息收入都应缴入国库。取得其他财政存款利息收入时，按照实际获得的利息金额，根据以下情况分别处理：

（1）按规定作为专户资金收入的，借记本科目，贷记"应付代管资金"或有关收入科目；

（2）按规定应缴入国库的，借记本科目，贷记"其他应付款"科目。将其他财政存款利息收入缴入国库时，借记"其他应付款"科目，贷记本科目；同时，借记"国库存款"科目，贷记"非税收入"科目。

3. 其他财政存款减少时，按照实际支付的金额，借记有关科目，贷记本科目。

【例 4-2】 2024 年，某市财政局发生如下业务：

（1）从上级财政部门取得实行财政专户管理的专用基金收入 500 000 元。该市财政总会计应编制的会计分录如下：

| 财 务 会 计 | 预 算 会 计 |
|---|---|
| 借：其他财政存款　　　　　　500 000<br>　贷：专用基金收入　　　　　　　500 000 | 借：资金结存——专户资金结存　500 000<br>　贷：专用基金收入　　　　　　　500 000 |

（2）某市财政根据有关文件规定从其他财政存款账户中安排使用专用基金 150 000 元。该市财政总会计应编制的会计分录如下：

| 财　务　会　计 | 预　算　会　计 |
|---|---|
| 借：专用基金支出　　　　　　　　150 000<br>　　贷：其他财政存款　　　　　　　　150 000 | 借：专用基金支出　　　　　　　　150 000<br>　　贷：资金结存——专户资金结存　150 000 |

（3）某市其他财政存款产生利息收入 100 000 元，其中 85 000 元应缴入国库，15 000 元按规定作为财政专户管理资金收入。

| 财　务　会　计 | 预　算　会　计 |
|---|---|
| 产生利息收入时：<br>借：其他财政存款　　　　　　　　100 000<br>　　贷：其他应付款　　　　　　　　　85 000<br>　　　　专用基金收入　　　　　　　15 000 | 产生利息收入时：<br>借：资金结存——专户资金结存　　15 000<br>　　贷：专用基金收入　　　　　　　　15 000 |
| 缴入国库时：<br>借：其他应付款　　　　　　　　　　85 000<br>　　贷：其他财政存款　　　　　　　　85 000<br>借：国库存款　　　　　　　　　　　85 000<br>　　贷：非税收入　　　　　　　　　　85 000 | 缴入国库时：<br>借：资金结存——库款资金结存　　85 000<br>　　贷：一般公共预算收入　　　　　　85 000 |

**（三）国库现金管理存款**

"国库现金管理存款"科目核算政府财政将暂时闲置的国库存款存放于商业银行或者投资于货币市场形成的资产。本科目应按照业务种类设置"商业银行定期存款""其他国库现金管理资产"明细科目，并可根据管理需要进行明细核算。本科目期末借方余额反映政府财政开展国库现金管理业务形成的资产。

国库现金管理资产的主要账务处理如下：

1. 商业银行定期存款

（1）根据国库现金管理有关规定开展商业银行定期存款时，将国库存款转存商业银行，按照存入商业银行的金额，借记本科目，贷记"国库存款"科目。

（2）商业银行定期存款收回国库时，按照实际收回的金额，借记"国库存款"科目，按照原存入商业银行的存款本金金额，贷记本科目，按照其差额，贷记"非税收入"科目。

2. 其他国库现金管理业务

其他国库现金管理业务可根据管理条件和管理需要，参照商业银行定期存款的账务处理。

**【例 4-3】** 2024 年 6 月，某省财政总会计根据国库现金管理的有关规定，将库款 500 000 元转存商业银行。转存期满后，国库现金管理存款收回国库，实际收到金额 505 000 元。财政总会计应编制如下会计分录：

| 财　务　会　计 | 预　算　会　计 |
|---|---|
| 将库款转存商业银行时：<br>借：国库现金管理资产　　　　　　500 000<br>　　贷：国库存款　　　　　　　　　500 000 | — |

续表

| 财务会计 | 预算会计 |
|---|---|
| 商业银行定期存款收回国库时：<br>借：国库存款　　　　　　　　505 000<br>　贷：国库现金管理资产　　　　　500 000<br>　　　非税收入　　　　　　　　　5 000 | 商业银行定期存款收回国库时：<br>借：资金结存——库款资金结存　　5 000<br>　贷：一般公共预算收入　　　　　5 000 |

# 第二节　有价证券、在途款和预拨经费

## 一、有价证券的核算

"有价证券"科目核算政府财政按照有关规定取得并持有的有价证券。本科目应当按照有价证券种类进行明细核算。本科目期末借方余额反映政府财政持有的有价证券金额。

有价证券的主要账务处理如下：

1. 购入有价证券时，按照实际支付的金额，借记本科目，贷记"国库存款""其他财政存款"等科目。

2. 转让或到期兑付有价证券时，按照实际收到的金额，借记"国库存款""其他财政存款"等科目，按照该有价证券的账面余额，贷记本科目，按其差额，贷记或借记有关收入或费用科目。

【例4-4】2024年6月25日，某市财政局用暂时闲置的政府性基金预算结余资金65 000元购买政府债券。3个月之后，将购买的债券转让，收到款项合计73 000元。财政总会计应编制如下会计分录：

| 财务会计 | 预算会计 |
|---|---|
| 购买政府债券时：<br>借：有价证券　　　　　　　　　65 000<br>　贷：国库存款　　　　　　　　　65 000 | — |
| 转让政府债券时：<br>借：国库存款　　　　　　　　　73 000<br>　贷：有价证券　　　　　　　　　65 000<br>　　　非税收入　　　　　　　　　8 000 | 转让政府债券时：<br>借：资金结存——库款资金结存　　8 000<br>　贷：政府性基金预算收入　　　　8 000 |

## 二、在途款的核算

为清理和核实一年的财政收支，保证属于当年的财政收支能全部反映到当年的财政决算中，根据国库制度的规定，年度终了后，支库应设置十天的库款报解整理期。在设置报告清理期的年度，库款报解整理期相应顺延。在库款报解整理期和报告清理期内，有些属于上年度的收入需要补充缴库,有些不合规定的支出需要收回。这些资金活动虽发生在新年度,但其会计事项应属于上一年度,这些资金就是在途款。

"在途款"科目核算报告清理期和库款报解整理期内发生的需要通过本科目过渡处理的属于上年度收入、费用等业务的款项。

在途款的主要账务处理如下:

报告清理期和库款报解整理期内收到属于上年度收入时,在上年度账务中,借记本科目,贷记有关收入科目或"应收非税收入"科目;收回属于上年度费用等款项时,在上年度账务中,借记本科目,贷记"预拨经费"或有关费用科目。冲转在途款时,在本年度账务中,借记"国库存款"科目,贷记本科目。

【例4-5】 2024年1月,某市财政在库款报解整理期内收到上年度的非税收入4 500元。

| 财 务 会 计 | 预 算 会 计 |
|---|---|
| 在上年度账上:<br>借:在途款　　　　　　　　　4 500<br>　贷:非税收入　　　　　　　　　4 500 | 在上年度账上:<br>借:资金结存——在途资金结存　　4 500<br>　贷:一般公共预算收入　　　　　4 500 |
| 在新年度账上:<br>借:国库存款　　　　　　　　4 500<br>　贷:在途款　　　　　　　　　4 500 | 在新年度账上:<br>借:资金结存——库款资金结存　　4 500<br>　贷:资金结存——在途资金结存　　4 500 |

## 三、预拨经费的核算

"预拨经费"科目核算政府财政按照预拨经费管理有关规定预拨给预算单位尚未列为费用的款项。本科目应当按照预算单位等进行明细核算。本科目借方余额反映政府财政年末尚未转列费用或尚待收回的预拨经费款项。

预拨经费的主要账务处理如下:

1. 拨出款项时,借记本科目,贷记"国库存款"科目。
2. 转列费用时,借记有关费用科目,贷记本科目。
3. 收回预拨款项时,借记"国库存款"等科目,贷记本科目。

【例4-6】 某市财政2024年1月按照规定用一般公共预算资金向所属某行政单位预拨商品和服务拨款费用50 000元。该市财政总会计在2024年3月按照规定将该笔预拨经费转作费用。

| 财 务 会 计 | 预 算 会 计 |
|---|---|
| 2024年1月:<br>借:预拨经费　　　　　　　　50 000<br>　贷:国库存款　　　　　　　　50 000 | 2024年1月:<br>借:待处理支出　　　　　　　　50 000<br>　贷:资金结存——库款资金结存　　50 000 |
| 2024年3月:<br>借:政府机关商品和服务拨款费用　　50 000<br>　贷:预拨经费　　　　　　　　50 000 | 2024年3月:<br>借:一般公共预算支出　　　　　50 000<br>　贷:待处理支出　　　　　　　　50 000 |

# 第三节 借出款项、暂付及应收款项

## 一、借出款项的核算

### (一)"借出款项"的核算内容及明细设置

"借出款项"科目核算政府财政按照对外借款管理有关规定借给预算单位临时急需并按期收回的款项。在财政国库集中支付制度下,财政部门借给所属预算单位临时急需的款项,其实现方式可以是采用财政直接支付的方式为所属预算单位支付财政资金,或者向所属预算单位零余额账户拨付用款额度供其采用财政授权支付的方式。由于没有相应的预算安排,因此,所属预算单位在使用临时急需财政资金时,财政总会计不能列报支出,应当做借出款项处理,属于财政部门的债权。本科目应按照借款单位进行明细核算。本科目期末借方余额反映政府财政借给预算单位尚未收回的款项。

注意"借出款项"与"下级往来"的区别主要是对象不同,"借出款项"借出的对象是所属本级的预算单位,而"下级往来"的债务人往往是下级财政。

### (二)"借出款项"的主要账务处理

1. 将款项借出时,按照实际支付的金额,借记本科目,贷记"国库存款"等科目。
2. 收回借款时,按照实际收到的金额,借记"国库存款"等科目,贷记本科目。

**【例 4-7】** 2024 年 6 月 27 日,某市财政因所属单位临时急需资金,借给该单位一般公共预算款项 18 000 元。15 天后,市财政全额收回了向该所属单位借出的款项 18 000 元。财政总预算会计应编制如下会计分录:

| 财 务 会 计 | | 预 算 会 计 |
|---|---|---|
| 借出款项时:<br>借:借出款项　　　　　　　18 000<br>　　贷:国库存款　　　　　　　　　18 000 | | — |
| 收回款项时:<br>借:国库存款　　　　　　　18 000<br>　　贷:借出款项　　　　　　　　　18 000 | | — |

## 二、与下级往来的核算

### (一)"与下级往来"的核算内容及明细设置

"与下级往来"科目核算本级政府财政与下级政府财政的往来待结算款项。

财政上下级往来款项有两种情况:一是由于财政资金的补助、上解结算事项等形成的应补未补、应解未解款项从而发生的债权或债务;二是上下级财政之间财政资金周转调度的结果。预算收入和预算支出在年度内并不总是平衡的,财政总预算在年度的收支过程中有可能在某个时期出现支出大于收入的状况,此时如果通过使用预算周转金或者通过动用预算稳定调节金等方式,预算收支仍不能平衡,下级财政可以向上级财政申请借款,上级财政也可以向有结余的下级财政借入款项。这些款项就是财政之间的往来款项。

这种往来结算的特点是：既可能是上级财政欠下级财政，也可能是下级财政欠上级财政。所以不论是"与上级往来"还是"与下级往来"，都是双重性质的账户，有时是债权有时是债务。但在一般情况下，多数表现为下级财政对上级财政的欠款，因此将"与下级往来"列为资产类，"与上级往来"则列为负债类。

为了核算与下级财政的往来结算款项，总会计应设置"与下级往来"科目。该科目借方记债权发生和增加，债务减少和清偿。贷方记债权的减少和回收，债务发生和增加。科目期末借方余额反映下级政府财政欠本级政府财政的款项；期末贷方余额反映本级政府财政欠下级政府财政的款项。"与下级往来"科目应当按照下级政府财政进行明细核算。

(二)"与下级往来"的主要账务处理

1. 拨付下级政府财政款项时，借记本科目，贷记"国库存款"科目。

2. 有主权外债业务的财政部门，贷款资金由下级政府财政同级部门（单位）使用，且贷款的最终还款责任由本级政府财政承担的，本级政府财政部门支付贷款资金时，借记本科目或"补助费用"科目，贷记"国库存款""其他财政存款"等科目；外方将贷款资金直接支付给供应商或用款单位时，借记本科目或"补助费用"科目，贷记"借入款项"或"应付主权外债转贷款"科目。

3. 两级财政年终结算时，确认应当由下级政府财政上交的收入数，借记本科目，贷记"上解收入"科目。

4. 两级财政年终结算时，确认应补助下级政府财政的费用数，借记"补助费用"科目，贷记本科目。

5. 收到下级政府财政缴入国库的往来待结算款项时，借记"国库存款"科目，贷记本科目。

6. 扣缴下级政府财政资金时，借记本科目，贷记"其他应付款"等科目。

【例 4-8】 2024 年，某市财政发生如下业务：

(1) 8 月 2 日，市财政局同意所属 A 县财政局申请，用一般公共预算资金借给 A 县财政临时周转金 250 000 元。该市财政总会计应编制的会计分录如下：

| 财 务 会 计 | 预 算 会 计 |
| --- | --- |
| 借：与下级往来　　　　　　　250 000<br>　贷：国库存款　　　　　　　　　　250 000 | 借：补助预算支出——调拨下级——A 县　250 000<br>　贷：资金结存——库款资金结存　　　　250 000 |

(2) 年末，将借给所属 A 县的往来款项 250 000 元转作对该县的一般公共预算补助。该市财政总会计应编制的会计分录如下：

| 财 务 会 计 | 预 算 会 计 |
| --- | --- |
| 借：补助费用　　　　　　　　250 000<br>　贷：与下级往来　　　　　　　　　250 000 | 借：补助预算支出——一般公共预算补助支出——<br>　　　A 县　　　　　　　　　　　　　　　250 000<br>　贷：补助预算支出——调拨下级——A 县<br>　　　　　　　　　　　　　　　　　　250 000 |

(3) 12 月 10 日，市财政局收到下属 B 县财政局的对账单，列示市财政局尚欠 B 县政府性基金预算补助 450 000 元；12 月 20 日该市财政拨付补助款。该市总会计应编制如下的会计分录：

| 财 务 会 计 | 预 算 会 计 |
|---|---|
| 收到对账单,确认补助欠款时:<br>借:补助费用　　　　　　　　　450 000<br>　　贷:与下级往来　　　　　　　　450 000 | 收到对账单,确认补助欠款时:<br>借:补助预算支出——政府性基金预算补助支出——<br>　　　　　　　B县　　　　　　　　450 000<br>　　贷:补助预算支出——调拨下级——B县<br>　　　　　　　　　　　　　　　　450 000 |
| 拨付补助款时:<br>借:与下级往来　　　　　　　　450 000<br>　　贷:国库存款　　　　　　　　　450 000 | 拨付补助款时:<br>借:补助预算支出——调拨下级——B县　450 000<br>　　贷:资金结存——库款资金结存　　　450 000 |

### 三、其他应收款的核算

**(一)"其他应收款"的核算内容及明细设置**

"其他应收款"科目核算政府财政临时发生的其他应收、暂付、垫付款项。项目单位拖欠外国政府和国际金融组织贷款本息和相关费用导致相关政府财政履行担保责任,代偿的贷款本息费,也通过本科目核算。该科目应当按照资金类别、债务单位等进行明细核算。该科目应及时清理结算。期末原则上应无余额。

**(二)"其他应收款"的主要账务处理**

1. 发生其他应收款项时,借记本科目,贷记"国库存款""其他财政存款"等科目。

2. 收回其他应收款时,借记"国库存款""其他财政存款",贷记本科目。

3. 其他应收款项转列费用时,借记有关费用科目,贷记本科目。

4. 政府财政对使用外国政府和国际金融组织贷款资金的项目单位履行担保责任,代偿贷款本息费时,借记本科目,贷记"国库存款""其他财政存款"等科目。政府财政行使追索权,收回项目单位贷款本息费时,借记"国库存款""其他财政存款"等科目,贷记本科目。政府财政最终未收回项目单位贷款本息费,经核准列费用时,借记有关费用科目,贷记本科目。

**【例4-9】** 2024年7月,某市财政用一般公共预算资金对使用外国政府和国际金融组织贷款资金的A项目单位(A项目单位性质为企业)履行担保责任,代偿贷款本息1 500 000元。2025年1月该市财政行使追索权,收回项目单位贷款本息1 300 000元,未收回的200 000元经核准列费用。

| 财 务 会 计 | 预 算 会 计 |
|---|---|
| 对A项目单位履行担保责任时:<br>借:其他应收款　　　　　　　1 500 000<br>　　贷:国库存款　　　　　　　　1 500 000 | —— |
| 收回项目单位贷款时:<br>借:国库存款　　　　　　　　1 300 000<br>　　对企业补助拨款费用　　　　200 000<br>　　贷:其他应收款　　　　　　　1 500 000 | 收回项目单位贷款时:<br>借:一般公共预算支出　　　　　　200 000<br>　　贷:资金结存——库款资金结存　200 000 |

### 四、应收非税收入的核算

**(一)"应收非税收入"的核算内容及明细设置**

"应收非税收入"科目核算政府财政应向缴款人收取但实际尚未缴入国库的非税收入款

项。对于非税收入管理部门不能提供已开具非税收入缴款票据、尚未缴入本级国库的非税收入数据的地区,可暂不使用本科目核算。本科目应参照《政府收支分类科目》中"非税收入"科目进行明细核算,同时可根据管理需要,参照实际情况,按执收部门(单位)进行明细核算。本科目期末借方余额反映政府财政尚未入库的应收非税收入。

### (二)"应收非税收入"的主要账务处理

1. 确认取得非税收入时,按照非税收入管理部门提供的已开具缴款票据、尚未缴入本级国库的非税收入金额,借记本科目,贷记"非税收入"科目。

2. 实际收到非税收入款项时,按照实际收到的非税收入金额,借记"国库存款"科目,已列应收非税收入部分金额,贷记本科目;未列入应收非税收入部分金额,贷记"非税收入"科目。

3. 期末,非税收入管理部门应对未入库的应收非税收入进行全面核查,总会计根据核查结果对应收非税收入余额进行确认,确保应收非税收入核算准确。

【例 4-10】 某市财政 2024 年 7 月 10 日收到残保金征收部门开具的缴款票据,应收残保金 150 000 元,尚未缴入本级国库;7 月 12 日收到相关企业缴纳的残保金并缴入本级国库。

| 财 务 会 计 | 预 算 会 计 |
| --- | --- |
| 2024 年 7 月 10 日:<br>借:应收非税收入　　　150 000<br>　贷:非税收入　　　　　　150 000 | — |
| 7 月 12 日:<br>借:国库存款　　　　　150 000<br>　贷:应收非税收入　　　　150 000 | 7 月 12 日:<br>借:资金结存——库款资金结存　150 000<br>　贷:一般公共预算收入　　　　　150 000 |

# 第四节　股权投资和应收股利

在本节中主要介绍"股权投资"和"应收股利"两个科目的账务处理。虽然"股权投资"属于非流动资产,"应收股利"属于流动资产,但这两个科目相互关联,所以我们放在一起介绍。

## 一、股权投资和应收股利的核算内容及明细设置

### (一)"股权投资"的核算内容及明细设置

"股权投资"科目核算政府持有的各类股权投资,包括国际金融组织股权投资、政府投资基金股权投资和企业股权投资等。股权投资在持有期间,通常采用权益法进行核算。政府无权决定被投资主体的财务和经营政策或无权参与被投资主体的财务和经营政策决策的应当采用成本法进行核算。本科目应当按照"国际金融组织股权投资""政府投资基金股权投资""企业股权投资"设置一级明细科目,在一级明细科目下,分别设置"投资成本""损益调整""其他权益变动"明细科目,同时应根据管理需要,按照被投资主体进行明细核算。本科目期末借方余额反映政府持有的各类股权投资的价值。

### (二)"应收股利"的核算内容及明细设置

"应收股利"科目核算政府因持有股权投资应当收取的现金股利或应当分得的利润。本科

目应根据管理需要,按照被投资主体进行明细核算。本科目期末借方余额反映政府财政应当收取但尚未收到的现金股利或利润。

## 二、主要账务处理

### (一) 采用权益法核算

**1. 股权投资的取得**

(1) 政府财政以现金取得股权投资时,按照实际支付的金额,借记"股权投资——投资成本",贷记"国库存款"科目。实际支付的金额中包含的已宣告但尚未发放的现金股利,应当单独确认为应收股利。

| 财 务 会 计 | 预 算 会 计 |
| --- | --- |
| 借:股权投资——投资成本(差额)<br>　　应收股利(实际支付的金额中包含的已宣告但尚未发放的现金股利)<br>　贷:国库存款(实际支付的金额) | 借:国有资本经营预算支出等(按实际支付的金额扣掉其中包含的已宣告但尚未发放的现金股利)<br>　贷:资金结存——库款资金结存 |

(2) 政府财政以现金以外其他资产置换取得股权投资时,按照股权管理部门确认的金额,借记"股权投资——投资成本",贷记相关资产类科目。

| 财 务 会 计 | 预 算 会 计 |
| --- | --- |
| 借:股权投资——投资成本(按照股权管理部门确认的金额)<br>　贷:相关资产类科目 | — |

(3) 通过清查发现以前年度取得、尚未纳入财政总会计核算的股权投资时,根据股权管理部门提供的资料,按照股权投资的投资成本,借记"股权投资——投资成本",按照以前年度实现的损益中应享有的份额,借记"股权投资——损益调整",按照两者合计金额贷记"以前年度盈余调整"科目;按照确定的其他权益变动金额,借记"股权投资——其他权益变动",贷记"权益法调整"科目。已宣告但尚未发放的现金股利,应当单独确认为应收股利。

| 财 务 会 计 | 预 算 会 计 |
| --- | --- |
| 借:股权投资——投资成本(按照股权投资的投资成本)<br>　　股权投资——损益调整(按照以前年度实现的损益中应享有的份额)<br>　　应收股利(已宣告但尚未发放的现金股利)<br>　贷:以前年度盈余调整<br>借:股权投资——其他权益变动(按照确定的其他权益变动金额)<br>　贷:权益法调整 | — |

(4) 无偿划入股权投资时,根据股权管理部门提供的资料,按照股权投资的投资成本,借记"股权投资——投资成本",按照以前年度实现的损益中应享有的份额,借记"股权投资——损益调整",按照两者合计金额贷记"其他收入"科目;按照确定的其他权益变动金额,借记"股权投资——其他权益变动",贷记"权益法调整"科目。

| 财 务 会 计 | 预 算 会 计 |
|---|---|
| 借:股权投资——投资成本(按照股权投资的投资成本)<br>　　股权投资——损益调整(按照以前年度实现的损益中应享有的份额)<br>　　贷:其他收入<br>借:股权投资——其他权益变动(按照确定的其他权益变动金额)<br>　　贷:权益法调整 | — |

2. 股权投资的持有期间

(1) 被投资主体实现净利润的,根据股权管理部门提供的资料,按照应享有的份额,借记"股权投资——损益调整",贷记"投资收益"科目。被投资主体发生净亏损的,根据股权管理部门提供的资料,按照应分担的份额,借记"投资收益"科目,贷记"股权投资——损益调整",但以"股权投资"的账面余额减记至零为限。发生亏损的被投资主体以后年度又实现净利润的,按照收益分享额弥补未确认的亏损分担额等后的金额,借记"股权投资——损益调整",贷记"投资收益"科目。

| 财 务 会 计 | 预 算 会 计 |
|---|---|
| 被投资主体实现净利润的:<br>借:股权投资——损益调整(按照应享有的份额)<br>　　贷:投资收益 | — |
| 被投资主体发生净亏损:<br>借:投资收益(按照应分担的份额)<br>　　贷:股权投资——损益调整(以"股权投资"的账面余额减记至零为限) | — |
| 发生亏损的被投资主体以后年度又实现净利润的:<br>借:股权投资——损益调整(按照收益分享额弥补未确认的亏损分担额等后的金额)<br>　　贷:投资收益 | — |

(2) 被投资主体宣告发放现金股利或利润的,根据股权管理部门提供的资料,按照应上缴政府财政的部分,借记"应收股利"科目,贷记"股权投资——损益调整"。

| 财 务 会 计 | 预 算 会 计 |
|---|---|
| 借:应收股利(按照应上缴政府财政的部分)<br>　　贷:股权投资——损益调整 | — |

(3) 收到现金股利或利润时,按照实际收到的金额,借记"国库存款"科目,贷记"应收股利"科目;按照实际收到金额中未宣告发放的现金股利或利润,借记"应收股利"科目,贷记"股权投资——损益调整"。

| 财 务 会 计 | 预 算 会 计 |
| --- | --- |
| 借:国库存款(按照实际收到的金额)<br>　　贷:应收股利<br>借:应收股利(按照实际收到金额中未宣告发放的现金股利或利润)<br>　　贷:股权投资——损益调整 | 借:资金结存——货款资金结存(按照实际收到的金额)<br>　　贷:国有资本经营预算收入等 |

(4) 被投资主体发生除净损益和利润分配以外的所有者权益变动的,根据股权管理部门提供的资料,按照应享有或应分担的份额,借记或贷记"股权投资——其他权益变动",贷记或借记"权益法调整"科目。

| 财 务 会 计 | 预 算 会 计 |
| --- | --- |
| 被投资主体发生除净损益和利润分配以外的所有者权益增加时:<br>借:股权投资——其他权益变动(按照应享有的份额)<br>　　贷:权益法调整 | — |
| 被投资主体发生除净损益和利润分配以外的所有者权益减少时:<br>借:权益法调整<br>　　贷:股权投资——其他权益变动(按照应分担的份额) | |

(5) 股权投资持有期间,被投资主体以收益转增投资的,根据股权管理部门提供的资料,按照收益转增投资的金额,借记"股权投资——投资成本",贷记"股权投资——损益调整"。

| 财 务 会 计 | 预 算 会 计 |
| --- | --- |
| 借:股权投资——投资成本(按照收益转增投资的金额)<br>　　贷:股权投资——损益调整 | — |

3. 股权投资的处置

(1) 处置股权投资时,根据股权管理部门提供的资料,按照被处置股权投资对应的"权益法调整"科目账面余额,借记或贷记"权益法调整"科目,贷记或借记"股权投资——其他权益变动";按照处置收回的金额,借记"国库存款"科目,按照已宣告尚未领取的现金股利或利润,贷记"应收股利"科目,按照被处置股权投资的账面余额,贷记"股权投资——投资成本/损益调整",按照其差额,贷记或借记"投资收益"科目。

| 财 务 会 计 | 预 算 会 计 |
|---|---|
| 借：权益法调整(按照被处置股权投资对应的"权益法调整"科目账面余额)<br>　　贷：股权投资——其他权益变动<br>借：国库存款(按照处置收回的金额)<br>　　贷：应收股利(按照已宣告尚未领取的现金股利或利润)<br>　　　　股权投资——投资成本/损益调整(按照被处置股权投资的账面余额)<br>　　　　投资收益(差额，有可能在借方) | 借：资金结存——库款资金结存(按照处置收回的金额)<br>　　贷：国有资本经营预算收入等 |

(2) 无偿划出股权投资时，根据股权管理部门提供的资料，按照被划出股权投资对应的"权益法调整"科目账面余额，借记或贷记"权益法调整"科目，贷记或借记"股权投资——其他权益变动"；按照被划出股权投资的账面余额，借记"其他费用"科目，贷记"股权投资——投资成本/损益调整"。

| 财 务 会 计 | 预 算 会 计 |
|---|---|
| 借：权益法调整(按照被划出股权投资对应的"权益法调整"科目账面余额)<br>　　贷：股权投资——其他权益变动<br>借：其他费用(按照被处置股权投资的账面余额)<br>　　贷：股权投资——投资成本/损益调整 | — |

(3) 企业破产清算时，根据股权管理部门提供的资料，按照破产清算企业股权投资对应的"权益法调整"科目账面余额，借记或贷记"权益法调整"科目，贷记或借记"股权投资——其他权益变动"；按照缴入国库清算收入的金额，借记"国库存款"科目，按照破产清算股权投资的账面余额，贷记"股权投资——投资成本/损益调整"，按照其差额，借记或贷记"投资收益"科目。

| 财 务 会 计 | 预 算 会 计 |
|---|---|
| 借：权益法调整(按照破产清算企业股权投资对应的"权益法调整"科目账面余额)<br>　　贷：股权投资——其他权益变动<br>借：国库存款(按照缴入国库清算收入的金额)<br>　　贷：股权投资——投资成本/损益调整(按照破产清算股权投资的账面余额)<br>　　　　投资收益(差额，有可能在借方) | 借：资金结存——库款资金结存(按照缴入国库清算收入的金额)<br>　　贷：国有资本经营预算收入等 |

【例 4-11】 2023 年 1 月 1 日，某市财政根据当年预算安排，使用国有资本经营预算资金向某公司投入资本金 6 000 万元，占该公司 50% 的权益(该公司股本为 1 亿元)。2023 年 12 月底该公司全年实现净利润 800 万元，除净利润以外的所有者权益减少额为 100 万元，并同时宣告向股东分派利润 600 万元。2024 年 3 月 2 日该公司分派利润 600 万元，该市财政实际收到 300 万元。2024 年 5 月 3 日财政出售这笔投资，收回资金 6 600 万元。

| 财　务　会　计 | 预　算　会　计 |
|---|---|
| 2023年1月1日：<br>借：股权投资——企业股权投资——投资成本　60 000 000<br>　　贷：国库存款　　　　　　　　　　　　　60 000 000 | 2023年1月1日：<br>借：国有资本经营预算支出　60 000 000<br>　　贷：资金结存——库款资金结存<br>　　　　　　　　　　　　　60 000 000 |
| 2023年12月底：<br>借：股权投资——企业股权投资——损益调整　4 000 000<br>　　贷：投资收益　　　　　　　　　　　　　　4 000 000<br>借：应收股利　　　　　　　　　　　　　　3 000 000<br>　　贷：股权投资——企业股权投资——损益调整　3 000 000<br>借：权益法调整　　　　　　　　　　　　　　500 000<br>　　贷：股权投资——企业股权投资——其他权益变动<br>　　　　　　　　　　　　　　　　　　　　500 000 | — |
| 2024年3月2日：<br>借：国库存款　　　　　　　　　　　　　3 000 000<br>　　贷：应收股利　　　　　　　　　　　　3 000 000 | 2024年3月2日：<br>借：资金结存——库款资金结存　3 000 000<br>　　贷：国有资本经营预算收入　3 000 000 |
| 2024年5月3日：<br>借：股权投资——企业股权投资——其他权益变动<br>　　　　　　　　　　　　　　　　　　　　500 000<br>　　贷：权益法调整　　　　　　　　　　　　500 000<br>借：国库存款　　　　　　　　　　　　　66 000 000<br>　　贷：股权投资——企业股权投资——投资成本<br>　　　　　　　　　　　　　　　　　　　60 000 000<br>　　　　股权投资——企业股权投资——损益调整　1 000 000<br>　　　　投资收益　　　　　　　　　　　　　5 000 000 | 2024年5月3日：<br>借：资金结存——库款资金结存<br>　　　　　　　　　　　　　66 000 000<br>　　贷：国有资本经营预算收入　66 000 000 |

### （二）采用成本法核算

1. 股权投资的取得

（1）政府财政以现金取得股权投资时，按照实际支付的金额，借记"股权投资——投资成本"，贷记"国库存款"科目。实际支付的金额中包含的已宣告但尚未发放的现金股利，应当单独确认为应收股利。与权益法核算相同。

（2）政府财政以现金以外其他资产置换取得股权投资时，按照股权管理部门确认的金额，借记"股权投资——投资成本"，贷记相关资产类科目。与权益法核算相同。

（3）通过清查发现以前年度取得、尚未纳入财政总会计核算的股权投资时，根据股权管理部门提供的资料，按照其确定的投资成本，借记"股权投资——投资成本"，贷记"以前年度盈余调整"科目。已宣告但尚未发放的现金股利，应当单独确认为应收股利。

| 财　务　会　计 | 预　算　会　计 |
|---|---|
| 借：股权投资——投资成本（根据股权管理部门提供的资料，按其确定的投资成本）<br>　　应收股利（已宣告但尚未发放的现金股利）<br>　　贷：以前年度盈余调整 | — |

(4) 无偿划入股权投资时,根据股权管理部门提供的资料,按照其确定的投资成本,借记"股权投资——投资成本",贷记"其他收入"科目。

| 财 务 会 计 | 预 算 会 计 |
|---|---|
| 借：股权投资——投资成本（根据股权管理部门提供的资料,按照其确定的投资成本）<br>　　贷：其他收入 | — |

2. 股权投资的持有期间

(1) 持有股权投资期间,被投资主体宣告发放现金股利或利润时,根据股权管理部门提供的资料,按照应上缴政府财政的部分,借记"应收股利"科目,贷记"投资收益"科目。

| 财 务 会 计 | 预 算 会 计 |
|---|---|
| 借：应收股利（按照应上缴政府财政的部分）<br>　　贷：投资收益 | — |

(2) 收到现金股利或利润时,按照实际收到的金额,借记"国库存款"科目,贷记"应收股利"；按照实际收到金额中未宣告发放的现金股利或利润,借记"应收股利",贷记"投资收益"科目。

| 财 务 会 计 | 预 算 会 计 |
|---|---|
| 借：国库存款（按照实际收到的金额）<br>　　贷：应收股利<br>借：应收股利（按照实际收到金额中未宣告发放的现金股利或利润）<br>　　贷：投资收益 | 借：资金结存——库款资金结存（按照实际收到的金额）<br>　　贷：国有资本经营预算收入等 |

3. 股权投资的处置

(1) 处置股权投资时,按照收回的金额,借记"国库存款"科目,按照已宣告尚未领取的现金股利或利润,贷记"应收股利"科目,按照被处置股权投资账面余额,贷记"股权投资——投资成本",按照其差额,贷记或借记"投资收益"科目。

| 财 务 会 计 | 预 算 会 计 |
|---|---|
| 借：国库存款（按照处置收回的金额）<br>　　贷：应收股利（按照已宣告尚未领取的现金股利或利润）<br>　　　　股权投资——投资成本（按照被处置股权投资的账面余额）<br>　　　　投资收益（差额,有可能在借方） | 借：资金结存——库款资金结存（按照处置收回的金额）<br>　　贷：国有资本经营预算收入等 |

(2) 无偿划出股权投资时,按照被划出股权投资的账面余额,借记"其他费用"科目,贷记"股权投资——投资成本"。

| 财 务 会 计 | 预 算 会 计 |
| --- | --- |
| 借:其他费用(按照被处置股权投资的账面余额)<br>　　贷:股权投资——投资成本 | — |

(3) 企业破产清算时,根据股权管理部门提供的资料,按照缴入国库清算收入的金额,借记"国库存款"科目,按照破产清算股权投资的账面余额,贷记"股权投资——投资成本",按照其差额,借记或贷记"投资收益"科目。

| 财 务 会 计 | 预 算 会 计 |
| --- | --- |
| 借:国库存款(按照缴入国库清算收入的金额)<br>　　贷:股权投资——投资成本(按照破产清算股权投资的账面余额)<br>　　　　投资收益(差额,有可能在借方) | 借:资金结存——库款资金结存(按照缴入国库清算收入的金额)<br>　　贷:国有资本经营预算收入等 |

【例 4-12】 假设例 4-11 采用成本法核算。

| 财 务 会 计 | 预 算 会 计 |
| --- | --- |
| 2023 年 1 月 1 日:<br>借:股权投资——企业股权投资——投资成本<br>　　　　　　　　　　　　　　60 000 000<br>　　贷:国库存款　　　　　　　60 000 000 | 2023 年 1 月 1 日:<br>借:国有资本经营预算支出　　60 000 000<br>　　贷:资金结存——库款资金结存　60 000 000 |
| 2023 年 12 月底:<br>借:应收股利　　　　　　　　3 000 000<br>　　贷:投资收益　　　　　　　3 000 000 | 2023 年 12 月底:<br>— |
| 2024 年 3 月 2 日:<br>借:国库存款　　　　　　　　3 000 000<br>　　贷:应收股利　　　　　　　3 000 000 | 2024 年 3 月 2 日:<br>借:资金结存——库款资金结存　3 000 000<br>　　贷:国有资本经营预算收入　　3 000 000 |
| 2024 年 5 月 3 日:<br>借:国库存款　　　　　　　　66 000 000<br>　　贷:股权投资——企业股权投资——投资成本<br>　　　　　　　　　　　　　　60 000 000<br>　　　　投资收益　　　　　　　6 000 000 | 2024 年 5 月 3 日:<br>借:资金结存——库款资金结存　66 000 000<br>　　贷:国有资本经营预算收入　　66 000 000 |

(三) 成本法与权益法的转换

1. 对股权投资的核算从成本法改为权益法的,应按照成本法下"股权投资——投资成本"科目的账面余额与追加投资成本的合计金额,借记"股权投资——投资成本",按照成本法下

"股权投资——投资成本"科目的账面余额,贷记"股权投资——投资成本",按照追加投资的金额,贷记"国库存款"科目。不涉及追加现金投资的,不做预算会计处理。

| 财 务 会 计 | 预 算 会 计 |
|---|---|
| 借:股权投资——投资成本(权益法)<br>　　贷:股权投资——投资成本(成本法)<br>　　　　国库存款(追加投资额) | 借:国有资本经营预算支出等(追加投资额)<br>　　贷:资金结存——库款资金结存(追加投资额) |

2. 对股权投资的核算从权益法改为成本法的,按照"权益法调整"科目账面余额,借记或贷记"权益法调整"科目,贷记或借记"股权投资——其他权益变动";按照权益法下"股权投资——投资成本/损益调整"科目的账面余额作为成本法下投资成本账面余额,借记"股权投资——投资成本",贷记"股权投资——投资成本/损益调整"。不做预算会计处理。

| 财 务 会 计 | 预 算 会 计 |
|---|---|
| 借:权益法调整(按照"权益法调整"科目账面余额)<br>　　贷:股权投资——其他权益变动<br>借:股权投资——投资成本(成本法)<br>　　贷:股权投资——投资成本/损益调整(权益法下<br>　　　　股权投资——投资成本/损益调整账面余额) | — |

其后,被投资单位宣告分派现金股利或利润时,属于已记入投资成本账面余额的部分,按照应分得的现金股利或利润份额,借记"应收股利"科目,贷记"股权投资——投资成本"。不做预算会计处理。

## 第五节　应收转贷款

应收转贷款是指政府财政将借入的资金转贷给下级政府财政的款项,包括应收地方政府债券转贷款、应收主权外债转贷款等。

### 一、应收地方政府债券转贷款

(一)"应收地方政府债券转贷款"的核算内容及明细设置

"应收地方政府债券转贷款"科目核算本级政府财政转贷给下级政府财政的地方政府债券资金的本金及利息。本科目应设置"应收本金"和"应收利息"明细科目,并按照转贷对象进行明细核算,其下应根据管理规定设置"一般债券""专项债券"等明细科目。其中,"应收利息"科目通常应根据债务管理部门计算并提供的政府债券转贷款的应收利息情况,按期进行核算。本科目期末借方余额反映政府财政应收未收的地方政府债券转贷款本金及利息。

(二)"应收地方政府债券转贷款"的主要账务处理

1. 向下级政府财政转贷地方政府债券资金时,按照转贷的本金,借记本科目,按照实际拨付的金额或债务管理部门确认的转贷金额,贷记"国库存款"或"与下级往来"等科目,按照其差额,借记或贷记有关费用科目。

2. 按期确认地方政府债券转贷款的应收利息时,根据债务管理部门计算确认的转贷款本期应收未收利息金额,借记本科目,贷记"财务费用——利息费用"等有关科目。不做预算会计处理。

3. 收到下级政府财政偿还的地方政府债券转贷款本息时,按照收到的金额,借记"国库存款""其他财政存款"等科目,贷记本科目。

4. 扣缴下级政府财政应偿还的地方政府债券转贷款本息时,按照扣缴的金额,借记"与下级往来"等科目,贷记本科目。

5. 豁免下级政府财政应偿还的地方政府债券转贷款本息时,根据债务管理部门转来的有关资料及有关预算文件,按照豁免金额,借记"补助费用""与下级往来"等科目,贷记本科目。预算会计处理参照例9-22。

【例4-13】 某市财政向下级A县政府财政转贷专项债券资金2 000 000元,期限一年,到期一次还本付息,利率5%。该市财政总会计的账务核算如下:

(1) 市政府向下级A县政府财政转贷地方政府专项债券资金2 000 000元:

| 财 务 会 计 | 预 算 会 计 |
| --- | --- |
| 借:应收地方政府债券转贷款——应收本金<br>　　　　　　　　　　　　　　2 000 000<br>　贷:国库存款　　　　　　2 000 000 | 借:债务转贷预算支出　　　2 000 000<br>　贷:资金结存——库款资金结存<br>　　　　　　　　　　　　2 000 000 |

(2) 期末债务管理部门计算出的该笔转贷款本期应收利息100 000元:

| 财 务 会 计 | 预 算 会 计 |
| --- | --- |
| 借:应收地方政府债券转贷款——应收利息100 000<br>　贷:财务费用——利息费用　　100 000 | — |

(3) 到期,收到A县政府财政归还转贷款本息2 100 000元:

| 财 务 会 计 | 预 算 会 计 |
| --- | --- |
| 借:国库存款　　　　　　　2 100 000<br>　贷:应收地方政府债券转贷款——应收本金<br>　　　　　　　　　　　　　2 000 000<br>　　应收地方政府债券转贷款——应收利息<br>　　　　　　　　　　　　　　100 000 | — |

## 二、应收主权外债转贷款

### (一)"应收主权外债转贷款"的核算内容及明细设置

"应收主权外债转贷款"科目核算本级政府财政转贷给下级政府财政的外国政府、国际金融组织贷款等主权外债资金的本金及利息。本科目应设置"应收本金"和"应收利息"明细科目,并按照转贷对象进行明细核算。其中,"应收利息"科目通常应根据债务管理部门计算并提供的主权外债转贷款的应收利息情况,按期进行核算。

**(二)"应收主权外债转贷款"的主要账务处理**

1. 向下级政府财政转贷主权外债资金,且主权外债最终还款责任由下级政府财政承担的,应当分别按照以下情况处理:

(1) 本级政府财政支付转贷资金时,借记本科目,贷记"国库存款""其他财政存款"科目。会计核算参考例4-13。

(2) 外方或上级政府财政将贷款资金直接拨付给用款单位或供应商时,根据债务管理部门转来的有关资料,按照实际拨付的金额,借记本科目,贷记"借入款项"或"应付主权外债转贷款"科目。具体案例见例8-20。

2. 按期确认主权外债转贷款的应收利息时,根据债务管理部门计算确认的转贷款本期应收未收利息金额,借记本科目,贷记"财务费用——利息费用"等科目。不做预算会计处理。

3. 收回下级政府财政偿还的主权外债转贷款本息时,按照收回的金额,借记"国库存款""其他财政存款"等科目,贷记本科目。

4. 扣缴下级政府财政应偿还的主权外债转贷款本息时,按照扣缴的金额,借记"与下级往来"等科目,贷记本科目。

5. 债权人豁免下级政府财政应偿还的主权外债转贷款本息时,根据债务管理部门转来的有关资料及有关预算文件,按照豁免转贷款的金额,借记"应付主权外债转贷款""借入款项""应付利息"等科目,贷记本科目。

6. 本级政府财政豁免下级政府财政应偿还的主权外债转贷款本息时,根据债务管理部门转来的有关资料及有关预算文件,按照豁免金额,借记"补助费用""与下级往来"等科目,贷记本科目。具体案例见例9-22。

7. 年末,根据债务管理部门提供的应收主权外债转贷款因汇率变动产生的期末人民币余额与账面余额之间的差额资料,借记或贷记"财务费用——汇兑损益"科目,贷记或借记本科目。不做预算会计处理。

8. 本级政府财政首次确认以前年度转贷给下级政府财政的主权外债时,根据债务管理部门提供的有关资料,按照转贷主权外债本息余额,借记本科目,贷记"以前年度盈余调整"科目。不做预算会计处理。

【例4-14】 2024年6月30日,某省政府向某国际金融组织贷款7 500 000元,用于该省范围内的公共基础设施建设,按规定放入一般公共预算管理。该省政府将相应贷款的一部分资金总计3 500 000元转贷给下属A市政府,用以具体落实在该市范围内的相应建设项目。根据约定,相应贷款的期限为5年,每年的贷款利息为40 000元,A市政府到期一次性向省政府偿付贷款本息。省财政总会计应编制如下会计分录:

| 财 务 会 计 | 预 算 会 计 |
| --- | --- |
| (1) 省政府财政收到国际金融组织贷款时:<br>借:国库存款　　　　　　　7 500 000<br>　贷:借入款项　　　　　　　7 500 000 | (1) 省政府财政收到国际金融组织贷款时:<br>借:资金结存——库款资金结存　7 500 000<br>　贷:债务预算收入　　　　　　7 500 000 |

续表

| 财 务 会 计 | 预 算 会 计 |
|---|---|
| (2) 向下级财政转贷省政府主权外债资金时：<br>借：应收主权外债转贷款——应收本金　3 500 000<br>　　贷：国库存款　　　　　　　　　　　　3 500 000 | (2) 向下级财政转贷省政府主权外债资金时：<br>借：债务转贷预算支出　　　　　　　　　3 500 000<br>　　贷：资金结存——库款资金结存　　　　3 500 000 |
| (3) 每年确认应收利息时：<br>借：应收主权外债转贷款——应收利息　　40 000<br>　　贷：财务费用——利息费用　　　　　　　40 000 | (3) 每年确认应收利息时：<br>——  |
| (4) 收到 A 市归还的本息时：<br>借：国库存款　　　　　　　　　　　　　3 700 000<br>　　贷：应收主权外债转贷款——应收本金　3 500 000<br>　　　　应收主权外债转贷款——应收利息　　200 000 | (4) 收到 A 市归还的本息时：<br>——  |

# 复习思考题

1. 财政部门开设的银行账户有哪些？
2. 财政存款包括哪些？
3. 什么是国库集中收付制度？直接支付和授权支付的流程各是什么？
4. 借出款项与与下级往来的区别和共同点是什么？
5. 股权投资的内容是什么？成本法核算和权益法核算有什么不同？

# 练习题

1. 某省财政发行一批地方政府一般债券，同时向下属某市财政转贷 600 000 元，用以支持该市政府的一项公共设施建设。该转贷款项每年利息费用为 16 000 元，转贷期限为 3 年，每年支付一次利息。省财政总会计该如何进行账务处理？

2. 2024 年 6 月 1 日，某省政府向某国际金融组织贷款 4 500 000 元。该省政府将全部资金转贷给下属 B 市政府，用以具体落实在该市范围内的相应建设项目，根据约定，相应贷款的期限为 3 年，每年的贷款利息为 40 000 元(利息一年一付)，B 市政府应按期向省政府偿付贷款本息。省财政总会计从转贷到资金收回全过程的账务应该如何处理？

3. 2024 年 1 月 1 日，某市财政根据当年预算安排，使用国有资本经营预算资金——投资文化产业投资基金——5 000 000 元，作为对引导基金的投资，占该投资基金 40％的权益(该投资基金股本为 10 000 000 元)。2024 年 12 月底该创新创业投资引导基金向市财政报告当年共实现投资收益 500 000 元。经相关决策机构研究决定，当年将归属财政的收益留作基金滚动。某市财政总会计的相关账务应该如何处理？

4. 2024 年 6 月 30 日，某市财政因所属单位临时急需资金，借给该单位一般公共预算款项 100 000 元。15 天后，市财政全额收回了向该所属单位借出的款项 100 000 元。某市财政总会计的相关账务应该如何处理？

5. 2024 年 6 月 30 日某市财政用一般公共预算款借给下属的 A 县财政 1 000 000 元。2024 年年末，没有收回 A 县财政的借款，转做对 A 县的补助。某市财政总会计的相关账务如何处理？

# 第五章

# 财政总会计的负债

在《政府会计准则——基本准则》中,负债是指政府会计主体过去的经济业务或者事项形成的,预期会导致经济资源流出政府会计主体的现时义务。财政总会计的负债包括应付政府债券、应付国库集中支付结余、应付及暂收款项、应付代管资金、应付利息、借入款项、应付转贷款、其他负债等。其中,流动负债包括应付短期政府债券、应付国库集中支付结余、暂收及应付款项、应付代管资金、应付利息等;非流动负债包括应付长期政府债券、借入款项、应付转贷款和其他负债等。

应付政府债券是指政府财政以政府名义发行的国债和地方政府债券的应付本金,包括应付短期政府债券和应付长期政府债券。

应付国库集中支付结余是指省级以上(含省级)政府财政国库集中支付中应列为当年费用,但年末未支付需结转下一年度支付的款项。

应付及暂收款项是指政府财政业务活动中形成的支付义务,包括与上级往来和其他应付款等。应付及暂收款项应当及时清理结算。

应付代管资金是指政府财政代为管理的,使用权属于被代管主体的资金。

应付利息是指政府财政以政府名义发行的政府债券及借入款项应支付的利息。

借入款项是指政府财政部门以政府名义向外国政府和国际金融组织等借入的款项,以及经国务院批准的其他方式借入的款项。

应付转贷款是指政府财政从上级政府财政借入的债务转贷款的本金和利息,包括应付地方政府债券转贷款和应付主权外债转贷款等。

其他负债是指政府财政因有关政策明确要求其承担支出责任的事项而形成的支付义务。

## 第一节 应付及暂收款项

本节介绍应付及暂收款项和应付国库集中支付结余的核算。应付及暂收款项主要包括与上级往来和其他应付款等。应付及暂收款项应当及时清理结算。

## 一、与上级往来

与上级往来业务和与下级往来业务相对应,也是上下级财政之间由于财政资金借款周转或年终财政体制结算发生应上解或应补助财政资金的业务而引起的。这类业务对于下级财政来说,就属于与上级往来业务;对于下级来讲就是与上级往来。所以"与上级往来"和"与下级往来"是债权债务类科目,即有时是债权,有时是债务。

### (一)"与上级往来"的核算内容及明细设置

"与上级往来"科目核算本级政府财政与上级政府财政的往来待结算款项。本科目可根据管理需要,按照往来款项的类别和项目等进行明细核算。本科目期末贷方余额反映本级政府财政欠上级政府财政的款项;借方余额反映上级政府财政欠本级政府财政的款项。

### (二)"与上级往来"的主要账务处理

1. 收到上级政府财政拨付的款项时,借记"国库存款""其他财政存款"科目,贷记本科目。

2. 有主权外债业务的财政部门,贷款资金由本级政府财政同级部门使用,且贷款的最终还款责任由上级政府财政承担的,本级政府财政收到贷款资金时,借记"国库存款""其他财政存款"等科目,贷记本科目或"补助收入"科目;外方或上级政府财政将贷款资金直接支付给供应商或用款单位时,借记有关费用科目,贷记本科目或"补助收入"科目。

3. 两级财政年终结算中确认的应当上交上级政府财政的款项,借记"上解费用"科目,贷记本科目。

4. 两级财政年终结算中确认的应当由上级政府财政补助的款项,借记本科目,贷记"补助收入"科目。

5. 上级政府财政扣缴有关款项时,借记有关科目,贷记本科目。

6. 归还上级政府财政的往来性款项时,按照实际归还的金额,借记本科目,贷记"国库存款""其他财政存款"等科目。

【例5-1】 2024年12月25日A市财政通过两级财政年终结算确认应上交省财政一般公共预算资金7 500 000元,2025年1月15日通过国库支付这笔上解支出。A市财政总会计应编制如下会计分录:

| 财 务 会 计 | 预 算 会 计 |
| --- | --- |
| 2024年12月25日:<br>借:上解费用　　　　　　7 500 000<br>　贷:与上级往来　　　　　　7 500 000 | 2024年12月25日:<br>借:上解预算支出　　　　　　7 500 000<br>　贷:补助预算收入——上级调拨　7 500 000 |
| 2025年1月15日:<br>借:与上级往来　　　　　　7 500 000<br>　贷:国库存款　　　　　　　7 500 000 | 2025年1月15日:<br>借:资金结存——上下级调拨结存　7 500 000<br>　贷:资金结存——库款资金结存　7 500 000 |

【例5-2】 2024年12月21日,某省财政按照财政体制结算方法计算出应对下属B市财政补助政府性基金预算850 000元。2024年12月29日B市财政收到这笔补助款。B市财政总会计应编制如下会计分录:

| 财 务 会 计 | 预 算 会 计 |
|---|---|
| 2024年12月21日：<br>借：与上级往来　　　　　　　　850 000<br>　　贷：补助收入　　　　　　　　　　850 000 | 2024年12月21日：<br>借：补助预算收入——上级调拨　　850 000<br>　　贷：补助预算收入——政府性基金预算补助收入<br>　　　　　　　　　　　　　　　　850 000 |
| 2024年12月29日：<br>借：国库存款　　　　　　　　　850 000<br>　　贷：与上级往来　　　　　　　　850 000 | 2024年12月29日：<br>借：资金结存——库款资金结存　　850 000<br>　　贷：补助预算收入——上级调拨　850 000 |

## 二、其他应付款

### (一)"其他应付款"的核算内容及明细设置

"其他应付款"科目核算政府财政临时发生的暂收、应付、收到的不明性质款项和收回的结转结余资金等。税务机关代征入库的社会保险费，也通过本科目核算。本科目应按照债权人或资金来源等进行明细核算。本科目应当及时清理结算，期末贷方余额反映政府财政尚未结清的其他应付款项。

### (二)"其他应付款"的主要账务处理

1. 收到不明性质款项及收回结转结余资金时，借记"国库存款""其他财政存款"等科目，贷记本科目。

2. 将有关款项清理退还、划转、转作收入时，借记本科目，贷记"国库存款""其他财政存款"或有关收入科目。

3. 社会保险费代征入库时，借记"国库存款"科目，贷记本科目。入库的社会保险费划转社保基金专户时，借记本科目，贷记"国库存款"科目。因为社会保险基金不属于财政总会计的核算范围，所以社会保险费代征入库和划转社保基金专户时无需进行预算会计处理。

4. 收回的结转结余资金，财政部门按原预算科目使用的，实际安排支出时，借记本科目，贷记"国库存款""其他财政存款"等科目。收回的结转结余资金，财政部门调整预算科目使用的，实际安排支出时，借记本科目，贷记"以前年度盈余调整——预算管理资金以前年度盈余调整"等科目；同时，借记有关费用科目，贷记"国库存款"等科目。

5. 有关款项确认冲减当年费用时，借记本科目，贷记有关费用科目；有关款项确认冲减以前年度有关费用事项的，借记本科目，贷记"以前年度盈余调整——预算管理资金以前年度盈余调整"等科目。预算会计不做处理。

【例5-3】 2024年7月1日某市财政局收到一笔性质不明的款项60 000元，存入国库；7月5日确认为罚款收入。

| 财 务 会 计 | 预 算 会 计 |
|---|---|
| 2024年7月1日：<br>借：国库存款　　　　　　　　　　60 000<br>　　贷：其他应付款　　　　　　　　　60 000 | — |

续表

| 财 务 会 计 | 预 算 会 计 |
|---|---|
| 2024年7月5日：<br>借：其他应付款　　　　　　　　60 000<br>　　贷：非税收入　　　　　　　　　　60 000 | 2024年7月5日：<br>借：资金结存——库款资金结存　　60 000<br>　　贷：一般公共预算收入　　　　　　60 000 |

**【例5-4】** 2024年7月3日，某市财政局收到某行政单位上缴的结余资金55 000元，存入国库。该市财政总会计的账务处理如下：

| 财 务 会 计 | 预 算 会 计 |
|---|---|
| 借：国库存款　　　　　　　　　55 000<br>　　贷：其他应付款　　　　　　　　55 000 | 借：资金结存——库款资金结存　　55 000<br>　　贷：待处理收入　　　　　　　　55 000 |

**【例5-5】** 接例5-4。2024年7月7日市财政将收回的结余资金35 000元按照原预算科目使用；20 000元是调整预算科目使用的、实际用于对企业补助拨款。该市财政总会计的账务处理如下：

| 财 务 会 计 | 预 算 会 计 |
|---|---|
| 借：其他应付款　　　　　　　　35 000<br>　　贷：国库存款　　　　　　　　　35 000<br>借：其他应付款　　　　　　　　20 000<br>　　贷：以前年度盈余调整——预算管理资金以前<br>　　　　年度盈余调整　　　　　　20 000<br>借：对企业补助拨款费用　　　　20 000<br>　　贷：国库存款　　　　　　　　　20 000 | 借：待处理收入　　　　　　　　　35 000<br>　　贷：资金结存——库款资金结存　35 000<br>借：待处理收入　　　　　　　　　20 000<br>　　贷：一般公共预算支出（原预算科目）　20 000<br>借：一般公共预算支出（实际支出预算科目）<br>　　　　　　　　　　　　　　　　20 000<br>　　贷：资金结存——库款资金结存　20 000 |

## 三、应付国库集中支付结余

### （一）"应付国库集中支付结余"的核算内容及明细设置

"应付国库集中支付结余"科目核算省级以上（含省级）政府财政国库集中支付中，应列为当年费用，但年末尚未支付需结转下一年度支付的款项。本科目应按照预算单位进行明细核算；同时可根据管理需要，参照《政府收支分类科目》中支出经济分类科目进行明细核算。本科目期末贷方余额反映政府财政尚未支付的国库集中支付结余。

国库集中支付结余是预算单位国库集中支付预算指标数与实际支出数的差额，是预算单位尚未使用的预算资金额度，如果预算单位经批准的可使用预算资金额度由于政策性因素或用款进度等原因在当年未支用，但需要结转下一年度支付使用，此时省级以上（含省级）政府财政总会计需要采用权责发生制基础确认一项费用，同时确认一项应付国库集中支付结余负债。预算单位按经批准的预算在第二年度实际支付使用上一年度末结转下来的国库集中支付结余资金时，财政总会计核销应付国库集中支付结余负债。

### (二)"应付国库集中支付结余"的主要账务处理

1. 年末,对当年发生的应付国库集中支付结余,借记有关费用科目,贷记本科目。

| 财 务 会 计 | 预 算 会 计 |
|---|---|
| 借:费用类科目<br>　　贷:应付国库集中支付结余 | 借:支出类科目<br>　　贷:资金结存——集中支付结余结存 |

2. 实际支付应付国库集中支付结余资金时,借记本科目,贷记"国库存款"科目。

| 财 务 会 计 | 预 算 会 计 |
|---|---|
| 借:应付国库集中支付结余<br>　　贷:国库存款 | 借:资金结存——集中支付结余结存<br>　　贷:资金结存——库款资金结存 |

3. 收回尚未支付的应付国库集中支付结余时,借记本科目,贷记"以前年度盈余调整"等科目。

| 财 务 会 计 | 预 算 会 计 |
|---|---|
| 借:应付国库集中支付结余<br>　　贷:以前年度盈余调整 | 借:资金结存——集中支付结余结存<br>　　贷:支出类科目 |

## 第二节　应付政府债券和借入款项

应付政府债券是指政府财政以政府名义发行的国债和地方政府债券的应付本金,包括应付短期政府债券和应付长期政府债券。借入款项是指政府财政部门以政府名义向外国政府和国际金融组织等借入的款项,以及经国务院批准的其他方式借入的款项。这两者的账务处理原则与方法基本一致,我们放在一起介绍。另外,应付利息是指政府财政以政府名义发行的政府债券及借入款项应支付的利息。与前两者有着直接的联系,所以本节还将介绍应付利息。

### 一、应付政府债券

政府债券包括国债和地方政府债券。国债由中央财政发行。地方政府债券由省级政府发行,包括地方政府一般债券和地方政府专项债券。地方政府一般债券纳入地方政府的一般公共预算管理,地方政府专项债券纳入地方政府的政府性基金预算管理。地方政府债券实行限额管理。省、自治区、直辖市政府发行的一般债券或专项债券,不得超过国务院确定的本地区一般债券或专项债券的规模。市县级政府确需发行一般债券或专项债券的,应纳入本省、自治区、直辖市一般债券或专项债券规模内管理,由省级财政部门代办发行,并统一办理还本付息。国务院根据国家宏观经济形势等因素,确定地方政府债券总限额,并报全国人民代表大会批准。各省、自治区、直辖市政府债务限额,由财政部在全国人大或其常委会批准的总限额内,根据债务风险、财力状况等因素并统筹考虑国家宏观调控政策、各地区建设投资需求等提出方案,报国务院批准后下达各省级财政部门。

### (一)"应付短期政府债券"和"应付长期政府债券"的核算内容及明细设置

"应付短期政府债券"科目核算政府财政部门以政府名义发行的期限不超过1年(含1年)的国债和地方政府债券的应付本金。"应付长期政府债券"科目核算政府财政以政府名义发行的期限超过1年的国债和地方政府债券的应付本金。其中,国债包括中央政府财政发行的国内政府债券和境外发行的主权债券等。

这两科目都应设置"应付国债""应付地方政府一般债券""应付地方政府专项债券"明细科目(地方政府不需要设置"应付国债"明细,因为地方政府只能发行地方政府债券,不能发行国债)。债务管理部门应当设置辅助明细账,主要包括政府债券金额、种类、期限、发行日、到期日、票面利率、偿还本金及付息情况等内容,并按期计算债券存续期应付利息情况。

"应付短期政府债券"科目期末贷方余额,反映政府财政尚未偿还的短期政府债券本金。"应付长期政府债券"科目期末贷方余额反映政府财政尚未偿还的长期政府债券本金。

### (二)"应付短期政府债券"和"应付长期政府债券"的主要账务处理

1. 实际收到政府债券发行收入时,按照实际收到的金额,借记"国库存款""其他财政存款"科目,按照政府债券实际发行额,贷记"应付短期政府债券""应付长期政府债券",按照发行收入和发行额的差额,借记或贷记有关费用科目。

2. 实际偿还政府债券本金时,借记"应付短期政府债券""应付长期政府债券",贷记"国库存款""其他财政存款"等科目。

3. 政府财政以定向承销方式发行长期政府债券时,根据债务管理部门转来的债券发行文件等有关资料,借记"以前年度盈余调整""应收地方政府债券转贷款"等科目,按照长期政府债券实际发行额,贷记本科目,按照发行收入和发行额的差额,借记或贷记有关费用科目。按定向承销方式发行的政府债券,一般是用来置换存量债务的。

【例5-6】 某省财政发行半年期地方政府专项债券,发行面值2 000万元,利率3%,到期一次还本付息;实际收到发行收入1 980万元。该省财政总会计的账务处理如下:

| 财 务 会 计 | 预 算 会 计 |
|---|---|
| 借:国库存款　　　　　　　　　　19 800 000　　　财务费用　　　　　　　　　　　　 200 000　　贷:应付短期政府债券——应付地方政府专项　　　　债券　　　　　　　　　　　　20 000 000 | 借:资金结存——库款资金结存　　　19 800 000　　　政府性基金预算支出　　　　　　　200 000　　贷:债务预算收入　　　　　　　　20 000 000 |

【例5-7】 接例5-6。某省财政发行的半年期地方政府专项债券到期,省财政支付本金2 000万元,支付利息30万元。该省财政总会计的账务处理如下:

| 财 务 会 计 | 预 算 会 计 |
|---|---|
| 借:应付短期政府债券——应付地方政府专项债券　　　　　　　　　　　　　　　　　20 000 000　　　财务费用　　　　　　　　　　　　 300 000　　贷:国库存款　　　　　　　　　　20 300 000 | 借:债务还本预算支出——专项债务还本支出　　　　　　　　　　　　　　　　　20 000 000　　　政府性基金预算支出　　　　　　　300 000　　贷:资金结存——库款资金结存　　 20 300 000 |

**【例 5-8】** 某省财政经采用定向承销方式发行 5 年期地方政府专项置换债券,发行面值为 1 亿元,实际收到发行收入为 9 800 万元,置换下级 A 市政府存量专项债务 9 800 万元。该省财政总会计的账务处理如下:

| 财 务 会 计 | 预 算 会 计 |
|---|---|
| 借:应收地方政府债券转贷款　　98 000 000<br>　　财务费用　　　　　　　　　　　2 000 000<br>　贷:应付长期政府债券——应付地方政府专项<br>　　　债券　　　　　　　　　　　100 000 000 | 借:债务转贷预算支出　　　　　98 000 000<br>　　政府性基金预算支出　　　　2 000 000<br>　贷:债务预算收入　　　　　　100 000 000 |

## 二、借入款项

### (一)"借入款项"的核算内容及明细设置

"借入款项"科目核算政府财政部门以政府名义向外国政府、国际金融组织等借入的款项,以及经国务院批准的其他方式借入的款项。本科目应按照债权人进行明细核算。债务管理部门应设置辅助明细账,主要包括借入款项对应的项目、期限、借入日期、实际偿还及付息情况等内容,并按期计算借款存续期应负担的利息金额。本科目期末贷方余额反映本级政府财政尚未偿还的借入款项本金。

### (二)"借入款项"的主要账务处理

由于借入款项主要是借入的主权外债,所以这里主要介绍借入主权外债业务的账务处理。其他借入款项账务处理参照借入主权外债业务的账务处理。

1. 本级政府财政收到借入的主权外债资金时,按照实际收到的金额借记"国库存款""其他财政存款"科目,按照实际承担的债务金额贷记本科目,按照实际收到的金额与承担的债务之间的差额,借记或贷记有关费用科目。

| 财 务 会 计 | 预 算 会 计 |
|---|---|
| 借:国库存款/其他财政存款(按照实际收到的金额)<br>　　财务费用(差额)<br>　贷:借入款项(按照实际承担的债务金额) | 借:资金结存(按照实际提款的外币金额和即期汇率折算的人民币金额)<br>　贷:债务预算收入 |

2. 本级政府财政借入主权外债,且由外方或上级政府财政将贷款资金直接支付给用款单位或供应商时,应根据以下情况分别处理:

(1)本级政府财政承担还款责任,贷款资金由本级政府财政同级部门使用的,根据债务管理部门转来的有关资料,按照实际承担的债务金额,借记有关费用科目,贷记本科目。

| 财 务 会 计 | 预 算 会 计 |
|---|---|
| 借:费用类科目<br>　贷:借入款项 | 借:一般公共预算支出<br>　贷:债务预算收入 |

(2) 本级政府财政承担还款责任,贷款资金由下级政府财政同级部门使用的,根据债务管理部门转来的有关资料及有关预算文件,借记"补助费用"科目或"与下级往来"科目,贷记本科目。

| 财 务 会 计 | 预 算 会 计 |
| --- | --- |
| 借:补助费用/与下级往来<br>　　贷:借入款项 | 借:补助预算支出——调拨下级<br>　　贷:债务预算收入 |

(3) 下级政府财政承担还款责任,贷款资金由下级政府财政同级部门使用的,根据债务管理部门转来的有关资料,借记"应收主权外债转贷款"科目,贷记本科目。

| 财 务 会 计 | 预 算 会 计 |
| --- | --- |
| 借:应收主权外债转贷款<br>　　贷:借入款项 | 借:债务转贷预算支出<br>　　贷:债务预算收入 |

3. 偿还主权外债本金时,按照实际支付的金额,借记本科目,贷记"国库存款""其他财政存款"等科目。

| 财 务 会 计 | 预 算 会 计 |
| --- | --- |
| 借:借入款项<br>　　贷:国库存款/其他财政存款 | 借:债务还本预算支出<br>　　贷:资金结存 |

4. 债权人豁免本级政府财政承担偿还责任的借入主权外债本金时,根据债务管理部门转来的有关资料,按照被豁免的本金,借记本科目,贷记"其他收入"等科目。

| 财 务 会 计 | 预 算 会 计 |
| --- | --- |
| 借:借入款项<br>　　贷:其他收入 | — |

5. 债权人豁免下级政府财政承担偿还责任的借入主权外债本金时,根据债务管理部门转来的有关资料,按照被豁免的本金,借记本科目,贷记"应收主权外债转贷款"科目。

| 财 务 会 计 | 预 算 会 计 |
| --- | --- |
| 借:借入款项<br>　　贷:应收主权外债转贷款 | — |

6. 年末,根据债务管理部门提供借入款项因汇率变动产生的期末人民币余额与账面余额之间的差额资料,借记或贷记"财务费用——汇兑损益"科目,贷记或借记本科目。

7. 本级政府财政首次确认以前年度借入的主权外债时，根据债务管理部门提供的有关资料，按照借入主权外债的余额，借记"以前年度盈余调整"科目，贷记本科目。

| 财 务 会 计 | 预 算 会 计 |
|---|---|
| 借：以前年度盈余调整<br>　　贷：借入款项 | — |

### 三、应付利息

#### (一)"应付利息"的核算内容及明细设置

"应付利息"科目核算政府财政以政府名义发行的政府债券应支付的利息，以及以政府名义借入款项本期应承担的利息等。本科目应根据管理需要设置"应付国债利息""应付地方政府债券利息""应付地方政府主权外债利息"明细科目。本科目应根据债务管理部门计算并提供的政府债券及借入款项的应付利息情况，按期进行核算。本科目期末贷方余额反映政府财政应付未付的利息金额。

#### (二)"应付利息"的主要账务处理

1. 根据债务管理部门计算确定的本期应付未付利息金额，借记"财务费用——利息费用"科目，贷记本科目。

2. 实际支付利息时，支付金额中已计提的部分，借记本科目，未计提的部分，借记"财务费用——利息费用"科目，贷记"国库存款""其他财政存款"等科目。

3. 提前赎回已发行的政府债券、豁免政府财政承担的主权外债应付利息时，按照减少的当年已计提应付利息金额，借记本科目，贷记"财务费用——利息费用"等科目。减少以前年度已计提但尚未支付的利息金额，借记本科目，贷记"以前年度盈余调整"科目。预算会计不做处理。

4. 期末，政府发行的以外币计价的政府债券及借入款项由于汇率变化产生的应付利息折算差额，借记或贷记"财务费用——汇兑损益"科目，贷记或借记本科目。预算会计不做处理。

【例 5-9】 某省财政发行 3 年期地方政府一般债券，发行面值为 5 000 万元，利率为 3%，到期一次还本付息，不考虑其他财务费用。该省财政总会计的账务处理如下：

| 财 务 会 计 | 预 算 会 计 |
|---|---|
| 发行时：<br>借：国库存款　　　　　　　　50 000 000<br>　　贷：应付长期政府债券——应付地方政府一般债券　　　　　　　　　　　　50 000 000 | 发行时：<br>借：资金结存——库款资金结存　　50 000 000<br>　　贷：债务预算收入　　　　　　　50 000 000 |
| 计提利息：<br>借：财务费用——利息费用　　1 500 000<br>　　贷：应付利息——应付地方政府债券利息<br>　　　　　　　　　　　　　1 500 000 | — |

续表

| 财 务 会 计 | 预 算 会 计 |
|---|---|
| 还本付息时：<br>借：应付长期政府债券——应付地方政府一般债券<br>　　　　　　　　　　　　　　　　50 000 000<br>　　应付利息——应付地方政府债券利息<br>　　　　　　　　　　　　　　　　4 500 000<br>　贷：国库存款　　　　　　　　　　54 500 000 | 还本付息时：<br>借：债务还本预算支出——一般债务还本支出<br>　　　　　　　　　　　　　　　　50 000 000<br>　　一般公共预算支出　　　　　　　4 500 000<br>　贷：资金结存——库款资金结存　　54 500 000 |

## 第三节　应付转贷款和其他负债

应付转贷款是指政府财政从上级政府财政借入的债务转贷款的本金和利息，包括应付地方政府债券转贷款和应付主权外债转贷款等。在业务内容上，下级财政的应付转贷款与上级财政的应收转贷款相对应。上级财政的应收转贷款也包括应收地方政府债券转贷款、应收主权外债转贷款等。地方政府财政从上级政府财政借入转贷资金时，上级政府财政形成应收转贷款，本级政府财政形成应付转贷款。

### 一、应付地方政府债券转贷款

**(一)"应付地方政府债券转贷款"的核算内容及明细设置**

"应付地方政府债券转贷款"科目核算地方政府财政从上级政府财政借入的地方政府债券转贷款的本金和利息。本科目应设置"应付本金"和"应付利息"明细科目，其下可根据管理规定设置"地方政府一般债券""地方政府专项债券"等明细科目。其中，"应付利息"科目通常应根据债务管理部门计算并提供的政府债券转贷款的应付利息情况，按期进行核算。本科目期末贷方余额反映本级政府财政尚未偿还的地方政府债券转贷款的本金和利息。

**(二)"应付地方政府债券转贷款"主要账务处理**

1. 上级政府财政转贷地方政府债券资金时，按照实际收到的金额或债务管理部门转来的相关资料，借记"国库存款"或"与上级往来"等科目，按照转贷本金金额，贷记本科目，按照其差额，借记或贷记有关费用科目。

2. 按期确认地方政府债券转贷款的应付利息时，根据债务管理部门计算确定的本期应付未付利息金额，借记"财务费用——利息费用"科目，贷记本科目。预算会计不做处理。

3. 偿还本级政府财政承担的地方政府债券转贷款本息时，借记本科目，贷记"国库存款"等科目。

4. 上级政府财政扣缴地方政府债券转贷款本息时，借记本科目，贷记"与上级往来"等科目。

5. 上级政府财政豁免转贷款本息时，根据债务管理部门转来的有关资料及有关预算文件，按照豁免金额，借记本科目，贷记"补助收入"或"与上级往来"等科目。

【例5-10】　接例4-13。A县政府财政从上级财政转贷地方政府专项债券资金2 000 000元，A县财政总会计的账务核算如下：

(1) 期初，A县政府收到上级财政转贷地方政府专项债券资金 2 000 000 元：

| 财 务 会 计 | 预 算 会 计 |
|---|---|
| 借：国库存款　　　　　　　　　　2 000 000<br>　　贷：应付政府债券转贷款——应付本金<br>　　　　　　　　　　　　　　　2 000 000 | 借：资金结存——库款资金结存　　2 000 000<br>　　贷：债务转贷预算收入　　　　2 000 000 |

(2) 期末债务管理部门计算出的转贷款本期应付利息 100 000 元：

| 财 务 会 计 | 预 算 会 计 |
|---|---|
| 借：财务费用——利息费用　　　　　100 000<br>　　贷：应付政府债券转贷款——应付利息 100 000 | — |

(3) 第二年年初，偿还上级政府财政的转贷款本息 2 100 000 元：

| 财 务 会 计 | 预 算 会 计 |
|---|---|
| 借：应付政府债券转贷款——应付本金 2 000 000<br>　　应付政府债券转贷款——应付利息　100 000<br>　　贷：国库存款　　　　　　　　　2 100 000 | 借：政府性基金预算支出　　　　　　100 000<br>　　债务还本预算支出　　　　　　2 000 000<br>　　贷：资金结存——库款资金结存　2 100 000 |

(4) 如县财政未支付本息，上级财政局扣缴县级政府财政的转贷款本息 2 100 000 元：

| 财 务 会 计 | 预 算 会 计 |
|---|---|
| 借：应付政府债券转贷款——应付本金 2 000 000<br>　　应付政府债券转贷款——应付利息　100 000<br>　　贷：与上级往来　　　　　　　　2 100 000 | 借：政府性基金预算支出　　　　　　100 000<br>　　债务还本预算支出　　　　　　2 000 000<br>　　贷：补助预算收入——上解调拨　2 100 000 |

## 二、应付主权外债转贷款

### (一) "应付主权外债转贷款"的核算内容及明细设置

"应付主权外债转贷款"科目核算本级政府财政从上级政府财政借入的主权外债转贷款的本金和利息。本科目应设置"应付本金"和"应付利息"明细科目。债务管理部门应当设置辅助明细账，主要包括应付主权外债对应的项目、期限、借入日期、实际偿还及付息情况等内容，并按期计算外债存续期应负担的利息金额。

本科目期末贷方余额反映本级政府财政尚未偿还的主权外债转贷款本金和利息。

### (二) "应付主权外债转贷款"的主要账务处理

1. 收到上级政府财政转贷的主权外债资金时，按照实际收到的金额借记"国库存款""其他财政存款"科目，按照实际承担的债务金额贷记本科目，按照实际收到的金额和承担的债金额之间的差额,借记或贷记有关费用科目。账务处理与"借入款项"一致。

2. 从上级政府财政借入主权外债转贷款,且由外方或上级政府财政将贷款资金直接支付给用款单位或供应商时,应根据以下情况分别处理:

(1) 本级政府财政承担还款责任,贷款资金由本级政府财政同级部门使用的,根据债务管理部门转来的有关资料,借记有关费用科目,贷记本科目。账务处理与"借入款项"一致。

(2) 本级政府财政承担还款责任,贷款资金由下级政府财政同级部门使用的,根据债务管理部门转来的有关资料及有关预算文件,借记"补助费用"或"与下级往来"等科目,贷记本科目。账务处理与"借入款项"一致。

(3) 下级政府财政承担还款责任,贷款资金由下级政府财政同级部门使用的,根据债务管理部门转来的有关资料,借记"应收主权外债转贷款"科目,贷记本科目。账务处理与"借入款项"一致。

3. 按期确认主权外债转贷款的应付利息时,根据债务管理部门计算确认的转贷款本期应付未付利息金额,借记"财务费用——利息费用"科目,贷记本科目。账务处理与"应付地方政府债券转贷款"一致。

4. 偿还主权外债转贷款的本息时,借记本科目,贷记"国库存款""其他财政存款"等科目。账务处理与"借入款项"一致。

5. 上级政府财政扣缴借入主权外债转贷款的本息时,借记本科目,贷记"与上级往来"科目。账务处理与"应付地方政府债券转贷款"一致。

6. 上级政府财政豁免主权外债转贷款本息时,根据以下情况分别处理:

(1) 豁免本级政府财政承担偿还责任的主权外债转贷款本息时,根据债务管理部门转来的有关资料及有关预算文件,按照豁免转贷款的金额,借记本科目,贷记"补助收入"或"与上级往来"等科目。

| 财 务 会 计 | 预 算 会 计 |
|---|---|
| 借:应付主权外债转贷款(按照豁免转贷款的金额)<br>　　贷:补助收入/与上级往来 | 借:资金结存——上下级调拨结存<br>　　贷:补助预算收入——上级调拨 |

(2) 豁免下级政府财政承担偿还责任的主权外债转贷款本息时,根据债务管理部门转来的有关资料及有关预算文件,按照豁免转贷款的金额,借记本科目,贷记"应收主权外债转贷款"科目,同时借记"补助费用"或"与下级往来"等科目,贷记"补助收入"或"与上级往来"科目。

| 财 务 会 计 | 预 算 会 计 |
|---|---|
| 借:应付主权外债转贷款(按照豁免转贷款的金额)<br>　　贷:应收主权外债转贷款<br>借:补助费用/与下级往来<br>　　贷:补助收入/与上级往来 | 借:补助预算支出——调拨下级<br>　　贷:补助预算收入——上级调拨 |

7. 年末,根据债务管理部门提供的应付主权外债转贷款因汇率变动产生的期末人民币余额与账面余额之间的差额资料,借记或贷记"财务费用——汇兑损益"科目,贷记或借记本科目。账务处理与"借入款项"一致。

8. 本级政府财政首次确认以前年度转贷的主权外债时,根据债务管理部门提供的有关资料,按照转贷主权外债本息余额,借记"以前年度盈余调整"科目,贷记本科目。

【例 5-11】 接例 4-14。2024 年 6 月 30 日,某省政府向某国际金融组织贷款 7 500 000 元,用于该省范围内的公共基础设施建设,按规定放入一般公共预算管理。该省政府将相应贷款的一部分资金总计 3 500 000 元转贷给下属 A 市政府,用以具体落实在该市范围内的相应建设项目。根据约定,相应贷款的期限为 5 年,每年的贷款利息为 40 000 元,A 市政府到期一次性向省政府偿付贷款本息。A 市财政总会计应编制如下会计分录:

| 财 务 会 计 | 预 算 会 计 |
|---|---|
| (1) 收到省政府主权外债转贷款时:<br>借:国库存款　　　　　　　　　3 500 000<br>　贷:应付主权外债转贷款——应付本金<br>　　　　　　　　　　　　　　3 500 000 | (1) 收到省政府主权外债转贷款时:<br>借:资金结存——库款资金结存　3 500 000<br>　贷:债务转贷预算收入　　　　　3 500 000 |
| (2) 每年确认应付利息时:<br>借:财务费用——利息费用　　　　40 000<br>　贷:应付主权外债转贷款——应付利息　40 000 | (2) 每年确认应付利息时:<br>　　　　　　　— |
| (3) 到期归还时:<br>借:应付主权外债转贷款——应收本金 3 500 000<br>　　应付主权外债转贷款——应收利息　200 000<br>　贷:国库存款　　　　　　　　　3 700 000 | (3) 到期归还时:<br>借:一般公共预算支出　　　　　　200 000<br>　　债务还本预算支出　　　　　3 500 000<br>　贷:资金结存——库款资金结存　3 700 000 |

### 三、其他负债

"其他负债"科目核算政府财政因有关政策明确要求其承担支出责任的事项而形成的支付义务。本科目贷方余额反映政府财政承担的尚未支付的其他负债余额。

"其他负债"的主要账务处理如下:

1. 政策明确由政府财政承担支出责任的其他负债,按照确定应承担的负债金额,借记"其他费用"科目,贷记本科目。

2. 期末,根据债务管理部门转来的其他负债期末余额与账面余额的差额,借记或贷记本科目,贷记或借记"其他费用"科目。

## 复习思考题

1. 什么是应付国库集中支付结余?
2. 政府债券包括哪些?有哪些管理规定?
3. 下级财政的应付转贷款与上级财政的应收转贷款是什么关系?
4. 借入款项与应付主权外债转贷款是什么关系?

## 练习题

1. 2024 年末,某省财政经对账确认本级预算单位尚未使用但可以结转下一年使用的国库集中支付结余资金 200 000 元,其中一般公共预算资金 50 000 元,政府性基金预算资金 150 000 元。2025 年初某省财政替本级预算单位实际支付国库集中支付结余资金 100 000 元,其中一般公共预算资金 50 000 元,政府性基金预算资金 50 000 元。该国库集中支付结余资金全部按原结转预算科目支出。该省财政总会计的账务该如何处理?

2. 某省财政发行一批 5 年期记账式固定利率附息地方政府一般债券,计划发行面值 80 000 000 元,每年年底支付一次利息,到期偿还本金并支付最后一年利息。该期债券采用单一价格招标方式,标的为利率,各中标承销团成员按债券面值承销。经招投标程序确定的债券票面利率为 2.45%,实际发行债券面值金额为 80 000 000 元,经确认的到期应付债券本金为 80 000 000 元,债券实际发行额为 80 000 000 元。省财政向相关债承销团成员按承销债券面值的 0.1% 支付债券发行手续费。该期债券发行后上市交易,5 年后该期债券到达还本付息日。该省财政总会计的账务该如何处理?

3. 某省财政经采用定向承销方式发行 5 年期地方政府专项置换债券,实际收到发行金额 5 亿元,其中置换下属 A 市政府存量专项债务 2 亿元,置换本级政府专项债务 3 亿元。该省财政总会计的相关账务该如何处理?

4. 某省财政向 B 国政府借入款项 1 亿元,贷款期限为 3 年,利率为 2.5%,利息一年一付。请分别以下四种情况进行相关账务处理:

(1) 本级政府借入,由本级财政管理使用,本级政府承担归还责任。

(2) 本级政府财政借入主权外债,由外方将贷款资金直接支付给本级政府用款单位或供应商,且由本级政府归还本金和利息。

(3) 本级政府财政借入主权外债,且由外方将贷款资金直接支付给下级政府用款单位或供应商,由本级政府归还本金和利息。

(4) 本级政府财政借入主权外债,且由外方将贷款资金直接支付给下级政府用款单位或供应商,由下级政府归还本金和利息。

# 第六章

# 财政总会计的净资产

总会计核算的净资产是指本级政府财政总会计核算的资产扣除负债后的净额。总会计核算的净资产包括累计盈余、本期盈余、预算稳定调节基金、预算周转金、权益法调整、以前年度盈余调整等。

累计盈余是指政府财政一般公共预算资金、政府性基金预算资金、国有资本经营预算资金、财政专户管理资金、专用基金历年实现的盈余滚存的金额。

本期盈余是指政府财政一般公共预算资金、政府性基金预算资金、国有资本经营预算资金、财政专户管理资金、专用基金本期各项收入、费用分别相抵后的余额。

预算稳定调节基金是指政府财政为保持年度间预算的衔接和稳定而设置的储备性资金。

预算周转金是指政府财政为调剂预算年度内季节性收支差额,保证及时用款而设置的库款周转资金。

权益法调整是指政府财政按照持股比例计算应享有的被投资主体除净损益和利润分配以外的所有者权益变动的份额。

以前年度盈余调整是指政府财政调整以前年度盈余的事项。

## 第一节 本期盈余与累计盈余

### 一、本期盈余

(一)"本期盈余"的核算内容及明细设置

"本期盈余"科目核算政府财政纳入一般公共预算、政府性基金预算、国有资本经营预算管理的资金,财政专户管理资金、专用基金本期各项收入、费用分别相抵后的余额。设置补充和动用预算稳定调节基金,设置补充预算周转金产生的盈余变动事项,也通过本科目核算。本科目应设置"预算管理资金本期盈余""财政专户管理资金本期盈余""专用基金本期盈余"明细科目。

(二)"本期盈余"的主要账务处理

1."预算管理资金本期盈余"科目的账务处理

(1)年终转账时:

① 将纳入一般公共预算、政府性基金预算、国有资本经营预算管理的各类收入科目本年

发生额转入本科目的贷方：

| 财 务 会 计 | 预 算 会 计 |
|---|---|
| 借：税收收入/非税收入/投资收益/补助收入/上解收入/地区间援助收入/其他收入<br>　贷：本期盈余——预算管理资金本期盈余 | 见第十章"一般公共预算结转结余""政府性基金预算结转结余""国有资本经营预算结转结余"的核算 |

② 将纳入一般公共预算、政府性基金预算、国有资本经营预算管理的各类费用科目本年发生额转入本科目的借方：

| 财 务 会 计 | 预 算 会 计 |
|---|---|
| 借：本期盈余——预算管理资金本期盈余<br>　贷：政府机关商品和服务拨款费用/政府机关工资福利拨款费用/对事业单位补助拨款费用/对企业补助拨款费用/对个人和家庭补助拨款费用/对社会保障基金补助拨款费用/资本性拨款费用/其他拨款费用/财务费用/补助费用/上解费用/地区间援助费用/其他费用 | 见第十章"一般公共预算结转结余""政府性基金预算结转结余""国有资本经营预算结转结余"的核算 |

(2) 设置或补充预算稳定调节基金和动用预算稳定调节基金时：

| 财 务 会 计 | 预 算 会 计 |
|---|---|
| ① 设置或补充预算稳定调节基金时：<br>借：本期盈余——预算管理资金本期盈余<br>　贷：预算稳定调节基金 | ① 设置或补充预算稳定调节基金时：<br>借：安排预算稳定调节基金<br>　贷：预算稳定调节基金 |
| ② 动用预算稳定调节基金时：<br>借：预算稳定调节基金<br>　贷：本期盈余——预算管理资金本期盈余 | ② 动用预算稳定调节基金时：<br>借：预算稳定调节基金<br>　贷：动用预算稳定调节基金 |

(3) 设置或补充预算周转金时，借记本科目，贷记"预算周转金"科目。

| 财 务 会 计 | 预 算 会 计 |
|---|---|
| 借：本期盈余——预算管理资金本期盈余<br>　贷：预算周转金 | 借：一般公共预算结转结余<br>　贷：预算周转金 |

(4) 完成上述结转后，将本科目余额转入累计盈余。如为借方余额，贷记本科目，借记"累计盈余——预算管理资金累计盈余"科目；如为贷方余额，借记本科目，贷记"累计盈余——预算管理资金累计盈余"科目。期末结转后，本科目应无余额。

2. "财政专户管理资金本期盈余"科目的账务处理

(1) 年终转账时：

① 将财政专户管理资金收入的本年发生额转入本科目的贷方：

| 财 务 会 计 | 预 算 会 计 |
| --- | --- |
| 借：财政专户管理资金收入<br>　　贷：本期盈余——财政专户管理资金本期盈余 | 借：财政专户管理资金收入<br>　　贷：财政专户管理资金结余 |

② 将财政专户管理资金支出的本年发生额转入本科目的借方：

| 财 务 会 计 | 预 算 会 计 |
| --- | --- |
| 借：本期盈余——财政专户管理资金本期盈余<br>　　贷：财政专户管理资金支出 | 借：财政专户管理资金结余<br>　　贷：财政专户管理资金支出 |

(2) 完成上述结转后，将本科目余额转入累计盈余。借记或贷记本科目，贷记或借记"累计盈余——财政专户管理资金累计盈余"科目。期末结转后，本科目应无余额。

3. "专用基金本期盈余"科目的账务处理

(1) 年终转账时：

① 将专用基金收入的本年发生额转入本科目的贷方：

| 财 务 会 计 | 预 算 会 计 |
| --- | --- |
| 借：专用基金收入<br>　　贷：本期盈余——专用基金本期盈余 | 借：专用基金收入<br>　　贷：专用基金结余 |

② 将专用基金支出的本年发生额转入本科目的借方：

| 财 务 会 计 | 预 算 会 计 |
| --- | --- |
| 借：本期盈余——专用基金本期盈余<br>　　贷：专用基金支出 | 借：专用基金结余<br>　　贷：专用基金支出 |

(2) 完成上述结转后，将本科目余额转入累计盈余。借记或贷记本科目，贷记或借记"累计盈余——专用基金累计盈余"科目。期末结转后，本科目应无余额。

【例 6-1】 2024 年底，某县财政总会计收入科目当年发生数如下：税收收入 10 000 000 元，非税收入 5 000 000 元，补助收入 6 000 000 元，财政专户管理资金收入 800 000 元；费用科目当年发生数如下：政府机关商品和服务拨款费用 800 000 元，政府机关工资福利拨款费用 700 000 元，对事业单位补助拨款费用 12 000 000 元，资本性拨款费用 5 000 000 元，财政专户管理资金支出 750 000 元。要求做收入费用的年底转账会计分录，并将"本期盈余"转入"累计盈余"。

注：本例中除财政专户管理资金收入和财政专户管理资金支出外，其他收入和费用都属于一般公共预算资金。

| 财 务 会 计 | 预 算 会 计 |
|---|---|
| (1) 收入类科目结转<br>借：税收收入　　　　　　　　10 000 000<br>　　非税收入　　　　　　　　 5 000 000<br>　　补助收入　　　　　　　　 6 000 000<br>　　贷：本期盈余——预算管理资金本期盈余<br>　　　　　　　　　　　　　21 000 000<br>借：财政专户管理资金收入　　　800 000<br>　　贷：本期盈余——财政专户管理资金本期盈余<br>　　　　　　　　　　　　　　800 000 | 借：一般公共预算收入　　　　15 000 000<br>　　补助预算收入　　　　　　 6 000 000<br>　　贷：一般公共预算结转结余　21 000 000<br><br>借：财政专户管理资金收入　　　800 000<br>　　贷：财政专户管理资金结余　　800 000 |
| (2) 费用类科目结转<br>借：本期盈余——预算管理资金本期盈余<br>　　　　　　　　　　　　　18 500 000<br>　　贷：政府机关商品和服务拨款费用　800 000<br>　　　　政府机关工资福利拨款费用　700 000<br>　　　　对事业单位补助拨款费用　12 000 000<br>　　　　资本性拨款费用　　　　 5 000 000<br>借：本期盈余——财政专户管理资金本期盈余<br>　　　　　　　　　　　　　　750 000<br>　　贷：财政专户管理资金支出　　750 000 | 借：一般公共预算结转结余　　18 500 000<br>　　贷：一般公共预算支出　　　18 500 000<br><br>借：财政专户管理资金结余　　　750 000<br>　　贷：财政专户管理资金支出　　750 000 |
| (3) "本期盈余"转入"累计盈余"<br>借：本期盈余——预算管理资金本期盈余<br>　　　　　　　　　　　　　 2 500 000<br>　　贷：累计盈余——预算管理资金累计盈余<br>　　　　　　　　　　　　　 2 500 000<br>借：本期盈余——财政专户管理资金本期盈余<br>　　　　　　　　　　　　　　 50 000<br>　　贷：累计盈余——财政专户管理资金累计盈余<br>　　　　　　　　　　　　　　 50 000 | — |

## 二、累计盈余

### (一)"累计盈余"的核算内容及明细设置

"累计盈余"科目核算政府财政纳入一般公共预算、政府性基金预算、国有资本经营预算管理的预算资金，财政专户管理资金、专用基金历年实现的盈余滚存的金额。本科目应设置"预算管理资金累计盈余""财政专户管理资金累计盈余""专用基金累计盈余"明细科目。

### (二)"累计盈余"的主要账务处理

1. "预算管理资金累计盈余"科目的主要账务处理

(1) 年终转账时，将"本期盈余——预算管理资金本期盈余"科目余额转入本科目，借记或贷记"本期盈余——预算管理资金本期盈余"科目，贷记或借记本科目。

(2) 年终转账时，将"以前年度盈余调整——预算管理资金以前年度盈余调整"科目余额转入本科目,借记或贷记"以前年度盈余调整——预算管理资金以前年度盈余调整"科目,贷记或借记本科目。

(3) 本科目期末余额反映预算管理资金累计盈余的累计数。

2."财政专户管理资金累计盈余"科目的主要账务处理

(1) 年终转账时,将"本期盈余——财政专户管理资金本期盈余"科目余额转入本科目,借记或贷记"本期盈余——财政专户管理资金本期盈余"科目,贷记或借记本科目。

(2) 年终转账时,将"以前年度盈余调整——财政专户管理资金以前年度盈余调整"科目余额转入本科目,借记或贷记"以前年度盈余调整——财政专户管理资金以前年度盈余调整"科目,贷记或借记本科目。

(3) 本科目期末余额反映财政专户管理资金累计盈余的累计数。

3."专用基金累计盈余"科目的主要账务处理

(1) 年终转账时,将"本期盈余——专用基金本期盈余"科目的余额转入本科目,借记或贷记"本期盈余——专用基金本期盈余"科目,贷记或借记本科目。

(2) 年终转账时,将"以前年度盈余调整——专用基金以前年度盈余调整"科目的余额转入本科目,借记或贷记"以前年度盈余调整——专用基金以前年度盈余调整"科目,贷记或借记本科目。

(3) 本科目期末余额反映专用基金累计盈余的累计数。

【例 6-2】 年终转账前,某市财政总会计"本期盈余——预算管理资金本期盈余"科目贷方余额为 400 000 元,"本期盈余——专用基金本期盈余"科目借方余额为 100 000 元;"以前年度盈余调整——预算管理资金以前年度盈余调整"科目贷方余额为 200 000 元,"以前年度盈余调整——专用基金以前年度盈余调整"科目贷方余额为 50 000 元。该市财政总会计年终转账的账务处理:

| 财 务 会 计 | 预 算 会 计 |
|---|---|
| 借:本期盈余——预算管理资金本期盈余　400 000<br>　　以前年度盈余调整——预算管理资金以前年度<br>　　盈余调整　　　　　　　200 000<br>　　　贷:累计盈余——预算管理资金累计盈余<br>　　　　　　　　　　　　600 000<br>借:以前年度盈余调整——专用基金以前年度盈余<br>　　调整　　　　　　　　50 000<br>　　累计盈余——专用基金累计盈余　50 000<br>　　　贷:本期盈余——专用基金本期盈余　100 000 | — |

# 第二节　预算稳定调节基金和预算周转金

预算稳定调节基金是指政府财政为保持年度间预算的衔接和稳定而设置的储备性资金。预算周转金是指政府财政为调剂预算年度内季节性收支差额,保证及时用款而设置的库款周转资金。预算稳定调节基金和预算周转金都只为平衡一般公共预算收支,与政府性基金与和国有资本经营预算的平衡无关。预算稳定调节基金与预算周转金的不同有两点：

一是预算稳定调节基金是为了平衡跨年度收支，而预算周转金则是为了平衡当年季节性收支。

二是预算周转金更类似于备用金，用了以后必须归还，一般不能影响其既有的规模；而预算稳定调节基金调入使用后，不强制归还，按照来年预算安排。

## 一、预算稳定调节基金

预算稳定调节基金是各级财政为平衡各预算年度之间预算收支的差异，保证各年度预算资金的收支平衡和预算稳定而设置的调节基金。具体的内容和规范要点在预算会计部分介绍。"预算稳定调节基金"科目核算本级政府财政为保持年度间预算的衔接和稳定而设置的储备性资金。本科目期末贷方余额反映预算稳定调节基金的累计规模。

"预算稳定调节基金"的主要账务处理如下：

1. 设置或补充预算稳定调节基金时，借记"本期盈余——预算管理资金本期盈余"科目，贷记本科目。

2. 将预算周转金调入预算稳定调节基金时，借记"预算周转金"科目，贷记本科目。

3. 动用预算稳定调节基金时，借记本科目，贷记"本期盈余——预算管理资金本期盈余"科目。

【例6-3】 年初，某市财政从预算稳定调节基金调入1 000 000元到一般公共预算安排使用；当年年末从一般公共预算中安排700 000元用于补充预算稳定调节基金。该市财政总会计的账务处理如下：

| 财 务 会 计 | 预 算 会 计 |
|---|---|
| 年初：<br>借：预算稳定调节基金　　　　　1 000 000<br>　　贷：本期盈余——预算管理资金本期盈余<br>　　　　　　　　　　　　　　1 000 000 | 年初：<br>借：预算稳定调节基金　　　　　1 000 000<br>　　贷：动用预算稳定调节基金　　1 000 000 |
| 当年年末：<br>借：本期盈余——预算管理资金本期盈余　700 000<br>　　贷：预算稳定调节基金　　　　　700 000 | 当年年末：<br>借：安排预算稳定调节基金　　　　700 000<br>　　贷：预算稳定调节基金　　　　　700 000 |

## 二、预算周转金

"预算周转金"科目核算政府财政设置的用于调剂预算年度季节性收支差额周转使用的资金。本科目期末贷方余额反映预算周转金的累计规模。

预算周转金的主要账务处理如下：

1. 设置或补充预算周转金时，借记"本期盈余——预算管理资金本期盈余"科目，贷记本科目。

2. 将预算周转金调入预算稳定调节基金时，借记本科目，贷记"预算稳定调节基金"科目。

【例6-4】 某市财政因为一般公共预算规模增加，补充预算周转金800 000元。该市财政总会计的账务处理如下：

| 财 务 会 计 | 预 算 会 计 |
|---|---|
| 借：本期盈余——预算管理资金本期盈余 800 000<br>　　贷：预算周转金　　　　　　　　　　　　800 000 | 借：一般公共预算结转结余　　　　　800 000<br>　　贷：预算周转金　　　　　　　　　800 000 |

**【例 6-5】** 某市财政将预算周转金 100 000 元调入预算稳定调节基金。该市财政总会计的账务处理如下：

| 财 务 会 计 | 预 算 会 计 |
|---|---|
| 借：预算周转金　　　　　　　　　　　100 000<br>　　贷：预算稳定调节基金　　　　　　　100 000 | 借：预算周转金　　　　　　　　　　100 000<br>　　贷：预算稳定调节基金　　　　　　100 000 |

# 第三节　权益法调整和以前年度盈余调整

## 一、权益法调整

"权益法调整"科目核算政府财政按照持股比例计算应享有的被投资主体除净损益和利润分配以外的所有者权益变动的份额。本科目应根据管理需要，按照被投资主体进行明细核算。本科目期末余额反映政府财政在被投资主体除净损益和利润分配以外的所有者权益变动中累计享有(或分担)的份额。

只有在股权投资进行权益法核算时才会使用"权益法调整"科目，本科目相关的处理一般不涉及预算会计核算。

权益法调整的主要账务处理如下：

1. 被投资主体发生除净损益和利润分配以外的其他权益变动时，按照政府财政持股比例计算应享有的部分，借记或贷记"股权投资(其他权益变动)"科目，贷记或借记本科目。

2. 处置股权投资或因企业破产清算导致股权投资减少时，按照相应的"权益法调整"账面余额，借记或贷记本科目，贷记或借记"股权投资(其他权益变动)"科目。

3. 无偿划出股权投资时，根据股权管理部门提供的资料，按照被划出股权投资对应的"权益法调整"科目账面余额，借记或贷记本科目，贷记或借记"股权投资(其他权益变动)"科目；按照被划出股权投资的账面余额，借记"其他费用"科目，贷记"股权投资(投资成本、损益调整)"科目。

4. 由于管理需要，股权投资的核算由权益法改为成本法的，按照"权益法调整"科目账面余额，借记或贷记本科目，贷记或借记"股权投资(其他权益变动)"科目；按照权益法下"股权投资(投资成本、损益调整)"科目账面余额作为成本法下"股权投资(投资成本)"账面余额，借记"股权投资(投资成本)"科目，贷记"股权投资(投资成本、损益调整)"科目。

具体会计分录和案例见第四章第四节。

**【例 6-6】** 某市财政拥有甲公司的股份，由于管理需要，对甲公司的股权投资核算由权益法改为成本法。相关股权投资明细科目余额如下，"其他权益变动"贷方余额 60 000 元；"投资成本"借方余额1 000 000元,"损益调整"借方余额500 000元。市财政总会计相关账务处理如下：

| 财 务 会 计 | 预 算 会 计 |
|---|---|
| 借：权益法调整　　　　　　　　　　60 000<br>　　贷：股权投资——其他权益变动　　60 000<br>借：股权投资——投资成本　　　1 500 000<br>　　贷：股权投资——投资成本　　1 000 000<br>　　　　股权投资——损益调整　　500 000 | — |

## 二、以前年度盈余调整

"以前年度盈余调整"科目核算政府财政调整以前年度盈余的事项。本科目应设置"预算管理资金以前年度盈余调整""财政专户管理资金以前年度盈余调整""专用基金以前年度盈余调整"明细科目。

以前年度盈余调整的主要账务处理如下：

1. 调整增加以前年度收入时,按照调整增加的金额,借记有关科目,贷记本科目;调整减少的,做相反会计分录。

2. 调整增加以前年度费用时,按照调整增加的金额,借记本科目,贷记有关科目;调整减少的,做相反会计分录。

3. 对于政府以前年度取得的资产或承担的负债,在本年初次确认时,借记有关资产科目或贷记有关负债科目,贷记或借记本科目。

4. 年终转账时,将本科目余额转入累计盈余,借记或贷记"累计盈余"科目,贷记或借记本科目。期末结转后,本科目应无余额。

【例6-7】 2024年9月1日某市财政收回以前年度多支付的一般公共预算支出65 000元;9月2日收到以前年度的罚没收入70 000元;9月3日确认以前年度未确认的其他应收款80 000元。市财政总会计相关账务处理如下：

| 财 务 会 计 | 预 算 会 计 |
|---|---|
| 9月1日：<br>借：国库存款　　　　　　　　　　65 000<br>　　贷：以前年度盈余调整——预算管理资金以前<br>　　　　年度盈余调整　　　　　　　65 000 | 9月1日：<br>借：资金结存——库款资金结存　　65 000<br>　　贷：一般公共预算支出　　　　　65 000 |
| 9月2日：<br>借：国库存款　　　　　　　　　　70 000<br>　　贷：以前年度盈余调整——预算管理资金以前<br>　　　　年度盈余调整　　　　　　　70 000 | 9月2日：<br>借：资金结存——库款资金结存　　70 000<br>　　贷：一般公共预算收入　　　　　70 000 |
| 9月3日：<br>借：其他应收款　　　　　　　　　80 000<br>　　贷：以前年度盈余调整——预算管理资金以前<br>　　　　年度盈余调整　　　　　　　80 000 | — |

## 复习思考题

1. 预算稳定调节基金与预算周转金有什么不同？
2. 本期盈余与累计盈余有什么关系？
3. 权益法与成本法互换时，"权益法调整"科目如何处理？
4. 什么情况会涉及"以前年度盈余调整"科目的核算？

## 练习题

1. 2024年底，某县财政总会计收入科目当年发生数如下：税收收入20 000 000元，非税收入3 000 000元，补助收入5 000 000元，财政专户管理资金收入600 000元；费用科目当年发生数如下：政府机关商品和服务拨款费用1 800 000元，政府机关工资福利拨款费用1 700 000元，对事业单位补助拨款费用22 000 000元，资本性拨款费用500 000元，财政专户管理资金支出500 000元。要求做财务会计的收入费用年底转账会计分录，并将"本期盈余"转入"累计盈余"。

2. 年初，某市财政从预算稳定调节基金调入800 000元到一般公共预算安排使用；当年年末将超收收入500 000元用于补充预算稳定调节基金。该市财政总会计的账务该如何处理？

3. 某市财政因为一般公共预算规模增加，补充预算周转金50 000元。该市财政总会计的账务该如何处理？

4. 某市财政将预算周转金700 000元调入预算稳定调节基金。该市财政总会计的账务该如何处理？

5. 某市无偿划出一笔股权投资，该笔股权投资相关明细科目余额如下，"其他权益变动"贷方余额30 000元；"投资成本"借方余额1 500 000元，"损益调整"借方余额800 000元。该市财政总会计的账务该如何处理？

# 第七章

# 财政总会计的收入和费用

## 第一节 财政总会计的收入

财政总会计的收入是指报告期内导致政府财政净资产增加的、含有服务潜力或者经济利益的经济资源的流入,包括税收收入、非税收入、投资收益、转移性收入、其他收入、财政专户管理资金收入和专用基金收入等。

税收收入是指政府财政筹集的纳入本级财政管理的税收收入。

非税收入是指政府财政筹集的纳入本级财政管理的非税收入。

投资收益是指政府持有股权投资所实现的收益或发生的损失。

转移性收入是指在各级政府财政之间进行资金调拨所形成的收入,包括补助收入、上解收入和地区间援助收入等。其中,补助收入是指上级政府财政按照财政体制规定或专项需要补助给本级政府财政的款项。上解收入是指按照财政体制规定或专项需要由下级政府财政上交给本级政府财政的款项。地区间援助收入是指受援方政府财政收到援助方政府财政转来的可统筹使用的各类援助、捐赠等资金收入。

其他收入是指政府财政从其他渠道调入资金、豁免主权外债偿还责任,以及无偿取得股权投资等产生的收入。

财政专户管理资金收入是指政府财政纳入财政专户管理的教育收费等资金收入。

专用基金收入是指政府财政根据法律法规等规定设立的各项专用基金(包括粮食风险基金等)取得的资金收入。

总会计核算的收入,应当按照开具票据金额或实际取得金额进行计量。财务会计中的收入类科目不是按照三大预算分别设置,但预算会计中的预算收入类科目是按照三大预算分别设置的。

### 一、税收收入和非税收入

税收收入归属于一般公共预算收入,但非税收入既有可能是一般公共预算收入,也可能是政府性基金预算收入或国有资本经营预算收入,所以可以将财务会计中的税收收入与预算会计中的一般公共预算收入对应起来,但不能将非税收入与一般公共预算收入对应起来,要看具体的非税种类。

### (一)"税收收入"和"非税收入"的核算内容及明细设置

"税收收入"科目核算政府财政筹集的纳入本级财政管理的税收收入。"税收收入"科目应参照《政府收支分类科目》中"税收收入"科目进行明细核算。本科目平时贷方余额反映本级政府财政税收收入的累计数。期末结转后,本科目应无余额。

"非税收入"科目核算政府财政筹集的纳入本级财政管理的非税收入。本科目应参照《政府收支分类科目》中"非税收入"科目进行明细核算。本科目平时贷方余额反映本级政府财政非税收入的累计数。期末结转后,本科目应无余额。

### (二)"税收收入"和"非税收入"的账务处理

1. 收到税收收入时,根据当日收入日报表所列本级税收收入数,借记"国库存款"科目,贷记"税收收入"科目;收到非税收入时,按照实际收到的非税收入金额,借记"国库存款"科目,贷记"非税收入"科目。

| 财 务 会 计 | 预 算 会 计 |
| --- | --- |
| 借:国库存款<br>　　贷:税收收入 | 借:资金结存——库款资金结存<br>　　贷:一般公共预算收入 |
| 借:国库存款<br>　　贷:非税收入 | 借:资金结存——库款资金结存<br>　　贷:一般公共预算收入/政府性基金预算收入/<br>　　　　国有资本经营预算收入等 |

2. 全部实行非税收入电子化管理,非税收入管理部门具备条件提供已开具缴款票据、尚未缴入本级国库的非税收入数据的地区,按照本级应收的非税收入金额,借记"应收非税收入"科目,贷记"非税收入"科目。

3. 期末,非税收入管理部门应提供已列应收非税收入中确认不能缴库的金额,借记"非税收入"科目,贷记"应收非税收入"科目。

4. 年终转账时,"税收收入""非税收入"科目贷方余额转入本期盈余,借记"税收收入""非税收入"科目,贷记"本期盈余——预算管理资金本期盈余"科目。

【例7-1】 某市财政非税收入实行电子化管理。2024年8月5日该市非税收入管理部门对缴款部门开具缴款票据,但缴款部门尚未将这笔款项缴入本级国库,该笔缴款款项为230 000元。2024年8月31日非税收入管理部门确认该笔款项中30 000元暂时不能缴库,200 000元当天缴入国库(属于一般公共预算收入)。该市财政总会计相关账务处理如下:

| 财 务 会 计 | 预 算 会 计 |
| --- | --- |
| 8月5日:<br>借:应收非税收入　　　　　　230 000<br>　　贷:非税收入　　　　　　　　　230 000 | — |
| 8月31日:<br>借:国库存款　　　　　　　　200 000<br>　　非税收入　　　　　　　　 30 000<br>　　贷:应收非税收入　　　　　　　230 000 | 8月31日:<br>借:资金结存——库款资金结存　　200 000<br>　　贷:一般公共预算收入　　　　　　200 000 |

## 二、转移性收入

转移性收入是指在各级政府财政之间进行资金调拨所形成的收入,包括补助收入、上解收入和地区间援助收入等;前两者是纵向财政之间的调拨,地区间援助收入是横向财政之间的调拨。与之对应的预算会计收入类科目是补助预算收入、上解预算收入和地区间援助预算收入。转移性收入的性质分类将在第八章第六节详细介绍,这里不再重复。

### (一)"补助收入""上解收入"和"地区间援助收入"的核算内容及明细设置

"补助收入"科目核算上级政府财政按照财政体制规定或专项需要补助给本级政府财政的款项,包括税收返还、转移支付等。本科目平时贷方余额反映本级政府财政取得补助收入的累计数。期末结转后,本科目应无余额。

"上解收入"科目核算按照财政体制规定或专项需要由下级政府财政上交给本级政府财政的款项。本科目可根据管理需要,按照上解地区进行明细核算。本科目平时贷方余额反映上解收入的累计数。期末结转后,本科目应无余额。

"地区间援助收入"科目核算受援方政府财政收到援助方政府财政转来的可统筹使用的各类援助、捐赠等资金收入。援助方政府已列"地区间援助费用"科目的援助、捐赠等资金,受援方通过本科目核算。本科目可根据管理需要,按照援助地区等进行明细核算。本科目平时贷方余额反映地区间援助收入的累计数。期末结转后,本科目应无余额。

### (二)"补助收入""上解收入"和"地区间援助收入"的账务处理

1. 年终与上级政府财政结算时,按照结算确认的应当由上级政府补助的收入数,借记"与上级往来"科目,贷记"补助收入"科目。退还或核减补助收入时,借记"补助收入"科目,贷记"与上级往来"科目。

2. 年终与下级政府财政结算时,按照结算确认的应上解金额,借记"与下级往来"科目,贷记"上解收入"本科目。退还或核减上解收入时,借记"上解收入"本科目,贷记"与下级往来"科目。

3. 收到援助方政府财政转来的资金时,借记"国库存款"科目,贷记"地区间援助收入"科目。

4. 年终转账时,将"补助收入""上解收入""地区间援助收入"贷方余额转入本期盈余,借记"补助收入""上解收入""地区间援助收入"科目,贷记"本期盈余——预算管理资金本期盈余"科目。

**【例 7-2】** 某市财政 2024 年 11 月 1 日收到省级财政拨入的补助收入 760 000 元;11 月 30 日确认下级 B 县财政应上解预算资金 500 000 元;12 月 3 日收到 B 县上解的资金 500 000 元;12 月 5 日收到其他省份援助的资金 1 000 000 元。该市财政总会计相关账务处理如下:

| 财 务 会 计 | 预 算 会 计 |
|---|---|
| 11月1日:<br>借:国库存款　　　　　760 000<br>　贷:补助收入　　　　　　760 000 | 11月1日:<br>借:资金结存——库款资金结存　　760 000<br>　贷:补助预算收入　　　　　　　760 000 |
| 11月30日:<br>借:与下级往来　　　　500 000<br>　贷:上解收入　　　　　　500 0000 | 11月30日:<br>借:补助预算支出——调拨下级——B县　500 000<br>　贷:上解预算收入　　　　　　　500 000 |

续表

| 财 务 会 计 | 预 算 会 计 |
|---|---|
| 12月3日：<br>借：国库存款　　　　　　　　　500 000<br>　　贷：与下级往来　　　　　　　　500 000 | 12月3日：<br>借：资金结存——库款资金结存　　500 000<br>　　贷：补助预算支出——调拨下级——B县<br>　　　　　　　　　　　　　　　　500 000 |
| 12月5日：<br>借：国库存款　　　　　　　　1 000 000<br>　　贷：地区间援助收入　　　　1 000 000 | 12月5日：<br>借：资金结存——库款资金结存　1 000 000<br>　　贷：地区间援助预算收入　　1 000 000 |

### 三、投资收益与其他收入

#### (一) 投资收益

"投资收益"科目核算政府股权投资所实现的收益或发生的损失。本科目可根据管理需要，按照被投资主体进行明细核算。

投资收益的主要账务处理如下：

1. 采用权益法核算时：

(1) 股权投资持有期间，被投资主体实现净损益的，根据股权管理部门提供的资料，按照应享有或应分担的被投资主体实现净损益的份额，借记或贷记"股权投资（损益调整）"科目，贷记或借记本科目。

【例7-3】 某市财政拥有D政府投资基金60%的股份，该政府投资基金2024年全年实现净利润2 000 000元。根据股权管理部门提供的资料，该市财政应享有60%的净利润份额。该笔投资采用权益法核算。该市财政总会计相关账务处理如下：

| 财 务 会 计 | 预 算 会 计 |
|---|---|
| 借：股权投资——损益调整　　　1 200 000<br>　　贷：投资收益　　　　　　　　1 200 000 | — |

(2) 处置股权投资时，根据股权管理部门提供的资料，按照处置收回的金额，借记"国库存款"科目，按照已宣告尚未领取的现金股利或利润，贷记"应收股利"科目，按照被处置股权投资的账面余额，贷记"股权投资（投资成本、损益调整）"科目，按照借贷方差额，贷记或借记本科目；同时，按照被处置股权投资对应的"权益法调整"科目账面余额，借记或贷记"权益法调整"科目，贷记或借记"股权投资（其他权益变动）"科目。

【例7-4】 接例7-3。2025年1月15日D政府投资基金宣告将发放股利800 000元（其中属于该市财政的为480 000元，按规定全部应上缴财政）。2025年2月1日该市财政转让D政府投资基金的股份，共收回80 000 000元缴入国有资本经营预算，2025年1月15日宣告的股利尚未真正发放。2025年2月1日该笔股权投资的相关明细余额如下：投资成本30 000 000元，损益调整20 000 000元，其他权益变动500 000元。财政总会计根据股权管理部门提供的资料相关账务处理如下：

| 财 务 会 计 | 预 算 会 计 |
|---|---|
| 1月15日：<br>借：应收股利　　　　　　　　　480 000<br>　　贷：股权投资——政府投资基金股权投资——<br>　　　　损益调整　　　　　　　480 000 | — |
| 2月1日：<br>借：股权投资——政府投资基金股权投资——其他<br>　　权益变动　　　　　　　　500 000<br>　　贷：权益法调整　　　　　　500 000<br>借：国库存款　　　　　　　80 000 000<br>　　贷：股权投资——政府投资基金股权投资——<br>　　　　投资成本　　　　　30 000 000<br>　　　　股权投资——政府投资基金股权投资——<br>　　　　损益调整　　　　　20 000 000<br>　　　　应收股利　　　　　　　480 000<br>　　　　投资收益　　　　　29 520 000 | 2月1日：<br>借：资金结存——库款资金结存　　80 000 000<br>　　贷：国有资本经营预算收入　　　80 000 000 |

（3）企业破产清算时，按照缴入国库清算收入的金额，借记"国库存款"科目，按照破产清算股权投资的账面余额，贷记"股权投资（投资成本、损益调整）"科目，按照其差额，借记或贷记本科目；同时，按照破产清算企业股权投资对应的"权益法调整"科目账面余额，借记或贷记"权益法调整"科目，贷记或借记"股权投资（其他权益变动）"科目。

2．采用成本法核算时：

（1）股权投资持有期间，被投资主体宣告发放现金股利或利润的，根据股权管理部门提供的资料，按照应上缴政府财政的部分，借记"应收股利"科目，贷记本科目。

【例7-5】 2024年12月15日E政府投资基金宣告将发放股利100 000元（其中属于某市财政的为30 000元，按规定全部应上缴国有资本经营预算）。财政对E政府投资基金的投资核算采用成本法。该市财政总会计相关账务处理如下：

| 财 务 会 计 | 预 算 会 计 |
|---|---|
| 借：应收股利　　　　　　　　　　30 000<br>　　贷：投资收益　　　　　　　　　30 000 | — |

（2）收到现金股利或利润时，按照实际收到的金额，借记"国库存款"科目，贷记"应收股利"科目；按照实际收到金额中未宣告发放的现金股利或利润，借记"应收股利"科目，贷记本科目。

【例7-6】 接例7-5。2024年12月30日市财政收到E政府投资基金宣告发放的股利30 000元。该市财政总会计相关账务处理如下：

| 财 务 会 计 | 预 算 会 计 |
|---|---|
| 借：国库存款　　　　　　　　　　30 000<br>　　贷：应收股利　　　　　　　　　30 000 | 借：资金结存——库款资金结存　　30 000<br>　　贷：国有资本经营预算收入　　　30 000 |

（3）处置股权投资时，按照收回的金额，借记"国库存款"科目，按照已宣告尚未领取的现金股利或利润，贷记"应收股利"科目，按照股权投资账面余额，贷记"股权投资（投资成本）"科目，按照借贷方差额，贷记或借记本科目。

（4）企业破产清算时，根据股权管理部门提供的资料，按照缴入国库清算收入的金额，借记"国库存款"科目，按照破产清算股权投资的账面余额，贷记"股权投资（投资成本）"科目，按照其差额，借记或贷记本科目。

3. 年终转账时，本科目余额转入本期盈余，借记或贷记本科目，贷记或借记"本期盈余——预算管理资金本期盈余"科目。期末结转后，本科目应无余额。

**（二）其他收入**

"其他收入"科目核算政府财政除税收收入、非税收入、投资收益、补助收入、上解收入、地区间援助收入、财政专户管理资金收入、专用基金收入以外的各项收入，包括从其他渠道调入资金、豁免主权外债偿还责任以及无偿取得股权投资等产生的收入。本科目可根据管理需要，按照其他收入类别等进行明细核算。本科目平时贷方余额反映本级政府财政其他收入的累计数。期末结转后，本科目应无余额。

其他收入的主要账务处理如下：

1. 从其他渠道调入资金时，按照调入的金额，借记"国库存款"科目，贷记本科目。

2. 债权人豁免政府财政承担的主权外债时，政府财政按照减少的债务金额，借记"借入款项"等科目，贷记本科目。

**【例 7-7】** 某省财政借入的某国际金融机构的借款 7 000 000 元被该金融机构豁免。该省财政总会计相关账务处理如下：

| 财 务 会 计 | 预 算 会 计 |
|---|---|
| 借：借入款项　　　　　7 000 000<br>　贷：其他收入　　　　　　7 000 000 | — |

3. 无偿划入股权投资时，账务处理参照"股权投资"科目使用说明中权益法和成本法下对应业务的账务处理。

4. 年终转账时，本科目贷方余额转入本期盈余。借记本科目，贷记"本期盈余——预算管理资金本期盈余"科目。

## 四、财政专户管理资金收入和专用基金收入

**（一）"财政专户管理资金收入""专用基金收入"核算内容及明细设置**

"财政专户管理资金收入"科目核算政府财政纳入财政专户管理的教育收费等资金收入。本科目可根据管理需要，按照预算单位等进行明细核算。本科目平时贷方余额反映财政专户管理资金收入的累计数。期末结转后，本科目应无余额。

"专用基金收入"科目核算政府财政按照法律法规和国务院、财政部规定设置或取得的粮食风险基金等专用基金收入。本科目可根据管理需要，按照专用基金的种类进行明细核算。本科目平时贷方余额反映本级政府财政专用基金收入的累计数。期末结转后，本科目应无余额。

财政总会计的财务会计中的"财政专户管理资金收入""专用基金收入"与预算会计中的

"财政专户管理资金收入""专用基金收入"相对应,核算内容相同,只是核算基础不同,前者是权责发生制,后者是收付实现制。

**(二)"财政专户管理资金收入""专用基金收入"的账务处理**

1. 收到财政专户管理资金时,借记"其他财政存款"科目,贷记"财政专户管理资金收入"科目。

2. 取得专用基金收入转入财政专户时,借记"其他财政存款"科目,贷记"专用基金收入"科目。退回取得的专用基金收入时,借记"专用基金收入"科目或"以前年度盈余调整——专用基金以前年度盈余调整"科目,贷记"其他财政存款"科目。

3. 通过费用安排取得专用基金收入仍留存国库的,借记有关费用科目,贷记"专用基金收入"科目。

**【例7-8】** 某市财政收到教育收费 30 000 元存入财政专户;一般公共预算通过对个人和家庭补助拨款费用建立 F 专用基金 700 000 元(该专用基金仍存在国库)。该市财政总会计相关账务处理如下:

| 财 务 会 计 | 预 算 会 计 |
|---|---|
| 借:其他财政存款　　　　　　　　　30 000<br>　贷:财政专户管理资金收入　　　　　　30 000 | 借:资金结存——专户资金结存　　　30 000<br>　贷:财政专户管理资金收入　　　　　　30 000 |
| 借:对个人和家庭补助拨款费用　　　700 000<br>　贷:专用基金收入　　　　　　　　　700 000 | 借:一般公共预算支出　　　　　　　700 000<br>　贷:专用基金收入　　　　　　　　　700 000 |

4. 年终转账时:"财政专户管理资金收入"科目贷方余额转入本期盈余,借记"财政专户管理资金收入"科目,贷记"本期盈余——财政专户管理资金本期盈余"科目;"专用基金收入"科目贷方余额转入本期盈余,借记"专用基金收入"科目,贷记"本期盈余——专用基金本期盈余"科目。期末结转后,这两科目都应无余额。

| 财 务 会 计 | 预 算 会 计 |
|---|---|
| 借:财政专户管理资金收入<br>　贷:本期盈余——财政专户管理资金本期盈余 | 借:财政专户管理资金收入<br>　贷:财政专户管理资金结余 |
| 借:专用基金收入<br>　贷:本期盈余——专用基金本期盈余 | 借:专用基金收入<br>　贷:专用基金结余 |

# 第二节　财政总会计的费用

财政总会计的费用是指报告期内导致政府财政净资产减少的、含有服务潜力或者经济利益的经济资源的流出,包括政府机关商品和服务拨款费用、政府机关工资福利拨款费用、对事业单位补助拨款费用、对企业补助拨款费用、对个人和家庭补助拨款费用、对社会保障基金补助拨款费用、资本性拨款费用、其他拨款费用、财务费用、转移性费用、其他费用、财政专户管理资金支出、专用基金支出等。

政府机关商品和服务拨款费用是指本级政府财政拨付给机关和参照公务员法管理的事业单位(以下简称参公事业单位)购买商品和服务的各类费用,不包括用于购置固定资产、战略性和应急性物资储备等资本性拨款费用。

政府机关工资福利拨款费用是指本级政府财政拨付给机关和参公事业单位在职职工和编制外长期聘用人员的各类劳动报酬及为上述人员缴纳的各项社会保险费等费用。

对事业单位补助拨款费用是指本级政府财政拨付的对事业单位(不含参公事业单位)的经常性补助费用,不包括对事业单位的资本性拨款费用。

对企业补助拨款费用是指本级政府财政拨付的对各类企业的补助费用,不包括对企业的资本金注入和资本性拨款费用。

对个人和家庭补助拨款费用是指本级政府财政拨付的对个人和家庭的补助费用。

对社会保障基金补助拨款费用是指本级政府财政拨付的对社会保险基金的补助,以及补充全国社会保障基金的费用。

资本性拨款费用是指本级政府财政拨付给行政事业单位和企业的资本性费用,不包括对企业的资本金注入。

其他拨款费用是指本级政府财政拨付的经常性赠与、国家赔偿费用、对民间非营利组织和群众性自治组织补贴等费用。

财务费用是指本级政府财政用于偿还政府债务的利息费用,政府债务发行、兑付、登记费用,以外币计算的政府资产及债务由于汇率变化产生的汇兑损益等。

转移性费用是指在各级政府财政之间进行资金调拨形成的费用,包括补助费用、上解费用、地区间援助费用等。其中,补助费用是指本级政府财政按照财政体制规定或专项需要补助给下级政府财政的费用。上解费用是指本级政府财政按照财政体制规定或专项需要上交给上级政府财政的费用。地区间援助费用是指援助方政府财政安排用于受援方政府财政统筹使用的各类援助、补偿、捐赠等费用。

其他费用是指政府财政无偿划出股权投资以及确认其他负债等产生的费用。

财政专户管理资金支出是指政府财政用纳入财政专户管理的教育收费等资金安排的支出。

专用基金支出是指政府财政用专用基金收入安排的支出。

对于收回本年度已列费用的款项,应冲减当期费用;对于收回以前年度已列费用的款项,通常记入以前年度盈余调整。

总会计核算的费用,应当按照承担支付义务金额或实际发生金额进行计量。

## 一、政府机关商品和服务拨款费用

**(一)"政府机关商品和服务拨款费用"的核算内容及明细设置**

"政府机关商品和服务拨款费用"科目核算本级政府财政拨付给机关和参公事业单位购买商品和服务的各类费用,不包括用于购置固定资产、战略性和应急性物资储备等资本性拨款费用。本科目可根据管理需要,参照《政府收支分类科目》中支出经济分类科目,按照预算单位和项目等进行明细核算。本科目平时借方余额反映本级政府机关商品和服务拨款费用的累计数。期末结转后,本科目应无余额。

**(二)"政府机关商品和服务拨款费用"的账务处理**

1. 实际发生政府机关商品和服务拨款费用时,借记本科目,贷记"国库存款"科目。

2. 当年政府机关商品和服务拨款费用发生退回时,按照实际收到的退回金额,借记"国库存款"科目,贷记本科目。

3. 年终转账时,本科目借方余额转入本期盈余,借记"本期盈余——预算管理资金本期盈余"科目,贷记本科目。

【例7-9】 某市财政通过国库集中收付系统用一般公共预算资金支付政府机关商品和服务拨款费用600 000元。该市财政总会计相关账务处理如下:

| 财 务 会 计 | 预 算 会 计 |
| --- | --- |
| 借:政府机关商品和服务拨款费用　　600 000<br>　　贷:国库存款　　　　　　　　　　　　600 000 | 借:一般公共预算支出　　　　　　600 000<br>　　贷:资金结存——库款资金结存　　600 000 |

## 二、政府机关工资福利拨款费用

### (一)"政府机关工资福利拨款费用"的核算内容及明细设置

"政府机关工资福利拨款费用"科目核算本级政府财政拨付给机关和参公事业单位在职职工和编制外长期聘用人员的各类劳动报酬及为上述人员缴纳的各项社会保险费等费用。本科目可根据管理需要,参照《政府收支分类科目》中支出经济分类科目,按照预算单位和项目等进行明细核算。本科目平时借方余额反映本级政府机关工资福利拨款费用的累计数。期末结转后,本科目应无余额。

### (二)"政府机关工资福利拨款费用"的账务处理

1. 实际发生政府机关工资福利拨款费用时,借记本科目,贷记"国库存款"科目。

2. 当年政府机关工资福利拨款费用发生退回时,按照实际收到的退回金额,借记"国库存款"科目,贷记本科目。

3. 年终转账时,本科目借方余额转入本期盈余,借记"本期盈余——预算管理资金本期盈余"科目,贷记本科目。

【例7-10】 某市财政收回当年多支付的政府机关工资福利拨款费用40 000元,收回以前年度多支付的政府机关工资福利拨款费用30 000元。这两笔费用之前都是用一般公共预算资金支付。该市财政总会计相关账务处理如下:

| 财 务 会 计 | 预 算 会 计 |
| --- | --- |
| 借:国库存款　　　　　　　　　　70 000<br>　　贷:政府机关商品和服务拨款费用　40 000<br>　　　　以前年度盈余调整　　　　　　30 000 | 借:资金结存——库款资金结存　　700 000<br>　　贷:一般公共预算支出　　　　　　700 000 |

## 三、各类补助拨款费用

财政总会计中"对事业单位补助拨款费用""对企业补助拨款费用""对个人和家庭补助拨款费用""对社会保障基金补助拨款费用"科目都是核算补助拨款,只是被补助的对象不同,所以我们将这四个科目放在一起介绍。

### (一)各类补助拨款费用科目的核算内容及明细设置

"对事业单位补助拨款费用"科目核算本级政府财政拨付的对事业单位(不含参公事业单

位)的经常性补助费用,不包括对事业单位的资本性拨款费用。本科目平时借方余额反映本级政府财政对事业单位补助拨款费用的累计数。

"对企业补助拨款费用"科目核算本级政府财政拨付的对各类企业的补助费用,不包括对企业的资本金注入和资本性拨款费用。本科目平时借方余额反映本级政府财政对企业补助拨款费用的累计数。

"对个人和家庭补助拨款费用"科目核算本级政府财政拨付的对个人和家庭的补助费用。本科目平时借方余额反映本级政府财政对个人和家庭补助拨款费用的累计数。

"对社会保障基金补助拨款费用"科目核算本级政府财政拨付的对社会保险基金的补助费用,以及补充全国社会保障基金的费用。本科目平时借方余额反映本级政府财政对社会保障基金补助拨款费用的累计数。

"对事业单位补助拨款费用""对企业补助拨款费用""对个人和家庭补助拨款费用""对社会保障基金补助拨款费用"科目可根据管理需要,参照《政府收支分类科目》中支出经济分类科目,按照预算单位和项目等进行明细核算。期末结转后,这四个科目都应无余额。

**(二)各类补助拨款费用科目的账务处理**

1. 实际发生费用时,借记"对事业单位补助拨款费用""对企业补助拨款费用""对个人和家庭补助拨款费用""对社会保障基金补助拨款费用"科目,贷记"国库存款"科目。具体账务处理参考例7-9。

2. 当年发生费用退回时,按照实际收到的退回金额,借记"国库存款"科目,贷记"对事业单位补助拨款费用""对企业补助拨款费用""对个人和家庭补助拨款费用""对社会保障基金补助拨款费用"科目。对于收回以前年度已列费用的款项,借记"国库存款"科目,贷记"以前年度盈余调整"。具体账务处理参考例7-10。

3. 年终转账时,本科目借方余额转入本期盈余,借记"本期盈余——预算管理资金本期盈余"科目,贷记"对事业单位补助拨款费用""对企业补助拨款费用""对个人和家庭补助拨款费用""对社会保障基金补助拨款费用"科目。案例见例6-1。

## 四、转移性费用

转移性费用是指在各级政府财政之间进行资金调拨形成的费用,包括补助费用、上解费用、地区间援助费用等。补助和上解一般都发生在上下级财政之间,上级财政对下级财政进行补助时,上级财政就是"补助费用",而下级财政就是"补助收入";下级财政上解上级财政时,下级财政就是"上解费用",上级财政就是"上解收入"。而地区间援助费用发生在不同政府之间,往往是发达地区对相对欠发达地区的援助,是一种横向政府之间的调拨,调入政府为"地区间援助收入",调出政府为"地区间援助费用"。与转移性费用科目对应的预算会计支出类科目是补助预算支出、上解预算支出和地区间援助预算支出。转移性支出的管理要点将在第九章第六节详细介绍,这里不再重复。

**(一)补助费用**

"补助费用"科目核算本级政府财政按财政体制规定或专项需要补助给下级政府财政的款项,包括对下级的税收返还、一般性转移支付和专项转移支付等。本科目可根据管理需要,按照补助地区进行明细核算。本科目平时借方余额反映本级政府财政对下级补助费用的累计数。期末结转后,本科目应无余额。

补助费用的主要账务处理如下:

1. 年终与下级政府财政结算时,按照结算确认的应当补助下级政府的费用数,借记本科目,贷记"与下级往来"科目。退还或核减补助费用时,借记"与下级往来"科目,贷记本科目。

| 财 务 会 计 | 预 算 会 计 |
| --- | --- |
| 确认对下级政府的补助<br>借:补助费用<br>　　贷:下级往来 | 借:补助预算支出——一般公共预算补助支出/补助预算支出——政府性基金预算补助支出/补助算支出——国有资本经营预算补助支出<br>　　贷:补助预算支出——调拨下级 |
| 退还或核减补助费用<br>借:与下级往来<br>　　贷:补助费用 | 借:补助预算支出——调拨下级<br>　　贷:补助预算支出——一般公共预算补助支出/补助预算支出——政府性基金预算补助支出/补助算支出——国有资本经营预算补助支出 |

2. 专项转移支付资金实行特设专户管理的,根据有关支出管理部门下达的预算文件和拨款依据确认费用,借记本科目或"与下级往来"科目;资金由本级政府财政拨付给下级的,贷记"其他财政存款"等科目;资金由上级政府财政直接拨给下级的,贷记"与上级往来"或"补助收入"科目。

【例 7-11】 2024 年 5 月 5 日省级财政拨给某市财政专项转移支付资金 6 000 000 元,7 月 7 日该市财政再将这 6 000 000 元拨付给下级 C 县财政。该专项转移支付资金实行特殊专户管理,纳入市级财政预算管理。该市财政总会计相关账务处理如下:

| 财 务 会 计 | 预 算 会 计 |
| --- | --- |
| 5月5日:<br>借:其他财政存款　　　　6 000 000<br>　　贷:补助收入　　　　　　6 000 000 | 5月5日:<br>借:资金结存——专户资金结存　　6 000 000<br>　　贷:补助预算收入　　　　　　6 000 000 |
| 7月7日:<br>借:补助费用　　　　　　6 000 000<br>　　贷:其他财政存款　　　　6 000 000 | 7月7日:<br>借:补助预算支出　　　　　　6 000 000<br>　　贷:资金结存——专户资金结存　6 000 000 |

【例 7-12】 2024 年 5 月 5 日省级财政确认应拨付某市财政专项转移支付资金 6 000 000 元(该转移支付属于一般公共预算),实际当天并没有拨付;5 月 7 日省级财政直接将这笔专项转移支付资金拨付给本省某市的下级 C 财政。该专项转移支付资金实行特殊专户管理,纳入市级财政预算管理。该市财政总会计相关账务处理如下:

| 财 务 会 计 | 预 算 会 计 |
| --- | --- |
| 5月5日:<br>借:与上级往来　　　　　6 000 000<br>　　贷:补助收入　　　　　　6 000 000 | 5月5日:<br>借:补助预算收入——上级调拨　　6 000 000<br>　　贷:补助预算收入——一般公共预算补助收入<br>　　　　　　　　　　　　　　　6 000 000 |

续表

| 财 务 会 计 | 预 算 会 计 |
|---|---|
| 5月7日：<br>借：补助费用　　　　　　　　6 000 000<br>　　贷：与上级往来　　　　　　　　6 000 000 | 5月7日：<br>借：补助预算支出——一般公共预算补助支出——<br>　　　C财政　　　　　　　　　　6 000 000<br>　　贷：补助预算收入——上级调拨　　6 000 000 |

3. 年终转账时,本科目借方余额转入本期盈余,借记"本期盈余——预算管理资金本期盈余"科目,贷记本科目。

### (二) 上解费用

"上解费用"科目核算本级政府财政按照财政体制规定或专项需要上解给上级政府财政的款项。本科目可根据管理需要按照项目等进行明细核算。本科目平时借方余额反映本级政府财政上解费用的累计数。期末结转后,本科目应无余额。

上解费用的主要账务处理如下：

1. 年终与上级政府财政结算时,按照结算确认的应当上解费用数,借记本科目,贷记"与上级往来"科目。退还或核减上解费用时,借记"与上级往来"等科目,贷记本科目。

2. 年终转账时,本科目借方余额转入本期盈余,借记"本期盈余——预算管理资金本期盈余"科目,贷记本科目。

### (三) 地区间援助费用

"地区间援助费用"科目核算援助方政府财政安排用于受援方政府财政统筹使用的各类援助、补偿、捐赠等。本科目可根据管理需要,按照受援地区等进行明细核算。本科目平时借方余额反映地区间援助费用的累计数。期末结转后,本科目应无余额。

地区间援助费用的主要账务处理如下：

1. 发生地区间援助费用时,借记本科目,贷记"国库存款"科目。

2. 年终转账时,本科目借方余额转入本期盈余,借记"本期盈余——预算管理资金本期盈余"科目,贷记本科目。

【例 7-13】 2024 年 12 月 25 日某市财政进行财政体制结算后,确认需上解上级财政一般公共预算资金 500 000 元,需补助下级财政一般公共预算资金 450 000 元。2024 年 12 月 31 该市财政实际上解 500 000 给上级财政,补助 450 000 给下级财政；同时对兄弟省份进行地区间援助,拨付了 850 000 援助款。该市财政总会计相关账务处理如下：

| 财 务 会 计 | 预 算 会 计 |
|---|---|
| 12月25日：<br>借：上解费用　　　　　　　　500 000<br>　　贷：与上级往来　　　　　　　　500 000<br>借：补助费用　　　　　　　　450 000<br>　　贷：与下级往来　　　　　　　　450 000 | 12月25日：<br>借：上解预算支出　　　　　　　　500 000<br>　　贷：补助预算收入——上级调拨　　500 000<br>借：补助预算支出——一般公共预算补助支出<br>　　　　　　　　　　　　　　　450 000<br>　　贷：补助预算支出——调拨下级　　450 000 |

续表

| 财 务 会 计 | 预 算 会 计 |
|---|---|
| 12月31日：<br>借：与上级往来　　　　　　　　500 000<br>　　与下级往来　　　　　　　　450 000<br>　　地区间援助费用　　　　　　850 000<br>　贷：国库存款　　　　　　　1 800 000 | 12月31日：<br>借：补助预算收入——上级调拨　　500 000<br>　　补助预算支出——调拨下级　　450 000<br>　　地区间援助预算支出　　　　　850 000<br>　贷：资金结存——库款资金结存　1 800 000 |

### 五、财政专户管理资金支出和专用基金支出

**（一）"财政专户管理资金支出""专用基金支出"核算内容及明细设置**

"财政专户管理资金支出"科目核算本级政府财政用纳入财政专户管理的教育收费等资金安排的支出。本科目可根据管理需要，按照预算单位等进行明细核算。本科目平时借方余额反映财政专户管理资金支出的累计数。期末结转后，本科目应无余额。

"专用基金支出"本科目核算本级政府财政用专用基金收入安排的支出。本科目可根据管理需要，按照专用基金种类、预算单位等进行明细核算。本科目平时借方余额反映专用基金支出的累计数。期末结转后，本科目应无余额。

财政总会计的财务会计中的"财政专户管理资金支出""专用基金支出"与预算会计中的"财政专户管理资金支出""专用基金支出"相对应，核算内容相同，只是核算基础不同，前者是权责发生制，后者是收付实现制。

**（二）"财政专户管理资金支出""专用基金支出"的账务处理**

1. 发生支出时，借记"财政专户管理资金支出""专用基金支出"科目，贷记"其他财政存款"等科目。

2. 当年发生支出退回时，按照实际退回的金额，借记"其他财政存款"科目，贷记"财政专户管理资金支出""专用基金支出"科目。以前年度支出发生退回时，按照实际退回的金额，借记"其他财政存款"等科目，贷记"以前年度盈余调整"科目。

3. 年终转账时，将两个科目借方余额转入本期盈余，借记"本期盈余"科目，贷记"财政专户管理资金支出""专用基金支出"科目。

具体核算与前面费用类科目基本一致。

### 六、其他费用类科目

这部分介绍前面没有介绍过的费用类科目，具体包括资本性拨款费用、其他拨款费用、财务费用、其他费用等。

**（一）资本性拨款费用和其他拨款费用**

"资本性拨款费用"科目核算政府财政拨付给行政事业单位和企业的资本性拨款费用，不包括对企业的资本金注入。本科目平时借方余额反映本级政府财政资本性拨款费用的累计数。

"其他拨款费用"科目核算本级政府财政拨付的经常性赠与、国家赔偿费用、对民间非营利组织和群众性自治组织补贴等拨款费用。本科目平时借方余额反映本级政府财政其他拨款费用的累计数。

两者都可根据管理需要，参照《政府收支分类科目》中支出经济分类科目，按照预算单位和

项目等进行明细核算。期末结转后,这两个科目都应无余额。

"资本性拨款费用"和"其他拨款费用"科目主要账务处理如下:

1. 实际发生费用时,借记"资本性拨款费用""其他拨款费用"科目,贷记"国库存款"科目。

2. 当年费用发生退回时,按照实际退回的金额,借记"国库存款"科目,贷记"资本性拨款费用""其他拨款费用"科目。对于收回以前年度已列费用的款项,通常记入以前年度盈余调整。

3. 当年终转账时,本科目借方余额转入本期盈余,借记"本期盈余——预算管理资金本期盈余"科目,贷记"资本性拨款费用""其他拨款费用"科目。

具体核算与前面费用类科目基本一致。

### (二) 财务费用

"财务费用"科目核算本级政府财政用于偿还政府债务利息费用、政府债务发行、兑付、登记费用,以外币计算的政府资产及债务由于汇率变化产生的汇兑损益等。本科目应设置"利息费用""债务发行兑付费用""汇兑损益"明细科目。本科目平时借方余额反映本级政府财政财务费用的累计数。期末结转后,本科目应无余额

财务费用的主要账务处理如下:

1. 利息费用的主要账务处理

(1) 按期计提利息费用时,根据债务管理部门计算确定的本期应支付利息金额,借记本科目,贷记"应付利息""应付地方政府债券转贷款——应付利息""应付主权外债转贷款——应付利息"等科目。案例见例 5-9、例 5-10、例 5-11。

(2) 提前赎回已发行的政府债券、债权人豁免政府财政承担的主权外债应付利息时,按照减少的当年已计提应付利息金额,借记"应付利息""应付地方政府债券转贷款——应付利息""应付主权外债转贷款——应付利息"等科目,贷记本科目。

【例 7-14】 2024 年 7 月 1 日某省财政提前赎回 2020 年发行的 5 年期的政府长期专项债券,发行面值为 8 000 000 元(一次性还本付息),年利率为 4%,利息已经计提 4 年,省财政支付了赎回金额 9 120 000 元。该省财政总会计账务处理如下:

| 财 务 会 计 | 预 算 会 计 |
|---|---|
| 借:应付长期政府债券　　　　　　8 000 000<br>　　应付利息　　　　　　　　　　1 280 000<br>　　贷:财务费用　　　　　　　　　　160 000<br>　　　　国库存款　　　　　　　　　9 120 000 | 借:债务还本预算支出　　　　　　　8 000 000<br>　　政府性基金预算支出　　　　　1 120 000<br>　　贷:资金结存——库款资金结存　9 120 000 |

2. 债务发行兑付费用的主要账务处理

(1) 支付政府债务发行、兑付、登记款项时,按照实际支付的金额,借记本科目,贷记"国库存款"科目。

| 财 务 会 计 | 预 算 会 计 |
|---|---|
| 借:财务费用<br>　　贷:国库存款 | 借:一般公共预算支出/政府性基金预算支出<br>　　贷:资金结存——库款资金结存 |

(2) 收到或扣缴下级政府财政应承担的政府债务发行、兑付、登记款项时，按照实际收到或扣缴的金额，借记"国库存款""其他财政存款""与下级往来"等科目，贷记本科目。

3. 汇兑损益的主要账务处理

(1) 期末，将所有以外币计算的政府资产按期末汇率折算为人民币金额。

① 折算后的金额小于账面余额时：

| 财 务 会 计 | 预 算 会 计 |
|---|---|
| 借：财务费用(折算差额)<br>　　贷：其他财政存款/应收主权外债转贷款等(折算差额) | — |

② 折算后的金额大于账面余额时：

| 财 务 会 计 | 预 算 会 计 |
|---|---|
| 借：其他财政存款/应收主权外债转贷款等(折算差额)<br>　　贷：财务费用(折算差额) | — |

(2) 期末，将所有以外币计算的政府负债按期末汇率折算为人民币金额。

① 折算后的金额小于账面余额时：

| 财 务 会 计 | 预 算 会 计 |
|---|---|
| 借：借入款项/应付长期政府债券/应付主权外债转贷款/应付利息(折算差额)<br>　　贷：财务费用(折算差额) | — |

② 折算后的金额大于账面余额时：

| 财 务 会 计 | 预 算 会 计 |
|---|---|
| 借：财务费用(折算差额)<br>　　贷：借入款项/应付长期政府债券/应付主权外债转贷款/应付利息(折算差额) | — |

4. 年终转账时的主要账务处理

年终转账时，本科目借方或贷方余额转入本期盈余，借记或贷记"本期盈余——预算管理资金本期盈余"科目，贷记或借记本科目。

**(三) 其他费用**

"其他费用"科目核算本级政府财政无偿划出股权投资时产生的投资损失、政府财政承担支出责任的其他负债等。本科目可根据管理需要，按照类别进行明细核算。本科目平时借方余额反映本级政府财政其他费用的累计数。期末结转后,本科目应无余额。

其他费用的主要账务处理如下:

1. 政府财政无偿划出股权投资时,根据股权管理部门提供的资料,按照被划出股权投资对应的"权益法调整"科目账面余额,借记或贷记"权益法调整"科目,贷记或借记"股权投资(其他权益变动)"科目;按照被划出股权投资的账面余额,借记本科目,贷记"股权投资(投资成本、损益调整)"科目。

2. 政府财政承担支出责任的其他负债,按照确定应承担的负债金额,借记本科目,贷记"其他负债"科目。

3. 无偿划出股权投资时,账务处理参照"股权投资"科目使用说明中权益法和成本法下对应业务的账务处理。

4. 年终转账时,本科目借方余额转入本期盈余,借记"本期盈余——预算管理资金本期盈余"科目,贷记本科目。

【例7-15】 2023年11月1日,某市财政无偿划出一笔股权投资。该股权投资明细科目余额如下:投资成本3 800 000元,损益调整400 000元,其他权益调整200 000元。此笔投资的"权益法调整"账目余额也为200 000元。该市财政总会计账务处理如下:

| 财 务 会 计 | 预 算 会 计 |
|---|---|
| 借:权益法调整　　　　　　　　　200 000<br>　　贷:股权投资——其他权益变动　　　200 000<br>借:其他费用　　　　　　　　　4 200 000<br>　　贷:股权投资——投资成本　　　3 800 000<br>　　　　股权投资——损益调整　　　400 000 | — |

# 复习思考题

1. 转移性收入和转移性支出有什么关系?
2. 财政专户管理资金收入和专用基金收入有什么不同?
3. 什么是政府机关商品和服务拨款费用?什么是政府机关工资福利拨款费用?两者有什么不同?
4. 其他费用和其他拨款费用有什么不同?

# 练习题

1. 某市财政非税收入实行电子化管理,2024年5月5日该市罚款管理部门对缴款部门开具缴款票据,但缴款部门尚未将这笔款项缴入本级国库,该笔缴款款项为8 000元。2024年5月8日缴款部门将8 000元罚款缴入国库。该市财政总会计的相关账务应该如何处理?

2. 某市财政2024年12月25日进行体制结算后,计算出应收省级财政拨入的补助收入80 000 000元;应补助下级财政50 000 000元;12月31日实际收到省级财政的补助收入80 000 000元,并对下级拨付了补助款50 000 000元。该市财政总会计的相关账务应该如何处理？

3. 某市财政拥有 M 政府投资基金 40% 的股份，该政府投资基金 2024 年全年实现净利润 7 800 000 元。根据股权管理部门提供的资料，该市财政应享有 40% 的净利润份额。该笔投资采用权益法核算。该市财政总会计的相关账务应该如何处理？

4. 2025 年 3 月 15 日 M 政府投资基金宣告将发放股利 500 000 元（其中属于该市财政的为 200 000 元，按规定应全部上缴财政）。3 月 20 日 M 政府投资基金发放 200 000 元到市财政的账上。成本法和权益法分别如何核算？

5. 某省财政借入的某国际金融机构的借款本金 7 000 000 元和利息 300 000 被该金融机构豁免。该省财政总会计的相关账务应该如何处理？

6. 某市财政收到教育收费 10 000 元存入财政专户。该市财政总会计相关账务如何处理？

7. 某市财政通过国库集中收付系统用一般公共预算资金支付政府机关商品和服务拨款费用 200 000 元，对事业单位补助拨款费用 120 000 元。该市财政总会计的相关账务应该如何处理？

8. 2025 年 1 月 1 日某省财政提前赎回 2024 年发行的 10 年期政府长期专项债券，发行面值为 1 000 000 元（一次性还本付息），年利率为 3%，利息已经计提 1 年，省财政支付了赎回金额 1 020 000 元。该省财政总会计账务如何处理？

# 第八章

# 财政总会计的预算收入

## 第一节 预算收入的范围和定义

财政总会计的预算收入是指政府财政在预算年度内依法取得的并纳入预算管理的现金流入,包括一般公共预算收入、政府性基金预算收入、国有资本经营预算收入、财政专户管理资金收入、专用基金收入、转移性预算收入、动用预算稳定调节基金、债务预算收入、债务转贷预算收入和待处理收入等。预算收入一般在实际取得时予以确认,以实际取得的金额计量。

### 一、预算收入的核算范围

政府预算包括一般公共预算、政府性基金预算、国有资本经营预算和社会保险基金预算。社会保险基金预算资金由社会保险基金会计制度进行规范和核算,所以不属于财政总会计的核算范围,财政总会计中的预算收入不包括社会保险基金预算收入。财政总会计不仅核算政府预算中三大预算的收支,还核算财政专户管理资金收支和专用基金收支(这些收支不纳入政府预算中)。一般公共预算、政府性基金预算和国有资本经营预算都有本级预算收入,一般公共预算和政府性基金预算还有转移性预算收入、债务预算收入和债务转贷预算收入,国有资本经营预算只有转移性预算收入而没有债务预算收入和债务转贷预算收入。

表8-1　　　　　　　　　　各类预算收入核算的会计科目表

| 项 目 | 一般公共预算 | 政府性基金预算 | 国有资本经营预算 | 其 他 |
| --- | --- | --- | --- | --- |
| 本级预算收入 | "一般公共预算收入" | "政府性基金预算收入" | "国有资本经营预算收入" | "财政专户管理资金收入""专用基金收入""待处理收入" |
| 转移性预算收入 | "补助预算收入——一般公共预算补助收入" | "补助预算收入——政府性基金预算补助收入" | "补助预算收入——国有资本经营预算补助收入" | "补助预算收入——上级调拨" |

续表

| 项　目 | 一般公共预算 | 政府性基金预算 | 国有资本经营预算 | 其　他 |
|---|---|---|---|---|
| 转移性预算收入 | "上解预算收入——一般公共预算上解收入" | "上解预算收入——政府性基金预算上解收入" | "上解预算收入——国有资本经营预算上解收入" | |
| | "地区间援助预算收入" | | | |
| | "调入预算资金——一般公共预算调入资金" | "调入预算资金——政府性基金预算调入资金" | | |
| 债务预算收入 | "债务预算收入——国债收入" "债务预算收入——一般债务收入" | "债务预算收入——专项债务收入" | | |
| 债务转贷预算收入 | "债务转贷预算收入——一般债务转贷收入" | "债务转贷预算收入——专项债务转贷收入" | | |
| 预算稳定调节基金 | "动用预算稳定调节基金" | | | |

## 二、各类预算收入定义

一般公共预算收入是指政府财政筹集的纳入本级一般公共预算管理的税收收入和非税收入。

政府性基金预算收入是指政府财政筹集的纳入本级政府性基金预算管理的非税收入。

国有资本经营预算收入是指政府财政筹集的纳入本级国有资本经营预算管理的非税收入。

财政专户管理资金收入是指政府财政纳入财政专户管理的教育收费等资金收入。

专用基金收入是指政府财政根据法律法规等规定设立的各项专用基金（包括粮食风险基金等）取得的资金收入。

转移性预算收入是指在各级政府财政之间进行资金调拨以及在本级政府财政不同类型资金之间调剂所形成的收入，包括补助预算收入、上解预算收入、地区间援助预算收入和调入预算资金等。其中，补助预算收入是指上级政府财政按照财政体制规定或专项需要补助给本级政府财政的款项，包括返还性收入、一般性转移支付收入和专项转移支付收入等。上解预算收入是指按照财政体制规定或专项需要由下级政府财政上交给本级政府财政的款项。地区间援助预算收入是指受援方政府财政收到援助方政府财政转来的可统筹使用的各类援助、捐赠等资金收入。调入预算资金是指政府财政为平衡某类预算收支，从其他类型预算资金及其他渠道调入的资金。

动用预算稳定调节基金是指政府财政为弥补一般公共预算收支缺口动用的预算稳定调节基金。

债务预算收入是指政府财政根据法律法规等规定,通过发行债券、向外国政府和国际金融组织借款等方式筹集的纳入预算管理的资金收入。

债务转贷预算收入是指本级政府财政收到上级政府财政转贷的债务收入。

待处理收入是指本级政府财政收回的部门预算结转结余资金和转移支付结转资金。

### 三、各类预算收入入账金额的确认

一般公共预算收入、政府性基金预算收入、国有资本经营预算收入、财政专户管理资金收入和专用基金收入应当按照实际收到的金额入账。中央政府财政年末可按有关规定对部分收入事项采用权责发生制核算。转移性预算收入应当按照财政体制的规定和预算管理需要,按实际发生的金额入账。债务预算收入应当按照实际发行额或借入的金额入账。债务转贷预算收入应当按照实际收到的转贷金额入账。待处理收入应当按照实际收到的金额入账。

## 第二节 预算收入的管理

### 一、预算收入的组织机构

为了保证预算收入的顺利执行,我国设立了专门的征收机关和出纳机关来共同负责组织预算收入。

1. 征收机关

政府预算经过法定程序批准之后就必须正确地组织实施。根据现行规定,政府预算收入分别由各级财政部门、税务部门和海关等负责管理、组织征收或监缴,这些机构通称为征收机构。

(1) 财政部门

财政部门是预算执行的管理机构,是预算收入执行的统一负责部门,其职责定位较为宏观,所以征收职能相对薄弱。预算收入中的非税收入、债务收入和转移收入一般由财政部门执行。

(2) 海关

海关主要负责征收关税、由海关代征的进口产品的消费税、增值税以及海关罚没收入等。

(3) 税务部门

税务部门主要负责征收工商税收、企业所得税和国家规定由税务部门负责征收的其他预算收入。其范围涵盖了除财政部门负责征收的预算收入和海关代征的税收收入之外的税收收入和税收附加收入。

(4) 其他

凡不属于上述范围的预算收入,以国家规定负责管理征收的单位为征收机构,如公安、法院、检察院等。未经国家批准,不得自行增设征收机构。

《预算法》规定:预算收入征收部门和单位,必须依照法律、行政法规的规定,及时、足额征收应征的预算收入。不得违反法律、行政法规规定,多征、提前征收或者减征、免征、缓征应征的预算收入,不得截留、占用或者挪用预算收入。

2. 出纳机关

《中华人民共和国国家金库条例》规定,国家金库负责办理国家预算资金的收入和支出。

现行《预算法》规定,中央国库业务由中国人民银行经理,地方国库业务依照国务院的有关规定办理。各级国库应当按照国家有关规定,及时准确地办理预算收入的收纳、划分、留解、退付和预算支出的拨付。

(1) 国库的机构设置

现行《预算法》规定,县级以上各级预算必须设立国库,具备条件的乡、民族乡、镇也应当设立国库。

《中华人民共和国国家金库条例》规定:我国国家金库的组织机构是按照国家财政管理体制设立的,本着国家统一领导、分级管理的原则,一级财政设立一级国库。目前,我国的国库分为总库、分库、中心支库、支库四级。由中国人民银行总行负责经理总库,各省、自治区、直辖市分行设置分库,在各地(市)中心支行设立中心支库,在县(市)支行设置支库。在支行以下的办事处、分理处、营业所可以设立国库经收处。较大的省辖市分(支)行所属办事处根据需要可以设立支库。各省、自治区、直辖市分行及其所属的各级国库,既是中央国库的分支机构,又是各级地方财政的国库。国库的业务工作实行垂直领导,分库以下各级国库的工作应该直接对上级国库负责。下级国库应该定期向上级国库报告工作情况,上级国库可以直接布置检查下级国库工作。

(2) 国库的职责和权限

国库工作是政府预算管理工作的重要组成部分,是办理政府预算收支的重要基础工作。根据《中华人民共和国国家金库条例实施细则》的有关规定,国库的基本职责包括:准确及时地收纳各项预算收入;按照财政制度的有关规定和银行的开户管理办法,为各级财政机关开立账户;对各级财政库款和预算收入进行会计账务核算;分析预算的执行情况;组织管理并且检查下级国库以及国库经收处的工作,总结交流经验,解决存在的问题;办理国家交办的同国库有关的其他工作。

国库的权限包括:监督预算收入的缴库;正确执行预算收入划分和留解比例规定;按照规定办理收入退库;监督财政存款的开户和财政库款的支拨;拒绝办理违反国家规定的事项;拒绝受理不符合规定的凭证。

## 二、预算收入的收纳、划分与退付

1. 预算收入的列报基础

已建乡(镇)国库的地区,乡(镇)财政的本级收入以乡(镇)国库收到数为准。县(含县本级)以上各级财政的各项预算收入(含固定收入与共享收入)以缴入基层国库数额为准。未建乡(镇)国库的地区,乡(镇)财政的本级收入以乡(镇)总会计收到县级财政返回数额为准。基层国库在年度库款报解整理期内收到经收处报来上年度收入,记入上年度账;整理期结束后,收到上年度收入一律记入新年度账。

总会计应当加强各项收入的管理,严格会计核算手续。对于各项收入的账务处理必须以审核无误的国库入库凭证、预算收入日报表和其他合法凭证为依据。发现错误,应当按照相关规定及时通知有关单位共同更正。

2. 预算收入的收纳方式

为了保证应缴的各级政府一切预算收入及时、足额地缴入各级国库或者规定的财政专户,就要根据应缴款的企业、单位和个人的具体情况规定相应的缴库方式。2001年以前,我国预算收入缴库方式分为就地缴库、集中缴库和自收汇缴三种方式。

2001年3月16日,财政部、中国人民银行联合签发了《财政国库管理制度改革试点方案》的通知,该方案规定将财政收入的收缴分为直接缴库和集中汇缴两种方式。直接缴库是由缴款单位或缴款人按照有关法律法规规定,直接将应缴款收入缴入国库或预算外资金财政专户。集中汇缴是由征收机关按照有关法律法规规定,将所收的应缴收入汇总缴入国库或预算外资金财政专户。现行《预算法》规定,国家实行国库集中收缴和集中支付制度,对政府全部收入和支出实行国库集中收付管理。所以现行的缴库方式只能是直接缴库和集中汇缴两种。

3. 预算收入的划分

在我国,国家的各项职能是由各级政府合作完成的,各级政府分别承担一定的政治、经济任务。因此中央与地方政府之间以及地方各级政府之间,必须通过明确的预算收入划分来保证其行使应有职能的财力。预算收入在各级财政之间的划分作为政府预算管理的一项基本内容,是实现预算分级管理,确保财权、事权统一,解决中央财政和地方财政之间分配关系的核心内容。预算收入的划分是国库按照政府预算管理体制的规定,将收纳入库的预算收入在中央预算与地方预算之间以及各级地方预算之间进行计算划分。按照"分税制"财政体制中预算管理体制的规定,预算收入一般可划分为中央预算固定收入、地方预算固定收入和共享收入。

(1) 中央预算的固定收入。按照现行财政体制划分,属于中央预算固定收入的主要有:关税,海关代征消费税和增值税,船舶吨税,消费税,中央企业所得税,车辆购置税中央企业上缴利润等。

(2) 地方预算的固定收入。属于地方预算固定收入的主要有:地方企业上缴利润,城镇土地使用税,城市维护建设税(不含铁路总公司、各银行总行、各保险总公司集中缴纳的部分),房产税,车船税,印花税,耕地占用税,契税,土地增值税,烟叶税,环境保护税,国有土地有偿使用收入等。

(3) 中央与地方共享收入。中央与地方共享收入是指中央与地方财政之间共同参与分享的预算收入。我国现行的共享收入主要有:增值税,资源税,个人所得税,企业所得税和证券交易印花税等。其中增值税中央与地方五五分享,企业所得税和个人所得税中央与地方六四分享,资源税按资源品种划分中央预算与地方预算的分享份额。

至于预算收入在地方各级财政之间的划分,则由上一级财政制定本级与下级财政之间的财政管理体制,按照规定的方法划分执行。因为各地方的情况不同,其划分的方法也不尽相同。

4. 预算收入的退付

对于已缴入国库和财政专户的收入退库(付),要严格把关,强化监督。凡不属于国家规定的退库(付)项目,一律不得冲退收入。属于国家规定的退库(付)事项,具体退库(付)程序按财政部的有关规定办理。

国库收纳预算收入的退付,必须在国家规定的退库项目范围内,按照规定的审批程序办理。属于下列范围的,可以办理收入退库:

(1) 由于工作疏忽、发生技术性差错需要退库的。

(2) 改变企业隶属关系办理财务结算需要退库的。

(3) 企业按计划上缴税利,超过应缴数额需要退库的;按规定可以从预算收入中退库的国有企业计划亏损补贴。

(4) 财政部明文规定或专项批准的其他退库项目。

凡是不符合规定的收入退库,各级财政机关、税务机关不得办理审批手续,各级国库对不合规定的退库有权拒绝办理。预算收入的退库由各级国库办理,国库经收处只办理库款收纳,不办理预算收入的退付。预算收入库款的退库,应按预算收入的级次办理。中央预算收入退库,从中央级库款中退付;地方各级预算固定收入的退库,从地方各级库款中退付;各种分成收入的退库(包括总额分成和固定比例分成收入的退库),按规定的分成比例,分别从上级和本级库款中退付。各单位和个人申请退库,应向财政、征收机关填具退库申请书。退库申请书由财政或征收机关统一印制,也可由申请退库的单位按财政、征收机关规定的统一格式自行印制。

## 第三节　三大预算本级收入

为了核算三大预算的本级收入,财政总会计设置了"一般公共预算收入""政府性基金预算收入"和"国有资本经营预算收入"三个预算收入科目。

### 一、一般公共预算收入

**(一)"一般公共预算收入"的核算内容及明细设置**

"一般公共预算收入"科目核算政府财政筹集的纳入本级一般公共预算管理的税收收入和非税收入。本科目应当根据《政府收支分类科目》中"一般公共预算收入"科目规定进行明细核算。本科目平时贷方余额反映本级一般公共预算收入的累计数。期末结转后,本科目无余额。

根据《2024年政府收支分类科目》,预算收入科目分设类、款、项、目四级,所以"一般公共预算收入"总账科目应下设四级明细。按照《2024年政府收支分类科目》一般公共预算收入应该有4类,除了税收收入和非税收入外,还有债务收入和转移性收入。但只有税收收入和非税收入这两类收入在"一般公共预算收入"科目核算,债务收入和转移性收入则在其他相关收入科目核算。

税收收入包括以下20个"款"级科目:增值税、消费税、企业所得税、企业所得税退税、个人所得税、资源税、城市维护建设税、房产税、印花税、城镇土地使用税、土地增值税、车船税、船舶吨税、车辆购置税、关税、耕地占用税、契税、烟叶税、环境保护税、其他税收收入。每个"款"下都有若干"项""目"科目。

非税收入包括以下8个"款"级科目:专项收入、行政事业性收费收入、罚没收入、国有资本经营收入、国有资源(资产)有偿使用收入、捐赠收入、政府住房基金收入、其他收入。每个"款"下都有若干"项""目"科目。

**(二)"一般公共预算收入"的账务处理**

1. 收到款项时,根据当日预算收入日报表所列一般公共预算本级收入数,借记"资金结存——库款资金结存"科目,贷记本科目。

2. 年终转账时,本科目贷方余额转入"一般公共预算结转结余"科目,借记本科目,贷记"一般公共预算结转结余"科目。结转后,本科目无余额。

【例8-1】　某市财政收到国库报送的预算收入日报表,列示属于本级的一般公共预算收入数如下:

单位：元

| 土地增值税 | 170 000 |
|---|---|
| 个人所得税 | 73 000 |
| 城市维护建设税 | 16 000 |
| 契税 | 60 000 |
| 合计 | 319 000 |

该市财政总会计应该编制如下会计分录：

| 财 务 会 计 | 预 算 会 计 |
|---|---|
| 借：国库存款　　　　　　　　　　319 000<br>　　贷：税收收入　　　　　　　　　319 000<br>　　　　——土地增值税　　　　　170 000<br>　　　　——个人所得税　　　　　 73 000<br>　　　　——城市维护建设税　　　 16 000<br>　　　　——契税　　　　　　　　 60 000 | 借：资金结存——库款资金结存　　319 000<br>　　贷：一般公共预算收入——税收收入　319 000<br>　　　　——土地增值税　　　　　170 000<br>　　　　——个人所得税　　　　　 73 000<br>　　　　——城市维护建设税　　　 16 000<br>　　　　——契税　　　　　　　　 60 000 |

【例 8-2】 某市财政年终将"一般公共预算收入——税收收入"科目的贷方余额 3 590 000 元全部结转。财政总会计应该编制如下会计分录：

| 财 务 会 计 | 预 算 会 计 |
|---|---|
| — | 借：一般公共预算收入——税收收入　3 590 000<br>　　贷：一般公共预算结转结余　　　3 590 000 |

## 二、政府性基金预算收入

### （一）"政府性基金预算收入"的核算内容及明细设置

"政府性基金预算收入"科目核算政府财政筹集的纳入本级政府性基金预算管理的非税收入。本科目应当根据《政府收支分类科目》中"政府性基金预算收入"科目进行明细核算。本科目平时贷方余额反映本级政府性基金预算收入的累计数。期末结转后，本科目无余额。

《2024 年政府收支分类科目》中政府性基金预算收入科目也分为类、款、项、目四层，共有三类：非税收入、债务收入和转移性收入。"政府性基金预算收入"科目只核算非税收入，债务收入和转移性收入与一般公共预算的债务收入和转移性收入一样在相关的收入科目中核算。所以"政府性基金预算收入"科目可以只按照非税收入类下的"款""项""目"设立明细。非税收入下属于政府性基金预算收入的又分为两"款"：政府性基金收入和专项债券对应项目专项收入。政府性基金收入包括农网还贷资金收入等 27 个"项"，专项债券对应项目专项收入包括国有土地使用权出让金专项债券对应项目专项收入等 11 个"项"，每个"项"下还有若干个"目"。

### (二) "政府性基金预算收入"的主要账务处理

1. 收到款项时,根据当日预算收入日报表所列政府性基金预算本级收入数,借记"资金结存——库款资金结存"科目,贷记本科目。

2. 年终转账时,本科目贷方余额转入"政府性基金预算结转结余"科目,借记本科目,贷记"政府性基金预算结转结余"科目。结转后,本科目无余额。

【例8-3】 某市财政总会计收到国库报来的预算收入日报表及其附件,列示收到彩票公益金收入43 000元,其中福利彩票公益金收入20 000元,体育彩票公益金收入23 000元。该市财政总会计的账务处理如下:

| 财 务 会 计 | 预 算 会 计 |
| --- | --- |
| 借:国库存款　　　　　　　　　　　　43 000<br>　贷:非税收入——政府性基金收入　　43 000 | 借:资金结存——库款资金结存　　　　　　　43 000<br>　贷:政府性基金预算收入<br>　　　——彩票公益金收入——福利彩票公益金<br>　　　　收入　　　　　　　　　　　　　　20 000<br>　　　——彩票公益金收入——体育彩票公益金<br>　　　　收入　　　　　　　　　　　　　　23 000 |

【例8-4】 年终,某市财政将"政府性基金预算收入"账户贷方累计余额1 000 000元转入"政府性基金预算结转结余"账户。该市财政总会计的账务处理如下:

| 财 务 会 计 | 预 算 会 计 |
| --- | --- |
| — | 借:政府性基金预算收入　　　　　　1 000 000<br>　贷:政府性基金预算结转结余　　　1 000 000 |

## 三、国有资本经营预算收入

### (一) "国有资本经营预算收入"的核算内容及明细设置

"国有资本经营预算收入"科目核算政府财政筹集的纳入本级国有资本经营预算管理的非税收入。本科目应当根据《政府收支分类科目》中"国有资本经营预算收入"科目进行明细核算。本科目平时贷方余额反映本级国有资本经营预算收入的累计数。期末结转后,本科目无余额。

按照《2024年政府收支分类科目》的规定,国有资本经营预算收入有非税收入和转移性收入两类,"类"下再设立"款""项""目"。但由于"国有资本经营预算收入"只核算非税收入类(转移性收入在财政总会计的其他相关收入科目下核算),而"非税收入"下属于国有资本经营预算收入的只有"国有资本经营收入"一款,所以只需要按照"国有资本经营收入"款下的"项"和"目"设置明细,即只需设立两层明细即可。

按照《2024年政府收支分类科目》,"国有资本经营收入"款级科目下设5个"项"级科目:利润收入、股利和股息收入、产权转让收入、清算收入及其他国有资本经营预算收入。相关的"项"级科目下又设立了若干个"目"级科目。"国有资本经营收入"反映各级人民政府及其部门、机构履行出资人职责的企业(一级企业)上缴的国有资本收益。

## (二)"国有资本经营预算收入"的主要账务处理

1. 收到款项时,根据当日预算收入日报表所列国有资本经营预算本级收入数,借记"资金结存——库款资金结存"科目,贷记本科目。

2. 年终转账时,本科目贷方余额转入"国有资本经营预算结转结余"科目,借记本科目,贷记"国有资本经营预算结转结余"科目。结转后,本科目无余额。

【例 8-5】 某市财政收到国库报来"预算收入日报表"列示属于当日国有资本经营预算本级收入 10 000 000 元,其中电信企业利润收入 3 000 000 元、国有控股公司股息收入 2 000 000 元、国有独资企业产权转让收入 5 000 000 元。该市财政总会计的账务处理如下:

| 财 务 会 计 | 预 算 会 计 |
| --- | --- |
| 借:国库存款　　　　　　　　　10 000 000<br>　贷:非税收入——国有资本经营收入<br>　　　　　　　　　　　　　10 000 000 | 借:资金结存——库款资金结存　　10 000 000<br>　贷:国有资本经营预算收入<br>　　　——利润收入——电信企业利润收入<br>　　　　　　　　　　　　　3 000 000<br>　　　——股利、股息收入——国有控股公司股利、股息收入　　2 000 000<br>　　　——产权转让收入——国有独资企业产权转让收入　　　5 000 000 |

【例 8-6】 年终,某市财政将"国有资本经营预算收入"账户贷方余额 10 000 000 元转入"国有资本经营预算结余"账户。该市财政总会计的账务处理如下:

| 财 务 会 计 | 预 算 会 计 |
| --- | --- |
| — | 借:国有资本经营预算收入　　　10 000 000<br>　贷:国有资本经营预算结转结余　10 000 000 |

# 第四节　财政专户管理资金收入和专用基金收入

## 一、财政专户管理资金收入

财政专户管理资金收入是指政府财政纳入财政专户管理的教育收费等资金收入。财政专户管理资金收入应当按照实际收到的金额入账。

### (一)"财政专户管理资金收入"的核算内容及明细设置

"财政专户管理资金收入"科目核算政府财政纳入财政专户管理的教育收费等资金收入。本科目应当按照《政府收支分类科目》中收入分类科目进行明细核算。同时,根据管理需要,按预算单位等进行明细核算。本科目平时贷方余额反映财政专户管理资金收入的累计数。期末结转后,本科目无余额。

## (二)"财政专户管理资金收入"的主要账务处理

1. 收到财政专户管理资金收入时,借记"资金结存——专户资金结存"科目,贷记本科目。

2. 年终转账时,本科目贷方余额转入"财政专户管理资金结余"科目,借记本科目,贷记"财政专户管理资金结余"科目。结转后,本科目无余额。

【例8-7】 2024年10月13日,某市财政收到缴入财政专户的教育收费130 000元。该市财政总会计的账务处理如下:

| 财 务 会 计 | 预 算 会 计 |
|---|---|
| 借:其他财政存款　　　　　　130 000<br>　贷:财政专户管理资金收入　　　130 000 | 借:资金结存——专户资金结存　　　130 000<br>　贷:财政专户管理资金收入　　　　　130 000 |

【例8-8】 年终,某市财政将财政专户管理资金收入累计余额2 030 000元转入"财政专户管理资金结余"账户。该市财政总会计的账务处理如下:

| 财 务 会 计 | 预 算 会 计 |
|---|---|
| — | 借:财政专户管理资金收入　　　2 030 000<br>　贷:财政专户管理资金结余　　　　2 030 000 |

## 二、专用基金收入

专用基金收入是指政府财政根据法律法规等规定设立的各项专用基金(包括粮食风险基金等)取得的资金收入。一般是通过同级预算支出安排而取得的,也可以通过上级财政拨款补助进行设立。

在管理上与政府性基金预算收入相同,要求专款专用,不得随意改变用途,同时也要做到先收后支,量入为出。与政府性基金预算收入不同的是,政府性基金预算资金必须存入国库,但专用基金收入按规定处理,有些留在国库,有些转入财政专户。

### (一)"专用基金收入"的核算内容及明细设置

"专用基金收入"科目核算本级政府财政按照法律法规和国务院、财政部规定设置或取得的粮食风险基金等专用基金收入。本科目应当按照专用基金的种类进行明细核算。本科目平时贷方余额反映取得专用基金收入的累计数。期末结转后,本科目无余额。

### (二)"专用基金收入"的主要账务处理

1. 通过预算支出安排取得专用基金收入并将资金转入财政专户的,借记"资金结存——专户资金结存"科目,贷记本科目;同时,借记"一般公共预算支出"等科目,贷记"资金结存——库款资金结存"等科目。退回专用基金收入时,做相反的会计分录。

2. 通过预算支出安排取得专用基金收入,资金仍存在国库的,借记"一般公共预算支出"等科目,贷记"专用基金收入"科目。

3. 年终转账时,本科目贷方余额转入"专用基金结余"科目,借记本科目,贷记"专用基金结余"科目。

**【例 8-9】** 2024 年 10 月 10 日,某市财政从上级财政部门取得专用基金收入 800 000 元,存入财政专户进行管理。该市财政总会计的账务处理如下:

| 财 务 会 计 | 预 算 会 计 |
|---|---|
| 借:其他财政存款　　　　　800 000<br>　　贷:专用基金收入　　　　　　800 000 | 借:资金结存——专户资金结存　　800 000<br>　　贷:专用基金收入　　　　　　　800 000 |

**【例 8-10】** 2024 年 10 月 11 日,某市财政从本级一般公共预算支出(对企业单位补助)安排取得专用基金收入 780 000 元,并存入财政专户。该市财政总会计的账务处理如下:

| 财 务 会 计 | 预 算 会 计 |
|---|---|
| 借:其他财政存款　　　　　780 000<br>　　贷:专用基金收入　　　　　　780 000<br>借:对企业补助拨款费用　　780 000<br>　　贷:国库存款　　　　　　　　780 000 | 借:资金结存——专户资金结存　　780 000<br>　　贷:专用基金收入　　　　　　　780 000<br>借:一般公共预算支出　　　　　　780 000<br>　　贷:资金结存——库款资金结存　780 000 |

# 第五节　债务预算收入和债务转贷预算收入

## 一、债务预算收入

按照《财政总会计制度》,债务预算收入是指政府财政根据法律法规等规定,通过发行债券、向外国政府和国际金融组织借款等方式筹集的纳入预算管理的资金收入。债务转贷预算收入是指本级政府财政收到上级政府财政转贷的债务收入。从广义上说,"债务预算收入"和"债务转贷预算收入"其实都是一级政府的债务预算收入。但由于上级政府发生的全部债务(包括转贷给下级的债务)记入了上级政府的会计账中,如果下级政府债务转贷收入再记录成债务收入,政府整体的债务收入就会重复记录,所以在《2024 年政府收支分类科目》中将债务转贷收入作为转移性收入,便于上下级政府财务报告合并时进行抵消。但这与《财政总会计制度》不一致,在《财政总会计制度》中,债务转贷预算收入并没有纳入转移性预算收入中,只是将补助预算收入、上解预算收入、调入预算资金和地区间援助预算收入等纳入转移性预算收入。

按照《预算法》的规定,经国务院批准的省、自治区、直辖市的预算中必需的建设投资的部分资金,可以在国务院确定的限额内,通过发行地方政府债券举借债务的方式筹措。所以地方政府债券一般是由省级政府发行,省以下政府获得的地方政府债券收入只能是上级政府转贷的。但省以下政府可以按规定向外国政府和国际金融组织借款,也可以从上级政府转贷外国政府和国际金融组织借款。

**(一)"债务预算收入"的核算内容及明细设置**

"债务预算收入"科目核算政府财政根据法律法规等规定,通过发行债券、向外国政府和国际金融组织借款等方式筹集的纳入预算管理的债务收入。如果是发行债券方式获得的,只能是省级政府。

本科目应设置"国债收入""一般债务收入"和"专项债务收入"明细科目,并根据《政府收支分类科目》中"债务收入"科目进行明细核算。"国债收入"和"一般债务收入"属于一般公共预算;"专项债务收入"属于政府性基金预算。本科目平时贷方余额反映债务预算收入的累计数。期末结转后,本科目无余额。

### (二)"债务预算收入"的主要账务处理

1. 省级以上(含省级)政府财政收到政府债券发行收入时,按照实际收到的金额,借记"资金结存——库款资金结存"科目,按照政府债券实际发行额,贷记本科目,按照其差额,借记或贷记有关支出科目。

【例8-11】 2024年7月8日,中央财政发行三年期国债,面值1 200万元,实际收到发行金额1 300万元。中央财政总会计的账务处理如下:

| 财 务 会 计 | 预 算 会 计 |
|---|---|
| 借:国库存款　　　　　　　　　13 000 000<br>　　贷:应付长期政府债券——应付国债<br>　　　　　　　　　　　　　　12 000 000<br>　　　　财务费用　　　　　　　1 000 000 | 借:资金结存——库款资金结存　13 000 000<br>　　贷:债务预算收入——国债收入　12 000 000<br>　　　　一般公共预算支出　　　1 000 000 |

2. 中央财政发生国债随卖业务时,按照实际收到的金额,借记"资金结存——库款资金结存"科目;根据国债随卖确认文件等相关债券管理资料,按照国债随卖面值,贷记本科目,按照实际收到金额与面值的差额,借记或贷记"一般公共预算支出"科目。

| 财 务 会 计 | 预 算 会 计 |
|---|---|
| 借:国库存款 (按照实际收到的金额)<br>　　贷:应付长期政府债券/应付短期政府债券(按照国债随卖面值)<br>　　　　财务费用——利息费用(差额,有可能在借方) | 借:资金结存——库款资金结存(按照实际收到的金额)<br>　　贷:债务预算收入(按照国债随卖面值)<br>　　　　一般公共预算支出(差额,有可能在借方) |

3. 按定向承销方式发行的政府债券,根据债务管理部门转来的债券发行文件等有关资料进行确认,由本级政府财政承担还款责任,贷款资金由本级政府财政同级部门使用的,借记"债务还本预算支出"科目,贷记本科目;转贷下级政府财政的,借记"债务转贷预算支出"科目,贷记本科目(按定向承销方式发行的政府债券,一般都是用来置换存量债务的)。

| 财 务 会 计 | 预 算 会 计 |
|---|---|
| 本级使用本级偿还:<br>借:以前年度盈余调整<br>　　贷:应付长期政府债券 | 本级使用本级偿还:<br>借:债务还本预算支出<br>　　贷:债务预算收入 |

续表

| 财 务 会 计 | 预 算 会 计 |
|---|---|
| 转贷下级政府财政的：<br>借：应收地方政府债券转贷款<br>　　贷：应付长期政府债券 | 转贷下级政府财政的：<br>借：债务转贷预算支出<br>　　贷：债务预算收入 |

4. 政府财政向外国政府、国际金融组织等机构借款时，按照实际提款的外币金额和即期汇率折算的人民币金额，借记"资金结存——库款资金结存""资金结存——专户资金结存"等科目，贷记本科目。

【例8-12】 某省财政向A国政府借入款项2亿元存入国库管理，贷款期限为5年，利率为3%，利息一年一付。该省财政总会计的账务处理如下：

| 财 务 会 计 | 预 算 会 计 |
|---|---|
| 借：国库存款　　　　　　　200 000 000<br>　　贷：借入款项　　　　　　　200 000 000 | 借：资金结存——库款资金结存　　200 000 000<br>　　贷：债务预算收入　　　　　　200 000 000 |

5. 本级政府财政借入主权外债，且由外方或上级政府财政将贷款资金直接支付给用款单位或供应商时，应根据以下情况分别处理：

(1) 本级政府财政承担还款责任，贷款资金由本级政府财政同级部门使用的，本级政府财政根据贷款资金支付相关资料，借记"一般公共预算支出"科目，贷记本科目。

【例8-13】 某省财政向A国政府借入款项2亿元，这2亿元由省级政府财政承担还款责任，贷款资金由省级政府建设部门用于基本建设，省级政府财政根据贷款资金支付相关资料，总会计做如下账务处理：

| 财 务 会 计 | 预 算 会 计 |
|---|---|
| 借：资本性拨款费用　　　　　200 000 000<br>　　贷：借入款项　　　　　　　200 000 000 | 借：一般公共预算支出　　　　200 000 000<br>　　贷：债务预算收入　　　　　200 000 000 |

(2) 本级政府财政承担还款责任，贷款资金由下级政府财政同级部门使用的，本级政府财政根据贷款资金支付相关资料及预算文件，借记"补助预算支出——调拨下级"科目，贷记本科目。

【例8-14】 某省财政向A国政府借入款项2亿元，这2亿元由省级政府财政承担还款责任，贷款资金由下属市级政府建设部门用于基本建设，省级政府财政根据贷款资金支付相关资料，总会计做如下账务处理：

| 财 务 会 计 | 预 算 会 计 |
|---|---|
| 借：补助费用　　　　　　　　200 000 000<br>　　贷：借入款项　　　　　　　200 000 000 | 借：补助预算支出——调拨下级　200 000 000<br>　　贷：债务预算收入　　　　　　200 000 000 |

(3) 下级政府财政承担还款责任,贷款资金由下级政府财政同级部门使用的,本级政府财政根据贷款资金支付相关资料,借记"债务转贷支出"科目,贷记本科目。

【例 8-15】 某省财政向 A 国政府借入款项 2 亿元,贷款资金由下属市级政府建设部门用于基本建设,这 2 亿元由市级政府财政承担还款责任,省级政府财政根据贷款资金支付相关资料,总会计做如下账务处理:

| 财 务 会 计 | 预 算 会 计 |
|---|---|
| 借:应收主权外债转贷款　　　200 000 000<br>　贷:借入款项　　　　　　　　　200 000 000 | 借:债务转贷预算支出　　　200 000 000<br>　贷:债务预算收入　　　　　　200 000 000 |

6. 年终转账时,本科目下"国债收入""一般债务收入"的贷方余额转入一般公共预算结转结余,借记"债务预算收入——国债收入""债务预算收入——一般债务收入"科目,贷记"一般公共预算结转结余"科目;本科目下"专项债务收入"的贷方余额转入政府性基金预算结转结余,借记"债务预算收入——专项债务收入"科目,贷记"政府性基金预算结转结余"科目,可根据预算管理需要,按照专项债务对应的政府性基金预算收入科目分别转入"政府性基金预算结转结余"相应明细科目。

| 财 务 会 计 | 预 算 会 计 |
|---|---|
| — | 借:债务预算收入——国债收入<br>　　债务预算收入——一般债务收入<br>　贷:一般公共预算结转结余 |
| — | 借:债务预算收入——专项债务收入<br>　贷:政府性基金预算结转结余 |

## 二、债务转贷预算收入

债务转贷预算收入是指本级政府财政收到上级政府财政转贷的债务收入。在《政府收支分类科目》中将债务转贷收入归类为转移性收入下,转移性收入是"类",债务转贷收入是"款"。虽然与《财政总会计制度》不一样,但不影响各会计科目明细的设置,"债务转贷预算收入"按照《政府收支分类科目》的"项"和"目"设置明细。

债务转贷预算收入因为是本级政府财政收到上级政府财政转贷的债务收入,所以是地方财政总会计使用的科目,中央财政总会计不会使用本科目。

### (一)"债务转贷预算收入"的核算内容及明细设置

"债务转贷预算收入"科目核算省级以下(不含省级)政府财政收到上级政府财政转贷的债务收入。本科目应设置"一般债务转贷收入""专项债务转贷收入"明细科目,并根据《政府收支分类科目》中"债务转贷收入"科目进行明细核算。本科目平时贷方余额反映债务转贷预算收入的累计数。期末结转后,本科目应无余额。

### (二)"债务转贷预算收入"的主要账务处理

1. 省级以下(不含省级)政府财政收到地方政府债券转贷收入时,按照实际收到的金额或债务管理部门确认的金额,借记"资金结存——库款资金结存""补助预算收入——上级调拨"等科目,贷记本科目;实际收到的金额与债务管理部门确认的到期应偿还转贷款本金之间的差额,借记或贷记有关支出科目。

**【例 8-16】** 某县财政收到上级财政转贷的地方政府专项债券资金业务 12 000 000 元,县财政总会计的账务核算如下:

| 财 务 会 计 | 预 算 会 计 |
| --- | --- |
| 借:国库存款　　　　　　　　　12 000 000<br>　贷:应付政府债券转贷款——应付本金<br>　　　　　　　　　　　　　　12 000 000 | 借:资金结存——库款资金结存　12 000 000<br>　贷:债务转贷预算收入　　　　12 000 000 |

2. 实行定向承销方式转贷的地方政府债券,省级以下(不含省级)政府财政根据债务管理部门提供的有关资料进行确认,借记"债务还本预算支出"科目,贷记本科目。

| 财 务 会 计 | 预 算 会 计 |
| --- | --- |
| 借:以前年度盈余调整<br>　贷:应付政府债券转贷款 | 借:债务还本预算支出<br>　贷:债务转贷预算收入 |

3. 省级以下(不含省级)政府财政收到主权外债转贷收入的具体账务处理如下:

(1) 本级财政收到主权外债转贷资金时,借记"资金结存——库款资金结存""资金结存——专户资金结存"科目,贷记本科目。

**【例 8-17】** 2024 年 6 月 30 日,A 市政府收到本省政府向某国际金融组织借款转贷的资金 5 000 000 元,用以具体落实在该市范围内的相应建设项目,资金存入相关财政专户。市财政总会计应编制如下会计分录:

| 财 务 会 计 | 预 算 会 计 |
| --- | --- |
| 借:其他财政存款　　　　　　　　5 000 000<br>　贷:应付主权外债转贷款　　　　5 000 000 | 借:资金结存——专户资金结存　　5 000 000<br>　贷:债务转贷预算收入　　　　　5 000 000 |

(2) 从上级政府财政借入主权外债转贷款,且由外方或上级政府财政将贷款资金直接支付给用款单位或供应商时,应根据以下情况分别处理:

① 本级政府财政承担还款责任,贷款资金由本级政府财政同级部门使用的,本级政府财政根据贷款资金支付相关资料,借记"一般公共预算支出"科目,贷记本科目。

**【例 8-18】** 2024 年 6 月 30 日,A 市政府收到本省政府向某国际金融组织借款转贷的资金 5 000 000 元,用以具体落实在该市范围内的相应建设项目。且由外方将贷款资金直接支付给市级用款单位,市级政府财政承担还款责任。市财政总会计应编制如下会计分录:

| 财 务 会 计 | 预 算 会 计 |
|---|---|
| 借：资本性拨款费用　　　　　5 000 000<br>　　贷：应付主权外债转贷款　　　5 000 000 | 借：一般公共预算支出　　　　　5 000 000<br>　　贷：债务转贷预算收入　　　　5 000 000 |

② 本级政府财政承担还款责任，贷款资金由下级政府财政同级部门使用的，本级政府财政根据贷款资金支付相关资料及预算文件，借记"补助预算支出——调拨下级"等科目，贷记本科目。

【例 8-19】 2024 年 6 月 30 日，A 市政府收到本省政府向某国际金融组织借款转贷的资金 5 000 000 元，用以具体落实在该市所属的 B 县范围内的相应建设项目。且由外方将贷款资金直接支付给 B 县用款单位，市级政府财政承担还款责任。市财政总会计应编制如下会计分录：

| 财 务 会 计 | 预 算 会 计 |
|---|---|
| 借：补助费用　　　　　　　　　5 000 000<br>　　贷：应付主权外债转贷款　　　5 000 000 | 借：补助预算支出——调拨下级　　5 000 000<br>　　贷：债务转贷预算收入　　　　5 000 000 |

③ 下级政府财政承担还款责任，贷款资金由下级政府财政同级部门使用的，本级政府财政根据转贷资金支付相关资料，借记"债务转贷预算支出"科目，贷记本科目。下级政府财政根据贷款资金支付相关资料，借记"一般公共预算支出"科目，贷记本科目。

【例 8-20】 2024 年 6 月 30 日，A 市政府收到本省政府向某国际金融组织借款转贷的资金 5 000 000 元，用以具体落实在该市所属的 B 县范围内的相应建设项目。且由外方将贷款资金直接支付给 B 县用款单位，县级政府财政承担还款责任。

A 市财政总会计应编制如下会计分录：

| 财 务 会 计 | 预 算 会 计 |
|---|---|
| 借：应收主权外债转贷款　　　　5 000 000<br>　　贷：应付主权外债转贷款　　　5 000 000 | 借：债务转贷预算支出　　　　　5 000 000<br>　　贷：债务转贷预算收入　　　　5 000 000 |

B 县政府财政总会计应编制如下会计分录：

| 财 务 会 计 | 预 算 会 计 |
|---|---|
| 借：资本性拨款费用　　　　　　5 000 000<br>　　贷：应付主权外债转贷款　　　5 000 000 | 借：一般公共预算支出　　　　　5 000 000<br>　　贷：债务转贷预算收入　　　　5 000 000 |

4. 年终转账时，本科目下"一般债务转贷收入"明细科目的贷方余额转入"一般公共预算结转结余"科目，借记本科目，贷记"一般公共预算结转结余"科目。本科目下"专项债务转贷收入"明细科目的贷方余额转入"政府性基金预算结转结余"相应明细科目，借记本科

目,贷记"政府性基金预算结转结余"科目。可根据预算管理需要,按照专项债务对应的政府性基金预算收入科目分别转入"政府性基金预算结转结余"相应明细科目。结转后,本科目无余额。

【例 8-21】 2024 年年终,某市财政"债务转贷预算收入"账户贷方余额为 8 000 000 元,有关明细账户贷方余额为:"一般债务转贷收入"5 000 000 元、"专项债务转贷收入"3 000 000 元。年终转账时,该市财政总会计的账务处理如下:

| 财 务 会 计 | 预 算 会 计 |
| --- | --- |
| — | 借:债务转贷预算收入——一般债务转贷收入<br>　　　　　　　　　　　　　　5 000 000<br>　　贷:一般公共预算结转结余　　　5 000 000 |
| — | 借:债务转贷预算收入——专项债务转贷收入<br>　　　　　　　　　　　　　　3 000 000<br>　　贷:政府性基金预算结转结余　　3 000 000 |

## 第六节　转移性预算收入

《财政总会计制度》是这样定义转移性预算收入的:转移性预算收入是指在各级政府财政之间进行资金调拨以及在本级政府财政不同类型资金之间调剂所形成的收入,包括补助预算收入、上解预算收入、地区间援助预算收入和调入预算资金等。转移性预算支出是指在各级政府财政之间进行资金调拨以及在本级政府财政不同类型资金之间调剂所形成的支出,包括补助预算支出、上解预算支出、地区间援助预算支出和调出预算资金等。

《2024 年政府收支分类科目》是这样定义转移性收入的:转移性收入是政府间的转移支付以及不同性质之间的调拨收入,包括返还性收入、一般性转移支付收入、专项转移支付收入、政府性基金转移支付收入、国有资本经营预算转移支付收入、上解收入、上年结余收入、调入资金、债务转贷收入、区域间转移性收入、动用预算稳定调节基金。转移性支出是政府间的转移支付以及不同性质资金之间的调拨支出,包括返还性支出、一般性转移支付、专项转移支付、政府性基金转移支付、国有资本经营预算转移支付、上解支出、调出资金、年终结余、债务转贷支出、区域间转移性支出、安排预算稳定调节基金和补充预算周转金。

《财政总会计制度》与《2024 年政府收支分类科目》对转移性收支的定义和范围显然是不一致的。上年结余收入、动用预算稳定调节基金和债务转贷收入在《财政总会计制度》中都不属于转移性收入,但在《2024 年政府收支分类科目》中算转移性收入。

由于转移性收入和转移性支出不是一个单独的会计科目,所以两者的不一致是不影响会计核算的。为了更好地反映它们之间的区别,我们用表 8-2 来列示其不同。

表 8-2　　　　　　　　　　　　　转移性预算收入

| 政府收支分类科目的"类" | 政府收支分类科目的"款" | 归属不同预算类型 | 财政总会计制度分类 | 财政总会计制度会计科目 |
|---|---|---|---|---|
| 转移性收入 | 返还性收入 | 一般公共预算 | 转移性预算收入 | 补助预算收入 |
| | 一般性转移支付收入 | | | |
| | 专项转移支付收入 | | | |
| | 政府性基金转移支付收入 | 政府性基金预算 | | |
| | 国有资本经营预算转移支付收入 | 国有资本经营预算 | | |
| | 上解收入 | 一般公共预算、政府性基金预算和国有资本经营预算 | | 上解预算收入 |
| | 区域间转移性收入 | 一般公共预算 | | 地区间援助预算收入 |
| | 调入资金 | 一般公共预算和政府性基金预算 | | 调入预算资金 |
| | 上年结余收入 | 一般公共预算、政府性基金预算和国有资本经营预算 | | |
| | 动用预算稳定调节基金 | 一般公共预算 | 动用预算稳定调节基金 | 动用预算稳定调节基金 |
| | 债务转贷收入 | 一般公共预算和政府性基金预算 | 债务转贷预算收入 | 债务转贷预算收入 |

## 一、补助预算收入和上解预算收入

补助预算收入是指上级政府财政按照财政体制规定或专项需要补助给本级政府财政的款项,包括返还性收入、一般性转移支付收入和专项转移支付收入等。上解预算收入是指按照财政体制规定或专项需要由下级政府财政上交给本级政府财政的款项。

补助预算收入和上解预算收入都是上下级政府财政之间发生的转移性预算收入。

### (一)补助预算收入

"补助预算收入"科目核算上级政府财政按照财政体制规定或专项需要补助给本级政府财政的款项,包括税收返还、一般性转移支付和专项转移支付等。本科目下应设置"一般公共预算补助收入""政府性基金预算补助收入""国有资本经营预算补助收入""上级调拨"明细科目,可根据《政府收支分类科目》规定进行明细核算。

"一般公共预算补助收入"科目核算本级政府财政收到上级政府财政的一般公共预算转移支付收入;"政府性基金预算补助收入"科目核算本级政府财政收到上级政府财政的政府性基金转移支付收入;"国有资本经营预算补助收入"科目核算本级政府财政收到上级政府财政的国有资本经营预算转移支付收入;"上级调拨"科目核算年度执行中本级政府财政收到暂不能

明确资金类别的上级政府财政调拨资金或按年终结算应确认事项金额。

本科目平时贷方余额反映本级政府财政收到上级政府财政调拨资金的累计数。期末结转后,本科目应无余额。

补助预算收入的主要账务处理如下:

1. 年度执行中,

(1) 收到上级政府财政调拨的资金时,按照实际收到的金额,借记"资金结存——库款资金结存"科目,贷记"补助预算收入——上级调拨"等科目。具体例子见例7-2。

| 财 务 会 计 | 预 算 会 计 |
| --- | --- |
| 借:国库存款<br>　　贷:补助收入/与上级往来 | 借:资金结存——库款资金结存<br>　　贷:补助预算收入——上级调拨 |

(2) 专项转移支付资金实行特设专户管理的,收到资金时按照实际收到的金额,借记"资金结存——专户资金结存"科目,贷记"补助预算收入——上级调拨"科目。

| 财 务 会 计 | 预 算 会 计 |
| --- | --- |
| 借:其他财政存款<br>　　贷:补助收入/与上级往来 | 借:资金结存——专户资金结存<br>　　贷:补助预算收入——上级调拨 |

(3) 有主权外债业务的财政部门:

① 贷款资金由本级政府财政同级预算单位使用且贷款的最终还款责任由上级政府财政承担的,本级政府财政部门收到贷款资金时,借记"资金结存——专户资金结存"科目,贷记"补助预算收入——上级调拨"科目。

| 财 务 会 计 | 预 算 会 计 |
| --- | --- |
| 借:其他财政存款<br>　　贷:补助收入/与上级往来 | 借:资金结存——专户资金结存<br>　　贷:补助预算收入——上级调拨 |

② 贷款资金由本级政府财政同级预算单位使用且贷款的最终还款责任由上级政府财政承担的,外方或上级政府财政将贷款资金直接支付给供应商或用款单位时,借记"一般公共预算支出"科目,贷记"补助预算收入——上级调拨"等科目。

| 财 务 会 计 | 预 算 会 计 |
| --- | --- |
| 借:费用类科目<br>　　贷:补助收入/与上级往来 | 借:一般公共预算支出<br>　　贷:补助预算收入——上级调拨 |

③ 上级政府财政豁免本级政府财政主权外债,根据债务管理部门提供的有关资料和有关预算文件,借记"资金结存——上下级调拨结存"科目,贷记"补助预算收入——上级调拨"科目。

| 财 务 会 计 | 预 算 会 计 |
|---|---|
| 借：应付主权外债转贷款<br>　　贷：补助收入/与上级往来 | 借：资金结存——上下级调拨结存<br>　　贷：补助预算收入——上级调拨 |

2. 根据预算管理需要，本级政府财政向上级政府财政归还资金时，按照实际转出的金额，借记"补助预算收入——上级调拨"科目，贷记"资金结存——库款资金结存"科目。

| 财 务 会 计 | 预 算 会 计 |
|---|---|
| 借：补助收入/与上级往来<br>　　贷：国库存款 | 借：补助预算收入——上级调拨<br>　　贷：资金结存——库款资金结存 |

3. 年终两级财政办理结算以后，根据预算管理部门提供的结算单确认上级应补助预算收入，借记"补助预算收入——上级调拨"科目，贷记"补助预算收入——一般公共预算补助收入""补助预算收入——政府性基金预算补助收入""补助预算收入——国有资本经营预算补助收入"等科目；两级财政年终结算中发生应上交上级政府财政款项时，借记"上解预算支出"等科目，贷记"补助预算收入——上级调拨"等科目。

| 财 务 会 计 | 预 算 会 计 |
|---|---|
| 借：与上级往来<br>　　贷：补助收入 | 借：补助预算收入——上级调拨<br>　　贷：补助预算收入——一般公共预算补助收入<br>　　　　补助预算收入——政府性基金预算补助收入<br>　　　　补助预算收入——国有资本经营预算补助收入 |
| 借：上解费用<br>　　贷：与上级往来 | 借：上解预算支出<br>　　贷：补助预算收入——上级调拨 |

4. 完成上述结转以后，将本科目下各明细科目余额分别结转至相应的预算结余类科目，借记本科目，贷记"一般公共预算结转结余""政府性基金预算结转结余""国有资本经营预算结转结余""资金结存——上下级调拨结存"等科目。

| 财 务 会 计 | 预 算 会 计 |
|---|---|
| — | 借：补助预算收入——一般公共预算补助收入<br>　　贷：一般公共预算结转结余<br>借：补助预算收入——政府性基金预算补助收入<br>　　贷：政府性基金预算结转结余<br>借：补助预算收入——国有资本经营预算补助收入<br>　　贷：国有资本经营预算结转结余<br>借：补助预算收入——上级调拨<br>　　贷：资金结存——上下级调拨结存 |

**【例 8-22】** 2024 年 7 月 1 日某省财政通知某市财政将原来借给其的 150 000 元转作对市政府性基金预算补助款,该市财政总会计应该编制如下分录:

| 财 务 会 计 | 预 算 会 计 |
|---|---|
| 借:与上级往来　　　　　　　150 000<br>　贷:补助收入　　　　　　　　　150 000 | 借:补助预算收入——上级调拨　　　150 000<br>　贷:补助预算收入——政府性基金预算补助收入<br>　　　　　　　　　　　　　　　　150 000 |

**【例 8-23】** 某市财政 2024 年 6 月 1 日收到省级财政部门拨来专项补助 3 400 000 元,存入特设的财政专户。该市财政总会计的账务处理如下:

| 财 务 会 计 | 预 算 会 计 |
|---|---|
| 借:其他财政存款　　　　　　3 400 000<br>　贷:补助收入　　　　　　　　　3 400 000 | 借:资金结存——专户资金结存　　3 400 000<br>　贷:补助预算收入——上级调拨　　3 400 000 |

**【例 8-24】** 2024 年 11 月 1 日,根据债务管理部门提供的资料确认上级政府财政豁免 A 市政府财政主权外债 8 000 000 元。A 市财政总会计应该编制如下会计分录:

| 财 务 会 计 | 预 算 会 计 |
|---|---|
| 借:应付主权外债转贷款　　　8 000 000<br>　贷:补助收入　　　　　　　　　8 000 000 | 借:资金结存——上下级调拨结存　　8 000 000<br>　贷:补助预算收入——上级调拨　　8 000 000 |

**【例 8-25】** 年终两级财政办理结算以后,市财政收到但未明确性质的补助预算收入 380 000 元(之前已经记入"补助预算收入——上级调拨"),根据预算管理部门提供的结算单确认属于一般公共预算补助收入 160 000 元,政府性基金预算补助收入 220 000 元。同时结算出上级财政还应该补助本级财政一般公共预算收入 200 000 元(之前未记账),该市财政总会计应该编制如下会计分录:

| 财 务 会 计 | 预 算 会 计 |
|---|---|
| 借:与上级往来　　　　　　　200 000<br>　贷:补助收入　　　　　　　　　200 000 | 借:补助预算收入——上级调拨　　　580 000<br>　贷:补助预算收入——一般公共预算补助收入<br>　　　　　　　　　　　　　　　　360 000<br>　　补助预算收入——政府性基金预算补助收入<br>　　　　　　　　　　　　　　　　220 000 |

**【例 8-26】** 某市财政年终将补助预算收入贷方余额 470 000 元(其中一般公共预算补助收入 310 000 元,政府性基金预算补助收入 160 000 元)转入结余。市财政总会计应该编制如下会计分录:

| 财 务 会 计 | 预 算 会 计 |
|---|---|
| — | 借：补助预算收入——一般公共预算补助收入 310 000<br>　　贷：一般公共预算结转结余　　310 000<br>借：补助预算收入——政府性基金预算补助收入 160 000<br>　　贷：政府性基金预算结转结余　　160 000 |

### (二) 上解预算收入

"上解预算收入"科目核算按照体制规定或专项需要由下级政府财政上交给本级政府财政的款项。本科目下应当按照不同资金性质设置"一般公共预算上解收入""政府性基金预算上解收入""国有资本经营预算上解收入"明细科目。同时，还应当按照上解地区进行明细核算。本科目平时贷方余额反映上解收入的累计数。期末结转后本科目无余额。

上解预算收入的主要账务处理如下：

1. 年终与下级政府财政结算时，根据预算管理部门提供的有关资料，按照尚未收到的上解款金额，借记"补助预算支出——调拨下级"科目，贷记本科目。

2. 年终转账时，本科目贷方余额应根据不同资金性质分别转入相应的结转结余科目，借记本科目，贷记"一般公共预算结转结余""政府性基金预算结转结余""国有资本经营预算结转结余"等科目。

【例 8-27】 某市财政收到下级 Z 县财政部门按照财政体制结算上缴的一般公共预算上缴款收入 600 000 元。该市财政总会计的账务处理如下：

| 财 务 会 计 | 预 算 会 计 |
|---|---|
| 借：国库存款　　　　　　600 000<br>　　贷：上解收入　　　　　600 000 | 借：资金结存——库款资金结存　　600 000<br>　　贷：上解预算收入——一般公共预算上解收入　　600 000 |

【例 8-28】 年终两级财政体制结算时，某市财政计算出下级 B 县财政应上解政府性基金预算收入 100 000 元，款项尚未收到。该市财政总会计的账务处理如下：

| 财 务 会 计 | 预 算 会 计 |
|---|---|
| 借：与下级往来　　　　　100 000<br>　　贷：上解收入　　　　　100 000 | 借：补助预算支出——调拨下级　　100 000<br>　　贷：上解预算收入——政府性基金预算上解收入　　100 000 |

## 二、地区间援助预算收入

"地区间援助预算收入"核算受援方政府财政收到援助方政府财政转来的可统筹使用的各类援助、捐赠等资金收入。援助方政府已列"地区间援助预算支出"的援助、捐赠等资金,受援方通过本科目核算。受援方政府和援助方政府不是上下级财政关系。虽然也是政府间的资金转移,但不是上下级政府。而"补助预算收入"和"上解预算收入"则是上下级政府间的资金转移。

本科目应根据管理需要,按照援助地区等进行明细核算。本科目平时贷方余额反映地区间援助收入的累计数。期末结转后本科目无余额。地区间援助预算收入属于一般公共预算收入。

"地区间援助收入"的主要账务处理如下:

1. 收到援助方政府财政转来的资金时,借记"资金结存——库款资金结存"科目,贷记本科目。

2. 年终转账时,本科目贷方余额转入"一般公共预算结转结余"科目,借记本科目,贷记"一般公共预算结转结余"科目。

【例8-29】 某省政府财政收到W政府财政转来可统筹使用的捐助资金1 500 000元。该省财政总会计的账务处理如下:

| 财 务 会 计 | 预 算 会 计 |
|---|---|
| 借:国库存款　　　　　　　　　　　1 500 000<br>贷:地区间援助收入　　　　　　　　　1 500 000 | 借:资金结存——库款资金结存　　　　1 500 000<br>贷:地区间援助预算收入　　　　　　　1 500 000 |

## 三、调入预算资金

调入预算资金是指政府财政为平衡某类预算收支、从其他类型预算资金及其他渠道调入的资金,是同一政府在不同预算类型之间的资金转移。一般公共预算和政府性基金预算都可以从其他类型预算资金调入,一般公共预算可以从政府性基金预算资金和国有资本经营预算资金调入;政府性基金预算可以从一般公共预算资金或其他资金调入;国有资本经营预算不能从其他类型预算资金调入。所以一般公共预算和政府性基金预算都有调入预算资金,但国有资本经营预算没有调入预算资金;同时,一般公共预算、政府性基金预算和国有资本经营预算都有调出预算资金。财务会计对收入类和费用类科目不分预算进行核算,所以财务会计中没有"调入资金"和"调出资金"会计科目。

(一)"调入预算资金"的核算内容与明细设置

"调入预算资金"科目核算政府财政为平衡某类预算收支、从其他类型预算资金及其他渠道调入的资金。本科目下应当按照不同资金性质设置"一般公共预算调入资金""政府性基金预算调入资金"明细科目。本科目平时贷方余额反映调入资金的累计数。期末结转后本科目无余额。

(二)"调入预算资金"的主要账务处理

1. 从其他类型预算资金及其他渠道调入一般公共预算时,按照调入或实际收到的金额,借记"调出预算资金—政府性基金预算调出资金""调出预算资金——国有资本经营预算调出资金""资金结存——库款资金结存"等科目,贷记"调入预算资金——一般公共预算调入资金"科目。

2. 从其他类型预算资金及其他渠道调入政府性基金预算时,按照调入或实际收到的资金金额,借记"资金结存——库款资金结存"等科目,贷记"调入预算资金——政府性基金预算调入资金"科目。

3. 年终转账时,本科目贷方余额按明细科目分别转入相应的结转结余科目,借记本科目,贷记"一般公共预算结转结余""政府性基金预算结转结余"等科目。

**【例8-30】** 某县财政为平衡一般公共预算,从政府性基金预算调入资金500 000元,国有资本经营预算调入资金500 000元。该县财政总会计的账务处理如下:

| 财 务 会 计 | 预 算 会 计 |
|---|---|
| — | 借:调出预算资金——政府性基金预算调出资金 500 000<br>　　调出预算资金——国有资本经营预算调出资金 500 000<br>贷:调入预算资金——一般公共预算调入资金 1 000 000 |

**【例8-31】** 某市财政年终"调入预算资金"账户贷方累计余额1 500 000元,其中一般公共预算调入资金1 000 000元;政府性基金预算调入资金500 000元。该市财政总会计年终转账时的账务处理如下:

| 财 务 会 计 | 预 算 会 计 |
|---|---|
| — | 借:调入预算资金——一般公共预算调入资金 1 000 000<br>贷:一般公共预算结转结余 1 000 000<br>借:调入预算资金——政府性基金预算调入资金 500 000<br>贷:政府性基金预算结转结余 500 000 |

# 第七节 动用预算稳定调节基金和待处理收入

## 一、动用预算稳定调节基金

"动用预算稳定调节基金"科目核算政府财政为弥补本年度预算资金的不足而动用的预算稳定调节基金,是同一政府在不同年度之间的资金转移。动用预算稳定调节基金就是动用以前年度的财政资金(因为预算稳定调节基金来源是以前年度的超收收入和年度结余)。动用预算稳定调节基金,只能在一般公共预算中发生。所以"动用预算稳定调节基金"年终转账时,转入"一般公共预算结转结余"科目。本科目平时贷方余额反映动用预算稳定调节基金的累计数。期末结转后本科目无余额。

动用预算稳定调节基金的主要账务处理如下:

1. 动用预算稳定调节基金时,借记"预算稳定调节基金"科目,贷记本科目。具体案例见例 6-3。

2. 年终转账时,本科目贷方余额转入"一般公共预算结转结余"科目,借记本科目,贷记"一般公共预算结转结余"科目。结转后,本科目无余额。

## 二、待处理收入

"待处理收入"科目核算本级政府财政收回的结转结余资金。本科目下应设置"库款资金待处理收入""专户资金待处理收入"明细科目。本科目平时贷方余额反映待处理收入的累计数。期末结转后,本科目应无余额。财务会计中"其他应付款"用来核算收回的结转结余资金,所以与"待处理收入"相对应的财务会计科目就是"其他应付款"。具体核算可参考第五章第一节"其他应付款"部分。

"待处理收入"的主要账务处理如下:

1. 收到收回的结转结余资金时,借记"资金结存——库款资金结存"等科目,贷记本科目。具体例子见例 5-4。

| 财 务 会 计 | 预 算 会 计 |
| --- | --- |
| 借:国库存款/其他财政存款<br>　　贷:其他应付款 | 借:资金结存——库款资金结存/专户资金结存<br>　　贷:待处理收入 |

2. 收回的结转结余资金,财政部门按原预算科目使用的,实际安排支出时,借记本科目或"资金结存——待处理结存"科目,贷记"资金结存——库款资金结存"科目。具体例子见例 5-5。

3. 收回的结转结余资金,财政部门调整预算科目使用的,实际安排支出时,借记本科目或"资金结存——待处理结存"科目,按原结转预算科目,贷记"一般公共预算支出"等科目;同时,按实际支出预算科目,借记"一般公共预算支出"等科目,贷记"资金结存——库款资金结存"等科目。具体例子见例 5-5。

4. 年终,本科目贷方余额转入资金结存,借记本科目,贷记"资金结存——待处理结存"科目。

| 财 务 会 计 | 预 算 会 计 |
| --- | --- |
| — | 借:待处理收入<br>　　贷:资金结存——待处理结存 |

## 复习思考题

1. 财政总会计核算的预算收入包括哪些?
2. 财政总会计核算的收入科目与预算收入科目有哪些不同?
3.《财政总会计制度》与《2024 年政府收支分类科目》对转移性预算收入的定义和范围有什么不同?

4. 什么是调入预算资金，什么情况下会发生调入预算资金？
5. 债务预算收入与债务转贷预算收入有什么不同？

# 练习题

1. 某市财政收到中国人民银行国库报来的预算收入日报表，当日共收到一般公共预算收入 304 600 元。其中，"税收收入——增值税"158 200 元，"税收收入——企业所得税"122 000 元，"税收收入——个人所得税"6 500 元，"税收收入——城市维护建设税"17 900 元。财政总会计应如何编制会计分录？

2. 某市财政收到中国人民银行国库报来的预算收入日报表，当日共收到一般公共预算收入 100 900 元。其中，"非税收入——专项收入"18 400 元，"非税收入——行政事业性收费收入"12 700 元，"非税收入——罚没收入"69 800 元。财政总会计应如何编制会计分录？

3. 某市财政总会计收到国库报来的预算收入日报表及其附件，列示收到车票通行费 50 000 元，污水处理费收入 80 000 元。该市财政总会计应如何编制会计分录？

4. 2024 年，某市财政从本级一般公共预算支出安排取得专用基金收入 790 000 元，并转入财政专户进行管理。该市财政总会计应如何编制会计分录？

5. 2024 年 1 月 1 日，中央政府贴现发行 2 年期国库券，发行面值金额 1 000 000 元，发行价格 900 000 元。国库收到款项 900 000 元，中央财政总会计应如何编制会计分录？

6. 中央财政向国际金融组织借入款项 9 000 000 元。中央财政总会计应如何编制会计分录？

7. 2024 年终，某省财政"债务预算收入"账户贷方余额为 20 亿元，有关明细账户贷方余额为："一般债务收入"18 亿元、"专项债务收入"2 亿元。年终结账时，该省财政总会计的账务该如何处理？

8. 2024 年 8 月 2 日，某市财政收到省财政转贷的国有土地收益基金债务收入 260 万元。该市财政总会计的账务该如何处理？

9. 2024 年 8 月 3 日，某市财政收到省财政转贷的外国政府借款收入 300 万元用于基本建设。以下情况该市财政总会计的账务该如何处理？

(1) 假设这笔转贷收入进入该市财政专户管理。

(2) 假设该市财政的外国政府借款转贷款由外方将贷款直接支付给用款单位。该市财政承担还款责任，贷款资金由某市局单位使用。

(3) 假设该市财政的外国政府借款转贷款由外方将贷款直接支付给用款单位。该市财政承担还款责任，贷款资金由所属某县级单位使用。

(4) 假设该市财政的外国政府借款转贷款由外方将贷款直接支付给用款单位。由县级财政承担还款责任，贷款资金由所属某县级单位使用。

10. 某市财政 2024 年 6 月 1 日收到上级财政部门拨来的一般公共预算补助收入款 800 000 元（存入国库）、专项补助收入 300 000 元（存入财政专户）、政府性基金预算补助款 400 000 元。该市财政总会计的账务该如何处理？

11. 某市财政年终将一般公共预算中发生的"补助预算收入"账户贷方累计余额 3 000 000 元、"上解预算收入"账户贷方累计余额 1 600 000 元、"调入预算资金"账户贷方累计余额 1 500 000 元、"地区间援助预算收入"账户贷方累计余额 500 000 元，转入"一般公共预算结转结余"账户。该市财政总会计的账务该如何处理？

# 第九章

# 财政总会计的预算支出

## 第一节 预算支出的范围和定义

预算支出是指政府会计主体在预算年度内依法发生并纳入预算管理的现金流出。《财政总会计制度》规定：总会计核算的预算支出包括一般公共预算支出、政府性基金预算支出、国有资本经营预算支出、财政专户管理资金支出、专用基金支出、转移性预算支出、安排预算稳定调节基金、债务还本预算支出、债务转贷预算支出和待处理支出等，与总会计核算的预算收入相对应。预算支出一般在实际发生时予以确认，以实际发生的金额计量。

### 一、预算支出的核算范围

正如第八章财政总会计的预算收入介绍的那样，财政总会计核算三大预算的收支、财政专户管理资金的收支和专用基金的收支，所以预算支出的核算范围与预算收入相对应。

一般公共预算收入有一般公共预算本级收入、债务预算收入和债务转贷预算收入、转移性预算收入等；对应的一般公共预算支出有一般公共预算本级支出、债务还本预算支出和债务转贷预算支出、转移性预算支出等。但一般公共预算内部的预算收入和预算支出没有资金的对应关系，也就是一般公共预算本级支出可以来自一般公共预算本级收入，也可以来自转移性预算收入和债务预算收入等；转移性预算支出的资金不是仅来自转移性预算收入，也可以来自一般公共预算本级收入等；债务还本预算支出的资金可以是一般公共预算本级收入，也可以是转移性预算收入和债务预算收入等。一般公共预算内部的资金是统筹使用的。但债务转贷预算支出比较特别，一般来自债务预算收入和债务转贷预算收入。

政府性基金预算的预算收入有政府性基金预算本级收入、债务预算收入和债务转贷预算收入、转移性预算收入；对应的政府性基金预算支出有政府性基金预算本级支出、债务还本预算支出和债务转贷预算支出、转移性预算支出等。虽然政府性基金预算本级支出的资金也可以来自政府性基金预算本级收入、债务预算收入和转移性预算收入等，债务还本预算支出和转移性预算支出的资金也不一定分别来自债务预算收入和转移性预算收入，这一点与一般公共预算相同。不同的是，政府性基金预算资金是分基金或者资金类别分别核算的。也就是 A 政府性基金的各预算支出必须来自 A 政府性基金的各预算收入,而不能来自 B 政府性基金的各类收入;政府性基金预算资金是专款专用的。另外,与一般公共预算类似,债务转贷预算支出一般来自债务预算收入和债务转贷预算收入,但必须来自同一分政府性基金的。

国有资本经营预算收入有国有资本经营预算本级收入和转移性预算收入,相对应的国有资本经营预算支出有国有资本经营预算本级支出和转移性预算支出,而且在国有资本经营预算内的资金是统筹使用的,并没有分类或者分性质分别核算。

专用基金收入的资金大部分来源于一般公共预算,是各级财政通过一般公共预算安排的。所以对于一般公共预算而言,安排专用基金属于一般公共预算的预算支出。但专用基金收入与专用基金支出完全是专款专用,A 专用基金支出必须来源于 A 专用基金收入。

与财政专户管理资金收入对应的就是财政专户管理资金支出。财政专户管理资金一般也按性质和类别分别进行核算和管理,所以大部分财政专户管理资金也是专款专用的。

表 9-1　　　　　　　　　　　各类预算支出核算的会计科目表

| 项　目 | 一般公共预算 | 政府性基金预算 | 国有资本经营预算 | 其　他 |
| --- | --- | --- | --- | --- |
| 本级预算支出 | "一般公共预算支出" | "政府性基金预算支出" | "国有资本经营预算支出" | "财政专户管理资金支出""专用基金支出""待处理支出" |
| 转移性预算支出 | "补助预算支出——一般公共预算补助支出" | "补助预算支出——政府性基金预算补助支出" | "补助预算支出——国有资本经营预算补助支出" | "补助预算支出——调拨下级" |
| | "上解预算支出——一般公共预算上解支出" | "上解预算支出——政府性基金预算上解支出" | "上解预算支出——国有资本经营预算上解支出" | |
| | "地区间援助预算支出" | | | |
| | "调出预算资金——一般公共预算调出资金" | "调出预算资金——政府性基金预算调出资金" | "调出预算资金——国有资本经营预算调出资金" | |
| 债务还本预算支出 | "债务还本预算支出——国债还本支出""债务还本预算支出——一般债务还本支出" | "债务还本预算支出——专项债务还本支出" | | |
| 债务转贷预算支出 | "债务转贷预算支出——一般债务转贷支出" | "债务转贷预算支出——专项债务转贷支出" | | |
| 预算稳定调节基金 | "安排预算稳定调节基金" | | | |

## 二、各类预算支出的定义

一般公共预算支出是指政府财政管理的由本级政府安排使用的列入一般公共预算的支出。

政府性基金预算支出是指政府财政管理的由本级政府安排使用的列入政府性基金预算的支出。

国有资本经营预算支出是指政府财政管理的由本级政府安排使用的列入国有资本经营预算的支出。

财政专户管理资金支出是指政府财政用纳入财政专户管理的教育收费等资金安排的支出。

专用基金支出是指政府财政用专用基金收入安排的支出。

转移性预算支出是指在各级政府财政之间进行资金调拨以及在本级政府财政不同类型资金之间调剂所形成的支出,包括补助预算支出、上解预算支出、调出预算资金、地区间援助预算支出等。其中,补助预算支出是指本级政府财政按财政体制规定或专项需要补助给下级政府财政的款项,包括对下级的税收返还、一般性转移支付和专项转移支付等。上解预算支出是指按照财政体制规定或专项需要由本级政府财政上交给上级政府财政的款项。地区间援助预算支出是指援助方政府财政安排用于受援方政府财政统筹使用的各类援助、捐赠等资金支出。调出预算资金是指政府财政为平衡预算收支,在不同类型预算资金之间的调出支出。

安排预算稳定调节基金是指政府财政安排用于弥补以后年度预算资金不足的储备性资金。

债务还本预算支出是指政府财政偿还本级政府承担的债务本金支出。

债务转贷预算支出是指本级政府财政向下级政府财政转贷的债务支出。

待处理支出是指政府财政按照预拨经费管理有关规定预拨给预算单位尚未列为预算支出的款项。待处理支出(不含预拨下年度预算资金)应在年终前转列支出或清理收回。

### 三、各类预算支出入账金额的确认

一般公共预算支出、政府性基金预算支出、国有资本经营预算支出一般应当按照实际支付的金额入账。省级以上(含省级)政府财政年末可按规定采用权责发生制将国库集中支付结余列支入账。中央政府财政年末可按有关规定对部分支出事项采用权责发生制核算。从本级预算支出中安排提取的专用基金,按照实际提取金额列支入账。财政专户管理资金支出、专用基金支出应当按照实际支付的金额入账。转移性预算支出应当按照财政体制的规定和预算管理需要,按实际发生的金额入账。债务转贷预算支出应当按照实际转贷的金额入账。债务还本预算支出应当按照实际偿还的金额入账。待处理支出应当按照实际支付的金额入账。

对于收回当年已列支出的款项,应冲销当年预算支出。对于收回以前年度已列支出的款项,通常冲销当年预算支出。

## 第二节 预算支出的管理

各级预算由本级政府组织执行,具体工作由本级政府财政部门负责。政府各部门、各单位是本部门、本单位的预算执行主体,负责本部门、本单位的预算执行,并对执行结果负责。

### 一、预算支出的执行

我国《预算法》规定,预算支出应该按照同级人民代表大会批准的预算执行。由于我国的预算年度是按照公历年实行的,是历年制不是跨年制,也就是每年的 1 月 1 日到 12 月 31 日。但各级人民代表大会召开的时间一般在 1 月 1 日以后,就有可能出现预算年度已经开始,本级预算还没被人大审批通过的情况。按照《预算法》的规定,预算年度开始后,各级预算草案在本级人民代表大会批准前可以安排下列支出:上一年度结转的支出;参照上一年同期的预算支出数额安排必须支付的本年度部门基本支出、项目支出,以及对下级政府的转移性支出;法律规定必须履行支付义务的支出,以及用于自然灾害等突发事件处理的支出。

各级政府财政部门必须依照法律、行政法规和国务院财政部门的规定,及时、足额地拨付预算支出资金,加强对预算支出的管理和监督。按照《预算法》的规定,在预算执行中相关部门应该遵循下面的规定:

(1) 各级政府、各部门、各单位的支出必须按照预算执行,不得虚假列支。
(2) 各级政府、各部门、各单位应当对预算支出情况开展绩效评价。
(3) 各级国库应当按照国家有关规定,及时准确地办理预算支出的拨付。
(4) 按照规定应当由财政支出安排的事项,不得做退库处理。
(5) 国家实行国库集中收缴和集中支付制度,对政府全部收入和支出实行国库集中收付管理。国库集中收付制度的内容已在第四章财政总会计的资产中做过介绍。
(6) 各部门、各单位应当加强对支出的管理,不得擅自改变预算支出的用途。
(7) 各级预算预备费的动用方案,由本级政府财政部门提出,报本级政府决定。
(8) 各级一般公共预算年度执行中有超收收入的,只能用于冲减赤字或者补充预算稳定调节基金。各级一般公共预算的结余资金,应当补充预算稳定调节基金。

《财政总会计制度》也规定:

(1) 总会计应当加强支出管理,科学预测和调度资金,严格按照批准的年度预算办理支出,严格审核拨付申请,严格按预算管理规定和实际拨付金额列报支出,不得办理无预算、超预算的支出,不得任意调整预算支出科目。

(2) 对于各项支出的账务处理必须以审核无误的国库划款清算凭证、资金支付凭证和其他合法凭证为依据。

## 二、预算支出的调整

预算调整有广义和狭义两种。

广义的预算调整,是指经过立法机构批准的预算法案在实际执行过程中由于种种原因需要进行调整和变更,一般包括全面调整和局部调整。全面调整,是指在某些特殊情况下(如整个宏观经济或者经济管理体制发生重大变化),需要对预算进行全面的修正和变更,一般很少发生。局部调整,是指经过立法机构批准的预算法案的某个部分因为需要而进行的调整和变更,这种调整是经常发生的。局部调整从理论上看,一般包括动用预备费、预算的追加追减、经费流用和预算划转。预备费是按照本级一般公共预算支出额的 1%—3% 设置的机动费,用于当年预算执行中的自然灾害等突发事件处理增加的支出及其他难以预见的开支。所以动用预备费就是将原来预算中没有明确支出类别资金用到明确的支出中去。预算的追加追减就是预算规模的追加和追减。经费流用又称为科目流用,就是在预算总额不变的情况下,在不同"类"或者同类下不同"款"和不同"项"之间的调整。预算划转就是由于预算隶属关系发生变化等原因导致了上下级财政预算收支进行调整。

狭义的预算调整,特指《预算法》规定的需要各级财政编制预算调整草案,并经过各级人大常委会审批同意后才能实施的预算调整。按照《预算法》的规定，经全国人民代表大会批准的中央预算和经地方各级人民代表大会批准的地方各级预算，在执行中出现下列情况之一的，应当进行预算调整：需要增加或者减少预算总支出的；需要调入预算稳定调节基金的；需要调减预算安排的重点支出数额的；需要增加举借债务数额的。

在预算执行中，由于发生自然灾害等突发事件，必须及时增加预算支出的，应当先动用预备费；预备费不足支出的，各级政府可以先安排支出，属于预算调整的，列入预算调整方案。在预算执行中，地方各级政府因上级政府增加不需要本级政府提供配套资金的专项转移支付而引起的预算支出变化，不属于狭义的预算调整。《预算法》还规定：各部门、各单位的预算支出应当按照预算科目执行。严格控制不同预算科目、预算级次或者项目间的预算资金的调剂，确需调剂使用的，按照国务院财政部门的规定办理。

### 三、《政府收支分类科目》中的支出分类

《2024 政府收支分类科目》中预算支出有两种分类：一是按功能分类，分为"类""款""项"三级；二是按经济分类，分为"类""款"两级。《财政总会计制度》规定，"一般公共预算支出""政府性基金预算支出""国有资本经营预算支出"和"财政专户管理资金支出"都必须按照《政府收支分类科目》中的支出功能分类和支出经济分类科目设置明细，并按照预算管理需要按预算单位和项目进行明细核算。

1. 支出功能分类

按功能分类一般是按照政府的职能分类，反映了政府的职能有哪些，为完成这些职能政府支出了多少财政资金，可以比较清楚地看清政府完成财政责任所执行的职能。《2024 政府收支分类科目》按"支出功能分类"，支出共分为 30 类：一般公共服务支出、外交支出、国防支出、公共安全支出、教育支出、科学技术支出、文化旅游体育与传媒支出、社会保障和就业支出、卫生健康支出、节能环保支出、城乡社区支出、农林水支出、交通运输支出、资源勘探工业信息等支出、商业服务业等支出、金融支出、援助其他地区支出、自然资源海洋气象等支出、住房保障支出、粮油物资储备支出、灾害防治及应急管理支出、预备费、其他支出、转移性支出、债务还本支出、债务付息支出、债务发行费用支出、抗疫特别国债安排的支出、国有资本经营预算支出和社会保险基金支出。每一"类"下都有若干个"项""目"。在功能分类下，"类"是按政府职能分，"款"是按政府规划分，"项"是按照项目分。虽然功能分类的"款""项"看上去与"类"层面的分类不一致，但实质上是一致的。因为规划和项目都是政府实现其职能的载体，项目是实现规划的载体，而规划是实现职能的载体。

2. 支出经济分类

按经济分类是指主要按照财政支出的投入要素（如工资、商品和服务购买等）分类，也就是按照支出的成本要素进行分类，反映政府支出的经济性质，有利于会计核算和统计以及经济分析。如果说功能分类是反映政府支出"做了什么事"的问题，经济分类则是反映"怎么样去做"的问题，主要是反映各项支出的具体经济构成，反映政府的每一笔钱具体是怎么花的，也就是反映了整个政府支出的成本结构。"支出经济分类"有两种：一种是政府预算支出经济分类科目，一种是部门预算支出经济分类科目。与财政总会计相关的是政府预算支出经济分类。按照《2024 政府收支分类科目》，政府预算支出经济分类有 15 类：机关工资福利支出、机关商品和服务支出、机关资本性支出、机关资本性支出（基本建设）、对事业单位经常性补助、对事业单位资本性补助、对企业补助、对企业资本性支出、对个人和家庭的补助、对社会保障基金补助、

债务利息及费用支出、债务还本支出、转移性支出、预备费及预留、其他支出。每"类"下还包括若干"款"。

# 第三节 三大政府预算的本级支出

## 一、一般公共预算支出

### (一)"一般公共预算支出"的核算内容及明细设置

"一般公共预算支出"科目核算政府财政管理的由本级政府安排使用的列入一般公共预算的支出。本科目应当根据《政府收支分类科目》中支出功能分类科目和支出经济分类进行明细核算。同时,根据预算管理需要,按照预算单位和项目等进行明细核算。本科目平时借方余额反映一般公共预算支出的累计数。期末结转后,本科目无余额。

按照《2024年政府收支分类科目》,一般公共预算支出功能分类主要涉及本章上节提到的30类中的27类,不包括抗疫特别国债安排的支出、国有资本经营预算支出和社会保险基金支出这三类。"一般公共预算支出"会计科目并没有涉及剩下的全部27类,转移性支出和债务还本支出在相关支出会计科目中核算,所以只涉及25类。

### (二)"一般公共预算支出"的主要账务处理

1. 实际发生一般公共预算支出时:预算会计,借记本科目,贷记"资金结存——库款资金结存"等科目;财务会计,借记费用类科目等,贷记"国库存款"等科目。已支出事项发生退回时,预算会计和财务会计都做相反的会计分录。

2. 年终转账时,本科目借方余额转入"一般公共预算结转结余"科目,借记"一般公共预算结转结余"科目,贷记本科目。

【例9-1】 经财政主管业务机构核准,某市财政支付市公安局刑事侦查费110 000元。应该根据相关的凭证编制如下的会计分录:

| 财 务 会 计 | 预 算 会 计 |
|---|---|
| 借:政府机关商品和服务拨款费用　　110 000<br>　　贷:国库存款　　　　　　　　　　　　110 000 | 借:一般公共预算支出——公共安全　　110 000<br>　　贷:资金结存——库款资金结存　　　　110 000 |

【例9-2】 经财政主管业务机构核准,某市财政支付市农业农村局人员工资福利费90 000元。应该根据相关的凭证编制如下的会计分录:

| 财 务 会 计 | 预 算 会 计 |
|---|---|
| 借:政府机关工资福利拨款费用　　　90 000<br>　　贷:国库存款　　　　　　　　　　　　　90 000 | 借:一般公共预算支出——农林水支出　　90 000<br>　　贷:资金结存——库款资金结存　　　　　90 000 |

【例9-3】 2024年终,该市财政将"一般公共预算支出"账户借方余额9 000 000元全数转入"一般公共预算结转结余"账户。

| 财 务 会 计 | 预 算 会 计 |
|---|---|
| — | 借：一般公共预算结转结余　　　　　9 000 000<br>　贷：一般公共预算支出　　　　　　　　9 000 000 |

## 二、政府性基金预算支出

### (一)"政府性基金预算支出"的核算内容及明细设置

"政府性基金预算支出"科目核算政府财政管理的由本级政府安排使用的列入政府性基金预算的支出。本科目应根据《政府收支分类科目》中支出功能分类科目和支出经济分类科目进行明细核算。同时，可根据预算管理需要，按照预算单位和项目等进行明细核算。本科目平时借方余额反映政府性基金预算支出的累计数。期末结转后，本科目无余额。

按照《2024 年政府收支分类科目》，政府性基金预算支出的功能分类主要涉及 14 类支出中的几个具体款项。这 14 类支出是：科学技术支出、文化旅游体育与传媒支出、节能环保支出、城乡社区支出、农林水支出、交通运输支出、资源勘探信息等支出、金融支出、其他支出、转移性支出、债务还本支出、债务利息支出、债务发行费用支出和抗疫特别国债安排的支出，除转移性支出和债务还本支出不在"政府性基金预算支出"科目中核算，其他类都在"政府性基金预算支出"科目核算。转移性支出和债务还本支出在相关会计科目中核算。

### (二)"政府性基金预算支出"的主要账务处理

1. 实际发生政府性基金预算本级支出时：预算会计，借记本科目，贷记"资金结存——库款资金结存"等科目；财务会计，借记费用类科目等，贷记"国库存款"等科目。已支出事项发生退回时，预算会计和财务会计都做相反的会计分录。

2. 年终转账时，本科目借方余额转入"政府性基金预算结转结余"科目，借记"政府性基金预算结转结余"科目，贷记本科目。结转后，本科目无余额。

【例 9 - 4】 2024 年 9 月 3 日，某市财政收回一笔退回款 900 000 元，该笔资金是体育局下属事业单位用体育彩票公益金购买的健身器材因为质量问题而引起的退货退款。该市财政总会计的账务处理如下：

| 财 务 会 计 | 预 算 会 计 |
|---|---|
| 借：国库存款　　　　　　　　　900 000<br>　贷：对事业单位补助拨款费用　　　　900 000 | 借：资金结存——库款资金结存　　　900 000<br>　贷：政府性基金预算支出——文化旅游体育与<br>　　　　　　　　　　　　　传媒支出　　900 000 |

【例 9 - 5】 该市财政年终将用政府性基金预算收入安排的政府性基金预算支出累计 2 000 000 元进行年终预算会计结转。该市财政总会计的账务处理如下：

| 财 务 会 计 | 预 算 会 计 |
|---|---|
| — | 借：政府性基金预算结转结余　　　　　2 000 000<br>　贷：政府性基金预算支出　　　　　　　　2 000 000 |

## 三、国有资本经营预算支出

### (一)"国有资本经营预算支出"的核算内容及明细设置

"国有资本经营预算支出"科目核算政府财政管理的由本级政府安排使用的列入国有资本经营预算的支出。本科目应根据《政府收支分类科目》中支出功能分类科目和支出经济分类科目进行明细核算。同时，根据预算管理需要，按照预算单位和项目等进行明细核算。本科目平时借方余额反映国有资本经营预算支出的累计数。期末结转后，本科目无余额。

按照《2024年政府收支分类科目》，国有资本经营预算支出的功能分类主要涉及社会保障和就业支出、国有资本经营预算支出和转移性支出三类。"国有资产经营预算支出"科目主要涉及前两类支出。

### (二)"国有资本经营预算支出"的主要账务处理

1. 实际发生国有资本经营预算支出时：预算会计，借记本科目，贷记"资金结存——库款资金结存"等科目；财务会计，借记费用类科目等，贷记"国库存款"等科目。已支出事项发生退回时，预算会计和财务会计都做相反的会计分录。

2. 年终转账时，本科目借方余额转入"国有资本经营预算结转结余"科目，借记"国有资本经营预算结转结余"科目，贷记本科目。结转后，本科目无余额。

可见，具体核算与一般公共预算支出和政府性基金预算支出类似，这里不再重复。

# 第四节 财政专户管理资金支出和专用基金支出

## 一、财政专户管理资金支出

### (一)"财政专户管理资金支出"的核算内容及明细设置

"财政专户管理资金支出"科目核算政府财政用纳入财政专户管理的教育收费等资金安排的支出。本科目应根据《政府收支分类科目》中支出功能分类科目和支出经济分类科目进行明细核算。同时，可根据管理需要，按照预算单位和项目等进行明细核算。本科目平时借方余额反映财政专户管理资金支出的累计数，期末结转后，本科目无余额。

### (二)"财政专户管理资金支出"的主要账务处理

1. 发生财政专户管理资金支出时，借记本科目，贷记"资金结存——专户资金结存"等科目。已支出事项发生退回时，借记"资金结存——专户资金结存"等科目，贷记本科目。

| 财 务 会 计 | 预 算 会 计 |
| --- | --- |
| 发生财政专户管理资金支出时：<br>借：财政专户管理资金支出<br>　　贷：其他财政存款 | 发生财政专户管理资金支出时：<br>借：财政专户管理资金支出<br>　　贷：资金结存——专户资金结存 |
| 已支出事项发生退回时：<br>借：其他财政存款<br>　　贷：财政专户管理资金支出 | 已支出事项发生退回时：<br>借：资金结存——专户资金结存<br>　　贷：财政专户管理资金支出 |

2. 年终转账时,本科目借方余额转入"财政专户管理资金结余"科目,借记"财政专户管理资金结余"科目,贷记本科目。结转后,本科目无余额。

**【例 9-6】** 某市财政根据相关的文件的规定,用财政专户管理的教育收费购买学校用空调 300 000 元。该市财政总会计应该编制如下的会计分录:

| 财 务 会 计 | 预 算 会 计 |
|---|---|
| 借:财政专户管理资金支出　　　　300 000<br>　　贷:其他财政存款　　　　　　　　　300 000 | 借:财政专户管理资金支出　　　　300 000<br>　　贷:资金结存——专户资金结存　　300 000 |

**【例 9-7】** 年终,某市财政将"财政专户管理资金支出"科目的借方余额 2 000 000 元全部转入"财政专户管理资金结余"科目。该市财政总会计应该编制如下的会计分录:

| 财 务 会 计 | 预 算 会 计 |
|---|---|
| — | 借:财政专户管理资金结余　　　　2 000 000<br>　　贷:财政专户管理资金支出　　　　2 000 000 |

## 二、专用基金支出

### (一)"专用基金支出"的核算内容及明细设置

"专用基金支出"科目核算政府财政专用基金收入安排的支出。本科目应当根据专用基金的种类设置明细科目。同时,根据预算管理需要,按预算单位等进行明细核算。在管理上与政府性基金预算相同,要求专款专用,不得随意改变用途,同时也要做到先收后支,量入为出。本科目平时借方余额反映专用基金支出的累计数。期末结转后,本科目无余额。

### (二)"专用基金支出"的主要账务处理

1. 发生专用基金支出时,借记本科目,贷记"资金结存——库款资金结存""资金结存——专户资金结存"等科目。已支出事项发生退回时,做相反的会计分录。

| 财 务 会 计 | 预 算 会 计 |
|---|---|
| 发生专用基金支出时:<br>借:专用基金支出<br>　　贷:其他财政存款/国库存款 | 发生专用基金支出时:<br>借:专用基金支出<br>　　贷:资金结存——专户资金结存/资金结存——<br>　　　　库款资金结存 |
| 已支出事项发生退回时:<br>借:其他财政存款/国库存款<br>　　贷:专用基金支出 | 已支出事项发生退回时:<br>借:资金结存——专户资金结存/资金结存——库款资金结存<br>　　贷:专用基金支出 |

2. 年终转账时,本科目借方余额转入"专用基金结余"科目,借记"专用基金结余"科目,贷记本科目。结转后,本科目无余额。

【例9-8】 某市财政根据相关的文件,用粮食风险基金260 000元(该基金存在财政专户)以平抑市场粮价。该市财政总会计应该编制如下的会计分录:

| 财 务 会 计 | 预 算 会 计 |
|---|---|
| 借：专用基金支出　　　　　　260 000<br>　贷：其他财政存款　　　　　　260 000 | 借：专用基金支出　　　　　　260 000<br>　贷：资金结存——专户资金结存　260 000 |

【例9-9】 年终,某市财政将"专用基金支出"科目的借方余额410 000元全部转入"专用基金结余"科目。该市财政总会计应该编制如下的会计分录:

| 财 务 会 计 | 预 算 会 计 |
|---|---|
| — | 借：专用基金结余　　　　　　2 000 000<br>　贷：专用基金支出　　　　　　2 000 000 |

## 第五节　债务还本预算支出和债务转贷预算支出

### 一、债务还本预算支出

既然有债务预算收入和债务转贷预算收入,就会有债务还本预算支出和债务付息预算支出。债务付息预算支出根据债务资金的性质分别在一般公共预算支出和政府性基金预算支出中核算。不管是本级发生的债务预算收入还是上级转贷的债务转贷预算收入,如果要本级财政承担本金偿付,那么归还的本金就在"债务还本预算支出"科目中核算。

(一)"债务还本预算支出"的核算内容及明细设置

"债务还本预算支出"科目核算政府财政偿还本级政府财政承担的纳入预算管理的债务本金支出。本科目应设置"国债还本支出""一般债务还本支出""专项债务还本支出"明细科目,并根据《政府收支分类科目》中"债务还本支出"科目进行明细核算。"国债还本支出"和"一般债务还本支出"属于一般公共预算;"专项债务还本支出"属于政府性基金预算。本科目平时借方余额反映本级政府财政债务还本预算支出的累计数。期末结转后,本科目无余额。

(二)"债务还本预算支出"的主要账务处理

1. 偿还本级政府财政承担的政府债券、主权外债等纳入预算管理的债务本金时,借记本科目,贷记"资金结存——库款资金结存""资金结存——专户资金结存""补助预算收入——上级调拨"等科目。

【例9-10】 2024年12月29日,某省财政偿还到期的3年期地方政府一般债券本金100 000 000元。该省财政总会计的账务处理如下:

| 财 务 会 计 | 预 算 会 计 |
|---|---|
| 借：应付长期政府债券——应付地方政府一般债券<br>　　　　　　　　　　　　　　100 000 000<br>　　贷：国库存款　　　　　　　100 000 000 | 借：债务还本预算支出——一般债务还本支出<br>　　　　　　　　　　　　　　100 000 000<br>　　贷：资金结存——库款资金结存　100 000 000 |

2. 中央财政发生国债随买业务时，根据国债随买确认文件等相关债券管理资料，按照国债随买面值，借记本科目，按照实际支付的金额，贷记"资金结存——库款资金结存"科目；按照其差额，借记或贷记"一般公共预算支出"科目。

| 财 务 会 计 | 预 算 会 计 |
|---|---|
| 借：应付长期(短期)政府债券——应付国债(按照<br>　　国债随买面值)<br>　　财务费用(差额，有可能在贷方)<br>　　贷：国库存款(按照实际支付的金额) | 借：债务还本预算支出——国债还本支出(按照国债随买面值)<br>　　一般公共预算支出(差额，有可能在贷方)<br>　　贷：资金结存——库款资金结存(按照实际支付的金额) |

3. 年终转账时，本科目下"国债还本支出""一般债务还本支出"的借方余额转入一般公共预算结转结余，借记"一般公共预算结转结余"科目，贷记"债务还本预算支出——国债还本支出""债务还本预算支出——一般债务还本支出"科目；本科目下"专项债务还本支出"的借方余额转入政府性基金预算结转结余，借记"政府性基金预算结转结余"科目，贷记"债务还本预算支出——专项债务还本支出"科目，可根据预算管理需要，按照专项债务对应的政府性基金预算支出科目分别转入"政府性基金预算结转结余"相应明细科目。

【例 9-11】 2024 年终，某省财政"债务还本预算支出"账户的借方余额 800 000 000 元，有关明细账户借方余额为："一般债务还本支出"500 000 000 元，"专项债务还本支出"300 000 000 元。年终转账时，该省财政总会计的账务处理如下：

| 财 务 会 计 | 预 算 会 计 |
|---|---|
| — | 借：一般公共预算结转结余　　　　500 000 000<br>　　贷：债务还本预算支出——一般债务还本支出<br>　　　　　　　　　　　　　　500 000 000<br>借：政府性基金预算结转结余　　　300 000 000<br>　　贷：债务还本预算支出——专项债务还本支出<br>　　　　　　　　　　　　　　300 000 000 |

## 二、债务转贷预算支出

在《2024 年政府收支分类科目》中，债务转贷支出是转移性支出"类"下的一个"款"级科目。债务转贷预算支出是本级政府向下级政府财政转贷的债务支出。同一笔转贷资金，对于本级政府是债务转贷预算支出；但对于下级政府而言，则是债务转贷预算收入。比如上海市市级政府发行地方债券5亿元,形成上海市市级债务预算收入5亿元。上海市市级财政将发行的5亿元地方债券转贷给青浦区政府,对于上海市市本级政府而言,是债务转贷预算支出;对于青浦区政府而言,则是债务转贷预算收入。但对于上海市整体财务状况而言,全部的债务预算收入就是5亿元,上海市市级的债务转贷预算支出应与青浦区政府的债务转贷预算收入抵消。

### (一)"债务转贷预算支出"的核算内容及明细设置

"债务转贷预算支出"科目核算本级政府财政向下级政府财政转贷的债务支出。本科目下应当设置"一般债务转贷支出""专项债务转贷支出"明细科目,并根据《政府收支分类科目》中"债务转贷支出"科目和转贷地区进行明细核算。本科目平时借方余额反映债务转贷支出的累计数。期末结转后,本科目无余额。

### (二)"债务转贷预算支出"的主要账务处理

1. 本级政府财政向下级政府财政转贷地方政府债券资金时,借记本科目,贷记"资金结存——库款资金结存""补助预算支出——调拨下级"等科目。

【例9-12】 某省财政向下级政府财政转贷地方一般债券资金300 000 000元,该省财政总会计处理如下:

| 财 务 会 计 | 预 算 会 计 |
| --- | --- |
| 借:应收地方政府债券转贷款——应收本金——一般债券　　　　　　　　　300 000 000<br>　　贷:国库存款　　　　　　300 000 000 | 借:债务转贷预算支出——一般债务转贷支出　　　　　　　　　　　　300 000 000<br>　　贷:资金结存——库款资金结存　300 000 000 |

2. 本级政府财政向下级政府财政转贷主权外债资金,且主权外债最终还款责任由下级政府财政承担的,相关账务处理如下:

(1) 支付转贷资金时,根据外债管理部门提交的转贷业务有关资料,借记本科目,贷记"资金结存——库款资金结存""资金结存—专户资金结存"科目。

【例9-13】 某省政府将向某国际金融机构的贷款700 000 000元转贷给下属A市政府,用于该市范围内的公共基础设施建设,并明确该笔转贷债务由A市政府承担最终还款责任。根据转贷资金支付相关资料,省财政总会计处理如下:

| 财 务 会 计 | 预 算 会 计 |
| --- | --- |
| 借:应收主权外债转贷款——应收本金<br>　　　　　　　　　　700 000 000<br>　　贷:国库存款　　　　　　700 000 000 | 借:债务转贷预算支出　　　700 000 000<br>　　贷:资金结存——库款资金结存　700 000 000 |

(2) 外方或上级政府财政将贷款资金直接支付给用款单位或供应商时,根据外债管理部门提交的转贷业务有关资料,借记本科目,贷记"债务预算收入""债务转贷预算收入"科目。

【例9-14】 某省政府将向某国际金融机构的贷款700 000 000元转贷给下属A市政府,用于该市范围内的公共基础设施建设,并明确该笔转贷债务由A市政府承担最终还款责任。

这笔贷款由该国际金融机构直接支付给 A 市政府的用款单位。根据转贷资金支付相关资料，省财政总会计处理如下：

| 财 务 会 计 | 预 算 会 计 |
| --- | --- |
| 借：应收主权外债转贷款——应收本金<br>　　　　　　　　　　　　700 000 000<br>　　贷：借入款项　　　　　　700 000 000 | 借：债务转贷预算支出　　　700 000 000<br>　　贷：债务预算收入　　　　700 000 000 |

3. 年终转账时，本科目下"一般债务转贷支出"明细科目的借方余额转入一般公共预算结转结余，借记"一般公共预算结转结余"科目，贷记"债务转贷预算支出——一般债务转贷支出"科目；本科目下"专项债务转贷支出"明细科目的借方余额转入政府性基金预算结转结余，借记"政府性基金预算结转结余"科目，贷记"债务转贷预算支出——专项债务转贷支出"科目，可根据预算管理需要，按照专项债务对应的政府性基金预算支出科目分别转入"政府性基金预算结转结余"相应明细科目。

【例 9-15】 2024 年终，某省财政"债务转贷预算支出"账户借方余额为 1 500 000 000 元，有关明细账户贷方余额为："一般债务转贷支出"1 000 000 000 元，"专项债务转贷支出"500 000 000 元。年终结账时，该省财政总会计的账务处理如下：

| 财 务 会 计 | 预 算 会 计 |
| --- | --- |
| — | 借：一般公共预算结转结余　　1 000 000 000<br>　　贷：债务转贷预算支出——一般债务转贷支出<br>　　　　　　　　　　　　　　1 000 000 000<br>借：政府性基金预算结转结余　　500 000 000<br>　　贷：债务转贷预算支出——专项债务转贷支出<br>　　　　　　　　　　　　　　500 000 000 |

## 第六节　转移性支出

《财政总会计制度》是这样定义转移性预算支出的：转移性预算支出是指在各级政府财政之间进行资金调拨以及在本级政府财政不同类型资金之间调剂所形成的支出，包括补助预算支出、上解预算支出、地区间援助预算支出和调出预算资金等。《2024 年政府收支分类科目》则是这么规定的：转移性支出是政府间的转移支付以及不同性质资金之间的调拨支出，包括返还性支出、一般性转移支付、专项转移支付、政府性基金转移支付、国有资本经营预算转移支付、上解支出、调出资金、年终结余、债务转贷支出、安排预算稳定调节基金、补充预算周转金、区域间转移性支出。可见《财政总会计制度》的转移性支出的范围与《政府收支分类科目》的转移性支出的范围不一致。但由于转移性支出不是财政总会计的核算科目，所以范围的不一致不会影响具体的核算。为了更好地反映它们之间的区别，我们用表 9-2 来列示其不同。

表 9-2　转移性预算支出

| 政府收支分类科目的"类" | 政府收支分类科目的"款" | 归属不同预算类型 | 财政总会计制度分类 | 财政总会计制度会计科目 |
| --- | --- | --- | --- | --- |
| 转移性支出 | 返还性支出 | 一般公共预算 | 转移性预算支出 | 补助预算支出 |
| | 一般性转移支付 | | | |
| | 专项转移支付 | | | |
| | 政府性基金转移支付 | 政府性基金预算 | | |
| | 国有资本经营预算转移支付 | 国有资本经营预算 | | |
| | 上解支出 | 一般公共预算、政府性基金预算、国有资本经营预算 | | 上解预算支出 |
| | 区域间转移性支出 | 一般公共预算 | | 地区间援助预算支出 |
| | 调出资金 | 一般公共预算、政府性基金预算和国有资本经营预算 | | 调出预算资金 |
| | 安排预算稳定调节基金 | 一般公共预算 | 安排预算稳定调节基金 | 安排预算稳定调节基金 |
| | 补充预算周转金 | 一般公共预算 | 作为一般公共预算结转结余减少处理 | |
| | 年终结余 | 一般公共预算、政府性基金预算和国有资本经营预算 | | |
| | 债务转贷支出 | 一般公共预算和政府性基金预算 | 债务转贷预算支出 | 债务转贷预算支出 |

# 一、补助预算支出和上解预算支出

补助预算支出是指本级政府财政按财政体制规定或专项需要补助给下级政府财政的款项,包括对下级的税收返还、一般性转移支付和专项转移支付等。上解预算支出是指按照财政体制规定或专项需要由本级政府财政上交给上级政府财政的款项。

补助预算支出和上解预算支出都是上下级政府财政之间发生的转移性支出。

## (一) 补助预算支出

"补助预算支出"科目核算本级政府财政按财政体制规定或专项需要补助给下级政府财政的款项,包括对下级的税收返还、一般性转移支付和专项转移支付等。本科目下应当按照不同资金性质设置"一般公共预算补助支出""政府性基金预算补助支出""国有资本经营预算补助支出"和"调拨下级"明细科目。同时,可根据管理需要,按照补助地区和《政府收支分类科目》中支出功能分类科目进行明细核算。其中,"一般公共预算补助支出"科目核算本级政府财政对下级政府财政的一般性转移支付支出;"政府性基金预算补助支出"科目核算本级政府财政对下级政府财政的政府性基金预算转移支付支出;"国有资本经营预算补助支出"科目核算本级政府财政对下级政府财政的国有资本经营预算转移支付支出;"调拨下级"科目核算年度执行中本级政府财政调拨给下级政府财政的尚未指定资金性质的资金或结算应确认事项金额。

本科目平时借方余额反映补助预算支出的累计数。期末结转后,本科目无余额。

对于本级政府财政而言是补助预算支出,而对于收到补助的下级财政而言则是补助预算收入。所以补助预算支出与补助预算收入是对应的,在上下级财政合并政府综合财务报告和决算报告时,本级政府的补助预算支出和下级政府的补助预算收入应相互抵消。

从表 9-2 可以看出,"补助预算支出"除"调拨下级"明细科目外,其他三个明细科目对应政府收支分类中三个内容:

(1) 一般公共预算的返还性支出、一般性转移支付和专项转移支付,应在"一般公共预算补助支出"明细科目中核算;

(2) 政府性基金预算中的政府性基金转移支付,应在"政府性基金预算补助支出"明细科目中核算;

(3) 国有资本经营预算中的国有资本经营预算转移支付,应在"国有资本经营预算补助支出"明细科目中核算。

"补助预算支出"的主要账务处理如下:

1. 年度执行中,调拨资金给下级政府财政,根据实际调拨的金额借记"补助预算支出——调拨下级"等科目,贷记"资金结存——库款资金结存""资金结存——专户资金结存"科目。

【例 9-16】 某市财政向其下属甲县拨付预算体制补助 220 000 元。该市财政总会计应该编制如下的会计分录:

| 财 务 会 计 | 预 算 会 计 |
|---|---|
| 借:补助费用　　　　　　　　220 000<br>　贷:国库存款　　　　　　　　　　220 000 | 借:补助预算支出——调拨下级　　220 000<br>　贷:资金结存——库款资金结存　　　220 000 |

2. 两级财政年终结算中应当由下级政府财政上交的款项,借记"补助预算支出——调拨下级"等科目,贷记"上解预算收入"科目。

【例 9-17】 省市两级财政年终结算时,确认市级财政应当上交给省级财政 1 000 000 元。该省财政总会计应该编制如下的会计分录:

| 财 务 会 计 | 预 算 会 计 |
|---|---|
| 借:与下级往来　　　　　　　1 000 000<br>　贷:上解收入　　　　　　　　　1 000 000 | 借:补助预算支出——调拨下级　　1 000 000<br>　贷:上解预算收入　　　　　　　　1 000 000 |

3. 专项转移支付资金实行特设专户管理的,根据有关支出管理部门下达的预算文件和拨款依据确认支出,借记"补助预算支出——调拨下级"等科目;资金由本级政府财政拨付给下级

的,贷记"资金结存——专户资金结存"等科目;资金由上级政府财政直接拨给下级的,贷记"补助预算收入——上级调拨"科目。

【例 9-18】 省级财政拨付给 B 市财政实行特设专户管理的中央专项转移支付资金 2 000 000 元。该资金由中央财政直接拨付给 B 市财政,省级财政总会计的账务处理如下:

| 财 务 会 计 | 预 算 会 计 |
| --- | --- |
| 借:补助费用　　　　　　　　　　2 000 000<br>　贷:补助收入　　　　　　　　　　2 000 000 | 借:补助预算支出——调拨下级　　2 000 000<br>　贷:补助预算收入——上级调拨　2 000 000 |

【例 9-19】 接例 8-23。2024 年 6 月 1 日省级财政部门拨给下属市级财政专项补助 3 400 000 元,该笔补助款实行特设专户管理。该省财政总会计的账务处理如下:

| 财 务 会 计 | 预 算 会 计 |
| --- | --- |
| 借:补助费用　　　　　　　　　　3 400 000<br>　贷:其他财政存款　　　　　　　　3 400 000 | 借:补助预算支出——调拨下级　　3 400 000<br>　贷:资金结存——专户资金结存　3 400 000 |

4. 本级政府财政借入或收到转贷的主权外债时:

(1) 贷款资金由下级政府财政同级部门使用且贷款最终还款责任由本级政府财政承担的,根据债务管理部门提供的有关资料,借记"补助预算支出——调拨下级"等科目,贷记"资金结存——库款资金结存""资金结存——专户资金结存"科目。

【例 9-20】 某省财政将借入的国际金融组织的贷款资金 150 000 000 元补贴给 A 市财政,由 A 市×局使用。该笔贷款是由省财政划账给 A 市财政,A 市财政按照规定进行支付,用于 A 市×局的项目上。如果该贷款资金最终还款责任由省级财政承担,该省财政总会计的账务处理如下:

| 财 务 会 计 | 预 算 会 计 |
| --- | --- |
| 省财政借入国际金融组织贷款时:<br>借:国库存款　　　　　　　　　150 000 000<br>　贷:借入款项　　　　　　　　　150 000 000 | 省财政借入国际金融组织贷款时:<br>借:资金结存——库款资金结存　150 000 000<br>　贷:债务预算收入　　　　　　　150 000 000 |
| 省财政划账给 A 市财政时:<br>借:补助费用　　　　　　　　　150 000 000<br>　贷:国库存款　　　　　　　　　150 000 000 | 省财政划账给 A 市财政时:<br>借:补助预算支出——调拨下级　150 000 000<br>　贷:资金结存——库款资金结存　150 000 000 |

(2) 外方或上级政府财政将贷款资金直接支付给用款单位或供应商时,借记"补助预算支出——调拨下级"等科目,贷记"债务预算收入""债务转贷预算收入"等科目。

【例 9-21】 某省财政将借入的国际金融组织的贷款资金 150 000 000 元补贴给 A 市财政,由 A 市×局使用。但该笔贷款是外方将贷款资金直接支付给用款单位。如果该贷款资金最终还款责任由省级财政承担,该省财政总会计的账务处理如下:

| 财 务 会 计 | 预 算 会 计 |
|---|---|
| 借：补助费用　　　　　　　　　150 000 000<br>　　贷：借入款项　　　　　　　　　　150 000 000 | 借：补助预算支出——调拨下级　　150 000 000<br>　　贷：债务预算收入　　　　　　　　150 000 000 |

（3）本级政府财政豁免下级政府财政主权外债，根据债务管理部门提供的有关资料和有关预算文件，借记"补助预算支出——调拨下级"等科目，贷记"资金结存——上下级调拨结存"科目。

【例 9-22】 2024 年 10 月 5 日某省财政豁免 2023 年转贷给下属某市财政的主权外债转贷款 10 000 000 元。该省财政总会计的账务处理如下：

| 财 务 会 计 | 预 算 会 计 |
|---|---|
| 借：补助费用　　　　　　　　　　10 000 000<br>　　贷：应收主权外债转贷款　　　　　10 000 000 | 借：补助预算支出——调拨下级　　　10 000 000<br>　　贷：资金结存——上下级调拨结存　10 000 000 |

5. 根据预算管理需要，收回已调拨下级政府财政资金时，按照实际收到的金额，借记"资金结存——库款资金结存""资金结存——专户资金结存"等科目，贷记"补助预算支出——调拨下级"等科目。

| 财 务 会 计 | 预 算 会 计 |
|---|---|
| 借：国库存款/其他财政存款<br>　　贷：补助费用/与下级往来 | 借：资金结存——库款资金结存/专户资金存款<br>　　贷：补助预算支出——调拨下级 |

6. 发生上解多交应当退回的，按照应当退回的金额，借记"上解预算收入"科目，贷记"补助预算支出——调拨下级"等科目。

| 财 务 会 计 | 预 算 会 计 |
|---|---|
| 借：上解收入<br>　　贷：与下级往来 | 借：上解预算收入<br>　　贷：补助预算支出——调拨下级 |

7. 年终两级财政办理结算以后，根据预算管理部门提供的结算单确认补助下级预算支出，借记"补助预算支出——一般公共预算补助支出""补助预算支出——政府性基金预算补助支出""补助预算支出——国有资本经营预算补助支出"等科目，贷记"补助预算支出——调拨下级"科目。

【例 9-23】 年终两级财政办理结算以后，某省财政已经拨付但未明确性质的补助预算支出 1 800 000 000 元（之前已经记入"补助预算支出——调拨下级"），根据预算管理部门提供的结算单确认属于一般公共预算补助支出 1 000 000 000 元、政府性基金预算补助支出 800 000 000 元，另外通过结算确定还应对下级财政补助政府性基金预算资金 100 000 000 元。该省财政总会计的账务处理如下：

| 财 务 会 计 | 预 算 会 计 |
|---|---|
| 借：补助费用　　　　　100 000 000<br>　　贷：与下级往来　　　　　100 000 000 | 借：补助预算支出——一般公共预算补助支出<br>　　　　　　　　　　　　　　1 000 000 000<br>　　补助预算支出——政府性基金预算补助支出<br>　　　　　　　　　　　　　　　900 000 000<br>　　贷：补助预算支出——调拨下级　1 900 000 000 |

8. 完成上一项结转以后，将本科目下各明细科目余额分别结转至相应的预算结余类科目。借记"资金结存——上下级调拨结存""一般公共预算结转结余""政府性基金预算结转结余""国有资本经营预算结转结余"等科目，贷记本科目。

【例 9 - 24】 接例 9 - 23。将一般公共预算补助支出和政府性基金预算补助支出结转入相应的结转结余。

| 财 务 会 计 | 预 算 会 计 |
|---|---|
| — | 借：一般公共预算结转结余　　　　1 000 000 000<br>　　贷：补助预算支出——一般公共预算补助支出<br>　　　　　　　　　　　　　　1 000 000 000<br>借：政府性基金预算结转结余　　　　900 000 000<br>　　贷：补助预算支出——政府性基金预算补助支出<br>　　　　　　　　　　　　　　　900 000 00 |

## （二）上解预算支出

"上解预算支出"科目核算本级政府财政按照财政体制规定或专项需要上交给上级政府财政的款项。本科目下应当按照不同资金性质设置"一般公共预算上解支出""政府性基金预算上解支出""国有资本经营预算上解支出"明细科目。本科目平时借方余额反映上解支出的累计数。期末结转后，本科目无余额。

对于本级政府财政而言是上解预算支出，而对于收到上解款的上级财政而言则是上解预算收入。所以上解预算支出与上解预算收入是对应的，在上下级财政合并政府综合财务报告和决算报告时，本级政府的上解预算支出和上级政府的上解预算收入应相互抵消。

上解预算支出的主要账务处理如下：

1. 发生上解支出时，借记本科目，贷记"资金结存——库款资金结存""补助预算收入——上级调拨"等科目。

2. 年终与上级政府财政结算时，按照尚未支付的上解金额，借记本科目，贷记"补助预算收入——上级调拨"科目。退还或核减上解支出时，借记"资金结存——库款资金结存""补助预算收入——上级调拨"等科目，贷记本科目。

3. 年终转账时，本科目借方余额应根据不同资金性质分别转入对应的结转结余科目，借记"一般公共预算结转结余""政府性基金预算结转结余"等科目，贷记本科目。

【例 9 - 25】 2024 年 6 月 30 日某市财政按照体制规定，体制上解省财政一般公共预算资金 560 000 元。该市财政总会计的账务处理如下：

| 财 务 会 计 | 预 算 会 计 |
|---|---|
| 借：上解费用　　　　　　　560 000<br>　　贷：国库存款　　　　　　　560 000 | 借：上解预算支出——一般公共预算上解支出　560 000<br>　　贷：资金结存——库款资金结存　　　　　560 000 |

【例 9-26】 2024 年终，某市财政与上级财政（某省财政）进行体制结算，需要支付上解一般公共预算资金 1 800 000 元，但未支付。该市财政总会计的账务处理如下：

| 财 务 会 计 | 预 算 会 计 |
|---|---|
| 借：上解费用　　　　　　　1 800 000<br>　　贷：与上级往来　　　　　　1 800 000 | 借：上解预算支出——一般公共预算上解支出　1 800 000<br>　　贷：补助预算收入——上级调拨　　　　　1 800 000 |

【例 9-27】 2024 年终，某市财政上解预算支出借方余额为 3 000 000 元，都是一般公共预算上解支出。年终结账时，该市财政总预算会计的账务处理如下：

| 财 务 会 计 | 预 算 会 计 |
|---|---|
| — | 借：一般公共预算结转结余　　　　　　　　3 000 000<br>　　贷：上解预算支出——一般公共预算上解支出　3 000 000 |

## 二、地区间援助预算支出

"地区间援助预算支出"科目核算援助方政府财政安排用于受援方政府财政统筹使用的各类援助、捐赠等资金支出。受援方政府和援助方政府不是上下级财政关系。虽然也是政府间的资金转移，但不是上下级政府。而"补助预算支出"和"上解预算支出"则是上下级政府间的资金转移。

本科目应按照受援地区等进行相应明细核算。本科目平时借方余额反映地区间援助支出的累计数。期末结转后，本科目无余额。

"地区间援助预算支出"的主要账务处理如下：

1. 发生地区间援助支出时，借记本科目，贷记"资金结存——库款资金结存"科目。

2. 年终转账时，本科目借方余额转入"一般公共预算结转结余"科目，借记"一般公共预算结转结余"科目，贷记本科目。结转后，本科目无余额。

【例 9-28】 某市财政援助 B 市政府，援助金额为 5 000 000 元。该市财政总预算会计的账务处理如下：

| 财 务 会 计 | 预 算 会 计 |
|---|---|
| 借：地区间援助费用　　　　　5 000 000<br>　　贷：国库存款　　　　　　　5 000 000 | 借：地区间援助预算支出　　　　　　　　　5 000 000<br>　　贷：资金结存——库款资金结存　　　　　5 000 000 |

【例 9-29】 某市财政年终地区间援助预算支出借方余额为 5 000 000 元。年终结账时,该市财政总会计的账务处理如下:

| 财 务 会 计 | 预 算 会 计 |
|---|---|
| — | 借:一般公共预算结转结余<br>　　贷:地区间援助预算支出　　　　　　　　　　　　5 000 000 |

## 三、调出预算资金

调出预算资金是指政府财政为平衡预算收支,在不同类型预算资金之间的调出支出,不同于补助预算支出、上解预算支出和地区间援助预算支出。补助预算支出和上解预算支出是上下级政府财政资金的转移,地区间援助预算支出是没有隶属关系的地区政府之间财政资金的转移。而调出预算资金则是同一政府不同类型资金的转移,不是政府间转移。

一般公共预算、政府性基金预算和国有资本经营预算都有调出预算资金。一般公共预算资金可以调出到政府性基金预算;政府性基金预算资金一般可以调出到一般公共预算;国有资本经营预算一般也是调出到一般公共预算。只有国有资本经营预算没有调入预算资金,只有调出预算资金。

### (一)"调出预算资金"的核算内容与明细设置

"调出预算资金"科目核算政府财政为平衡预算收支,在不同类型预算资金之间的调出支出。本科目下应当设置"一般公共预算调出资金""政府性基金预算调出资金"和"国有资本经营预算调出资金"等明细科目。本科目平时借方余额反映调出预算资金的累计数。期末结转后,本科目无余额。

### (二)"调出预算资金"的主要账务

1. 从一般公共预算调出资金时,按照调出的金额,借记本科目(一般公共预算调出资金),贷记"调入预算资金"相关明细科目。

2. 从政府性基金预算调出资金时,按照调出的金额,借记本科目(政府性基金预算调出资金),贷记"调入预算资金"相关明细科目。

3. 从国有资本经营预算调出资金时,按照调出的金额,借记本科目(国有资本经营预算调出资金),贷记"调入预算资金"相关明细科目。

4. 年终转账时,本科目借方余额分别转入相应的结转结余科目,借记"一般公共预算结转结余""政府性基金预算结转结余"和"国有资本经营预算结转结余"等科目,贷记本科目。

【例 9-30】 某市财政为平衡一般公共预算,从政府性基金预算调入资金 800 000 元,从国有资本经营预算调入资金 300 000 元。该市财政总会计的账务处理如下:

| 财 务 会 计 | 预 算 会 计 |
|---|---|
| — | 借:调出预算资金——政府性基金预算调出资金　　800 000<br>　　调出预算资金——国有资本经营预算调出资金　　300 000<br>　　贷:调入预算资金——一般公共预算调入资金　　　1 100 000 |

# 第七节 安排预算稳定调节基金和待处理支出

## 一、安排预算稳定调节基金

"安排预算稳定调节基金"科目核算政府财政安排用于弥补以后年度预算资金不足的储备资金。安排的预算稳定调节基金是同一政府在不同年度之间的资金转移,就是将本年的资金转移到以后年度使用。所以"安排预算稳定调节基金"与"调出预算资金"一样,都是同一政府财政内部的转移,只不过"调出预算资金"是同一政府不同类型资金的转移,而"安排预算稳定调节基金"是同一政府在不同年度之间的资金转移。

安排预算稳定调节基金只能在一般公共预算中发生。所以"安排预算稳定调节基金"年终转账时,转入"一般公共预算结转结余"科目。本科目平时借方余额反映安排预算稳定调节基金的累计数。期末结转后,本科目无余额。

"安排预算稳定调节基金"的主要账务处理如下:

1. 安排预算稳定调节基金时,借记本科目,贷记"预算稳定调节基金"科目。
2. 年终转账时,本科目借方余额转入"一般公共预算结转结余"科目,借记"一般公共预算结转结余"科目,贷记本科目。

【例 9-31】 某市财政把当年的超收收入 1 000 000 元用来补充预算稳定调节基金。该市财政总会计的账务处理如下:

| 财 务 会 计 | 预 算 会 计 |
| --- | --- |
| 借:本期盈余——预算管理资金本期盈余<br>　　　　　　　　　　　　1 000 000<br>　贷:预算稳定调节基金　　　1 000 000 | 借:安排预算稳定调节基金　　1 000 000<br>　贷:预算稳定调节基金　　　1 000 000 |

## 二、待处理支出

"待处理支出"科目核算政府财政按照预拨经费管理有关规定预拨给预算单位尚未列为预算支出的款项。本科目应当按照预算单位进行明细核算。本科目平时借方余额反映政府财政尚未转列支出或尚待收回的待处理支出数。期末结转后,本科目应无余额。

"待处理支出"的主要账务处理如下:

1. 拨出款项时,借记本科目,贷记"资金结存——库款资金结存"等科目。具体案例见例 4-6。
2. 转列预算支出时,借记"一般公共预算支出""政府性基金预算支出""国有资本经营预算支出"等科目,贷记本科目。具体案例见例 4-6。
3. 收回预拨款项时,借记"资金结存——库款资金结存"等科目,贷记本科目。

| 财 务 会 计 | 预 算 会 计 |
|---|---|
| 借：国库存款<br>　　贷：预拨经费 | 借：资金结存——库款资金结存<br>　　贷：待处理支出 |

4. 年终，本科目借方余额转入资金结存，借记"资金结存——待处理结存"科目，贷记本科目。

| 财 务 会 计 | 预 算 会 计 |
|---|---|
| — | 借：资金结存——待处理结存<br>　　贷：待处理支出 |

# 复习思考题

1. 财政总会计核算的预算支出范围有哪些？
2. 什么是转移性预算支出？转移性预算支出包括哪些内容？
3. 按照《预算法》的规定，在预算执行中相关部门应该遵循哪些规定？
4. 按照《财政总会计制度》的规定，在预算执行中相关部门应该遵循哪些规定？
5. 什么是广义和狭义的预算调整？
6. 什么是支出功能分类？什么是支出经济分类？
7. 各类预算支出的列报口径有什么不同？

# 练习题

1. 经财政主管业务机构核准，某市财政支付市属卫生局职工工资福利费 160 000 元。该市财政总会计该如何进行账务处理？

2. 经财政主管业务机构核准，某市财政支付该市伤残抚恤 65 000 元，儿童福利 113 000 元，职业培训补贴 140 000 元。该市财政总会计该如何进行账务处理？

3. 某市财政总会计在年终将"一般公共预算支出"科目的借方余额 11 570 000 元全部转入"一般公共预算结转结余"科目。该市财政总会计该如何进行账务处理？

4. 2024 年 2 月 1 日某市财政用政府收费公路专项债券收入安排公路建设支出 300 000 元。该市财政总会计该如何进行账务处理？

5. 2024 年 12 月 29 日，某省财政偿还到期的 3 年期地方政府专项债券本金 300 000 000 元。该市财政总会计该如何进行账务处理？同时年末转账时如何进行会计处理？

6. 某省财政向下级政府财政转贷地方专项债券资金 800 000 000 元，该市财政总会计该如何进行账务处理？

7. 某省政府将向某国际金融机构的贷款 100 000 000 元转贷给所属 B 市政府，并明确该笔转贷债务由 B 市政府承担最终还款责任。以下各种情况下该省财政总会计的账务该如何处理？

(1) 如果这笔债务由省级财政借入，然后再转贷给B市政府。资金经过了省级政府银行账户进行划转。

(2) 这笔贷款由该国际金融机构直接支付给B市政府的用款单位。资金并未经过省级政府银行账户。

8. 市财政向其下属丁县拨付专项转移支付134 000元，根据政府性基金预算向其下属的丙县拨付政府性基金预算补助70 000元。该市财政总会计该如何进行账务处理？

9. 某省财政将通过财政部借入的国际金融组织的贷款资金1 000 000元补助给所属某市×局使用。该笔资金由外方直接转账给用款单位。如果该贷款资金最终还款责任由省级财政承担，该省财政总会计该如何进行账务处理？

10. 某省财政"补助预算支出"账户的借方余额1 800 000元，有关明细账户借方余额为："一般公共预算补助支出"1 200 000元，"政府性基金预算补助支出"600 000元。年终结账时，该省财政总会计该如何进行账务处理？

11. 某市财政按照体制规定，体制上解省财政800 000元。该市财政总会计该如何进行账务处理？

12. 2024年年终，某市财政与上级财政（某省财政）进行体制结算，需要上解一般公共预算资金20 000 000元，但并未支付。该市财政总会计该如何进行账务处理？

13. 某省政府财政向某自治区政府财政支付可统筹使用的捐助资金500 000元。该省财政总会计该如何进行账务处理？

14. 年终，某省财政"地区间援助预算支出"账户的借方余额800 000元。年终结账时，该省财政总会计该如何进行账务处理？

15. 年终，某省财政"调出预算资金"账户的借方余额1 000 000元，有关明细账户借方余额为："一般公共预算调出资金"500 000元，"国有资本经营预算调出资金"500 000元。年终转账时，该省财政总会计该如何进行账务处理？

# 第十章

# 财政总会计的预算结余

预算结余是指预算年度内政府预算收入扣除预算支出后的余额,以及历年滚存的库款和专户资金余额。

总会计核算的预算结余包括一般公共预算结转结余、政府性基金预算结转结余、国有资本经营预算结转结余、财政专户管理资金结余、专用基金结余、预算稳定调节基金、预算周转金和资金结存等。可见财政总会计的预算结余分为三类:一是结转结余类,二是调节周转类,三是平衡类。各项结转结余应每年结算一次。

结转结余类预算结余包括一般公共预算结转结余、政府性基金预算结转结余、国有资本经营预算结转结余、财政专户管理资金结余和专用基金结余。一般公共预算结转结余是指本级政府财政一般公共预算收支的执行结果;政府性基金预算结转结余是指本级政府财政政府性基金预算收支的执行结果;国有资本经营预算结转结余是指本级政府财政国有资本经营预算收支的执行结果;财政专户管理资金结余是指本级政府财政纳入财政专户管理的教育收费等资金收支的执行结果;专用基金结余是指本级政府财政专用基金收支的执行结果。一级政府财政纳入政府预算的主要是四大预算:一般公共预算、政府性基金预算、国有资本经营预算和社会保险基金预算,由于社会保险基金预算有自己独立的会计制度(社会保险基金预算不但账户独立,而且会计也独立),有专门的社会保险基金预算会计进行建账核算。所以财政总会计只核算前面三大预算的收支和结转结余,三大预算的结转结余就成为财政总会计的预算结余的主要内容。一般公共预算、政府性基金预算和国有资本经营预算共用一个国库单一账户,在国库单一账户中分类核算的。而财政专户管理资金虽然没有纳入政府四大预算,但也有独立的银行账户进行管理,需要在总会计中进行独立核算,所以总会计也核算其收支和结余;另外就是专用基金,专用基金的来源有可能是从政府预算内的三大预算和财政专户管理资金中划拨的,也可能是从上级财政补助的,还有国务院规定的其他方式设置的,但毕竟也是独立的账户管理,也需要在总会计中核算其收支和结余。

调节周转类预算结余包括预算稳定调节基金和预算周转金。预算稳定调节基金是指本级政府财政为保持年度间预算的衔接和稳定,在一般公共预算中设置的储备性资金。预算周转金是指本级政府财政为调剂预算年度内季节性收支差额,保证及时用款而设置的周转资金。预算稳定调节基金与预算周转金的不同已经在第六章第二节介绍,这里不再重复。预算结余中的"预算稳定调节基金""预算周转金"科目与净资产中的"预算稳定调节基金""预算周转金"科目是对应的。

平衡类预算结余主要是财政总会计为了满足"有借必有贷,借贷必相等"的借贷记账法基本要求而设置的会计科目。只有一个会计科目属于平衡类预算结余,就是"资金结存"科目。

# 第一节　各项结转结余

结转结余是指各类资金收支执行的结果。财政各项结转结余包括一般公共预算结转结余、政府性基金预算结转结余、国有资本经营预算结转结余、专用基金结余和财政专户管理资金结余。各项结转结余必须分别核算,不得混淆。各项结转结余应每年结算一次。

## 一、一般公共预算结转结余

"一般公共预算结转结余"科目核算本级政府财政一般公共预算收支的执行结果。本科目期末贷方余额反映一般公共预算收支相抵后的滚存结转结余。

"一般公共预算结转结余"的主要账务处理有两个方面:

1. 年终转账时,将一般公共预算的有关收入科目贷方余额转入本科目的贷方;将一般公共预算的有关支出科目借方余额转入本科目的借方。

| 财　务　会　计 | 预　算　会　计 |
| --- | --- |
| 见第六章"本期盈余"的核算 | 借:一般公共预算收入<br>　　补助预算收入——一般公共预算补助收入<br>　　上解预算收入——一般公共预算上解收入<br>　　地区间援助预算收入<br>　　调入预算资金——一般公共预算调入资金<br>　　债务预算收入——国债收入<br>　　债务预算收入——一般债务收入<br>　　债务转贷预算收入——一般债务转贷收入<br>　　动用预算稳定调节基金<br>　贷:一般公共预算结转结余 |
| 见第六章"本期盈余"的核算 | 借:一般公共预算结转结余<br>　贷:一般公共预算支出<br>　　　补助预算支出——一般公共预算补助支出<br>　　　上解预算支出——一般公共预算上解支出<br>　　　地区间援助预算支出<br>　　　调出预算资金——一般公共预算调出资金<br>　　　安排预算稳定调节基金<br>　　　债务还本预算支出——国债还本支出<br>　　　债务还本预算支出——一般债务还本支出<br>　　　债务转贷预算支出——一般债务转贷支出 |

2. 设置和补充预算周转金时,借记本科目,贷记"预算周转金"科目。具体案例见例 6-4。

| 财 务 会 计 | 预 算 会 计 |
|---|---|
| 借:本期盈余——预算管理资金本期盈余<br>　　贷:预算周转金 | 借:一般公共预算结转结余<br>　　贷:预算周转金 |

## 二、政府性基金预算结转结余

### (一)"政府性基金预算结转结余"的核算内容及明细设置

"政府性基金预算结转结余"科目核算本级政府财政政府性基金预算收支的执行结果。本科目可根据管理需要,按照政府性基金的项目进行明细核算。本科目期末贷方余额反映政府性基金预算收支相抵后的滚存结转结余。

### (二)"政府性基金预算结转结余"的主要账务处理

年终转账时,将政府性基金预算的有关收入科目贷方余额转入本科目的贷方,按照政府性基金项目分别转入本科目的贷方;将政府性基金预算的有关支出科目借方余额转入本科目的借方。

| 财 务 会 计 | 预 算 会 计 |
|---|---|
| 见第六章"本期盈余"的核算 | 借:政府性基金预算收入<br>　　补助预算收入——政府性基金预算补助收入<br>　　上解预算收入——政府性基金预算上解收入<br>　　调入预算资金——政府性基金预算调入资金<br>　　债务预算收入——专项债务收入<br>　　债务转贷预算收入——专项债务转贷收入<br>　　贷:政府性基金预算结转结余 |
| 见第六章"本期盈余"的核算 | 借:政府性基金预算结转结余<br>　　贷:政府性基金预算支出<br>　　　　补助预算支出——政府性基金预算补助支出<br>　　　　上解预算支出——政府性基金预算上解支出<br>　　　　调出预算资金——政府性基金预算调出资金<br>　　　　债务还本预算支出——专项债务还本支出<br>　　　　债务转贷预算支出——专项债务转贷支出 |

## 三、国有资本经营预算结转结余

"国有资本经营预算结转结余"科目核算本级政府财政国有资本经营预算收支的执行结果。本科目年终贷方余额反映国有资本经营预算收支相抵后的滚存结转结余。

国有资本经营预算结转结余的主要账务处理如下:

年终转账时,将国有资本经营预算的有关收入科目贷方余额转入本科目贷方;将国有资本经营预算的有关支出科目借方余额转入本科目借方。

| 财 务 会 计 | 预 算 会 计 |
|---|---|
| 见第六章"本期盈余"的核算 | 借：国有资本经营预算收入<br>　　补助预算收入——国有资本经营预算补助收入<br>　　上解预算收入——国有资本经营预算上解收入<br>　贷：国有资本经营预算结转结余 |
| 见第六章"本期盈余"的核算 | 借：国有资本经营预算结转结余<br>　贷：国有资本经营预算支出<br>　　补助预算支出——国有资本经营预算补助支出<br>　　上解预算支出——国有资本经营预算上解支出<br>　　调出预算资金——国有资本经营预算调出资金 |

## 四、财政专户管理资金结余

"财政专户管理资金结余"科目核算本级政府财政纳入财政专户管理的教育收费等资金收支的执行结果。本科目期末贷方余额反映政府财政纳入财政专户管理的资金收支相抵后的滚存结余。

年终转账时，将财政专户管理资金的有关收入科目贷方余额转入本科目贷方，借记"财政专户管理资金收入"等科目，贷记本科目；将财政专户管理资金的有关支出科目借方余额转入本科目借方，借记本科目，贷记"财政专户管理资金支出"等科目。

| 财 务 会 计 | 预 算 会 计 |
|---|---|
| 借：财政专户管理资金收入<br>　贷：本期盈余——财政专户管理资金本期盈余 | 借：财政专户管理资金收入<br>　贷：财政专户管理资金结余 |
| 借：本期盈余——财政专户管理资金本期盈余<br>　贷：财政专户管理资金支出 | 借：财政专户管理资金结余<br>　贷：财政专户管理资金支出 |

## 五、专用基金结余

"专用基金结余"科目本级政府财政专用基金收支的执行结果。本科目应当根据专用基金的种类进行明细核算。本科目年终贷方余额反映政府财政管理的专用基金收支相抵后的滚存结余。

年终转账时，将专用基金的有关收入科目贷方余额转入本科目贷方，借记"专用基金收入"等科目，贷记本科目；将专用基金的有关支出科目借方余额转入本科目借方，借记本科目，贷记"专用基金支出"等科目。

| 财 务 会 计 | 预 算 会 计 |
|---|---|
| 借：专用基金收入<br>　贷：本期盈余——专用基金本期盈余 | 借：专用基金收入<br>　贷：专用基金结余 |

续表

| 财 务 会 计 | 预 算 会 计 |
|---|---|
| 借：本期盈余——专用基金本期盈余<br>　　贷：专用基金支出 | 借：专用基金结余<br>　　贷：专用基金支出 |

# 第二节　预算稳定调节基金和预算周转金

## 一、预算稳定调节基金

预算稳定调节基金是本级政府财政为保持年度间预算的衔接和稳定，在一般公共预算中设置的储备性资金。它是各级财政为平衡各预算年度之间预算收支的差异，保证各年度预算资金的收支平衡和预算稳定而设置的调节基金。在数额上，预算稳定调节基金等于由"安排预算稳定调节基金"等形成的预算稳定调节基金减去"动用预算稳定调节基金"后的累计差额。其中，安排预算稳定调节基金是指从财政超收收入中安排或从一般公共预算结余补充的预算稳定调节基金；动用预算稳定调节基金是指为弥补财政短收年份预算执行收支缺口或维持预算稳定而调用的预算稳定调节基金。

"预算稳定调节基金"科目核算本级政府财政为保持年度间预算的衔接和稳定，在一般公共预算中设置的储备性资金。本科目期末贷方余额反映预算稳定调节基金的累计规模。

"预算稳定调节基金"的主要账务处理如下：

1. 使用超收收入或一般公共预算结余设置或补充预算稳定调节基金时，借记"安排预算稳定调节基金"科目，贷记本科目。具体案例见例9-31。

2. 将预算周转金调入预算稳定调节基金时，借记"预算周转金"科目，贷记本科目。具体案例见例6-5。

| 财 务 会 计 | 预 算 会 计 |
|---|---|
| 借：预算周转金<br>　　贷：预算稳定调节基金 | 借：预算周转金<br>　　贷：预算稳定调节基金 |

3. 动用预算稳定调节基金时，借记本科目，贷记"动用预算稳定调节基金"科目。具体案例见例6-3。

| 财 务 会 计 | 预 算 会 计 |
|---|---|
| 借：预算稳定调节基金<br>　　贷：本期盈余——预算管理资金本期盈余 | 借：预算稳定调节基金<br>　　贷：动用预算稳定调节基金 |

## 二、预算周转金

预算周转金是指本级政府财政为调剂预算年度内季节性收支差额,保证及时用款而设置的周转资金。预算收支在全年平衡的情况下,月份和季度之间也是不平衡的,不是收大于支,就是支大于收。这是因为:一是收入和支出的季节性是不同的,往往年初收入较少而支出较大;二是收入是逐日收取的,支出则不是逐日均衡发生的;三是征收、报解、转拨的途中,各级国库之间、国库与单位开户行之间的运行也需要一定时日。为了平衡季节性收支,必须设置相应的预算周转金。预算周转金一般从本级一般公共预算结转结余中设置和补充。预算周转金规模按规定减少时,可以将预算周转金调入预算稳定调节基金。

预算周转金是临时周转用,性质类似备用金,所以用预算周转金支付支出时,不必减少预算周转金规模,但可以作为相关支出发生和国库存款的减少。

"预算周转金"科目核算政府财政设置的用于调剂预算年度内季节性收支差额周转使用的资金。本科目期末贷方余额反映预算周转金的累计规模。预算周转金应根据《中华人民共和国预算法》的要求设置。

"预算周转金"的主要账务处理如下:

1. 设置和补充预算周转金时,借记"一般公共预算结转结余"科目,贷记本科目。
2. 将预算周转金调入预算稳定调节基金时,借记本科目,贷记"预算稳定调节基金"科目。

【例10-1】 A市财政局按规定补充用于平衡季节性预算收支差额周转使用的预算周转金1 000 000元。该市财政总会计的账务处理如下:

| 财 务 会 计 | 预 算 会 计 |
|---|---|
| 借:本期盈余——预算管理资金本期盈余 1 000 000<br>　贷:预算周转金　　　　　　　　　　1 000 000 | 借:一般公共预算结转结余　　　1 000 000<br>　贷:预算周转金　　　　　　　　1 000 000 |

【例10-2】 年度终了,B市财政按规定减少预算周转金现有规模,将预算周转金100 000元调入预算稳定调节基金。该市财政总会计的账务处理如下:

| 财 务 会 计 | 预 算 会 计 |
|---|---|
| 借:预算周转金　　　　　　　　1 000 000<br>　贷:预算稳定调节基金　　　　　1 000 000 | 借:预算周转金　　　　　　　　1 000 000<br>　贷:预算稳定调节基金　　　　　1 000 000 |

【例10-3】 2024年6月,B市财政按规定用预算周转金周转,支付一般公共预算中的基本建设费800 000元,该市财政总会计的账务处理如下:

| 财 务 会 计 | 预 算 会 计 |
|---|---|
| 借:基本建设拨款费用　　　　　　800 000<br>　贷:国库存款　　　　　　　　　　800 000 | 借:一般公共预算支出　　　　　　800 000<br>　贷:资金结存——库款资金结存　　800 000 |

## 第三节 资金结存

"资金结存"科目核算政府财政纳入预算管理的资金流入、流出、调整和滚存的情况。本科目应设置"库款资金结存""专户资金结存""在途资金结存""集中支付结余结存""上下级调拨结存""待发国债结存""零余额账户结存""已结报支出""待处理结存"明细科目。

### 一、"库款资金结存"的核算

"库款资金结存"科目核算政府财政以国库存款形态存在的资金。本科目期末应为借方余额。与"国库存款"科目对应。

1. 收到预算收入时,根据当日预算收入日报表所列预算收入数,借记本科目,贷记有关预算收入科目。已入库款项发生退库(付)的,资金划出时,借记有关预算收入科目,贷记本科目。具体案例见例8-1。

2. 发生预算支出时,按照实际支付的金额,借记有关预算支出科目,贷记本科目。预算支出发生退回的,资金划出时,借记本科目,贷记有关预算支出科目。具体案例见例9-1、例9-2、例9-4。

### 二、"专户资金结存"的核算

"专户资金结存"科目核算政府财政以财政专户存款形态存在的资金。本科目期末应为借方余额。与"其他财政存款"科目对应。

1. 收到预算收入时,按照有关收入凭证,借记本科目,贷记有关预算收入科目。已收到款项发生退付的,资金划出时,借记有关预算收入科目,贷记本科目。具体案例见例8-7、例8-9。

2. 发生预算支出时,按照实际支付的金额,借记有关预算支出科目,贷记本科目。预算支出发生退回的,资金划出时,借记本科目,贷记有关预算支出科目。具体案例见例9-6。

### 三、"在途资金结存"的核算

"在途资金结存"科目核算报告清理期和库款报解整理期内发生的需要通过本科目过渡处理的属于上年度收入、支出等业务的款项。本科目期末余额反映政府财政持有的在途款金额。与"在途款"科目对应。

1. 报告清理期和库款报解整理期内收到属于上年度收入时,在上年度账务中,借记本科目,贷记有关收入科目,具体案例见例4-5;收回属于上年度支出时,在上年度账务中,借记本科目,贷记有关支出科目。

| 财 务 会 计 | 预 算 会 计 |
|---|---|
| 借:在途款<br>　　贷:以前年度盈余调整 | 借:资金结存——在途资金结存<br>　　贷:一般公共预算支出等 |

2. 冲转在途款时，在本年度账务中，借记"资金结存——库款资金结存"科目，贷记本科目。具体案例见例4-5。

### 四、"集中支付结余结存"的核算

"集中支付结余结存"科目核算省级以上（含省级）政府财政国库集中支付中，应列为当年支出，但年末尚未支付需结转下一年度支付的款项。本科目期末应为贷方余额，反映政府财政尚未支付的国库集中支付结余。与"应付国库集中支付结余"科目对应。

1. 年末，对当年发生的应付国库集中支付结余，借记有关支出科目，贷记本科目。

2. 实际支付应付国库集中支付结余资金时，借记本科目，贷记"资金结存——库款资金结存"科目。

3. 收回尚未支付的应付国库集中支付结余时，借记本科目，贷记有关支出科目。

具体账务处理参见第五章第一节第三部分。

### 五、"上下级调拨结存"的核算

"上下级调拨结存"科目核算上下级政府财政之间资金调拨和资金结算等事项。本科目期末余额反映政府财政上下级往来款项的净额，与"补助预算收入——上级调拨"和"补助预算支出——调拨下级"科目有关。

1. 年终转账时，将"补助预算收入——上级调拨"科目贷方余额转入资金结存，借记"补助预算收入——上级调拨"科目，贷记本科目。

| 财 务 会 计 | 预 算 会 计 |
|---|---|
| — | 借：补助预算收入——上级调拨<br>　贷：资金结存——上下级调拨结存 |

2. 年终转账时，将"补助预算支出——调拨下级"科目借方余额转入资金结存，借记本科目，贷记"补助预算支出——调拨下级"科目。

| 财 务 会 计 | 预 算 会 计 |
|---|---|
| — | 借：资金结存——上下级调拨结存<br>　贷：补助预算支出——调拨下级 |

### 六、"待发国债结存"的核算

"待发国债结存"科目核算为弥补中央财政预算收支差额，中央财政预计发行国债与实际发行国债之间的差额。本科目期末应为借方余额，反映中央财政尚未使用的国债发行额度。

年度终了，实际发行国债收入用于债务还本支出后，小于为弥补中央财政预算收支差额中央财政预计发行国债时，按照其差额，借记本科目，贷记"债务预算收入"科目；实际发行国债收入用于债务还本支出后，大于为弥补中央财政预算收支差额中央财政预计发行国债时，按照其差额,借记"债务预算收入"科目,贷记本科目。

## 七、"零余额账户结存"和"已结报支出"的核算

"零余额账户结存"和"已结报支出"都适用于单设财政国库支付执行机构的地区,这两个明细都是用来核算财政国库支付执行机构的业务活动。

"零余额账户结存"科目核算政府财政国库支付执行机构在代理银行开设的财政零余额账户发生的支付和清算业务。财政国库支付执行机构未单设的地区不使用本科目。本科目年末应无余额。

"已结报支出"科目核算政府财政国库支付执行机构已清算的国库集中支付支出数额。财政国库支付执行机构未单设的地区不使用本科目。本科目年末应无余额。

主要账务处理如下:

1. 财政国库支付执行机构通过财政零余额账户支付款项时,借记有关预算支出科目,贷记"资金结存——零余额账户结存"科目;根据每日清算的金额,借记"资金结存——零余额账户结存"科目,贷记"资金结存——已结报支出"科目。

2. 财政国库集中支付执行机构按照国库集中支付制度有关规定办理资金支付时,借记相关预算支出科目,贷记"资金结存——已结报支出"科目。

3. 年终财政国库集中支付执行机构按照累计结清的预算支出金额,与有关方面核对一致后转账,借记"资金结存——已结报支出"科目,贷记有关预算支出科目。

## 八、"待处理结存"的核算

"待处理结存"科目核算结转下年度的待处理收入和待处理支出等。本科目期末余额反映尚未清理的以前年度待处理收支的金额。与"待处理收入"和"待处理支出"科目有关。

1. 年终转账时,将"待处理收入"科目贷方余额转入资金结存,借记"待处理收入"科目,贷记本科目。财务会计不做处理。

2. 年终转账时,将"待处理支出"科目借方余额转入资金结存,借记本科目,贷记"待处理支出"科目。财务会计不做处理。

3. 将以前年度结转的待处理收入转列预算收入或退回时,借记本科目,贷记有关预算收入科目、"资金结存——库款资金结存"科目。

| 财 务 会 计 | 预 算 会 计 |
| --- | --- |
| 转列预算收入:<br>借:其他应付款<br>    贷:收入类科目 | 转列预算收入:<br>借:资金结存——待处理结存<br>    贷:一般公共预算收入等 |
| 退回:<br>借:其他应付款<br>    贷:国库存款/其他财政存款 | 退回:<br>借:资金结存——待处理结存<br>    贷:资金结存——库款资金结存/专户资金结存 |

4. 将以前年度结转的待处理支出转列预算支出或收回时,借记有关预算支出科目、"资金结存——库款资金结存"等科目,贷记本科目。

| 财 务 会 计 | 预 算 会 计 |
|---|---|
| 转列预算支出：<br>借：费用类科目<br>　　贷：预拨经费 | 转列预算支出：<br>借：一般公共预算支出等<br>　　贷：资金结存——待处理结存 |
| 退回：<br>借：国库存款/其他财政存款<br>　　贷：预拨经费 | 退回：<br>借：资金结存——库款资金结存/专户资金结存<br>　　贷：资金结存——待处理结存 |

# 复习思考题

1. 财政总会计核算哪些结转结余类科目？它们各自核算的内容是什么？
2. 什么是预算稳定调节基金？什么是预算周转金？两者有什么不同？
3. "资金结存"设置了哪些明细，分别核算什么内容？分别与哪些会计科目有关？
4. "资金结存"明细科目中哪些科目是用来核算财政国库支付执行机构的业务活动？具体账务是如何核算的？
5. 财政总预算会计预算结余可以分为哪三类？

# 练习题

1. 某市财政局全年发生的收入支出如下，请做预算会计的年终转账会计分录：

(1) 各项收入：一般公共预算收入2.5亿元，补助预算收入1 200万元（其中，一般公共预算补助收入1 000万元、政府性基金预算补助收入200万元），上解预算收入200万元（其中，一般公共预算上解收入180万元、政府性基金预算上解收入20万元），从国有资本经营预算调入一般公共预算资金100万元，从政府性基金预算调入一般公共预算资金200万元，债务转贷预算收入2 000万元（其中，一般债务转贷收入1 000万元、专项债务转贷收入1 000万元），动用预算稳定调节基金50万元，政府性基金预算收入2 000万元，国有资本经营预算收入500万元，财政专户管理资金收入700万元，专用基金收入200万元。

(2) 各项支出：一般公共预算本级2亿元，上解预算支出1 000万元（其中，一般公共预算上解支出800万元、政府性基金预算上解支出200万元），补助预算支出850万元（其中，一般公共预算补助支出810万元、政府性基金预算补助支出40万元），从国有资本经营预算调入一般公共预算资金100万元，从政府性基金预算调入一般公共预算资金200万元，安排预算稳定调节基金100万元，债务转贷预算支出150万元（其中，一般债务转贷支出50万元、专项债务转贷支出100万元），政府性基金预算支出1 200万元，国有资本经营预算支出100万元，财政专户管理资金支出600万元，专用基金支出100万元

2. 某市财政局按规定补充用于平衡季节性预算收支差额周转使用的预算周转金1 500 000元。某市财政总会计的账务该如何处理？

3. 2024年8月，某市财政按规定用预算周转金周转，支付一般公共预算支出230 000元。该市财政总会计的账务该如何处理？

# 第十一章

# 财政总会计的会计报表

## 第一节 财政总会计报表编制前的准备工作

财政总会计的会计报表编制之前,应该做一些准备工作。月报表编制前,总会计应当先按月进行会计结账。年报表编制前,应该先进行年终清理结算、年终结账。

### 一、年终清理结算

**(一)年终清理结算的主要事项**

政府财政部门应当及时进行年终清理结算,并在预算会计和财务会计账中准确反映清理结算结果。年终清理结算的主要事项如下:

1. 核对年度预算。年终前,总会计应配合预算管理部门将本级政府财政全年预算指标与上、下级政府财政转移性收支预算和本级各部门预算进行核对,及时办理预算调整和转移支付事项。本年预算调整和下达对下级政府财政转移支付预算指标一般截止到 11 月 30 日;各项预算拨款,一般截至 12 月 25 日。

2. 清理本年收入。总会计应认真清理本年收入,与非税收入征收部门核对年末应收非税收入情况,并组织收入征收部门和国家金库进行年度对账,督促收入征收部门和国家金库年终前及时将本年税收收入和非税收入缴入国库或指定财政专户,确保准确核算本年收入。

3. 清理本年支出和费用。应在本年支领列报的款项,非特殊原因,应在年终前办理完毕。总会计对本级各单位的支出和费用应与单位的相应收入核对无误。属于应收回的拨款,应及时收回,并按收回数相应冲减支出和费用。

4. 核实股权、债权和债务。财政部门内部相关资产、债务管理部门应在有关业务发生时及时向总会计提供与股权、债权、债务等核算和反映相关的资料,确保财务会计资产负债信息确认的及时性。各级财政债务管理部门需定期提供上下级财政核对确认的本地区债权债务利息有关资料。财政部门内部涉及股权投资的相关管理部门应提供股权投资对应的股权证明材料及变动情况资料。

年末,总会计对股权投资、借出款项、应收股利、应收地方政府债券转贷款、应收主权外债转贷款、借入款项、应付短期政府债券、应付长期政府债券、应付地方政府债券转贷款、应付主权外债转贷款、应付利息、其他负债等余额应与相关管理部门进行核对,记录不一致的要及时查明原因,按规定调整账务,相关管理部门要及时提供有关资料,确保账实相符,账账相符。

5. 清理往来款项。政府财政要认真清理其他应收款、其他应付款等各种往来款项,在年度终了前予以收回或归还。应转作收入或支出、费用的各项款项,预算会计与财务会计要及时处理。

(二) 计入上年度的主要会计事项

总会计对年终报告清理期内发生的会计事项,应当划清会计年度,及时进行结账。属于清理上年度的会计事项,记入上年度会计账;属于新年度的会计事项,记入新年度会计账,防止错记漏记。通常记入上年度的会计事项主要有:

1. 依据年终财政结算进行核算。财政预算管理部门要在年终清理的基础上,于次年元月底前结清上下级政府财政的转移性收支和往来款项。总会计要按照财政管理体制的规定和专项需要,根据预算结算单,与年度预算执行过程中已补助和已上解数额进行比较,结合往来款和借垫款情况,计算出全年最后应补或应退数额,填制"年终财政决算结算单",经核对无误后,作为年终财政结算凭证,预算会计和财务会计据以入账。

2. 依据企业决算数据进行核算。财政部门内部涉及股权投资的相关管理部门应及时取得纳入总会计核算范围的被投资主体经审计后的决算报表,并据此向总会计提供股权投资核算所需资料,财务会计对股权投资变动情况进行核算。

3. 依据人大审议意见进行核算。本级人民代表大会常务委员会(或人民代表大会)审查意见中,提出的需更正原报告有关事项,总会计应根据审查意见相应调整有关账目。

## 二、年终结账

经过年终清理和结算后,财政总会计可办理年终结账。年终结账工作一般分为年终转账、结清旧账和记入新账三个步骤,依次做账。总会计应对预算会计和财务会计分别办理年终结账。

1. 年终转账。计算出预算会计和财务会计各科目12月份合计数和全年累计数,结出年末余额。预算会计将预算收入和预算支出分别转入"一般公共预算结转结余""政府性基金预算结转结余""国有资本经营预算结转结余""专用基金结余""财政专户管理资金结余"等科目冲销。财务会计将收入和费用分别转入相应的本期盈余科目冲销,再将本期盈余科目转入相应的累计盈余科目冲销。

2. 结清旧账。将各个收入、支出和费用科目的借方、贷方结出全年总计数。对年终有余额的科目,在"摘要"栏内注明"结转下年"字样,表示转入新账。

3. 记入新账。根据年终转账后的总账和明细账余额,编制年终"资产负债表"和有关明细表(不需填记记账凭证),预算会计和财务会计将表列各科目余额分别记入新年度有关总账和明细账年初余额栏内,并在"摘要"栏注明"上年结转"字样,以区别新年度发生数。

# 第二节 财政总会计会计报表的编制

财政总会计报表是反映政府财政预算执行结果、财务状况和运行情况的书面文件,是各级政府和上级财政部门了解情况、掌握政策、指导预算执行工作的重要资料,也是编制下年度预算的基础。总会计的会计报表包括财务会计报表和预算会计报表,财务会计报表是按照财务会计核算生成的数据进行编制的,预算会计报表是按照预算会计核算生成的数据进行编制的。

## 一、财务会计报表

财政总会计的财务会计报表是对政府财政财务状况、运行情况和现金流量等信息的结构性表述,包括会计报表和报表附注两部分。会计报表又包括资产负债表、收入费用表、现金流量表、本年预算结余与本期盈余调节表等。

总会计应当按照下列规定编制财务会计报表:

1. 收入费用表应当按月度和年度编制,资产负债表、现金流量表、本年预算结余与本期盈余调节表和附注应当至少按年度编制。

2. 总会计应当根据本制度编制并提供真实、完整的会计报表,切实做到账表一致,不得估列代编,弄虚作假。

3. 总会计要严格按照统一规定的种类、格式、内容、计算方法和编制口径填制会计报表,以保证全国统一汇总和分析。汇总报表的单位,要把所属单位的报表汇集齐全,防止漏报。

### (一)资产负债表

财政总会计的资产负债表是反映政府财政在某一特定日期财务状况的报表。资产负债表应当按照资产、负债和净资产分类、分项列示。各级政府财政编制的资产负债表的格式如表 11-1 所示。

表 11-1　　　　　　　　　　　　　　资产负债表　　　　　　　　　　总会财 01 表
编制单位:　　　　　　　　　　　　　＿＿年＿＿月＿＿日　　　　　　　　　单位:元

| 资　产 | 年初余额 | 期末余额 | 负债和净资产 | 年初余额 | 期末余额 |
| --- | --- | --- | --- | --- | --- |
| **流动资产:** | | | **流动负债:** | | |
| 国库存款 | | | 应付短期政府债券 | | |
| 其他财政存款 | | | 应付国库集中支付结余 | | |
| 国库现金管理资产 | | | 与上级往来 | | |
| 有价证券 | | | 其他应付款 | | |
| 应收非税收入 | | | 应付代管资金 | | |
| 应收股利 | | | 应付利息 | | |
| 借出款项 | | | 一年内到期的非流动负债 | | |
| 与下级往来 | | | **流动负债合计** | | |
| 预拨经费 | | | **非流动负债:** | | |
| 在途款 | | | 应付长期政府债券 | | |
| 其他应收款 | | | 借入款项 | | |

续表

| 资　　产 | 年初余额 | 期末余额 | 负债和净资产 | 年初余额 | 期末余额 |
|---|---|---|---|---|---|
| 应收利息 | | | 应付地方政府债券转贷款 | | |
| 一年内到期的非流动资产 | | | 应付主权外债转贷款 | | |
| **流动资产合计** | | | 其他负债 | | |
| **非流动资产：** | | | **非流动负债合计** | | |
| 应收地方政府债券转贷款 | | | **负债合计** | | |
| 应收主权外债转贷款 | | | **净资产：** | | |
| 股权投资 | | | 累计盈余 | | |
| **非流动资产合计** | | | 预算稳定调节基金 | | |
| | | | 预算周转金 | | |
| | | | 权益法调整 | | |
| | | | **净资产合计** | | |
| **资产总计** | | | **负债和净资产总计** | | |

资产负债表按照"资产＝负债＋净资产"的平衡公式设置。左方为资产，右方为负债和净资产，两方总计数相等。该表"年初余额"栏内各项数字，应当根据上年末资产负债表"期末余额"栏内数字填列。如果本年度资产负债表规定的各个项目的名称和内容同上年度不一致，应对上年年末资产负债表各项目的名称和数字按照本年度的规定进行调整，填入本表"年初余额"栏内。

资产负债表"期末余额"栏各项目的内容和填列方法：

1. 资产类项目

"国库存款""其他财政存款""国库现金管理存款""有价证券""应收非税收入""应收股利""借出款项""预拨经费""在途款""其他应收款""股权投资"都是根据各自科目的期末余额填列。

"与下级往来"项目，应当根据"与下级往来"科目的期末余额填列，期末余额如为借方则以正数填列，如为贷方则以负数填列。"应收利息"项目应当根据"应收地方政府债券转贷款"科目和"应收主权外债转贷款"科目下"应收利息"明细科目的期末余额合计数填列。"应收地方政府债券转贷款"和"应收主权外债转贷款"都是根据各自科目的"应收本金"明细科目的期末余额及债务管理部门提供的资料分析填列。

"一年内到期的非流动资产"项目，反映政府财政期末非流动资产项目中距离偿还本金日期1年以内（含1年）的转贷款本金。本项目应当根据"应收地方政府债券转贷款""应收主权外债转贷款"科目下的"应收本金"明细科目期末余额及债务管理部门提供的资料分析填列。

2. 负债类项目

"应付短期政府债券""应付国库集中支付结余""其他应付款""应付代管资金""其他负债"

都是根据各自科目的期末余额填列。

"与上级往来"应当根据"与上级往来"科目的期末余额填列,期末余额如为贷方则以正数填列,如为借方则以负数填列。

"应付利息"项目,省级以上(含省级)政府财政应当根据"应付利息"科目期末余额填列;市县政府财政应当根据"应付地方政府债券转贷款""应付主权外债转贷款"科目下的"应付利息"明细科目期末余额填列。

"一年内到期的非流动负债"项目,反映政府财政期末承担的距离偿还本金日期1年以内(含1年)的非流动负债。省级以上(含省级)政府财政应当根据"应付长期政府债券""借入款项"科目余额,市县政府财政应当根据"应付地方政府债券转贷款""应付主权外债转贷款"科目下的"应付本金"明细科目期末余额及债务管理部门提供的资料分析填列。

"应付长期政府债券""借入款项"根据各自科目的期末余额及债务管理部门提供的资料分析填列。"应付地方政府债券转贷款""应付主权外债转贷款"根据各自科目下的"应付本金"明细科目期末余额及债务管理部门提供的资料分析填列。

3. 净资产类项目

"累计盈余"项目应当根据"预算管理资金累计盈余""财政专户管理资金累计盈余""专用基金累计盈余"科目的期末余额填列。

"预算稳定调节基金""预算周转金""权益法调整"根据各自科目的期末余额填列。

## (二) 收入费用表

财政总会计的收入费用表反映政府财政在一定会计期间运行情况的报表。收入费用表应当按照收入、费用和本期盈余分类、分项列示。各级政府财政编制的收入费用表的格式如表11-2所示。

表 11-2　　　　　　　　　　　　　收入费用表　　　　　　　　　　总会财02表
编制单位:　　　　　　　　　　　　　年　月　　　　　　　　　　　　单位:元

| 项　目 | 预算管理资金 || 财政专户管理资金 || 专用基金 ||
| --- | --- | --- | --- | --- | --- | --- |
|  | 本月数 | 本年累计数 | 本月数 | 本年累计数 | 本月数 | 本年累计数 |
| 收入合计 |  |  |  |  |  |  |
| 税收收入 |  |  | — | — | — | — |
| 非税收入 |  |  | — | — | — | — |
| 投资收益 |  |  |  |  |  |  |
| 补助收入 |  |  | — | — | — | — |
| 上解收入 |  |  | — | — | — | — |
| 地区间援助收入 |  |  | — | — | — | — |
| 其他收入 |  |  |  |  |  |  |
| 财政专户管理资金收入 | — | — |  |  | — | — |

续表

| 项　　目 | 预算管理资金 本月数 | 预算管理资金 本年累计数 | 财政专户管理资金 本月数 | 财政专户管理资金 本年累计数 | 专用基金 本月数 | 专用基金 本年累计数 |
|---|---|---|---|---|---|---|
| 专用基金收入 | — | — | — | — | | |
| **费用合计** | | | | | | |
| 政府机关商品和服务拨款费用 | | | — | — | — | — |
| 政府机关工资福利拨款费用 | | | — | — | — | — |
| 对事业单位补助拨款费用 | | | — | — | — | — |
| 对企业补助拨款费用 | | | — | — | — | — |
| 对个人和家庭补助拨款费用 | | | — | — | — | — |
| 对社会保障基金补助拨款费用 | | | — | — | — | — |
| 资本性拨款费用 | | | — | — | — | — |
| 其他拨款费用 | | | — | — | — | — |
| 财务费用 | | | | | | |
| 补助费用 | | | | | | |
| 上解费用 | | | | | | |
| 地区间援助费用 | | | | | | |
| 其他费用 | | | | | | |
| 财政专户管理资金支出 | — | — | | | — | — |
| 专用基金支出 | — | — | | | | |
| **本期盈余**(本年收入与费用的差额) | | | | | | |

注：表中有"—"的部分不必填列。

收入费用表按照"收入－费用＝本期盈余"公式设置。分预算管理资金、财政专户管理资金和专用基金三类，分别列示各自的本月数和本年累计数。"本月数"栏反映各项目的本月实际发生数。在编制年度收入费用表时，应将本栏改为"上年数"栏，反映上年度各项目的实际发生数；如果本年度收入费用表规定的各个项目的名称和内容同上年度不一致，应对上年度收入费用表各项目的名称和数字按照本年度的规定进行调整，填入本年度收入费用表的"上年数"栏。本表"本年累计数"栏反映各项目自年初起至报告期末止的累计实际发生数。编制年度收入费用表时，应当将本栏改为"本年数"。

收入费用表"本月数"栏各项目的内容和填列方法是：

1. 收入类项目

各收入类项目根据各自科目的本期发生数填列。

"收入合计"项目，反映政府财政本期取得的各项收入合计金额。其中，预算管理资金的"收入合计"应当根据属于预算管理资金的"税收收入""非税收入""投资收益""补助收入""上解收入""地区间援助收入""其他收入"项目金额的合计填列；财政专户管理资金的"收入合计"应当根据"财政专户管理资金收入"项目的金额填列；专用基金的"收入合计"应当根据"专用基金收入"项目的金额填列。

2. 费用类项目

各费用类项目根据各自科目的本期发生数填列。

"费用合计"项目，反映政府财政本期发生的各类费用合计金额。其中，预算管理资金的"费用合计"应当根据属于预算管理资金的"政府机关商品和服务拨款费用""政府机关工资福利拨款费用""对事业单位补助拨款费用""对企业补助拨款费用""对个人和家庭补助拨款费用""对社会保障基金补助拨款费用""资本性拨款费用""其他拨款费用""财务费用""补助费用""上解费用""地区间援助费用""其他费用"项目金额的合计填列；财政专户管理资金的"费用合计"应当根据"财政专户管理资金支出"项目的金额填列；专用基金的"费用合计"应当根据"专用基金支出"项目的金额填列。

3. 本期盈余项目

"本期盈余"项目，反映政府财政本年末收入减去费用的金额。本项目根据本表"收入合计"减去"费用合计"的差额填列。

### （三）现金流量表

现金流量表是反映政府财政在一定会计期间现金流入和流出情况的报表。本表中现金，是指政府财政的国库存款、其他财政存款及国库现金管理资产中的商业银行定期存款。本表中现金流量，是指现金的流入和流出。本表应当按照日常活动、投资活动、筹资活动的现金流量分别反映。各级政府财政编制的现金流量表的格式如表 11-3 所示。

表 11-3　　　　　　　　　　　　　现金流量表　　　　　　　　　　　　　总会财 03 表
编制单位：　　　　　　　　　　　　　　年　　月　　　　　　　　　　　　　单位：元

| 项　　目 | 本年金额 | 上年金额 |
| --- | --- | --- |
| 一、日常活动产生的现金流量 | | |
| 　　组织税收收入收到的现金 | | |
| 　　组织非税收入收到的现金 | | |
| 　　组织财政专户管理资金收入收到的现金 | | |
| 　　组织专用基金收入收到的现金 | | |
| 　　上下级政府财政资金往来收到的现金 | | |
| 　　收回暂付性款项相关的现金 | | |

续表

| 项　　目 | 本年金额 | 上年金额 |
|---|---|---|
| 　　其他日常活动所收到的现金 | | |
| 　　**现金流入小计** | | |
| 　　政府机关商品和服务拨款所支付的现金 | | |
| 　　政府机关工资福利拨款所支付的现金 | | |
| 　　对事业单位补助拨款所支付的现金 | | |
| 　　对企业补助拨款所支付的现金 | | |
| 　　对个人和家庭补助拨款所支付的现金 | | |
| 　　对社会保障基金补助拨款所支付的现金 | | |
| 　　财政专户管理资金支出所支付的现金 | | |
| 　　专用基金支出所支付的现金 | | |
| 　　上下级政府财政资金往来所支付的现金 | | |
| 　　资本性拨款所支付的现金 | | |
| 　　暂付性款项所支付的现金 | | |
| 　　其他日常活动所支付的现金 | | |
| 　　**现金流出小计** | | |
| **日常活动产生的现金流量净额** | | |
| **二、投资活动产生的现金流量** | | |
| 　　收回股权投资所收到的现金 | | |
| 　　取得股权投资收益收到的现金 | | |
| 　　收到其他与投资活动有关的现金 | | |
| 　　**现金流入小计** | | |
| 　　取得股权投资所支付的现金 | | |
| 　　支付其他与投资活动有关的现金 | | |
| 　　**现金流出小计** | | |
| **投资活动产生的现金流量净额** | | |

续表

| 项　　目 | 本年金额 | 上年金额 |
| --- | --- | --- |
| 三、筹资活动产生的现金流量 | | |
| 　　发行政府债券收到的现金 | | |
| 　　借入款项收到的现金 | | |
| 　　取得政府债券转贷款收到的现金 | | |
| 　　取得主权外债转贷款收到的现金 | | |
| 　　收回转贷款本金收到的现金 | | |
| 　　收到下级上缴转贷款利息相关的现金 | | |
| 　　其他筹资活动收到的现金 | | |
| 　　现金流入小计 | | |
| 　　转贷地方政府债券所支付的现金 | | |
| 　　转贷主权外债所支付的现金 | | |
| 　　支付债务本金相关的现金 | | |
| 　　支付债务利息相关的现金 | | |
| 　　其他筹资活动支付的现金 | | |
| 　　现金流出小计 | | |
| 　　筹资活动产生的现金流量净额 | | |
| 四、汇率变动对现金的影响额 | | |
| 五、现金净增加额 | | |

本表按照"日常活动产生的现金流量净额＋投资活动产生的现金流量净额＋筹资活动产生的现金流量净额＋汇率变动对现金的影响额＝现金净增加额"的公式设置，本表"本年金额"栏反映各项目的本年实际发生数。本表"上年金额"栏反映各项目的上年实际发生数，应当根据上年现金流量表中"本年金额"栏内所列数字填列。现金流量表"本年金额"栏各项目按照相应科目发生额分析填列。

**（四）本年预算结余与本期盈余调节表**

本年预算结余与本期盈余调节表是反映政府财政在某一会计年度内预算结余与本期盈余差异调整情况的报表。本表应当按照日常活动、投资活动、筹资活动产生的差异等分别反映。各级政府财政编制的本年预算结余与本期盈余调节表的格式如表11－4所示。

| 表 11-4 | 本年预算结余与本期盈余调节表 | 总会财 04 表 |
| 编制单位： | 年 | 单位：元 |

| 项　　目 | 金　　额 |
|---|---|
| **本年预算结余(本年预算收入与支出差额)** | |
| **日常活动产生的差异** | |
| 　　加：1. 当期确认为收入但没有确认为预算收入 | |
| 　　　　当期应收未缴库非税收入 | |
| 　　减：2. 当期确认为预算收入但没有确认为收入 | |
| 　　　　当期收到上期应收未缴库非税收入 | |
| 　　　　3. 当期确认为预算支出收回但没有确认为费用收回 | |
| 　　　　(1) 当期收到退回以前年度已列支资金 | |
| 　　　　(2) 当期将以前年度国库集中支付结余收回预算 | |
| **投资活动产生的差异** | |
| 　　加：1. 当期确认为收入但没有确认为预算收入 | |
| 　　　　(1) 当期投资收益或损失 | |
| 　　　　(2) 当期无偿划入股权投资 | |
| 　　　　2. 当期确认为预算支出但没有确认为费用 | |
| 　　　　(1) 当期股权投资增支 | |
| 　　　　(2) 当期股权投资减支 | |
| 　　减：3. 当期确认为预算收入但没有确认为收入 | |
| 　　　　(1) 当期收到利润收入和股利股息收入 | |
| 　　　　(2) 当期收到清算、处置股权投资的收入 | |
| 　　　　4. 当期确认为费用但没有确认为预算支出 | |
| 　　　　当期无偿划出股权投资费用 | |
| **筹资活动产生的差异** | |
| 　　加：1. 当期确认为预算支出但没有确认为费用 | |
| 　　　　(1) 当期转贷款支出 | |
| 　　　　(2) 当期债务还本支出 | |
| 　　　　(3) 拨付上年计提债务利息 | |

续表

| 项　　目 | 金　　额 |
|---|---|
| 减：2. 当期确认为预算收入但没有确认为收入 | |
| 　　（1）当期债务收入 | |
| 　　（2）当期转贷款收入 | |
| 　　3. 当期确认为费用但没有确认为预算支出 | |
| 　　当期计提未拨付债务利息 | |
| 其他差异事项 | |
| 当期汇兑损益净额 | |
| **本期盈余(本年收入与费用的差额)** | |

"当期预算结余"项目根据本年预算收入与预算支出的差额填列。本表是按照"本期盈余（本年收入与费用的差额）＝当期预算结余＋日常活动产生的差异＋投资活动产生的差异＋筹资活动产生的差异＋其他差异事项＋当期汇兑损益净额"公式设置的。"本期盈余"项目与"收入费用表"本期盈余合计数一致。

**（五）会计报表附注**

附注是指对在会计报表中列示项目的文字描述或明细资料，以及对未能在会计报表中列示项目的说明。总会计财务会计报表附注应当至少披露下列内容：

1. 遵循《财政总会计制度》的声明；
2. 本级政府财政财务状况的说明；
3. 会计报表中列示的重要项目的进一步说明，包括其主要构成、增减变动情况等；
4. 政府财政承担担保责任负债情况的说明；
5. 有助于理解和分析会计报表的其他需要说明的事项。

## 二、预算会计报表

财政总会计的预算会计报表是反映政府财政预算执行情况和执行结果的报表，包括会计报表和报表附注两部分。会计报表又包括预算收入支出表、一般公共预算执行情况表、政府性基金预算执行情况表、国有资本经营预算执行情况表、财政专户管理资金收支情况表、专用基金收支情况表等。

总会计应当按照下列规定编制预算会计报表：

1. 预算收入支出表应当按月度和年度编制，一般公共预算执行情况表、政府性基金预算执行情况表、国有资本经营预算执行情况表应当按旬、月度和年度编制，财政专户管理资金收支情况表、专用基金收支情况表应当按月度和年度编制。旬报、月报的报送期限及编报内容应当根据上级政府财政具体要求和本行政区域预算管理的需要办理。

2. 总会计应当根据《财政总会计制度》编制并提供真实、完整的会计报表，切实做到账表一致，不得估列代编，弄虚作假。

3. 总会计要严格按照统一规定的种类、格式、内容、计算方法和编制口径填制会计报表，以保证全国统一汇总和分析。汇总报表的单位，要把所属单位的报表汇集齐全，防止漏报。

### (一) 预算收入支出表

预算收入支出表是反映政府财政在某一会计期间各类财政资金收支余情况的报表。预算收入支出表根据资金性质按照收入、支出、结转结余的构成分类、分项列示。各级政府财政编制的预算收入支出表的格式如表11-5所示。

表 11-5　　　　　　　　　　　　预算收入支出表　　　　　　　　　　总会预 01 表
编制单位：　　　　　　　　　　　　___年___月　　　　　　　　　　　　单位：元

| 项　　目 | 一般公共预算 || 政府性基金预算 || 国有资本经营预算 || 财政专户管理资金 || 专用基金 ||
|---|---|---|---|---|---|---|---|---|---|---|
| | 本月数 | 本年累计数 | 本月数 | 本年累计数 | 本月数 | 本年累计数 | 本月数 | 本年累计数 | 本月数 | 本年累计数 |
| 年初结转结余 | | | | | | | | | | |
| 收入合计 | | | | | | | | | | |
| 本级收入 | | | | | | | | | | |
| 其中：来自预算安排的收入 | — | — | — | — | — | — | — | — | — | — |
| 补助预算收入 | | | | | | | | | — | — |
| 上解预算收入 | | | | | | | | | — | — |
| 地区间援助预算收入 | | | | | | | | | — | — |
| 债务预算收入 | | | | | | | | | — | — |
| 债务转贷预算收入 | | | | | | | | | — | — |
| 动用预算稳定调节基金 | | | — | — | — | — | — | — | — | — |
| 调入预算资金 | | | | | | | — | — | | |
| 支出合计 | | | | | | | | | | |
| 本级支出 | | | | | | | | | | |
| 其中：权责发生制列支 | | | | | | | | | — | — |
| 　　预算安排专用基金的支出 | — | — | — | — | — | — | — | — | | |
| 补助预算支出 | | | | | | | | | — | — |
| 上解预算支出 | | | | | | | | | — | — |
| 地区间援助预算支出 | | | | | | | | | — | — |
| 债务还本预算支出 | | | | | | | | | — | — |

续表

| 项　　目 | 一般公共预算 本月数 | 一般公共预算 本年累计数 | 政府性基金预算 本月数 | 政府性基金预算 本年累计数 | 国有资本经营预算 本月数 | 国有资本经营预算 本年累计数 | 财政专户管理资金 本月数 | 财政专户管理资金 本年累计数 | 专用基金 本月数 | 专用基金 本年累计数 |
|---|---|---|---|---|---|---|---|---|---|---|
| 债务转贷预算支出 |  |  | — | — | — | — | — | — | — | — |
| 安排预算稳定调节基金 |  |  | — | — | — | — | — | — | — | — |
| 调出预算资金 |  |  |  |  |  |  | — | — | — | — |
| 结余转出 |  |  |  |  |  |  |  |  | — | — |
| 其中：增设预算周转金 |  |  | — | — | — | — | — | — | — | — |
| 年末结转结余 |  |  |  |  |  |  |  |  |  |  |

注：表中有"—"的部分不必填列。

预算收入支出表按照"年初结转结余＋收入－支出＝年末结转结余"的平衡公式设置。"行"上列示收入、支出和结转结余；"列"上分一般公共预算、政府性基金预算、国有资本经营预算、财政专户管理资金和专用基金五类。

该表"本月数"栏反映各项目的本月实际发生数。在编制年度预算收入支出表时，应将本栏改为"上年数"栏，反映上年度各项目的实际发生数；如果本年度预算收入支出表规定的各个项目的名称和内容同上年度不一致，应对上年度预算收入支出表各项目的名称和数字按照本年度的规定进行调整，填入本年度预算收入支出表的"上年数"栏。该表"本年累计数"栏反映各项目自年初起至报告期末止的累计实际发生数。编制年度预算收入支出表时，应当将本栏改为"本年数"。

本表"本月数"栏各项目的内容和填列方法是：

1. "年初结转结余"按照五大类资金各自的结转结余科目的年初余额填列。

2. "收入合计"项目按照五大类资金各自的收入合计填列。"本级收入"项目中的五大类资金收入按照各自科目的本期发生额填列；"补助预算收入""上解预算收入""债务预算收入""债务转贷预算收入""调入预算资金"按照各自科目下明细科目本期发生额填列；"地区间援助预算收入""动用预算稳定调节基金"按照各自科目本期发生额填列。

3. "支出合计"项目按照五大类资金各自的支出合计填列。"本级支出"中的五大类资金支出按照各自科目的本期发生额填列；"补助预算支出""上解预算支出""债务还本预算支出""债务转贷预算支出""调出预算资金"按照各自科目下明细科目本期发生额填列；"地区间援助预算支出""安排预算稳定调节基金"应当根据各自科目的本期发生额填列；"增设预算周转金"项目，反映政府财政本期设置和补充预算周转金的金额，本项目应当根据"预算周转金"科目的本期贷方发生额填列。

"权责发生制列支"项目，反映省级以上（含省级）政府财政国库集中支付中，应列为当年费用，但年末尚未支付需结转下一年度支付的款项。其中，一般公共预算的"权责发生制列支项目"应当根据"一般公共预算支出"科目的本期发生额分析填列；政府性基金预算的

"权责发生制列支项目"应当根据"政府性基金预算支出"科目的本期发生额分析填列;国有资本经营预算的"权责发生制列支项目"应当根据"国有资本经营预算支出"科目的本期发生额分析填列。

"预算安排专用基金的支出"项目,反映政府财政本期通过预算安排取得专用基金收入的金额。本项目应当根据"一般公共预算支出"科目的本期发生额分析填列。

4."年末结转结余"按照五大类资金各自的结转结余科目的年末余额填列。

### (二) 预算执行情况表

1. 一般公共预算执行情况表

一般公共预算执行情况表是反映政府财政在某一会计期间一般公共预算收支执行结果的报表,按照《政府收支分类科目》中一般公共预算收支科目列示。一般公共预算执行情况表的格式如表 11-6 所示。

表 11-6　　　　　　　　　　一般公共预算执行情况表　　　　　　　　总会预 02-1 表
编制单位：　　　　　　　　　　　　___年___月___日　　　　　　　　　　　单位：元

| 项　　目 | 本月(旬)数 | 本年(月)累计数 |
|---|---|---|
| 一般公共预算收入 | | |
| 101 税收收入 | | |
| 10101 增值税 | | |
| 1010101 国内增值税 | | |
| …… | | |
| 一般公共预算支出 | | |
| 201 一般公共服务支出 | | |
| 20101 人大事务 | | |
| 2010101 行政运行 | | |
| …… | | |

(1)"一般公共预算收入"项目及所属各明细项目,应当根据"一般公共预算收入"科目及所属各明细科目的本期发生额填列。

(2)"一般公共预算支出"项目及所属各明细项目,应当根据"一般公共预算支出"科目及所属各明细科目的本期发生额填列。

2. 政府性基金预算执行情况表

政府性基金预算执行情况表是反映政府财政在某一会计期间政府性基金预算收支执行结果的报表。该表应当按照《政府收支分类科目》中政府性基金预算收支科目列示。政府性基金预算执行情况表的格式如表 11-7 所示。

表 11-7　　　　　　　　　政府性基金预算执行情况表　　　　　　总会预 02-2 表
编制单位：　　　　　　　　　　___年___月___日　　　　　　　　　　单位：元

| 项　　目 | 本月(旬)数 | 本年(月)累计数 |
| --- | --- | --- |
| 政府性基金预算收入 | | |
| 10301 政府性基金收入 | | |
| 1030102 农网还贷资金收入 | | |
| 103010201 中央农网还贷资金收入 | | |
| …… | | |
| 政府性基金预算支出 | | |
| 206 科学技术支出 | | |
| 20610 核电站乏燃料处理处置基金支出 | | |
| 2061001 乏燃料运输 | | |
| …… | | |

（1）"政府性基金预算收入"项目及所属各明细项目，应当根据"政府性基金预算收入"科目及所属各明细科目的本期发生额填列。

（2）"政府性基金预算支出"项目及所属各明细项目，应当根据"政府性基金预算支出"科目及所属各明细科目的本期发生额填列。

3. 国有资本经营预算执行情况表

国有资本经营预算执行情况表是反映政府财政在某一会计期间国有资本经营预算收支执行结果的报表。该表应当按照《政府收支分类科目》中国有资本经营预算收支科目列示。国有资本经营预算执行情况表的格式如表 11-8 所示。

表 11-8　　　　　　　　　国有资本经营预算执行情况表　　　　　　总会预 02-3 表
编制单位：　　　　　　　　　　___年___月___日　　　　　　　　　　单位：元

| 项　　目 | 本月(旬)数 | 本年(月)累计数 |
| --- | --- | --- |
| 国有资本经营预算收入 | | |
| 10306 国有资本经营收入 | | |
| 1030601 利润收入 | | |
| 103060103 烟草企业利润收入 | | |
| …… | | |

续表

| 项目 | 本月(旬)数 | 本年(月)累计数 |
|---|---|---|
| **国有资本经营预算支出** | | |
| 208 社会保障和就业支出 | | |
| 20804 补充全国社会保障基金 | | |
| 2080451 国有资本经营预算补充社保基金支出 | | |
| …… | | |

（1）"国有资本经营预算收入"项目及所属各明细项目，应当根据"国有资本经营预算收入"科目及所属各明细科目的本期发生额填列。

（2）"国有资本经营预算支出"项目及所属各明细项目，应当根据"国有资本经营预算支出"科目及所属各明细科目的本期发生额填列。

### （三）财政专户管理资金收支情况表和专用基金收支情况表

1. 财政专户管理资金收支情况表

财政专户管理资金收支情况表是反映政府财政在某一会计期间纳入财政专户管理的资金收支情况的报表，该表应当按照相关政府收支分类科目列示。财政专户管理资金收支情况表的格式如表 11-9 所示。

表 11-9　　　　　　　　　　　财政专户管理资金收支情况表　　　　　　　总会预 03 表
编制单位：　　　　　　　　　　　　　　　年　　月　　日　　　　　　　　　　单位：元

| 项目 | 本月(旬)数 | 本年(月)累计数 |
|---|---|---|
| **财政专户管理资金收入** | | |
| …… | | |
| | | |
| **财政专户管理资金支出** | | |
| …… | | |
| | | |

（1）"财政专户管理资金收入"项目及所属各明细项目，应当根据"财政专户管理资金收入"科目及所属各明细科目的本期发生额填列。

（2）"财政专户管理资金支出"项目及所属各明细项目，应当根据"财政专户管理资金支出"科目及所属各明细科目的本期发生额填列。

2. 专用基金收支情况表

专用基金收支情况表是反映政府财政在某一会计期间专用基金收支情况的报表。按照专用基金类型分别列示。专用基金收支情况表的格式如表 11-10 所示。

表 11-10　　　　　　　　　　　　专用基金收支情况表　　　　　　　　总会预 04 表
编制单位：　　　　　　　　　　　　___年___月___日　　　　　　　　　　单位：元

| 项　　目 | 本月(旬)数 | 本年(月)累计数 |
|---|---|---|
| 专用基金收入 | | |
| 　粮食风险基金 | | |
| 　…… | | |
| | | |
| 专用基金支出 | | |
| 　粮食风险基金 | | |
| 　…… | | |

（1）"专用基金收入"项目及所属各明细项目，应当根据"专用基金收入"科目及所属各明细科目的本期发生额填列。

（2）"专用基金支出"项目及所属各明细项目，应当根据"专用基金支出"科目及所属各明细科目的本期发生额填列。

**（四）附注**

附注是指对在会计报表中列示项目的文字描述或明细资料，以及对未能在会计报表中列示项目的说明。附注一般一年一次。总会计报表附注应当至少披露下列内容：

1. 遵循《财政总会计制度》的声明；
2. 本级政府财政预算执行情况的说明；
3. 会计报表中列示的重要项目的进一步说明，包括其主要构成、增减变动情况等；
4. 有助于理解和分析会计报表的其他需要说明的事项。

# 复习思考题

1. 在会计年度结束前，各级财政总会计进行年终清理结算的主要事项包括哪些？
2. 年终结账工作一般有哪三个环节？
3. 财政总会计报表主要包括哪些？
4. 资产负债表应该怎么填列？
5. 收入费用表应该怎么填列？
5. 预算收入支出表应该怎么填列？
6. 财务会计报表和预算会计报表的附注分别应该披露哪些内容？有哪些不同？

# 第三篇

# 行政事业单位会计

# 第十二章

# 行政事业单位会计概述

行政事业单位会计遵循《政府会计准则——基本准则》《政府会计具体准则》和《政府会计制度——行政事业单位会计科目和报表》等。行政事业单位会计分为两部分：预算会计和财务会计。预算会计实行收付实现制，国务院另有规定的，依照其规定。财务会计实行权责发生制。在介绍具体的行政事业单位会计制度之前，我们先对行政事业单位会计进行一个概述性的介绍。

## 第一节 行政事业单位会计的适用范围与特点

### 一、行政事业单位会计的适用范围

《政府会计制度——行政事业单位会计科目和报表》规定："本制度适用于各级各类行政单位和事业单位。纳入企业财务管理体系执行企业会计准则或小企业会计准则的单位，不执行本制度。本制度尚未规范的有关行业事业单位的特殊经济业务或事项的会计处理，由财政部另行规定。"上述规定明确了行政事业单位会计的适用范围。

行政事业单位对基本建设投资应当按照《政府会计制度》规定统一进行会计核算，不再单独建账，但是应当按项目单独核算，并保证项目资料完整。

### 二、行政事业单位会计的特点

与原来的《行政单位会计制度》和《事业单位会计制度》不同，这次新的《政府会计制度——行政事业单位会计科目和报表》是遵循新的《政府会计准则——基本准则》和若干《政府会计具体准则》及其应用指南制定的。构建了财务会计和预算会计适度分离并相互衔接的会计核算模式；统一了行政事业单位会计制度；扩增了资产负债内容等。

1. 财务会计和预算会计适度分离并相互衔接的会计核算模式

新的政府会计制度规定：单位会计核算应当具备财务会计与预算会计双重功能，实现财务会计与预算会计适度分离并相互衔接，全面、清晰反映单位财务信息和预算执行信息。单位财务会计核算实行权责发生制；单位预算会计核算实行收付实现制，国务院另有规定的，依照其规定。单位对于纳入部门预算管理的现金收支业务，在采用财务会计核算的同时应当进行预算会计核算；对于其他业务，仅需进行财务会计核算。

这种财务会计和预算会计适度分离并相互衔接的会计核算模式使得新的行政事业单位会计具有以下3个相关特点：

（1）双会计功能：预算会计反映和记录行政事业单位预算执行的情况和结果，有利于财政部门对行政事业单位进行预算管理，为单位编制预算、财政部门审核预算提供信息；财务会计反映和记录行政事业单位财务状况和运营情况，特别成本核算功能，可以为财政和单位的绩效管理提供财务信息，同时也有利于政府控制债务风险。

（2）双会计核算基础：预算会计采用收付实现制，财务会计采用权责发生制。收付实现制的预算会计能够很好地反映预算资金的现金流，为财政部门控制政府债务风险提供了技术支持；权责发生制的财务会计才能真实地反映资产和负债，并能为行政事业单位的项目进行成本核算，为项目实行绩效管理提供所需数据，同时也可以为提高行政事业单位的运营能力和控制政府部门债务风险提供基础。

（3）双报告：预算会计是政府编制政府决算的基础，财务会计是部门编制财务报告和政府编制综合财务报告的基础。决算报告是监督政府预算执行和为下年预算编制提供基础。而政府综合财务报告是控制和防范政府债务的主要依据。

2. 建立了统一的行政事业单位会计制度

《政府会计制度——行政事业单位会计科目和报表》虽然从名称看是政府会计制度，但这个文件的适用范围是行政事业单位，实际上是行政事业单位会计制度。原来行政单位会计制度和事业单位会计制度是分离的，而且事业单位会计制度又包括中小学会计制度、医院会计制度、高等学校会计制度、科学事业单位会计制度等，各种事业单位会计制度也不统一。新的《政府会计制度——行政事业单位会计科目和报表》不仅将所有的事业单位会计制度统一起来，而且还将行政单位会计制度也统一在一起，这样有利于政府部门将所有的行政事业单位的财务会计报表进行合并，从而编制准确的政府综合财务报告，才能为政府债务风险的控制提供真实的财务信息。

3. 扩大了资产负债的核算范围，提高了资产负债的真实性

由于采用了权责发生制，有关的往来核算内容增加。同时在资产方面，增加了公共基础设施、政府储备物资、文物资源、保障性住房和受托代理资产等以往因为计价困难而没有核算的资产；在负债方面也增加了预计负债、受托代理负债，特别是预计负债，将会计谨慎性原则很好地体现出来。同时将基建会计整合进了行政单位大账中，不再单独建账。这就将与基建会计相关的资产和负债也实时体现在行政事业单位会计的资产负债中，使得行政事业单位的资产和负债信息更加全面和真实。

## 第二节　行政事业单位会计要素

为了全面了解行政事业单位会计，我们必须先学习一下行政事业单位会计核算的具体对象。根据《政府会计制度——行政事业单位会计科目和报表》，行政事业单位会计核算应当以行政事业单位的各项经济业务为对象，记录和反映行政事业单位自身的各项经济活动。行政事业单位

会计核算对象即行政事业单位的会计要素包括财务会计要素和预算会计要素。财务会计要素包括资产、负债、净资产、收入和费用,预算会计要素包括预算收入、预算支出和预算结余。

## 一、行政事业单位财务会计要素

1. 资产

资产是指行政事业单位过去的经济业务或者事项形成的,由行政事业单位控制的,预期能够产生服务潜力或者带来经济利益流入的经济资源。行政事业单位的资产按照流动性,分为流动资产、非流动资产和受托代理资产。流动资产包括货币资金、短期投资、财政应返还额度、应收及预付款项、存货等。非流动资产包括固定资产、在建工程、无形资产、长期投资、公共基础设施、政府储备资产、文物资源、保障性住房等。

2. 负债

负债是指行政事业单位过去的经济业务或者事项形成的,预期会导致经济资源流出行政事业单位的现时义务。行政事业单位的负债按照流动性,分为流动负债、非流动负债和受托代理负债。流动负债包括应付及预收款项、应付职工薪酬、应缴款项等。非流动负债包括长期应付款、应付政府债券和政府依法担保形成的债务等。

3. 净资产

净资产是指行政事业单位资产扣除负债后的净额。行政事业单位财务会计中净资产的来源主要包括累计实现的盈余和无偿调拨的净资产。在日常核算中,单位应当在财务会计中设置"累计盈余""专用基金""无偿调拨净资产""权益法调整"和"本期盈余""本期盈余分配""以前年度盈余调整"等科目。

4. 收入

收入是指报告期内导致行政事业单位净资产增加的、含有服务潜力或者经济利益的经济资源的流入。行政事业单位财务会计的收入包括：财政拨款收入、事业收入、上级补助收入、附属单位上缴收入、经营收入、非同级财政拨款收入、投资收益、捐赠收入、利息收入、租金收入和其他收入。

5. 费用

费用是指报告期内导致行政事业单位净资产减少的、含有服务潜力或者经济利益的经济资源的流出。行政事业单位财务会计的费用包括：业务活动费用、单位管理费用、经营费用、资产处置费用、上缴上级费用、对附属单位补助费用、所得税费用和其他费用。

## 二、行政事业单位预算会计要素

1. 预算收入

预算收入是指行政事业单位会计主体在预算年度内依法取得的并纳入预算管理的现金流入。预算收入采用收付实现制,一般在实际收到时予以确认,以实际收到的金额计量。行政事业单位的预算收入包括财政拨款预算收入、事业预算收入、上级补助预算收入、附属单位上缴预算收入、经营预算收入、债务预算收入、非同级财政拨款预算收入、投资预算收益和其他预算收入。

2. 预算支出

预算支出是指行政事业单位会计主体在预算年度内依法发生并纳入预算管理的现金流出。预算支出一般在实际支付时予以确认,以实际支付的金额计量。包括行政支出、事业支出、经营支出、上缴上级支出、对附属单位补助支出、投资支出、债务还本支出和其他支出。

### 3. 预算结余

预算结余是指行政事业会计主体预算年度内预算收入扣除预算支出后的资金金额，以及历年滚存的资金金额。预算结余包括结余资金和结转资金。结余资金是指年度预算执行终了，预算收入实际完成数扣除预算支出和结转资金后剩余的资金。结转资金是指预算安排项目的支出年终尚未执行完毕或者因故未执行，且下年需要按原用途继续使用的资金。

## 第三节 行政事业单位的会计科目与报表

### 一、行政事业单位的会计科目

#### （一）会计科目管理的规定

1. 单位应当按照政府会计制度的规定设置和使用会计科目。在不影响会计处理和编制报表的前提下，单位可以根据实际情况自行增设或减少某些会计科目。

2. 单位应当执行政府会计制度统一规定的会计科目编号，以便于填制会计凭证、登记账簿、查阅账目，实行会计信息化管理。

3. 单位在填制会计凭证、登记会计账簿时，应当填列会计科目的名称，或者同时填列会计科目的名称和编号，不得只填列会计科目编号、不填列会计科目名称。

4. 单位设置明细科目或进行明细核算，除遵循政府会计制度规定外，还应当满足权责发生制政府部门财务报告和政府综合财务报告编制的其他需要。

#### （二）会计科目名称

1. 财务会计科目名称

行政事业单位财务会计科目名称见表 12-1。

表 12-1　　　　　　　行政事业单位财务会计科目表

| 资产类科目 | 负债和净资产类科目 | 收入类和费用类科目 |
| --- | --- | --- |
| 一、资产 | 二、负债 | 四、收入 |
| 库存现金 | 短期借款 | 财政拨款收入 |
| 银行存款 | 应交增值税 | 事业收入 |
| 零余额账户用款额度 | 其他应交税费 | 上级补助收入 |
| 其他货币资金 | 应缴财政款 | 附属单位上缴收入 |
| 短期投资 | 应付职工薪酬 | 经营收入 |
| 财政应返还额度 | 应付票据 | 非同级财政拨款收入 |
| 应收票据 | 应付账款 | 投资收益 |
| 应收账款 | 应付政府补贴款 | 捐赠收入 |

续表

| 资产类科目 | 负债和净资产类科目 | 收入类和费用类科目 |
|---|---|---|
| 预付账款 | 应付利息 | 利息收入 |
| 应收股利 | 预收账款 | 租金收入 |
| 应收利息 | 其他应付款 | 其他收入 |
| 其他应收款 | 预提费用 | |
| 坏账准备 | 长期借款 | |
| 在途物品 | 长期应付款 | |
| 库存物品 | 预计负债 | |
| 加工物品 | 受托代理负债 | |
| 待摊费用 | | |
| 长期股权投资 | **三、净资产** | **五、费用** |
| 长期债券投资 | 累计盈余 | 业务活动费用 |
| 固定资产 | 专用基金 | 单位管理费用 |
| 固定资产累计折旧 | 权益法调整 | 经营费用 |
| 工程物资 | 本期盈余 | 资产处置费用 |
| 在建工程 | 本年盈余分配 | 上缴上级费用 |
| 无形资产 | 无偿调拨净资产 | 对附属单位补助费用 |
| 无形资产累计摊销 | 以前年度盈余调整 | 所得税费用 |
| 研发支出 | | 其他费用 |
| 公共基础设施 | | |
| 公共基础设施累计折旧 | | |
| 政府储备物资 | | |
| 文物资源 | | |
| 保障性住房 | | |
| 保障性住房累计折旧 | | |
| 受托代理资产 | | |
| 长期待摊费用 | | |
| 待处理财产损溢 | | |

2. 预算会计科目

行政事业单位预算会计科目名称见表 12-2。

表 12-2　　　　　　　　　　行政事业单位预算会计科目表

| 预算收入类科目 | 预算支出类科目 | 预算结余类科目 |
| --- | --- | --- |
| 财政拨款预算收入 | 行政支出 | 资金结存 |
| 事业预算收入 | 事业支出 | 财政拨款结转 |
| 上级补助预算收入 | 经营支出 | 财政拨款结余 |
| 附属单位上缴预算收入 | 上缴上级支出 | 非财政拨款结转 |
| 经营预算收入 | 对附属单位补助支出 | 非财政拨款结余 |
| 债务预算收入 | 投资支出 | 专用结余 |
| 非同级财政拨款预算收入 | 债务还本支出 | 经营结余 |
| 投资预算收益 | 其他支出 | 其他结余 |
| 其他预算收入 |  | 非财政拨款结余分配 |

## 二、行政事业单位的财务报表和预算会计报表

行政事业单位会计因为由财务会计和预算会计两部分组成，所以既需要编制财务报表，又需要编制预算会计报表。行政事业单位应当至少按照年度编制财务报表和预算会计报表。

财务报表是反映行政事业单位某一特定日期的财务状况和某一会计期间的运行情况和现金流量等信息的报表。财务报表由会计报表及其附注构成。会计报表一般包括资产负债表、收入费用表和净资产变动表。单位可根据实际情况自行选择编制现金流量表。财务报表的编制主要以权责发生制为基础，以单位财务会计核算生成的数据为准。

预算会计报表是反映行政事业单位预算执行及其结果的报表。预算会计报表至少包括预算收入支出表、预算结转结余变动表和财政拨款预算收入支出表。预算会计报表的编制主要以收付实现制为基础，以单位预算会计核算生成的数据为准。

行政事业单位应当根据《政府会计制度》规定编制真实、完整的财务报表和预算会计报表，不得违反该制度规定随意改变财务报表和预算会计报表的编制基础、编制依据、编制原则和方法，不得随意改变该制度规定的财务报表和预算会计报表有关数据的会计口径。

财务报表和预算会计报表应当根据登记完整、核对无误的账簿记录和其他有关资料编制，做到数字真实、计算准确、内容完整、编报及时。财务报表和预算会计报表应当由单位负责人和主管会计工作的负责人、会计机构负责人（会计主管人员）签名并盖章。

## 复习思考题

1. 行政事业单位会计制度的适用范围是什么？

2. 行政事业单位会计制度的特点有哪些?
3. 行政事业单位财务会计的会计要素有哪些?
4. 行政事业单位预算会计的会计要素有哪些?
5. 行政事业单位的会计科目有哪些?
6. 行政事业单位预算会计报表和财务报表的内容有哪些?

# 第十三章

# 行政事业单位的资产(上)

资产是指行政事业单位(以下简称"单位")过去的经济业务或者事项形成的,由单位控制的,预期能够产生服务潜力或者带来经济利益流入的经济资源。

单位的资产按照流动性,分为流动资产、非流动资产和受托代理资产。流动资产是指预计在1年内(含1年)耗用或者可以变现的资产,包括货币资金、短期投资、财政应返还额度、应收及预付款项、存货、待摊费用等。非流动资产是指流动资产以外的资产,包括固定资产、在建工程、无形资产、长期投资、公共基础设施、政府储备资产、文物资源、保障性住房等。受托代理资产指单位接受委托方委托代为管理的资产。

行政事业单位资产管理的要求是:

1. 单位应当建立健全单位资产管理制度,加强和规范资产配置、使用和处置管理,维护资产安全完整。

2. 单位应当按照科学规范、从严控制、保障工作需要的原则合理配置资产。单位资产有原始凭证的,按照原始凭证记账;无原始凭证的,应当依法进行评估,按照评估价值记账。

3. 单位应当加强资产日常管理工作,做好资产建账、核算和登记工作,定期或者不定期进行清查盘点,保证账账相符、账实相符。年度终了,应当进行全面清查盘点,对资产盘点、盘亏应当及时处理。

4. 单位开设银行存款账户,应当报同级财政部门审批,并由财务部门统一管理。

5. 单位应当加强应收及暂付款项的管理,严格控制规模,并及时进行清理,不得长期挂账。

6. 单位的资产增加时,应当及时登记入账;减少时,应当按照资产处置规定办理报批手续,进行账务处理。

7. 单位不得以任何形式用占有、使用的国有资产对外投资或者举办经济实体。对未与单位脱钩的经济实体,单位应当按照有关规定进行监管。除法律、行政法规另有规定外,单位不得举借债务,不得对外提供担保。

8. 未经同级财政部门批准,单位不得将占有、使用的国有资产对外出租、出借。

9. 单位应当按照国家有关规定实行资源共享、装备共建,提高资产使用效率。

10. 单位资产处置应当遵循公开、公平、公正的原则,依法进行评估,严格履行相关审批程序。

# 第一节 货币资金

单位货币资金包括库存现金、银行存款、零余额账户用款额度、其他货币资金。库存现金是指单位留存在单位的现金。银行存款是指单位存入银行和其他金融机构的各种存款。零余额账户用款额度是指在国库集中收付制度下,财政部门授权单位使用的资金额度。其他货币资金是指单位外埠存款、银行本票存款、银行汇票存款、信用卡存款等各种其他货币资金。

## 一、库存现金

单位应当建立健全现金管理制度,严格按照国家有关现金管理的规定收支现金,根据业务需要正确核定库存现金限额,除零星开支外一切付款均应由支票付款,不得"坐支"现金。

单位应当设置"库存现金日记账",由出纳人员根据收付款凭证,按照业务发生顺序逐笔登记。每日终了,应当计算当日的现金收入合计数、现金支出合计数和结余数,并将结余数与实际库存数相核对,做到账款相符。

现金收入业务繁多、单独设有收款部门的单位,收款部门的收款员应当将每天所收现金连同收款凭据一并交财务部门核收记账,或者将每天所收现金直接送存开户银行后,将收款凭证及向银行送存现金的凭证等一并交财务部门核收记账。

单位有外币现金的,应当分别按照人民币、外币种类设置"库存现金日记账"进行明细核算。有关外币现金业务的账务处理参见"银行存款"科目的相关规定。本科目期末借方余额,反映单位实际持有的库存现金。

"库存现金"的主要账务处理如下:

### (一)存取现金

从银行等金融机构提取现金,按照实际提取的金额,借记"库存现金",贷记"银行存款"科目;将现金存入银行等金融机构,按照实际存入金额,借记"银行存款"科目,贷记"库存现金"。

根据规定从单位零余额账户提取现金,按照实际提取的金额,借记"库存现金"科目,贷记"零余额账户用款额度"科目。将现金退回单位零余额账户,按照实际退回的金额,借记"零余额账户用款额度"科目,贷记"库存现金"科目。

【例13-1】 某事业单位2024年1月18日开出现金支票,从银行存款中提取现金6 000元备用。财会部门根据有关凭证,应做账务处理如下:

| 财 务 会 计 | 预 算 会 计 |
|---|---|
| 借:库存现金　　　　　　6 000<br>　　贷:银行存款　　　　　　6 000<br>　（存现,做相反的分录） | — |

### (二)因公借款

支付单位内部职工因出差等原因借出的现金,按照实际借出的现金金额,借记"其他应收款"科目,贷记"库存现金"科目。出差人员报销差旅费时,按照实际报销的金额,借记"业务活动费用""单位管理费用"等科目,按照实际借出的现金金额,贷记"其他应收款"科目,按照其差额,借记或贷记"库存现金"科目。

【例13-2】 某事业单位专业业务部门职工张三于2024年5月10日出差借现金5 000元。财会部门根据有关凭证,应做账务处理如下:

| 财 务 会 计 | 预 算 会 计 |
|---|---|
| 借:其他应收款　　　　　　　　5 000<br>　　贷:库存现金　　　　　　　　　5 000 | — |

【例13-3】 接例13-2,张三5月20日出差回来报销,实际报销金额为4 800元,多退少补,退回现金200元。财会部门根据有关凭证,应做账务处理如下:

| 财 务 会 计 | 预 算 会 计 |
|---|---|
| 借:业务活动费用　　　　　　　4 800<br>　　库存现金　　　　　　　　　　200<br>　　贷:其他应收款　　　　　　　5 000 | 借:事业支出　　　　　　　　　4 800<br>　　贷:资金结存——货币资金　　4 800 |

### (三) 收付现金

因提供服务、物品或者其他事项收到现金,按照实际收到的金额,借记"库存现金"科目,贷记"事业收入""应收账款"等相关科目。涉及增值税业务的,相关账务处理参见"应交增值税"科目。因购买服务、物品或者其他事项支付现金,按照实际支付的金额,借记"业务活动费用""单位管理费用""库存物品"等相关科目,贷记"库存现金"科目。涉及增值税业务的,相关账务处理参见"应交增值税"科目。

【例13-4】 某事业单位后勤处室2024年4月3日购买零星办公用品,支付现金250元。财会部门根据有关凭证,应做账务处理如下:

| 财 务 会 计 | 预 算 会 计 |
|---|---|
| 借:单位管理费用　　　　　　　　250<br>　　贷:库存现金　　　　　　　　　　250 | 借:事业支出　　　　　　　　　　250<br>　　贷:资金结存——货币资金　　　250 |

### (四) 对外捐赠

单位以库存现金对外捐赠,按照实际捐出的金额,借记"其他费用"科目,贷记"库存现金"科目。

### (五) 受托代理

收到受托代理、代管的现金,按照实际收到的金额,借记"库存现金——受托代理资产"科目,贷记"受托代理负债"科目;支付受托代理、代管的现金,按照实际支付的金额,借记"受托代理负债"科目,贷记"库存现金——受托代理资产"科目。预算会计不做处理。

### (六) 短缺或溢余

单位每日账款核对中发现有待查明原因的现金短缺或溢余的,应当通过"待处理财产损溢"科目核算。属于现金溢余的,应当按照实际溢余的金额,借记"库存现金"科目,贷记"待处理财产损溢"科目;属于现金短缺的,应当按照实际短缺的金额,借记"待处理财产损溢"科目,贷记"库存现金"科目。待查明原因后及时进行账务处理,具体内容参见"待处理财产损溢"科目。

## 二、银行存款

为核算单位存入银行及其他金融机构的各种存款,设置"银行存款"科目。本科目核算单位存入银行或者其他金融机构的各种存款。

单位应当严格按照国家有关支付结算办法的规定办理银行存款收支业务,并按照本制度规定核算银行存款的各项收支业务。本科目应当设置"受托代理资产"明细科目,核算单位受托代理、代管的银行存款。本科目期末借方余额,反映单位实际存放在银行或其他金融机构的款项。

单位应当按照开户银行或其他金融机构、存款种类及币种等,分别设置"银行存款日记账",由出纳人员根据收付款凭证,按照业务的发生顺序逐笔登记,每日终了应结出余额。"银行存款日记账"应定期与"银行对账单"核对,至少每月核对一次。月度终了,单位银行存款日记账账面余额与银行对账单余额之间如有差额,应当逐笔查明原因并进行处理,按月编制"银行存款余额调节表",调节相符。

"银行存款"的主要账务处理如下:

1. 将款项存入银行或者其他金融机构,按照实际存入的金额,借记"银行存款"科目,贷记"库存现金""应收账款""事业收入""经营收入""其他收入"等相关科目。涉及增值税业务的,相关账务处理参见"应交增值税"科目。

【例 13-5】 某事业单位 2024 年 4 月 28 日将 10 000 元现金存入银行。财会部门根据有关凭证,应做账务处理如下:

| 财 务 会 计 | 预 算 会 计 |
| --- | --- |
| 借:银行存款　　　　　10 000<br>　　贷:库存现金　　　　　　10 000 | — |

收到银行存款利息,按照实际收到的金额,借记"银行存款"科目,贷记"利息收入"科目。

2. 从银行等金融机构提取现金,按照实际提取的金额,借记"库存现金"科目,贷记"银行存款"科目。

3. 以银行存款支付相关费用,按照实际支付的金额,借记"业务活动费用""单位管理费用""其他费用"等相关科目,贷记"银行存款"科目。涉及增值税业务的,相关账务处理参见"应交增值税"科目。

【例 13-6】 2024 年 3 月 18 日,某事业单位专业业务部门采购自用材料一批,价款 6 000 元,验收入库,以银行存款支付。不考虑税费,财会部门根据有关凭证,应做账务处理如下:

| 财 务 会 计 | 预 算 会 计 |
|---|---|
| 借：库存物品　　　　　　　　　6 000<br>　贷：银行存款　　　　　　　　　　　6 000 | 借：事业支出　　　　　　　　　6 000<br>　贷：资金结存——货币资金　　　　　6 000 |

以银行存款对外捐赠，按照实际捐出的金额，借记"其他费用"科目，贷记"银行存款"科目。

4. 收到受托代理、代管的银行存款，按照实际收到的金额，借记"银行存款——受托代理资产"科目，贷记"受托代理负债"科目；支付受托代理、代管的银行存款，按照实际支付的金额，借记"受托代理负债"科目，贷记"银行存款——受托代理资产"科目。

5. 单位发生外币业务的，应当按照业务发生当日的即期汇率，将外币金额折算为人民币金额记账，并登记外币金额和汇率。

期末，各种外币账户的期末余额，应当按照期末的即期汇率折算为人民币，作为外币账户期末人民币余额。调整后的各种外币账户人民币余额与原账面余额的差额，作为汇兑损益计入当期费用。

（1）以外币购买物资、设备等，按照购入当日的即期汇率将支付的外币或应支付的外币折算为人民币金额，借记"库存物品"等科目，贷记"银行存款""应付账款"等科目的外币账户。涉及增值税业务的，相关账务处理参见"应交增值税"科目。

（2）销售物品、提供服务以外币收取相关款项等，按照收入确认当日的即期汇率将收取的外币或应收取的外币折算为人民币金额，借记"银行存款""应收账款"等科目的外币账户，贷记"事业收入"等相关科目。

（3）期末，根据各外币银行存款账户按照期末汇率调整后的人民币余额与原账面人民币余额的差额，作为汇兑损益，借记或贷记"银行存款"科目，贷记或借记"业务活动费用""单位管理费用"等科目。

"应收账款""应付账款"等科目有关外币账户期末汇率调整业务的账务处理参照本科目。

### 三、零余额账户用款额度

国库集中收付制度下，单位经财政部门审批，在国库集中支付代理银行开设单位零余额账户，用于财政授权支付的结算。财政部门根据预算安排和资金使用计划，定期向单位下达财政授权支付额度。单位可以在下达的额度内，自行签发授权支付指令，通知代理银行办理资金支付业务。

单位会计应当设置"零余额账户用款额度"科目，核算实行国库集中支付的单位根据财政部门批复的用款计划收到和支用的零余额账户用款额度。收到代理银行转来的"授权支付到账通知书"时，根据下达的额度金额确认零余额账户用款额度。"零余额账户用款额度"科目的借方余额，反映单位尚未支用的用款额度。年末注销后，"零余额账户用款额度"应无余额。

"零余额账户用款额度"的主要账务处理如下：

**（一）收到额度**

单位收到"财政授权支付到账通知书"时，根据通知书所列金额，借记"零余额账户用款额度"科目，贷记"财政拨款收入"科目。

【例 13-7】 2024 年 3 月 11 日，某行政单位收到代理银行的"授权支付到账通知书"，通知到账用款额度 800 000 元。财会部门根据有关凭证，应做账务处理如下：

| 财 务 会 计 | 预 算 会 计 |
|---|---|
| 借：零余额账户用款额度　　　　800 000<br>　　贷：财政拨款收入　　　　　　　　800 000 | 借：资金结存——零余额账户用款额度　800 000<br>　　贷：财政拨款预算收入　　　　　　　　800 000 |

**（二）支用额度**

支付日常活动费用时，按照支付的金额，借记"业务活动费用""单位管理费用"等科目，贷记"零余额账户用款额度"科目。

购买库存物品或购建固定资产，按照实际发生的成本，借记"库存物品""固定资产""在建工程"等科目，按照实际支付或应付的金额，贷记"零余额账户用款额度""应付账款"等科目。涉及增值税业务的，相关账务处理参见"应交增值税"科目。

从零余额账户提取现金时，按照实际提取的金额，借记"库存现金"科目，贷记"零余额账户用款额度"科目。

**【例 13-8】** 2024 年 4 月 14 日，某行政单位支付一笔专业培训费 150 000 元，从零余额账户用款额度中支付。财会部门根据有关凭证，应做账务处理如下：

| 财 务 会 计 | 预 算 会 计 |
|---|---|
| 借：业务活动费用　　　　　　150 000<br>　　贷：零余额账户用款额度　　　　150 000 | 借：行政支出　　　　　　　　　　150 000<br>　　贷：资金结存——零余额账户用款额度　150 000 |

**（三）款项退回**

因购货退回等发生财政授权支付额度退回的，按照退回的金额，借记"零余额账户用款额度"科目，贷记"库存物品"等科目。

**（四）年末**

年末，根据代理银行提供的对账单作注销额度的相关账务处理，借记"财政应返还额度——财政授权支付"科目，贷记"零余额账户用款额度"科目。

年末，单位本年度财政授权支付预算指标数大于零余额账户用款额度下达数的，根据未下达的用款额度，借记"财政应返还额度——财政授权支付"科目，贷记"财政拨款收入"科目。

按照《国务院关于进一步深化预算管理制度改革的意见》（国发〔2021〕5 号）的规定，市县级财政国库集中支付结余不再按权责发生制列支，相关单位年末不再进行上述账务处理。中央级和省级单位根据同级财政部门规范国库集中支付结余权责发生制列支的规定，相应进行会计处理。

**【例 13-9】** 在年度终了，代理银行注销某省级单位尚未使用的零余额账户用款额度 120 000 元。财会部门根据有关凭证，应做账务处理如下：

| 财 务 会 计 | 预 算 会 计 |
|---|---|
| 借：财政应返还额度——财政授权支付　120 000<br>　　贷：零余额账户用款额度　　　　　　120 000 | 借：资金结存——财政应返还额度　　　120 000<br>　　贷：资金结存——零余额账户用款额度　120 000 |

【例 13-10】 在年度终了,本年度财政授权支付预算指标数大于零余额账户额度下达数的未下达用款额度 180 000 元。某省级单位财会部门根据有关凭证,应做账务处理如下:

| 财 务 会 计 | 预 算 会 计 |
|---|---|
| 借:财政应返还额度——财政授权支付　180 000<br>　贷:财政拨款收入　　　　　　　　　　　180 000 | 借:资金结存——财政应返还额度　180 000<br>　贷:财政拨款预算收入　　　　　　　180 000 |

### (五) 下年初

下年初,单位根据代理银行提供的上年度注销额度恢复到账通知书做恢复额度的相关账务处理,借记"零余额账户用款额度"科目,贷记"财政应返还额度——财政授权支付"科目。单位收到财政部门批复的上年未下达零余额账户用款额度,借记"零余额账户用款额度",贷记"财政应返还额度——财政授权支付"科目。

【例 13-11】 接例 13-9 和例 13-10。年初某省级单位收到代理银行的用款额度恢复到账通知书,通知本单位恢复上年末注销的尚未使用的零余额账户用款额度 120 000 元,上年尚未下达的用款额度 180 000 元,共计 300 000 元。财会部门根据有关凭证,应做账务处理如下:

| 财 务 会 计 | 预 算 会 计 |
|---|---|
| 借:零余额账户用款额度　　　　　　　　　300 000<br>　贷:财政应返还额度——财政授权支付　300 000 | 借:资金结存——零余额账户用款额度　300 000<br>　贷:资金结存——财政应返还额度　　300 000 |

## 四、其他货币资金

其他货币资金包括外埠存款、银行本票存款、银行汇票存款、信用卡存款等各种其他货币资金,应当设置"外埠存款""银行本票存款""银行汇票存款""信用卡存款"等明细科目,进行明细核算,本科目期末借方余额,反映单位实际持有的其他货币资金。

单位应当加强对其他货币资金的管理,及时办理结算,对于逾期尚未办理结算的银行汇票、银行本票等,应当按照规定及时转回,并按照规定进行相应账务处理。

其他货币资金的主要账务处理如下:

### (一) 外埠存款

单位按照有关规定需要在异地开立银行账户,将款项委托本地银行汇往异地开立账户时,借记"其他货币资金"科目,贷记"银行存款"科目。收到采购员交来供应单位发票账单等报销凭证时,借记"库存物品"等科目,贷记"其他货币资金"科目。将多余的外埠存款转回本地银行时,根据银行的收账通知,借记"银行存款"科目,贷记"其他货币资金"科目。

### (二) 银行本票存款、银行汇票存款

将款项交存银行取得银行本票、银行汇票,按照取得的银行本票、银行汇票金额,借记"其他货币资金"科目,贷记"银行存款"科目。使用银行本票、银行汇票购买库存物品等资产时,按

照实际支付金额,借记"库存物品"等科目,贷记"其他货币资金"科目。如有余款或因本票、汇票超过付款期等原因而退回款项,按照退款金额,借记"银行存款"科目,贷记"其他货币资金"科目。

### (三) 信用卡存款

将款项交存银行取得信用卡,按照交存金额,借记"其他货币资金"科目,贷记"银行存款"科目。用信用卡购物或支付有关费用,按照实际支付金额,借记"单位管理费用""库存物品"等科目,贷记"其他货币资金"科目。单位信用卡在使用过程中,需向其账户续存资金的,按照续存金额,借记"其他货币资金"科目,贷记"银行存款"科目。

按照《政府会计准则制度解释第1号》的规定,单位通过支付宝、微信等方式取得相关收入的,对于尚未转入银行存款的支付宝、微信收付款等第三方支付平台账户的余额,应当通过"其他货币资金"科目核算。

## 第二节 财政应返还额度

财政应返还额度是指单位年终注销的,需要在次年恢复的年度未实现的用款额度。实行国库集中收付制度后,单位的财政经费由财政部门通过国库单一账户统一拨付。单位的年度预算指标包括财政直接支付额度和财政授权支付额度。财政直接支付额度由财政部门完成支付,财政授权支付额度下达到代理银行由单位完成支付。年度终了,单位需要对年度未实现的用款额度进行注销,形成财政应返还额度,以待在次年得以恢复。

单位的财政应返还额度包括财政应返还直接额度和财政应返还授权额度。财政应返还直接额度,是财政直接支付额度本年预算指标与当年财政实际支付数的差额。财政应返还授权额度,是财政授权支付额度本年预算指标与当年单位实际支付数的差额,包括以下两部分:

(1) 未下达的授权额度,是指当年预算已经安排,但财政部门当年没有下达到单位代理银行的授权额度,即授权额度的本年预算指标与当年下达数之间的差额。

(2) 未使用的授权额度,是财政部门当年已经将授权额度下达到代理银行,但单位当年尚未完成实际支付的数额,即授权额度的本年下达数据与当年实际使用数之间的差额。

单位应当设置"财政直接支付""财政授权支付"两个明细科目进行明细核算。本科目期末借方余额,反映单位应收财政返还的资金额度。

### 一、财政直接支付

年末,中央及省级单位根据本年度财政直接支付预算指标数大于当年财政直接支付实际发生数的差额,借记"财政应返还额度——财政直接支付"科目,贷记"财政拨款收入"科目。按照《国务院关于进一步深化预算管理制度改革的意见》的规定,市县级财政国库集中支付结余不再按权责发生制列支,不需要确认这笔收入,也无需做相应的会计处理。

单位使用以前年度财政直接支付额度支付款项时,借记"业务活动费用""单位管理费用"等科目,贷记"财政应返还额度——财政直接支付"科目。

【例13-12】 某省级单位2024年度财政直接支付额度预算指标5 000 000元,当年财政实际完成支付4 500 000元。年末,财会部门根据有关凭证,应做账务处理如下:

| 财 务 会 计 | 预 算 会 计 |
|---|---|
| 借：财政应返还额度——财政直接支付 500 000<br>　　贷：财政拨款收入　　　　　　　　　　500 000 | 借：资金结存——财政应返还额度　　　500 000<br>　　贷：财政拨款预算收入　　　　　　　　50 0000 |

## 二、财政授权支付

年末，根据代理银行提供的对账单做注销额度的相关账务处理，借记"财政应返还额度——财政授权支付"科目，贷记"零余额账户用款额度"科目。

年末，中央及省级单位本年度财政授权支付预算指标数大于零余额账户用款额度下达数的，根据未下达的用款额度，借记"财政应返还额度——财政授权支付"科目，贷记"财政拨款收入"科目。按照《国务院关于进一步深化预算管理制度改革的意见》的规定，市县级财政国库集中支付结余不再按权责发生制列支，不需要确认这笔收入，也无需做相应的会计处理。

下年初，单位根据代理银行提供的上年度注销额度恢复到账通知书做恢复额度的相关账务处理，借记"零余额账户用款额度"科目，贷记"财政应返还额度——财政授权支付"科目。中央及省级单位收到财政部门批复的上年末下达零余额账户用款额度，借记"零余额账户用款额度"科目，贷记"财政应返还额度——财政授权支付"科目。

【例13-13】　某省级单位2024年度财政授权支付额度预算指标为3 000 000元，根据代理银行提供的对账单，本年已经下达的财政授权支付额度为2 600 000元，单位实际使用了授权额度2 400 000元。年末，财会部门根据有关凭证，应做账务处理如下：

| 财 务 会 计 | 预 算 会 计 |
|---|---|
| 借：财政应返还额度——财政授权支付　600 000<br>　　贷：财政拨款收入　　　　　　　　　　400 000<br>　　　　零余额账户用款额度　　　　　　　200 000 | 借：资金结存——财政应返还额度　　　　600 000<br>　　贷：财政拨款预算收入　　　　　　　　400 000<br>　　　　资金结存——零余额账户用款额度　200 000 |

# 第三节　预算管理一体化下的货币资金和<br>财政应返还额度

2020年财政部选择5—6个试点省份依据《预算管理一体化规范（试行）》（简称为《规范》）开展预算管理一体化系统建设，并严格按照《规范》试点实施。2023年财政部对《规范》进行修改，颁布了《预算管理一体化规范（2.0版）》，进一步完善和推广了预算管理一体化。

## 一、有关会计科目的设置和使用

在预算管理一体化下，不再强制要求对零余额账户下达额度，并通过额度控制支出；而是改为通过预算指标账核算形成的各类指标控制支出。所以有些地方放弃了"零余额账户用款额度"这一科目的使用，"财政应返还额度"科目和"资金结存——财政应返还额度"科目下不再设置"财政直接支付""财政授权支付"明细科目。

## 二、主要账务处理

按照《政府会计准则制度解释第 5 号》预算管理一体化下货币资金和财政应返还额度的核算如下：

### (一) 财政资金支付的账务处理

不管是直接支付还是授权支付，预算单位都应当根据收到的国库集中支付凭证及相关原始凭证，按照凭证上的国库集中支付入账金额做如下会计分录：

| 财 务 会 计 | 预 算 会 计 |
| --- | --- |
| 借：库存物品/固定资产/业务活动费用/单位管理费用/应付职工薪酬等<br>　　贷：财政拨款收入（使用本年度预算指标）<br>　　　　财政应返还额度（使用以前年度预算指标） | 借：行政支出/事业支出<br>　　贷：财政拨款预算收入（使用本年度预算指标）<br>　　　　资金结存——财政应返还额度（使用以前年度预算指标） |

### (二) 按规定向本单位实有资金账户划转财政资金的账务处理

预算单位在某些特定情况下按规定从本单位零余额账户向本单位实有资金账户划转资金用于后续相关支出的，可在"银行存款"或"资金结存——货币资金"科目下设置"财政拨款资金"明细科目，或采用辅助核算等形式，核算反映按规定从本单位零余额账户转入实有资金账户的资金金额，并应当按照以下规定进行账务处理：

1. 从本单位零余额账户向实有资金账户划转资金时，应当根据收到的国库集中支付凭证及实有资金账户入账凭证，按照凭证入账金额做如下会计分录：

| 财 务 会 计 | 预 算 会 计 |
| --- | --- |
| 借：银行存款<br>　　贷：财政拨款收入（使用本年度预算指标）<br>　　　　财政应返还额度（使用以前年度预算指标） | 借：资金结存——货币资金<br>　　贷：财政拨款预算收入（使用本年度预算指标）<br>　　　　资金结存——财政应返还额度（使用以前年度预算指标） |

2. 将本单位实有资金账户中从零余额账户划转的资金用于相关支出时，按照实际支付的金额做如下会计分录：

| 财 务 会 计 | 预 算 会 计 |
| --- | --- |
| 借：应付职工薪酬/其他应交税费<br>　　贷：银行存款——财政拨款资金 | 借：行政支出/事业支出<br>　　贷：资金结存——货币资金——财政拨款资金 |

### (三) 已支付的财政资金退回的账务处理

发生当年资金退回时，预算单位应当根据收到的财政资金退回通知书及相关原始凭证，按照通知书上的退回金额做如下会计分录：

| 财 务 会 计 | 预 算 会 计 |
|---|---|
| 借：财政拨款收入（支付时使用本年度预算指标）<br>　　财政应返还额度（支付时使用以前年度预算指标）<br>　贷：业务活动费用/库存物品等 | 借：财政拨款预算收入（支付时使用本年预算指标）<br>　　资金结存——财政应返还额度（支付时使用以前年度预算指标）<br>　贷：行政支出/事业支出 |

发生项目未结束的跨年资金退回时，预算单位应当根据收到的财政资金退回通知书及相关原始凭证，按照通知书上的退回金额做如下会计分录：

| 财 务 会 计 | 预 算 会 计 |
|---|---|
| 借：财政应返还额度<br>　贷：以前年度盈余调整/库存物品等 | 借：资金结存——财政应返还额度<br>　贷：财政拨款结转——年初余额调整 |

**（四）结余资金上缴国库的账务处理**

因项目结束或收回结余资金，预算单位按照规定通过实有资金账户汇总相关资金统一上缴国库的，应当根据一般缴款书或银行汇款单上的上缴财政金额做如下会计分录：

| 财 务 会 计 | 预 算 会 计 |
|---|---|
| 借：累计盈余<br>　贷：银行存款——财政拨款资金 | 借：财政拨款结余——归集上缴<br>　贷：资金结存——货币资金 |

预算单位按照规定注销财政拨款结转结余资金额度的，应当按照《政府会计制度》相关规定进行账务处理。

**（五）年末的账务处理**

年末，省级及中央预算单位根据财政部批准的本年度预算指标数大于当年实际支付数的差额中允许结转使用的金额，在财务会计下借记"财政应返还额度"科目，贷记"财政拨款收入"科目；同时，在预算会计下借记"资金结存——财政应返还额度"科目，贷记"财政拨款预算收入"科目。

上述会计处理中涉及增值税业务的，相关账务处理参见《政府会计制度》中"应交增值税"等科目相关规定。

# 第四节　应收及预付款项

应收及预付款项是单位与其他单位及个人之间由于销售商品、提供劳务或其他结算关系形成的待结算债权款项。单位开展各项业务活动产生的事业收入和经营收入，除收取货币资金外，还可以通过票据、挂账等方式结算。应收及预付款项是单位的债权资产，需要及时结算并收回，减少资金占用及坏账损失。单位的应收及预付款项主要包括应收票据、应收账款、预付账款和其他应收款。

## 一、应收票据

"应收票据"科目核算事业单位因开展经营活动销售产品、提供有偿服务等而收到的商业汇票,包括银行承兑汇票和商业承兑汇票。"应收票据"科目是事业单位专用的会计科目,行政单位不适用本科目。

事业单位应当设置"应收票据备查簿",逐笔登记每一应收票据的种类、号数、出票日期、到期日、票面金额、交易合同号和付款人、承兑人、背书人姓名或单位名称、背书转让日、贴现日期、贴现率和贴现净额、收款日期、收回金额和退票情况等。应收票据到期结清票款或退票后,应当在备查簿内逐笔注销。

事业单位应当按照开出、承兑商业汇票的单位等进行明细核算。本科目期末借方余额,反映事业单位持有的商业汇票票面金额。

### (一) 取得应收票据

事业单位因销售产品、提供服务等收到商业汇票,按照商业汇票的票面金额,借记"应收票据"科目,按照确认的收入金额,贷记"经营收入"等科目。涉及增值税业务的,相关账务处理参见"应交增值税"科目。

【例13-14】 某事业单位开展经营业务,销售商品一批,销售额10 000元,收到不带息商业汇票一张,期限3个月。不考虑增值税,财会部门根据有关凭证,应做账务处理如下:

| 财 务 会 计 | 预 算 会 计 |
|---|---|
| 借:应收票据　　　　　　　10 000<br>　贷:经营收入　　　　　　　　10 000 | — |

### (二) 票据贴现

事业单位持未到期的商业汇票向银行贴现,按照实际收到的金额(即扣除贴现息后的净额),借记"银行存款"科目,按照贴现息金额,借记"经营费用"等科目,按照商业汇票的票面金额,贷记"应收票据"(无追索权)或"短期借款"科目(有追索权)。附追索权的商业汇票到期未发生追索事项的,按照商业汇票的票面金额,借记"短期借款"科目,贷记"应收票据"科目。

【例13-15】 接例13-14。该事业单位将未到期的商业汇票向银行贴现(无追索权),实际收到贴现金额9 800元,银行扣贴现息金额200元。财会部门根据有关凭证,应做账务处理如下:

| 财 务 会 计 | 预 算 会 计 |
|---|---|
| 借:银行存款　　　　　　　9 800<br>　　经营费用　　　　　　　　200<br>　贷:应收票据　　　　　　　　10 000 | 借:资金结存——货币资金　　9 800<br>　贷:经营预算收入　　　　　　9 800 |

### (三) 票据背书转让

事业单位将持有的商业汇票背书转让以取得所需物资时,按照取得物资的成本,借记"库存物品"等科目,按照商业汇票的票面金额,贷记"应收票据"科目,如有差额,借记或贷记"银行存款"等科目。涉及增值税业务的,相关账务处理参见"应交增值税"科目。

### (四)票据到期

商业汇票到期时,应当分别以下情况处理:

1. 收回票款时,按照实际收到的商业汇票票面金额,借记"银行存款"科目,贷记"应收票据"科目。

2. 因付款人无力支付票款,收到银行退回的商业承兑汇票、委托收款凭证、未付票款通知书或拒付款证明等,按照商业汇票的票面金额,借记"应收账款"科目,贷记"应收票据"科目。

【例13-16】 接例13-14。该事业单位的商业汇票到期时,收回票款。财会部门根据有关凭证,应做账务处理如下:

| 财 务 会 计 | 预 算 会 计 |
|---|---|
| 借:银行存款　　　　　　　　　　10 000<br>　贷:应收票据　　　　　　　　　　10 000<br>若到期,付款人无力支付票款。<br>借:应收账款　　　　　　　　　　10 000<br>　贷:应收票据　　　　　　　　　　10 000 | 借:资金结存——货币资金　　　　10 000<br>　贷:经营预算收入　　　　　　　　10 000<br>若到期,付款人无力支付票款。<br>—— |

## 二、应收账款

"应收账款"科目核算事业单位提供服务、销售产品等应收取的款项,以及单位因出租资产、出售物资等应收取的款项。事业单位应当按照债务单位(或个人)进行明细核算。本科目期末借方余额,反映单位尚未收回的应收账款。

### (一)应收账款收回后不需上缴财政

单位发生应收账款时,按照应收未收金额,借记"应收账款"科目,贷记"事业收入""经营收入""租金收入""其他收入"等科目。涉及增值税业务的,相关账务处理参见"应交增值税"科目。收回应收账款时,按照实际收到的金额,借记"银行存款"等科目,贷记"应收账款"科目。

【例13-17】 某事业单位开展经营业务,销售商品一批,销售额9 000元,货款未收到。不考虑增值税,财会部门根据有关凭证,应做账务处理如下:

| 财 务 会 计 | 预 算 会 计 |
|---|---|
| 借:应收账款　　　　　　　　　　9 000<br>　贷:经营收入　　　　　　　　　　9 000 | —— |

【例13-18】 接例13-17。该单位收到货款,款项存入银行。财会部门根据有关凭证,应做账务处理如下:

| 财 务 会 计 | 预 算 会 计 |
|---|---|
| 借:银行存款　　　　　　　　　　9 000<br>　贷:应收账款　　　　　　　　　　9 000 | 借:资金结存——货币资金　　　　9 000<br>　贷:经营预算收入　　　　　　　　9 000 |

## (二) 应收账款收回后需上缴财政

单位出租资产发生应收未收租金款项时或出售物资发生应收未收款项时,按照应收未收金额,借记"应收账款"科目,贷记"应缴财政款"科目。收回应收账款时,按照实际收到的金额,借记"银行存款"等科目,贷记"应收账款"科目。涉及增值税业务的,相关账务处理参见"应交增值税"科目。

**【例 13-19】** 某事业单位出租房屋,取得应收未收租金收入 7 000 元(该租金收入需上缴财政)。财会部门根据有关凭证,应做账务处理如下:

| 财 务 会 计 | 预 算 会 计 |
| --- | --- |
| 借:应收账款　　　　　　　　　　　7 000<br>　贷:应缴财政款　　　　　　　　　　　7 000 | — |

**【例 13-20】** 接例 13-19。该单位收到货款,款项存入银行。财会部门根据有关凭证,应做账务处理如下:

| 财 务 会 计 | 预 算 会 计 |
| --- | --- |
| 借:银行存款　　　　　　　　　　　7 000<br>　贷:应收账款　　　　　　　　　　　　7 000 | — |

## (三) 计提坏账准备

事业单位应当于每年年末,对收回后不需上缴财政的应收账款进行全面检查,分析其可回收性,对预计可能产生的坏账损失计提坏账准备、确认坏账损失。"坏账准备"科目也是事业单位专用的会计科目,行政单位不计提坏账准备。

事业单位可以采用应收款项余额百分比法、账龄分析法、个别认定法等方法计提坏账准备。坏账准备计提方法一经确定,不得随意变更。如需变更,应当按照规定报经批准,并在财务报表附注中予以说明。

当期应补提或冲减的坏账准备金额的计算公式如下:

当期应补提或冲减的坏账准备=按照期末应收账款计算应计提的坏账准备金额-坏账准备期末贷方余额(或+坏账准备期末借方余额)

**【例 13-21】** 某事业单位年末应收账款(收回后不需上缴财政)50 000 元,坏账准备期末贷方余额 800 元,按照期末应收账款计算应计提的坏账准备金额为 1 000 元,应补计提坏账准备 200 元。财会部门根据有关凭证,应做账务处理如下:

| 财 务 会 计 | 预 算 会 计 |
| --- | --- |
| 借:其他费用　　　　　　　　　　　200<br>　贷:坏账准备　　　　　　　　　　　　200<br>若坏账准备期末余额 1 300 元,则应冲减坏账准备 300 元。<br>借:坏账准备　　　　　　　　　　　300<br>　贷:其他费用　　　　　　　　　　　　300 | — |

## (四) 核销

1. 事业单位应当于每年年末,对收回后不需上缴财政的应收账款进行全面检查。

对于账龄超过规定年限、确认无法收回的应收账款,按照规定报经批准后予以核销。按照核销金额,借记"坏账准备"科目,贷记"应收账款"科目。核销的应收账款应在备查簿中保留登记。

已核销的应收账款在以后期间又收回的,按照实际收回金额,借记"应收账款"科目,贷记"坏账准备"科目;同时,借记"银行存款"等科目,贷记"应收账款"科目。

2. 单位应当于每年年末,对收回后应当上缴财政的应收账款进行全面检查。

对于账龄超过规定年限、确认无法收回的应收账款,按照规定报经批准后予以核销。按照核销金额,借记"应缴财政款"科目,贷记"应收账款"科目。核销的应收账款应当在备查簿中保留登记。

已核销的应收账款在以后期间又收回的,按照实际收回金额,借记"银行存款"等科目,贷记"应缴财政款"科目。

**【例 13-22】** 某事业单位对收回后不需上缴财政的应收账款的账龄进行分析,发现逾期 3 年没有收回的应收账款余额 2 500 元,确认无法收回,按照规定报经批准后予以核销。财会部门根据有关凭证,应做账务处理如下:

| 财 务 会 计 | 预 算 会 计 |
| --- | --- |
| 借:坏账准备　　　　　　　　　　2 500<br>　　贷:应收账款　　　　　　　　　　2 500 | — |
| 若已核销的应收账款在以后期间又收回的,按照实际收回金额。<br>借:应收账款　　　　　　　　　　2 500<br>　　贷:坏账准备　　　　　　　　　　2 500<br>同时,<br>借:银行存款　　　　　　　　　　2 500<br>　　贷:应收账款　　　　　　　　　　2 500 | 若已核销的应收账款在以后期间又收回的,按照实际收回金额。<br>借:资金结存——货币资金　　　　2 500<br>　　贷:非财政拨款结余　　　　　　　2 500 |

## 三、预付账款

"预付账款"科目核算单位按照购货、服务合同或协议规定预付给供应单位(或个人)的款项,以及按照合同规定向承包工程的施工企业预付的备料款和工程款。

单位应当按照供应单位(或个人)及具体项目进行明细核算;对于基本建设项目发生的预付账款,还应当在"预付账款"所属基建项目明细科目下设置"预付备料款""预付工程款""其他预付款"等明细科目,进行明细核算。本科目期末借方余额,反映单位实际预付但尚未结算的款项。

### (一) 发生预付账款

单位根据购货、服务合同或协议规定预付款项时,按照预付金额,借记"预付账款"科目,贷记"财政拨款收入""零余额账户用款额度""银行存款"等科目。

**【例 13-23】** 某事业单位开展经营业务,签订合同预购办公用品一批,合同金额 10 000 元,预付货款 3 000 元,以银行存款支付。财会部门根据有关凭证,应做账务处理如下:

| 财 务 会 计 | 预 算 会 计 |
|---|---|
| 借：预付账款　　　　　　　　　　3 000<br>　　贷：银行存款　　　　　　　　　　　3 000 | 借：经营支出　　　　　　　　　　3 000<br>　　贷：资金结存——货币资金　　　　　3 000 |

**（二）收到所购资产或服务**

单位收到所购资产或服务时，按照购入资产或服务的成本，借记"库存物品""固定资产""无形资产""业务活动费用"等相关科目，按照相关预付账款的账面余额，贷记"预付账款"科目，按照实际补付的金额，贷记"财政拨款收入""零余额账户用款额度""银行存款"等科目。涉及增值税业务的，相关账务处理参见"应交增值税"科目。

【例 13－24】 接例 13－23。单位收到该批办公用品，已验收，以银行存款支付余额 7 000 元。不考虑增值税，财会部门根据有关凭证，应做账务处理如下：

| 财 务 会 计 | 预 算 会 计 |
|---|---|
| 借：经营费用　　　　　　　　　　10 000<br>　　贷：预付账款　　　　　　　　　　　3 000<br>　　　　银行存款　　　　　　　　　　　7 000 | 借：经营支出　　　　　　　　　　7 000<br>　　贷：资金结存——货币资金　　　　　7 000 |

**（三）根据工程进度结算工程价款及备料款**

单位根据工程进度结算工程价款及备料款时，按照结算金额，借记"在建工程"科目，按照相关预付账款的账面余额，贷记"预付账款"科目，按照实际补付的金额，贷记"财政拨款收入""零余额账户用款额度""银行存款"等科目。

**（四）预付款退回**

单位发生预付账款退回的，按照实际退回金额，借记"财政拨款收入"（本年直接支付）"财政应返还额度"（以前年度直接支付）"零余额账户用款额度""银行存款"等科目，贷记"预付账款"科目。

**（五）年末账务处理**

单位应当于每年年末，对预付账款进行全面检查。如果有确凿证据表明预付账款不再符合预付款项性质，或者因供应单位破产、撤销等原因可能无法收到所购货物、服务的，应当先将其转入其他应收款，再按照规定进行处理。将预付账款账面余额转入其他应收款时，借记"其他应收款"科目，贷记"预付账款"科目。

## 四、其他应收款

"其他应收款"科目核算单位除财政应返还额度、应收票据、应收账款、预付账款、应收股利、应收利息以外的其他各项应收及暂付款项，如职工预借的差旅费、已经偿还银行尚未报销的本单位公务卡欠款、拨付给内部有关部门的备用金、应向职工收取的各种垫付款项、支付的可以收回的订金或押金、应收的上级补助和附属单位上缴款项等。

单位应当按照其他应收款的类别以及债务单位（或个人）进行明细核算。本科目期末借方余额，反映单位尚未收回的其他应收款。

"其他应收款"的主要账务处理如下：

**（一）发生其他应收款**

单位发生其他各种应收及暂付款项时，按照实际发生金额，借记"其他应收款"科目，贷记"零余额账户用款额度""银行存款""库存现金""上级补助收入""附属单位上缴收入"等科目。涉及增值税业务的，相关账务处理参见"应交增值税"科目。纳入部门预算管理的暂付款，暂付时不用进行预算会计核算。实际报销或者结算时，再记入预算支出科目。对于不纳入部门预算管理的暂收暂付款，仅做财务会计处理，不做预算会计处理。

**【例 13 - 25】** 某单位支付饮用水水桶押金 1 000 元，以现金支付。财会部门根据有关凭证，应做账务处理如下：

| 财 务 会 计 | 预 算 会 计 |
| --- | --- |
| 借：其他应收款——押金　　1 000<br>　　贷：库存现金　　1 000 | —— |

**（二）收回其他应收款**

单位收回其他各种应收及暂付款项时，按照收回的金额，借记"库存现金""银行存款"等科目，贷记"其他应收款"科目。

**（三）备用金**

单位内部实行备用金制度的，有关部门使用备用金以后应当及时到财务部门报销并补足备用金。财务部门核定并发放备用金时，按照实际发放金额，借记"其他应收款"科目，贷记"库存现金"等科目。

根据报销金额用现金补足备用金定额时，借记"业务活动费用""单位管理费用"等科目，贷记"库存现金"等科目，报销数和拨补数都不再通过"其他应收款"核算。

**【例 13 - 26】** 2024 年 12 月 10 日某行政单位某职工借用备用金 2 000 元，以现金（单位自有资金）支付。财会部门根据有关凭证，应做账务处理如下：

| 财 务 会 计 | 预 算 会 计 |
| --- | --- |
| 借：其他应收款——备用金　　2 000<br>　　贷：库存现金　　2 000 | —— |

**【例 13 - 27】** 接例 13 - 26。该职工报销差旅费 1 900 元，差额以现金退回。财会部门根据有关凭证，应做账务处理如下：

| 财 务 会 计 | 预 算 会 计 |
| --- | --- |
| 借：业务活动费用　　1 900<br>　　库存现金　　100<br>　　贷：其他应收款——备用金　　2 000 | 借：行政支出　　1 900<br>　　贷：资金结存——货币资金　　1 900 |

### (四) 公务卡

单位偿还尚未报销的本单位公务卡欠款时,按照偿还的款项,借记"其他应收款"科目,贷记"零余额账户用款额度""银行存款"等科目;持卡人报销时,按照报销金额,借记"业务活动费用""单位管理费用"等科目,贷记"其他应收款"科目。

### (五) 计提坏账准备

事业单位应当于每年年末,对其他应收款进行全面检查,分析其可收回性,对预计可能产生的坏账损失计提坏账准备、确认坏账损失。

事业单位可以采用应收款项余额百分比法、账龄分析法、个别认定法等方法计提坏账准备。坏账准备计提方法一经确定,不得随意变更。如需变更,应当按照规定报经批准,并在财务报表附注中予以说明。

当期应补提或冲减的坏账准备金额的计算公式如下:

当期应补提或冲减的坏账准备＝按照期末其他应收款计算应计提的坏账准备金额－坏账准备期末贷方余额(或＋坏账准备期末借方余额)

### (六) 其他应收款核销

1. 事业单位应当于每年年末,对其他应收款进行全面检查,如发生不能收回的迹象,应当计提坏账准备。

对于账龄超过规定年限、确认无法收回的其他应收款,按照规定报经批准后予以核销。按照核销金额,借记"坏账准备"科目,贷记"其他应收款"科目。核销的其他应收款应当在备查簿中保留登记。

已核销的其他应收款在以后期间又收回的,按照实际收回金额,借记"其他应收款"科目,贷记"坏账准备"科目;同时,借记"银行存款"等科目,贷记"其他应收款"科目。

2. 行政单位应当于每年年末,对其他应收款进行全面检查。对于超过规定年限、确认无法收回的其他应收款,应当按照有关规定报经批准后予以核销。核销的其他应收款应在备查簿中保留登记。

经批准核销其他应收款时,按照核销金额,借记"资产处置费用"科目,贷记"其他应收款"科目。

已核销的其他应收款在以后期间又收回的,按照收回金额,借记"银行存款"等科目,贷记"其他收入"科目。

### (七) 其他应收款跨年度处理

按照《政府会计准则制度解释第1号》的规定,其他应收款跨年度处理如下:

1. 对于纳入本年度部门预算管理的暂付款项

单位在支付款项时只做财务会计,不做预算会计处理(如例13-26)。在年末结账前,对于尚未结算或报销的暂付款项,单位应当按照暂付的金额,借记相关预算支出科目,贷记"资金结存"科目,暂不做财务会计处理。以后年度,实际结算或报销金额与已计入预算支出的金额不一致的,单位应当通过相关预算结转结余科目"年初余额调整"明细科目进行处理。

【例13-28】 接例13-26。2024年底该职工没来报销这笔暂付款,但这笔暂付款纳入了2024年度部门预算管理。2025年1月5日,该职工报销这笔暂付款(差旅费)1900元,差额以现金退回。财会部门根据有关凭证,应做账务处理如下:

| 财 务 会 计 | 预 算 会 计 |
|---|---|
| 2024 年底： <br> — | 2024 年底： <br> 借：行政支出       2 000 <br>   贷：资金结存——货币资金  2 000 |
| 2025 年 1 月 5 日： <br> 借：业务活动费用      1 900 <br>   库存现金        100 <br>   贷：其他应收款——备用金  2 000 | 2025 年 1 月 5 日： <br> 借：资金结存——货币资金   100 <br>   贷：非财政拨款结余——年初余额调整等 100 |

2. 对于应当纳入下一年度部门预算管理的暂付款项，单位在支付款项时同样只做财务会计，不做预算会计处理（如例13-26）。待下一年实际结算或报销时，单位应当按照实际结算或报销的金额，借记有关费用科目，按照之前暂付的款项金额，贷记"其他应收款"科目，按照退回或补付的金额，借记或贷记"银行存款"等科目；同时，在预算会计中，按照实际结算或报销的金额，借记有关支出科目，贷记"资金结存"科目。下一年度内尚未结算或报销的，按照上述1的规定处理。

【例 13-29】 接例 13-26。2024 年底该职工没来报销这笔暂付款，但这笔暂付款纳入了 2025 年度部门预算管理。2025 年 1 月 5 日，该职工报销这笔暂付款（差旅费）1 900 元，差额以现金退回。财会部门根据有关凭证，应做账务处理如下：

| 财 务 会 计 | 预 算 会 计 |
|---|---|
| 2024 年底： <br> 不做财务会计处理 | 2024 年底： <br> 不做预算会计处理 |
| 2025 年 1 月 5 日： <br> 借：业务活动费用      1 900 <br>   库存现金        100 <br>   贷：其他应收款——备用金  2 000 | 2025 年 1 月 5 日： <br> 借：行政支出       1 900 <br>   贷：资金结存——货币资金  1 900 |

## 第五节　存　货

存货是指单位在开展业务活动及其他活动中为耗用或出售而储存的资产，如材料、产品、包装物和低值易耗品等，以及未达到固定资产标准的用具、装具、动植物等。

单位的存货具体通过以下三个会计科目核算：

1. "在途物品"，核算采购材料等物资时货款已付或已开出商业汇票但尚未验收入库的在途物品的成本。本科目可按照供应单位和物品种类进行明细核算。

2. "库存物品"，核算单位在开展业务活动及其他活动中为耗用或出售而储存的各种材料、产品、包装物、低值易耗品，以及达不到固定资产标准的用具、装具、动植物等成本。

已完成的测绘、地质勘查、设计成果等的成本，也通过"库存物品"核算。

单位随买随用的零星办公用品,可以在购进时直接列作费用,不通过"库存物品"核算。

单位控制的政府储备物资,应当通过"政府储备物资"科目核算,不通过"库存物品"核算。

单位受托存储保管的物资和受托转赠的物资,应当通过"受托代理资产"科目核算,不通过"库存物品"核算。

单位为在建工程购买和使用的材料物资,应当通过"工程物资"科目核算,不通过"库存物品"核算。

本科目应当按照库存物品的种类、规格、保管地点等进行明细核算。单位储存的低值易耗品、包装物较多的,可以在库存物品(低值易耗品、包装物)下按照"在库""在用"和"摊销"等进行明细核算。

3."加工物品",核算单位自制或委托外单位加工的各种物品的成本。未完成的测绘、地质勘察、设计成果的实际成本,也通过"加工物品"核算。

本科目应当设置"自制物品""委托加工物品"两个一级明细科目,并按照物品类别、品种、项目等设置明细账,进行明细核算。

存货必须在符合定义的前提下,同时满足下列两个条件,才能予以确认:

(1)与该存货相关的服务潜力很可能实现或者经济利益很可能流入单位;
(2)该存货的成本或者价值能够可靠地计量。

## 一、存货的取得

单位取得存货应当按照成本进行初始计量。

### (一)外购的存货

单位购入的存货,其成本包括购买价款、相关税费、运输费、装卸费、保险费以及使得存货达到目前场所和状态所发生的归属于存货成本的其他支出。

1.单位采购材料等物资时货款已付或已开出商业汇票但尚未验收入库的在途物品,按照确定的物品采购成本的金额,借记"在途物品",按照实际支付的金额,贷记"财政拨款收入""零余额账户用款额度""银行存款"等科目。涉及增值税业务的,相关账务处理参见"应交增值税"科目。

所购材料等物品到达验收入库,按照确定的库存物品成本金额,借记"库存物品"科目,按照物品采购成本金额,贷记"在途物品"科目,按照使得入库物品达到目前场所和状态所发生的其他支出,贷记"银行存款"等科目。

2.单位外购的物品验收入库,按照确定的成本,借记"库存物品",贷记"财政拨款收入""零余额账户用款额度""银行存款""应付账款""在途物品"等科目。涉及增值税业务的,相关账务处理参见"应交增值税"科目。

【例 13-30】 某事业单位通过政府采购购入自用材料 50 箱,每箱 200 元,价款 10 000元,暂未验收入库,财政直接支付货款。财会部门根据有关凭证,应做账务处理如下:

| 财 务 会 计 | | 预 算 会 计 | |
|---|---|---|---|
| 借:在途物品 | 10 000 | 借:事业支出 | 10 000 |
| 　贷:财政拨款收入 | 10 000 | 　贷:财政拨款预算收入 | 10 000 |

【例13-31】 接例13-30。上述自用材料到达本单位并验收入库。

| 财 务 会 计 | 预 算 会 计 |
|---|---|
| 借：库存物品　　　　　　　　　　10 000<br>　　贷：在途物品　　　　　　　　　10 000 | — |

## （二）自行加工的存货

单位自行加工的存货，其成本包括耗用的直接材料费用、发生的直接人工费用和按照一定方法分配的与存货加工有关的间接费用。

自行加工的存货通过"加工物品——自制物品"科目核算，一级明细科目下应当设置"直接材料""直接人工""其他直接费用"等二级明细科目归集自制物品发生的直接材料、直接人工（专门从事物品制造人员的人工费）等直接费用；对于自制物品发生的间接费用，应当在"加工物品——自制物品"一级明细科目下单独设置"间接费用"二级明细科目予以归集，期末再按照一定的分配标准和方法，分配计入有关物品的成本。

【例13-32】 某事业单位自行加工实验产品一批，共发生如下费用：领用A材料价值5 000元，发生本单位职工工资12 000元。财会部门根据有关凭证，应做账务处理如下：

| 财 务 会 计 | 预 算 会 计 |
|---|---|
| 借：加工物品——自制物品——直接材料　　5 000<br>　　加工物品——自制物品——直接人工　12 000<br>　　贷：库存物品　　　　　　　　　　　　5 000<br>　　　　应付职工薪酬　　　　　　　　　12 000 | — |

【例13-33】 接例13-32。上述实验产品加工完成后验收入库。

| 财 务 会 计 | 预 算 会 计 |
|---|---|
| 借：库存物品　　　　　　　　　　　　　　17 000<br>　　贷：加工物品——自制物品——直接材料　5 000<br>　　　　加工物品——自制物品——直接人工 12 000 | — |

## （三）委托加工的存货

单位委托加工的存货，其成本包括委托加工前存货成本、委托加工的成本（如委托加工费以及按规定应计入委托加工存货成本的相关税费等）以及使存货达到目前场所和状态所发生的归属于存货成本的其他支出。

委托加工的存货通过"加工物品——委托加工物品"科目核算。

【例13-34】 某事业单位委托外单位加工装具一批，发出材料价值10 000元，另以零余额账户用款额度支付运输费1 000元。财会部门根据有关凭证，应做账务处理如下：

| 财 务 会 计 | 预 算 会 计 |
|---|---|
| 借：加工物品——委托加工物品　　11 000<br>　　贷：库存物品　　　　　　　　　　　　10 000<br>　　　　零余额账户用款额度　　　　　　1 000 | 借：事业支出　　　　　　　　　　　　1 000<br>　　贷：资金结存——零余额账户用款额度　1 000 |

**【例 13 - 35】** 接例 13 - 34。上述装具加工完成后验收入库。

| 财 务 会 计 | 预 算 会 计 |
|---|---|
| 借：库存物品　　　　　　　　　　　11 000<br>　　贷：加工物品——委托加工物品　　11 000 | — |

### （四）置换取得的存货

单位通过置换取得的存货，其成本按照换出资产的评估价值，加上支付的补价或减去收到的补价，加上为换入存货发生的其他相关支出确定。

置换换入的库存物品验收入库，按照确定的成本，借记"库存物品"科目，按照换出资产的账面余额，贷记相关资产科目（换出资产为固定资产、无形资产的，还应当借记"固定资产累计折旧""无形资产累计摊销"科目），按照置换过程中发生的其他相关支出，贷记"银行存款"等科目，按照借贷方差额，借记"资产处置费用"科目或贷记"其他收入"科目。涉及补价的，分别以下情况处理：

1. 支付补价的，按照确定的成本，借记"库存物品"科目，按照换出资产的账面余额，贷记相关资产科目（换出资产为固定资产、无形资产的，还应当借记"固定资产累计折旧""无形资产累计摊销"科目），按照支付的补价和置换过程中发生的其他相关支出，贷记"银行存款"等科目，按照借贷方差额，借记"资产处置费用"科目或贷记"其他收入"科目。

2. 收到补价的，按照确定的成本，借记"库存物品"科目，按照收到的补价，借记"银行存款"等科目，按照换出资产的账面余额，贷记相关资产科目（换出资产为固定资产、无形资产的，还应当借记"固定资产累计折旧""无形资产累计摊销"科目），按照置换过程中发生的其他相关支出，贷记"银行存款"等科目，按照补价扣减其他相关支出后的净收入，贷记"应缴财政款"科目，按照借贷方差额，借记"资产处置费用"科目或贷记"其他收入"科目。

**【例 13 - 36】** A 事业单位用自己的甲无形资产置换 C 公司的乙产成品，甲无形资产原值 1 000 万元，已经累计摊销 400 万元，评估价为 500 万元，A 单位用自有资金以银行存款的方式支付各种置换税费 3 万元。A 单位同时收到 C 公司支付的补价 2 万元。不考虑增值税，财会部门根据有关凭证，A 单位应做账务处理如下：

| 财 务 会 计 | 预 算 会 计 |
|---|---|
| 借：库存物品——乙　　　　　　　5 010 000<br>　　银行存款　　　　　　　　　　　 20 000<br>　　无形资产累计摊销　　　　　　4 000 000<br>　　资产处置费用——无形资产　　1 000 000<br>　　贷：无形资产——甲无形资产　　10 000 000<br>　　　　银行存款　　　　　　　　　　30 000 | 借：其他支出——其他资金支出　　10 000<br>　　贷：资金结存——货币资金　　　　10 000 |

【例 13-37】 A 事业单位用自己的甲无形资产置换 C 公司的乙产成品,甲无形资产原值 1 000 万元,已经累计摊销 700 万元,评估价为 500 万元,A 单位用自有资金以银行存款的方式支付各种置换税费 3 万元。A 单位同时向 C 公司支付补价 2 万元。不考虑增值税,财会部门根据有关凭证,A 单位应做账务处理如下:

| 财 务 会 计 | 预 算 会 计 |
|---|---|
| 借:库存物品——乙 5 050 000<br>　　无形资产累计摊销 7 000 000<br>　贷:无形资产——甲无形资产 10 000 000<br>　　　银行存款 50 000<br>　　　其他收入 2 000 000 | 借:其他支出——其他资金支出 50 000<br>　贷:资金结存——货币资金 50 000 |

### (五) 接受捐赠的存货

单位接受捐赠的存货,其成本按照有关凭据注明的金额加上相关税费、运输费等确定;没有相关凭据可供取得,但按规定经过资产评估的,其成本按照评估价值加上相关税费、运输费等确定;没有相关凭据可供取得、也未经资产评估的,其成本比照同类或类似资产的市场价格加上相关税费、运输费等确定;没有相关凭据且未经资产评估、同类或类似资产的市场价格也无法可靠取得的,按照名义金额入账,相关税费、运输费等计入当期费用。

按照《政府会计准则制度解释第 3 号》的规定,"凭据"包括发票、报关单、有关协议等。有确凿证据表明凭据上注明的金额高于受赠资产同类或类似资产的市场价格 30% 或达不到其 70% 的,应当以同类或类似资产的市场价格确定成本。这里所称"同类或类似资产的市场价格",一般指取得资产当日捐赠方自产物资的出厂价、所销售物资的销售价、非自产或销售物资在知名大型电商平台同类或类似商品价格等。如果存在政府指导价或政府定价的,应符合其规定。

接受捐赠的库存物品验收入库,按照确定的成本,借记"库存物品"科目,按照发生的相关税费、运输费等,贷记"银行存款"等科目,按照其差额,贷记"捐赠收入"科目。

接受捐赠的库存物品按照名义金额入账的,按照名义金额,借记"库存物品"科目,贷记"捐赠收入"科目;同时,按照发生的相关税费、运输费等,借记"其他费用"科目,贷记"银行存款"等科目。

【例 13-38】 某事业单位接受港商捐赠的实验用材料一批,凭据上注明的价格为 60 000,与市场价一致。发生运输费 2 500 元,以银行存款支付,材料已验收入库。财会部门根据有关凭证,应做账务处理如下:

| 财 务 会 计 | 预 算 会 计 |
|---|---|
| 借:库存物品 62 500<br>　贷:捐赠收入 60 000<br>　　　银行存款 2 500 | 借:其他支出 2 500<br>　贷:资金结存——货币资金 2 500 |

### (六) 无偿调入的存货

单位无偿调入的存货,其成本按照调出方账面价值加上相关税费、运输费等确定。

无偿调入的库存物品验收入库,按照确定的成本,借记"库存物品"科目,按照发生的相关税费、运输费等,贷记"银行存款"等科目,按照其差额,贷记"无偿调拨净资产"科目。

【例 13-39】 某行政单位接受外单位无偿调入一批包装物,以银行存款支付运输费 500 元。该包装物在调出单位的账面价值是 6 500 元。包装物已验收入库。财会部门根据有关凭证,应做账务处理如下:

| 财 务 会 计 | 预 算 会 计 |
|---|---|
| 借:库存物品　　　　　　　　　7 000<br>　贷:无偿调拨净资产　　　　　　　6 500<br>　　　银行存款　　　　　　　　　　500 | 借:其他支出　　　　　　　　　　500<br>　贷:资金结存——货币资金　　　　500 |

在确定存货成本的过程中,下列各项应当在发生时确认为当期费用,不计入存货成本:
(1) 非正常消耗的直接材料、直接人工和间接费用。
(2) 仓储费用(不包括在加工过程中为达到下一个加工阶段所必需的费用)。
(3) 不能归属于使存货达到目前场所和状态所发生的其他支出。

## 二、存货的发出

单位应当根据各类存货的实物流转方式、单位管理的要求、存货的性质等实际情况,合理地选择发出存货成本的计算方法,以合理确定当期发出存货的实际成本。对于性质和用途相似的存货,应当采用相同的成本计算方法确定发出存货的成本。单位在确定发出存货的成本时,可以采用先进先出法、加权平均法或者个别计价法。对于不能替代使用的存货、为特定项目专门购入或加工的存货,通常采用个别计价法确定发出存货的成本。计价方法一经确定,不得随意变更。

单位对于已发出的存货,应当将其成本结转为当期费用或者计入相关资产成本。按规定报经批准对外捐赠、无偿调出的存货,应当将其账面余额予以转销,对外捐赠、无偿调出中发生的归属于捐出方、调出方的相关费用应当计入当期费用。

### (一) 领用的存货

单位开展业务活动等领用、按照规定自主出售发出或加工发出库存物品,按照领用、出售等发出物品的实际成本,借记"业务活动费用""单位管理费用""经营费用""加工物品"等科目,贷记"库存物品"科目。

采用一次转销法摊销低值易耗品、包装物的,在首次领用时将其账面余额一次性摊销计入有关成本费用,借记有关科目,贷记"库存物品"科目。

采用五五摊销法摊销低值易耗品、包装物的,首次领用时,将其账面余额的 50% 摊销计入有关成本费用,借记有关科目,贷记"库存物品"科目;使用完时,将剩余的账面余额转销计入有关成本费用,借记有关科目,贷记"库存物品"科目。

【例 13-40】 某事业单位的 A 部门(属于后勤管理部门)领取材料一批,按先进先出法核算该批材料价值 1 500 元。财会部门根据有关凭证,应做账务处理如下:

| 财 务 会 计 | 预 算 会 计 |
|---|---|
| 借:单位管理费用　　　　　　　1 500<br>　贷:库存物品　　　　　　　　　1 500 | —— |

## (二) 出售的存货

经批准对外出售的库存物品(不含可自主出售的库存物品)发出时,按照库存物品的账面余额,借记"资产处置费用"科目,贷记"库存物品"科目;同时,按照收到的价款,借记"银行存款"等科目,按照处置过程中发生的相关费用,贷记"银行存款"等科目,按照其差额,贷记"应缴财政款"科目。

**【例 13-41】** 某事业单位经批准将一批不可自主出售的材料对外销售,其账面价值为 5 500 元,销售价款为 6 000 元,销售过程中发生包装运输费 300 元,以银行存款收支。不考虑增值税,财会部门根据有关凭证,应做账务处理如下:

| 财 务 会 计 | 预 算 会 计 |
|---|---|
| 借:资产处置费用　　　　　　5 500<br>　　贷:库存物品　　　　　　　　5 500 | — |
| 借:银行存款　　　　　　　　6 000<br>　　贷:银行存款　　　　　　　　　300<br>　　　　应缴财政款　　　　　　5 700 | — |

## (三) 对外捐赠的存货

经批准对外捐赠的库存物品发出时,按照库存物品的账面余额和对外捐赠过程中发生的归属于捐出方的相关费用合计数,借记"资产处置费用"科目,按照库存物品账面余额,贷记"库存物品"科目,按照对外捐赠过程中发生的归属于捐出方的相关费用,贷记"银行存款"等科目。

**【例 13-42】** 某事业单位对外捐赠一批非自用材料,按加权平均法计算出该材料的账面价值为 30 000 元,另支付 2 000 元运输费,不考虑增值税。财会部门根据有关凭证,应做账务处理如下:

| 财 务 会 计 | 预 算 会 计 |
|---|---|
| 借:资产处置费用　　　　　　32 000<br>　　贷:库存物品　　　　　　　30 000<br>　　　　银行存款　　　　　　　2 000 | 借:其他支出　　　　　　　　2 000<br>　　贷:资金结存——货币资金　2 000 |

## (四) 无偿调出的存货

经批准无偿调出的库存物品发出时,按照库存物品的账面余额,借记"无偿调拨净资产"科目,贷记"库存物品"科目;同时,按照无偿调出过程中发生的归属于调出方的相关费用,借记"资产处置费用"科目,贷记"银行存款"等科目。

**【例 13-43】** 某事业单位无偿调出一批低值易耗品,账面价值 20 000 元,以银行存款支付运费 1 500 元。财会部门根据有关凭证,应做账务处理如下:

| 财 务 会 计 | 预 算 会 计 |
|---|---|
| 借：无偿调拨净资产　　　　　　20 000<br>　　贷：库存物品　　　　　　　　　　20 000<br>借：资产处置费用　　　　　　　1 500<br>　　贷：银行存款　　　　　　　　　　 1 500 | 借：其他支出　　　　　　　　　1 500<br>　　贷：资金结存——货币资金　　　　1 500 |

**(五) 置换换出的存货**

经批准置换换出的库存物品,参照有关置换换入库存物品的规定进行账务处理。

### 三、存货的期末处理

单位应当定期对库存物品进行清查盘点,每年至少盘点一次。对于发生的库存物品盘盈、盘亏或者报废、毁损,应当先记入"待处理财产损溢"科目,按照规定报经批准后及时进行后续账务处理。

1. 盘盈的存货

单位盘盈的存货,其成本按照有关凭据注明的金额确定;没有相关凭据、但按照规定经过资产评估的,其成本按照评估价值确定;没有相关凭据、也未经过评估的,其成本按照重置成本确定。如无法采用上述方法确定盘盈的库存物品成本的,按照名义金额入账。

盘盈的存货,按照确定的成本,借记"库存物品"科目,贷记"待处理财产损溢"科目。按照规定报经批准后处理。

【例 13-44】 某事业单位对库存物资进行期末盘点,盘盈甲材料 2 箱,每箱价值 200 元,共计 400 元。财会部门根据有关凭证,应做账务处理如下:

| 财 务 会 计 | 预 算 会 计 |
|---|---|
| 借：库存物品　　　　　　　　　　400<br>　　贷：待处理财产损溢　　　　　　　　400 | — |

【例 13-45】 接例 13-44,经批准,盘盈的甲材料冲减单位管理费用。

| 财 务 会 计 | 预 算 会 计 |
|---|---|
| 借：待处理财产损溢　　　　　　　400<br>　　贷：单位管理费用　　　　　　　　　400 | — |

2. 盘亏或者毁损、报废的存货

单位盘亏或者毁损、报废的库存物品等存货,按照待处理库存物品的账面余额,借记"待处理财产损溢"科目,贷记"库存物品"科目。

属于增值税一般纳税人的单位,若因非正常原因导致的库存物品盘亏或毁损,还应当将与该库存物品相关的增值税进项税额转出,按照其增值税进项税额,借记"待处理财产损溢"科目,贷记"应交增值税——应交税金(进项税额转出)"科目。

【例 13-46】 某事业单位对库存物资进行期末盘点,盘亏对外加工产品所用的物品 20千克,每千克 80元,共计 1 600元,该物品的进项税 272元,已抵扣。该事业单位为增值税一般纳税人,物品是非正常原因导致的盘亏。财会部门根据有关凭证,应做账务处理如下:

| 财 务 会 计 | 预 算 会 计 |
| --- | --- |
| 借:待处理财产损溢　　　　　　　　1 872<br>　贷:库存物品　　　　　　　　　　　1 600<br>　　　应交增值税——应交税金——进项税额转出<br>　　　　　　　　　　　　　　　　　272 | — |

## 第六节　对外投资

对外投资,是指事业单位按规定以货币资金、实物资产、无形资产等方式形成的债权或股权投资。行政单位按规定不能对外投资,所以不设置"短期投资""长期债券投资""长期股权投资"科目。

对外投资分为短期投资和长期投资。短期投资,是指事业单位取得的持有时间不超过 1年(含 1 年)的投资。长期投资,是指事业单位取得的除短期投资以外的债权和股权性质的投资。债权投资主要是国债投资,股权投资主要是长期股权投资。

事业单位应当严格控制对外投资。在保证单位正常运转和事业发展的前提下,按照国家有关规定可以对外投资的,应当履行相关审批程序。事业单位不得使用财政拨款及其结余进行对外投资,不得从事股票、期货、基金、企业债券等投资,国家另有规定的除外。事业单位以非货币性资产对外投资的,应当按照国家有关规定进行资产评估,合理确定资产价值。事业单位应当严格遵守国家法律、行政法规以及财政部门、主管部门关于对外投资的有关规定,保障对外投资资金的安全。

### 一、短期投资

短期投资是指事业单位依法取得的,持有时间不超过 1 年(含 1 年)的投资。

事业单位应当设置"短期投资"科目,核算事业单位按照规定取得的,持有时间不超过 1 年(含 1 年)的投资。

"短期投资"科目应当按照投资的种类等进行明细核算。本科目期末借方余额,反映事业单位持有短期投资的成本。

#### (一)短期投资的取得

短期投资在取得时,应当按照实际成本(包括购买价款和相关税费,下同)作为初始投资成本。实际支付价款中包含的已到付息期但尚未领取的利息,应当于收到时冲减短期投资成本。

取得短期投资时,按照确定的投资成本,借记"短期投资"科目,贷记"银行存款"等科目。收到取得投资时实际支付价款中包含的已到付息期但尚未领取的利息,按照实际收到的金额,借记"银行存款"科目,贷记"短期投资"科目。

【例 13-47】 某事业单位 2024 年 1 月 1 日购入一年期国债 100 000元,每半年支付一次

利息,购买时发生手续费 500 元,用银行存款支付。财会部门根据有关凭证,应做账务处理如下:

| 财 务 会 计 | 预 算 会 计 |
|---|---|
| 借:短期投资　　　　　　　　　100 500<br>　　贷:银行存款　　　　　　　　　100 500 | 借:投资支出　　　　　　　　　　100 500<br>　　贷:资金结存——货币资金　　　100 500 |

### (二) 短期投资的持有期间

短期投资持有期间的利息,应当于实际收到时确认为投资收益。

收到短期投资持有期间的利息,按照实际收到的金额,借记"银行存款"科目,贷记"投资收益"科目。

【例 13-48】 接例 13-47。2024 年 7 月 1 日,该单位收到利息 3 000 元,并存入银行。财会部门根据有关凭证,应做账务处理如下:

| 财 务 会 计 | 预 算 会 计 |
|---|---|
| 借:银行存款　　　　　　　　　　3 000<br>　　贷:投资收益　　　　　　　　　　3 000 | 借:资金结存——货币资金　　　　3 000<br>　　贷:投资预算收益　　　　　　　3 000 |

### (三) 短期投资的处置

单位按规定出售或到期收回短期投资,应当将收到的价款扣除短期投资账面余额和相关税费后的差额计入投资损益。

出售短期投资或到期收回短期投资本息,按照实际收到的金额,借记"银行存款"科目,按照出售或收回短期投资的账面余额,贷记"短期投资"科目,按照其差额,借记或贷记"投资收益"科目。涉及增值税业务的,相关账务处理参见"应交增值税"科目。

【例 13-49】 接例 13-47。2025 年 1 月 1 日该单位所购国债到期,收到本金和利息共计 103 000 元,并存入银行。不考虑增值税,财会部门根据有关凭证,应做账务处理如下:

| 财 务 会 计 | 预 算 会 计 |
|---|---|
| 借:银行存款　　　　　　　　　103 000<br>　　贷:短期投资　　　　　　　　　100 500<br>　　　　投资收益　　　　　　　　　2 500 | 借:资金结存——货币资金　　　103 000<br>　　贷:其他结余　　　　　　　　　100 500<br>　　　　投资预算收益　　　　　　　2 500 |

## 二、长期债券投资

"长期债券投资"科目,核算事业单位按照规定取得的,持有时间超过 1 年(不含 1 年)的债券投资。"长期债券投资"科目应当设置"成本"和"应计利息"明细科目,并按照债券投资的种类进行明细核算。本科目期末借方余额,反映事业单位持有的长期债券投资的价值。

## (一) 长期债券投资的取得

长期债券投资在取得时,应当按照实际成本作为初始投资成本。实际支付价款中包含的已到付息期但尚未领取的债券利息,应当单独确认为应收利息,不计入长期债券投资初始投资成本。

取得的长期债券投资,按照确定的投资成本,借记"长期债券投资——成本"科目,按照支付的价款中包含的已到付息期但尚未领取的利息,借记"应收利息"科目,按照实际支付的金额,贷记"银行存款"等科目。

实际收到取得债券时所支付价款中包含的已到付息期但尚未领取的利息时,借"银行存款"科目,贷记"应收利息"科目。

**【例 13-50】** 某事业单位 2024 年 1 月 1 日购入 5 年期国家债券 180 000 元,支付手续费 500 元,该债券票面利率 7%,分期付息,到期一次还本,以银行存款支付。财会部门根据有关凭证,应做账务处理如下:

| 财 务 会 计 | 预 算 会 计 |
| --- | --- |
| 借:长期债券投资——成本　　180 500<br>　贷:银行存款　　　　　　　　　　180 500 | 借:投资支出　　　　　　　　　　180 500<br>　贷:资金结存——货币资金　　　180 500 |

## (二) 长期债券投资的持有期间

长期债券投资持有期间,应当按期以票面金额与票面利率计算确认利息收入。

对于分期付息、一次还本的长期债券投资,应当将计算确定的应收未收利息确认为应收利息,计入投资收益;对于一次还本付息的长期债券投资,应当将计算确定的应收未收利息计入投资收益,并增加长期债券投资的账面余额。

长期债券投资持有期间,按期以债券票面金额与票面利率计算确认利息收入时,如为到期一次还本付息的债券投资,借记"长期债券投资——应计利息"科目,贷记"投资收益"科目;如为分期付息、到期一次还本的债券投资,借记"应收利息"科目,贷记"投资收益"科目。

收到分期支付的利息时,按照实收的金额,借记"银行存款"等科目,贷记"应收利息"科目。

**【例 13-51】** 接例 13-50。2024 年年末,单位计提本年应收利息 12 600 元,次年 1 月 10 日,收入利息存入银行。财会部门根据有关凭证,应做账务处理如下:

| 财 务 会 计 | 预 算 会 计 |
| --- | --- |
| 计提时:<br>借:应收利息　　　　　　　　　12 600<br>　贷:投资收益　　　　　　　　　　12 600 | —— |
| 收到时:<br>借:银行存款　　　　　　　　　12 600<br>　贷:应收利息　　　　　　　　　　12 600 | 借:资金结存——货币资金　　　12 600<br>　贷:投资预算收益　　　　　　　　12 600 |

## (三) 长期债券投资的处置

单位按规定出售或到期收回长期债券投资,应当将实际收到的价款扣除长期债券投资账面余额和相关税费后的差额计入投资损益。

1. 到期收回长期债券投资,按照实际收到的金额,借记"银行存款"科目,按照长期债券投资的账面余额,贷记"长期债券投资"科目,按照相关应收利息金额,贷记"应收利息"科目,按照其差额,贷记"投资收益"科目。

2. 对外出售长期债券投资,按照实际收到的金额,借记"银行存款"科目,按照长期债券投资的账面余额,贷记"长期债券投资"科目,按照已记入"应收利息"科目但尚未收取的金额,贷记"应收利息"科目,按照其差额,贷记或借记"投资收益"科目。涉及增值税业务的,相关账务处理参见"应交增值税"科目。

【例 13-52】 接例 13-50。2029 年 1 月 1 日,该债券到期,收到本金和最后一期利息 192 600 元(假设 2028 年 12 月 31 日确认应收利息 12 600 元和投资收益 12 600 元),不考虑增值税,财会部门根据有关凭证,应做账务处理如下:

| 财 务 会 计 | | 预 算 会 计 | |
| --- | --- | --- | --- |
| 借:银行存款 | 12 600 | 借:资金结存——货币资金 | 12 600 |
|   贷:应收利息 | 12 600 |   贷:投资预算收益 | 12 600 |
| 借:银行存款 | 180 000 | 借:资金结存——货币资金 | 180 000 |
|   投资收益 | 500 |   投资预算收益 | 500 |
|   贷:长期债券投资——成本 | 180 500 |   贷:其他结余 | 180 500 |

## 三、长期股权投资

事业单位应当设置"长期股权投资"科目,核算按照规定取得的,持有时间超过 1 年(不含 1 年)的股权性质的投资。按照《政府会计准则制度解释第 3 号》的规定,政府会计的股权投资是指政府会计主体持有的各类股权投资资产,包括国际金融组织股权投资、投资基金股权投资、企业股权投资等,而不包括出资成立非营利法人单位,如事业单位、社会团体、基金会等。出资成立非营利法人单位时,财务会计记入其他费用,预算会计记入其他支出。

"长期股权投资"应当按照被投资单位和长期股权投资取得方式等进行明细核算。长期股权投资采用权益法核算的,还应当按照"成本""损益调整""其他权益变动"设置明细科目,进行明细核算。本科目期末借方余额,反映事业单位持有的长期股权投资的价值。

**(一) 长期股权投资的取得**

长期股权投资在取得时,应当按照实际成本作为初始投资成本。

1. 支付现金取得

单位以支付现金取得的长期股权投资,按照实际支付的全部价款(包括购买价款和相关税费)作为实际成本。实际支付价款中包含的已宣告但尚未发放的现金股利,应当单独确认为应收股利,不计入长期股权投资初始投资成本。

以现金取得的长期股权投资,按照确定的投资成本,借记"长期股权投资"或"长期股权投资——成本"科目,按照支付的价款中包含的已宣告但尚未发放的现金股利,借记"应收股利"科目,按照实际支付的全部价款,贷记"银行存款"等科目。

实际收到取得投资时所支付价款中包含的已宣告但尚未发放的现金股利时,借记"银行存款"科目,贷记"应收股利"科目。

**【例 13-53】** 某科研事业单位 2024 年 1 月 1 日用银行存款 1 000 万元对 A 公司进行投资,占 A 公司股份的 80%。A 公司 2023 年 12 月 25 日已宣告在 2024 年 1 月 13 日发放股利 20 万元。2024 年 1 月 13 日,该科研事业单位收到 16 万元(即 20 万元的 80%)股利。

| 财 务 会 计 | 预 算 会 计 |
|---|---|
| 1 月 1 日:<br>借:长期股权投资——成本　　　9 840 000<br>　　应收股利——A 公司　　　　160 000<br>　　贷:银行存款　　　　　　　　10 000 000<br>1 月 13 日:<br>借:银行存款　　　　　　　　　160 000<br>　　贷:应收股利——A 公司　　　160 000 | 1 月 1 日:<br>借:投资支出——长期股权投资　10 000 000<br>　　贷:资金结存——货币资金　　10 000 000<br>1 月 13 日:<br>借:资金结存——货币资金　　　160 000<br>　　贷:投资支出——长期股权投资　160 000 |

2. 以现金以外的其他资产置换取得

单位以现金以外的其他资产置换取得的长期股权投资,其成本按照换出资产的评估价值加上支付的补价或减去收到的补价,加上换入长期股权投资发生的其他相关支出确定。

以现金以外的其他资产置换取得的长期股权投资,参照存货中置换取得库存物品的相关规定进行账务处理。

以未入账的无形资产取得的长期股权投资,按照评估价值加相关税费作为投资成本,借记"长期股权投资"科目,按照发生的相关税费,贷记"银行存款""其他应交税费"等科目,按其差额,贷记"其他收入"科目。

按照《政府会计准则制度解释第 1 号》的规定,事业单位以其持有的科技成果取得的长期股权投资,应当按照评估价值加相关税费作为投资成本。事业单位按规定通过协议定价、在技术交易市场挂牌交易、拍卖等方式确定价格的,应当按照以上方式确定的价格加相关税费作为投资成本。

**【例 13-54】** 某事业单位以 10 台设备对 M 公司进行长期股权投资,每台设备估值 10 000 元,发生评估费用 2 000 元,评估费用以银行存款支付。该批设备账面余额 95 000 元,已计提折旧 15 000 元,账面价值 80 000 元。财会部门根据有关凭证,应做账务处理如下:

| 财 务 会 计 | 预 算 会 计 |
|---|---|
| 借:长期股权投资——成本　　　102 000<br>　　固定资产累计折旧　　　　　15 000<br>　　贷:固定资产　　　　　　　　95 000<br>　　　　其他收入　　　　　　　　20 000<br>　　　　银行存款　　　　　　　　2 000 | 借:其他支出　　　　　　　　　　2 000<br>　　贷:资金结存——货币资金　　　2 000 |

3. 接受捐赠取得

单位接受捐赠的长期股权投资,其成本按照有关凭据注明的金额加上相关税费确定;没有相关凭据可供取得,但按规定经过资产评估的,其成本按照评估价值加上相关税费确定;没有相关凭据可供取得、也未经资产评估的,其成本比照同类或类似资产的市场价格加上相关税费确定。

接受捐赠的长期股权投资,按照确定的投资成本,借记"长期股权投资"或"长期股权投资——成本"科目,按照发生的相关税费,贷记"银行存款"等科目,按照其差额,贷记"捐赠收入"科目。

【例 13-55】 某事业单位接受捐赠取得 N 公司的股权 10 000 股,每股价格 10 元,发生相关税费 800 元。财会部门根据有关凭证,应做账务处理如下:

| 财 务 会 计 | 预 算 会 计 |
|---|---|
| 借:长期股权投资——成本　　100 800<br>　贷:捐赠收入　　　　　　　　100 000<br>　　银行存款　　　　　　　　　　800 | 借:其他支出　　　　　　　　　　800<br>　贷:资金结存——货币资金　　　800 |

4. 无偿调入取得

无偿调入的长期股权投资,其成本按照调出方账面价值加上相关税费确定。

无偿调入的长期股权投资,按照确定的投资成本,借记"长期股权投资"或"长期股权投资——成本"科目,按照发生的相关税费,贷记"银行存款"等科目,按照其差额,贷记"无偿调拨净资产"科目的。

【例 13-56】 某事业单位无偿接受调入取得的 P 公司的股权 5 000 股,每股价格 20 元,相关税费 800 元,以银行存款支付。财会部门根据有关凭证,应做账务处理如下:

| 财 务 会 计 | 预 算 会 计 |
|---|---|
| 借:长期股权投资——成本　　100 800<br>　贷:无偿调拨净资产　　　　　100 000<br>　　银行存款　　　　　　　　　　800 | 借:其他支出　　　　　　　　　　800<br>　贷:资金结存——货币资金　　　800 |

(二) 长期股权投资的持有期间

长期股权投资在持有期间,通常采用权益法进行核算。单位无权决定被投资单位的财务和经营政策或无权参与被投资单位的财务和经营政策决策的,应当采用成本法进行核算。

持有期间收到的现金股利或利润有两种处理方式:一是留归单位所有,另一则需要上缴财政。前者需要确认为单位的投资收益;后者则无需确认为单位的投资收益,做应缴财政款处理。按照《政府会计准则制度解释第 1 号》的规定,事业单位按规定应将长期股权投资持有期间取得的投资净收益上缴本级财政并纳入一般公共预算管理的,在应收或收到上述有关款项时不确认投资收益,应通过"应缴财政款"科目核算。

1. 成本法

成本法,是指投资按照投资成本计量的方法。

在成本法下,长期股权投资的账面余额通常保持不变,但追加或收回投资时,应当相应调整其账面余额。

长期股权投资持有期间,被投资单位宣告分派的现金股利或利润,单位应当按照宣告分派的现金股利或利润中属于单位应享有的份额确认为投资收益,借记"应收股利"科目,贷记"投资收益"科目。

股利或利润留归单位所有的,收到现金股利或利润时,借记"银行存款",贷记"应收股利"。

股利或利润需要上缴财政的,收到现金股利或利润时,借记"银行存款"等科目,贷记"应缴财政款"科目,同时按照此前确定的应收股利金额,借记"投资收益"科目或"累计盈余"科目(此前确认的投资收益已经结转的),贷记"应收股利"科目;将取得的现金股利或利润上缴财政时,借记"应缴财政款"科目,贷记"银行存款"等科目。

【例 13-57】 某事业单位持有 L 公司的股权 1 500 股,L 公司年末宣告分红 6 000 元,该事业单位于次年 1 月收到股利,存入银行。财会部门根据有关凭证,应做账务处理如下:

| 财 务 会 计 | 预 算 会 计 |
|---|---|
| (1) 股利留归单位:<br>宣告时:<br>借:应收股利　　　　　　　　6 000<br>　　贷:投资收益　　　　　　　　6 000<br>收款时:<br>借:银行存款　　　　　　　　6 000<br>　　贷:应收股利　　　　　　　　6 000 | 宣告时:<br>　　　　　　　——<br><br>收款时:<br>借:资金结存——货币资金　　6 000<br>　　贷:投资预算收益　　　　　　6 000 |
| (2) 股利需上缴财政:<br>宣告时:<br>借:应收股利　　　　　　　　6 000<br>　　贷:投资收益　　　　　　　　6 000<br>收款时:<br>借:银行存款　　　　　　　　6 000<br>　　贷:应缴财政款　　　　　　　6 000<br>借:累计盈余　　　　　　　　6 000<br>　　借:应收股利　　　　　　　　6 000<br>上缴财政款时:<br>借:应缴财政款　　　　　　　6 000<br>　　贷:银行存款　　　　　　　　6 000 | 　　　　　　　——　 |

2. 权益法

权益法,是指投资最初以投资成本计量,以后根据单位在被投资单位所享有的所有者权益份额的变动对投资的账面余额进行调整的方法。

采用权益法的,按照如下原则进行会计处理:

(1) 单位取得长期股权投资后,对于被投资单位所有者权益的变动,应当按照下列规定进行处理。

① 按照应享有或应分担的被投资单位实现的净损益的份额,确认为投资损益,同时调整长期股权投资的账面余额。

被投资单位实现净利润的,按照应享有的份额,借记"长期股权投资——损益调整"科目,贷记"投资收益"科目。

【例 13-58】 某事业单位于 2024 年 1 月投资 M 公司 300 000 元,取得 20% 的有表决权股份,能够对其施加重大影响。M 公司 2024 年实现净利润 320 000 元。财会部门根据有关凭证,应做账务处理如下:

| 财 务 会 计 | 预 算 会 计 |
| --- | --- |
| 借:长期股权投资——损益调整　　64 000<br>　贷:投资收益　　　　　　　　　　　64 000 | — |

② 投资单位宣告分派现金股利或利润时,按照被投资单位宣告分派的现金股利或利润计算应享有的份额,确认为应收股利,同时减少长期股权投资的账面余额,借记"应收股利",贷记"长期股权投资——损益调整"。

股利或利润留归单位所有的,收到现金股利或利润时,借记"银行存款",贷记"应收股利"。

股利或利润需要上缴财政的,收到现金股利或利润时,借记"银行存款"等科目,贷记"应缴财政款"科目,同时按照此前确定的应收股利金额,借记"投资收益"科目或"累计盈余"科目(此前确认的投资收益已经结转的),贷记"应收股利"科目;将取得的现金股利或利润上缴财政时,借记"应缴财政款"科目,贷记"银行存款"等科目。

【例 13-59】 接例 13-58。M 公司 2024 年末宣告分配股利 120 000 元,该事业单位按其持股比例享有分红 24 000 元。财会部门根据有关凭证,应做账务处理如下:

| 财 务 会 计 | 预 算 会 计 |
| --- | --- |
| (1) 股利留归单位:<br>宣告时:<br>借:应收股利　　　　　　　　　　24 000<br>　贷:长期股权投资——损益调整　24 000<br>收款时:<br>借:银行存款　　　　　　　　　　24 000<br>　贷:应收股利　　　　　　　　　　24 000 | 宣告时:<br>—<br><br>收款时:<br>借:资金结存——货币资金　　　　6 000<br>　贷:投资预算收益　　　　　　　　6 000 |
| (2) 股利需上缴财政:<br>宣告时:<br>借:应收股利　　　　　　　　　　24 000<br>　贷:长期股权投资——损益调整　24 000<br>收款时:<br>收到股利和上缴财政时的账务处理与成本法一致。 | — |

③ 按照被投资单位除净损益和利润分配以外的所有者权益变动的份额,确认为净资产,同时调整长期股权投资的账面余额。

被投资单位发生除净损益和利润分配以外的所有者权益变动的,按照应享有或应分担的份额,借记或贷记"权益法调整"科目,贷记或借记"长期股权投资——其他权益变动"科目。

【例 13-60】 接例 13-58。M 公司 2024 年其他所有者权益增加 12 000 元。财会部门根据有关凭证,应做账务处理如下:

| 财 务 会 计 | 预 算 会 计 |
|---|---|
| 借：长期股权投资——其他权益变动　　2 400<br>　　贷：权益法调整　　　　　　　　　　　2 400 | — |

（2）单位确认被投资单位发生的净亏损，应当以长期股权投资的账面余额减记至零为限，单位负有承担额外损失义务的除外。被投资单位发生净亏损但以后年度又实现净利润的，单位应当在其收益分享额弥补未确认的亏损分担额等后，恢复确认投资收益。

被投资单位发生净亏损的，按照应分担的份额，借记"投资收益"科目，贷记"长期股权投资——损益调整"科目，但以"长期股权投资"的账面余额减记至零为限。发生亏损的被投资单位以后年度又实现净利润的，按照收益分享额弥补未确认的亏损分担额等后的金额，借记"长期股权投资——损益调整"科目，贷记"投资收益"科目。

【例13-61】　接例13-58。M公司2025年发生净亏损300 000元。财会部门根据有关凭证，应做账务处理如下：

| 财 务 会 计 | 预 算 会 计 |
|---|---|
| 借：投资收益　　　　　　　　　　　　60 000<br>　　贷：长期股权投资——权益调整　　　 60 000 | — |

**（三）长期股权投资核算方法的转换**

1. 权益法转成本法

单位因处置部分长期股权投资等原因无权再决定被投资单位的财务和经营政策或者参与被投资单位的财务和经营政策决策的，应当对处置后的剩余股权投资改按成本法核算，并以该剩余股权投资在权益法下的账面余额作为按照成本法核算的初始投资成本。

其后，被投资单位宣告分派现金股利或利润时，属于已计入投资账面余额的部分，作为成本法下长期股权投资成本的收回，冲减长期股权投资的账面余额。按照应分得的现金股利或利润份额，借记"应收股利"科目，贷记"长期股权投资"科目。

【例13-62】　某事业单位持有N公司30%的有表决权股份，能够对N公司施加重大影响，对该股权投资采用权益法核算。2024年9月5日，该事业单位将此项投资中的50%出售给其他单位，相关手续于当日完成。甲公司无法再对乙公司施加重大影响，对该股权投资采用成本法核算。出售后，剩余的长期股权投资的账面余额为180 000元，其中投资成本160 000元，损益调整为20 000元。财会部门根据有关凭证，将权益法转入成本法，应做账务处理如下：

| 财 务 会 计 | 预 算 会 计 |
|---|---|
| 借：长期股权投资　　　　　　　　　　180 000<br>　　贷：长期股权投资——成本　　　　　160 000<br>　　　　长期股权投资——损益调整　　　20 000 | — |

## 2. 成本法转权益法

单位因追加投资等原因对长期股权投资的核算从成本法改为权益法的,应当自有权决定被投资单位的财务和经营政策或者参与被投资单位的财务和经营政策决策时,按成本法下长期股权投资的账面余额加上追加投资的成本作为按照权益法核算的初始投资成本。

单位因追加投资等原因对长期股权投资的核算从成本法改为权益法的,应当按照成本法下"长期股权投资"账面余额与追加投资成本的合计金额,借记"长期股权投资——成本"科目,按照成本法下"长期股权投资"账面余额,贷记"长期股权投资"科目,按照追加投资的成本,贷记"银行存款"等科目。

【例 13-63】 2024 年 1 月 1 日,某事业单位以 60 000 元现金取得 N 公司 10% 的股权。2025 年 1 月 1 日,该事业单位又以 120 000 元的现金取得 N 公司 22% 的股权,相关手续于当日完成。增投后,该事业单位能够对 N 公司施加重大影响,对该项股权投资转为采用权益法核算。不考虑相关税费。财会部门根据有关凭证,增投后应做账务处理如下:

| 财 务 会 计 | 预 算 会 计 |
|---|---|
| 借:长期股权投资——成本　　180 000<br>　贷:长期股权投资　　　　　　　60 000<br>　　银行存款　　　　　　　　　120 000 | 借:投资支出　　　　　　　　　120 000<br>　贷:资金结存——货币资金　　120 000 |

### (四) 长期股权投资的处置

单位按规定报经批准处置长期股权投资,应当冲减长期股权投资的账面余额,并按规定将处置价款扣除相关税费后的余额做应缴款项处理,或者按规定将处置价款扣除相关税费后的余额与长期股权投资账面余额的差额计入当期投资损益。

采用权益法核算的长期股权投资,因被投资单位除净损益和利润分配以外的所有者权益变动而将应享有的份额计入净资产的,处置该项投资时,还应当将原计入净资产的相应部分转入当期投资损益。

1. 按照规定报经批准出售(转让)长期股权投资时,应当区分长期股权投资取得方式分别进行处理。

(1) 处置以现金取得的长期股权投资。

处置净收入留归单位的,按照实际取得的价款,借记"银行存款"等科目,按照被处置长期股权投资的账面余额,贷记"长期股权投资"科目,按照尚未领取的现金股利或利润,贷记"应收股利"科目,按照发生的相关税费等支出,贷记"银行存款"等科目,按照借贷方差额,借记或贷记"投资收益"科目。处置净收入(处置价款扣除投资本金和相关税费后的净额)上缴本级财政并纳入一般公共预算管理的,在应收或收到上述有关款项时不确认投资收益,应通过"应缴财政款"科目核算。

【例 13-64】 某事业单位 2024 年以现金 120 000 元取得一项长期股权投资,2027 年该事业单位向外单位转让此长期股权投资,转让日其账面余额为 120 000 元,未领取的现金股利为 10 000 元,支付相关税费 200 元,取得价款 140 000 元。财会部门根据有关凭证,应做账务处理如下:

| 财 务 会 计 | | 预 算 会 计 | |
|---|---|---|---|
| (1) 处置净收入留归单位： | | (1) 处置净收入留归单位： | |
| 借：银行存款 | 140 000 | 借：资金结存——货币资金 | 139 800 |
| 　　贷：长期股权投资 | 120 000 | 　　贷：其他结余 | 120 000 |
| 　　　　应收股利 | 10 000 | 　　　　投资预算收益 | 19 800 |
| 　　　　银行存款 | 200 | | |
| 　　　　投资收益 | 9 800 | | |
| (2) 处置净收入需上缴财政： | | (2) 处置净收入需上缴财政： | |
| 借：银行存款 | 140 000 | 借：资金结存——货币资金 | 120 000 |
| 　　贷：长期股权投资 | 120 000 | 　　贷：其他结余 | 120 000 |
| 　　　　银行存款 | 200 | | |
| 　　　　应缴财政款 | 19 800 | | |
| 借：投资收益 | 10 000 | | |
| 　　贷：应收股利 | 10 000 | | |

(2) 处置以现金以外的其他资产取得的(不含科技成果转化形成的)长期股权投资。

权益法下，事业单位处置以现金以外的其他资产取得的(不含科技成果转化形成的)长期股权投资时，按规定将取得的投资收益(此处的投资收益是指长期股权投资处置价款扣除长期股权投资成本和相关税费后的差额)纳入本单位预算管理的，分别以下两种情况处理：

① 长期股权投资的账面余额大于其投资成本的，应当按照被处置长期股权投资的成本，借记"资产处置费用"科目，贷记"长期股权投资——成本"科目；同时，按照实际取得的价款，借记"银行存款"等科目，按照尚未领取的现金股利或利润，贷记"应收股利"科目，按照发生的相关税费等支出，贷记"银行存款"等科目，按照长期股权投资的账面余额减去其投资成本的差额，贷记"长期股权投资——损益调整、其他权益变动"科目(以上明细科目为贷方余额的，借记相关明细科目)，按照实际取得的价款与被处置长期股权投资账面余额、应收股利账面余额和相关税费支出合计数的差额，贷记或借记"投资收益"科目，按照贷方差额，贷记"应缴财政款"科目。预算会计的账务处理按照《政府会计制度》进行。

这种情况下的会计分录举例如下：

| 财 务 会 计 | 预 算 会 计 |
|---|---|
| 借：资产处置费用<br>　　贷：长期股权投资——成本<br>借：银行存款<br>　　贷：应收股利(如有)<br>　　　　长期股权投资——损益调整、其他权益变动(也可能在借方)<br>　　　　银行存款(相关税费)<br>　　　　投资收益(取得价款与投资账面余额、应收股利账面余额和相关税费支出合计数的差额)<br>　　　　应缴财政款 | 借：资金结存——货币资金<br>　　贷：投资预算收益(取得价款减去投资成本和相关税费后的金额) |

② 长期股权投资的账面余额小于或等于其投资成本的，应当按照被处置长期股权投资的账面余额，借记"资产处置费用"科目，按照长期股权投资各明细科目的余额，贷记"长期股权投资——成本"科目，贷记或借记"长期股权投资——损益调整、其他权益变动"科目；同时，按照

实际取得的价款,借记"银行存款"等科目,按照尚未领取的现金股利或利润,贷记"应收股利"科目,按照发生的相关税费等支出,贷记"银行存款"等科目,按照实际取得的价款大于被处置长期股权投资成本、应收股利账面余额和相关税费支出合计数的差额,贷记"投资收益"科目,按照贷方差额,贷记"应缴财政款"科目。预算会计的账务处理按照《政府会计制度》进行。

这种情况下的会计分录举例如下:

| 财 务 会 计 | 预 算 会 计 |
| --- | --- |
| 借:资产处置费用(投资账面余额)<br>　　长期股权投资——损益调整、其他权益变动(部分明细科目余额也可能在贷方)<br>　贷:长期股权投资——成本<br>借:银行存款<br>　贷:应收股利(如有)<br>　　银行存款(相关税费)<br>　　投资收益(取得价款大于投资成本、应收股利账面余额和相关税费支出合计数的差额)<br>　　应缴财政款 | 借:资金结存——货币资金<br>　贷:投资预算收益(取得价款减去投资成本和相关税费后的金额) |

【例13-65】 某事业单位2024年以无形资产取得一项长期股权投资,2027年该事业单位向外单位转让此长期股权投资,转让日其账面余额为496 000元(其中:成本495 000元,损益调整1 000元),未领取的现金股利为30 000元,银行存款支付相关税费5 000元,取得价款555 000元。财会部门根据有关凭证,应做账务处理如下:

| 财 务 会 计 | 预 算 会 计 |
| --- | --- |
| 借:资产处置费用　　　　　　　495 000<br>　贷:长期股权投资——成本　　　495 000<br>借:银行存款　　　　　　　　　555 000<br>　贷:应收股利　　　　　　　　　30 000<br>　　长期股权投资——损益调整　1 000<br>　　银行存款　　　　　　　　　　5 000<br>　　投资收益　　　　　　　　　24 000<br>　　应缴财政款　　　　　　　　495 000 | 借:资金结存——货币资金　　　55 000<br>　贷:投资预算收益　　　　　　　55 000 |

(3) 处置以科技成果转化形成的长期股权投资,按规定所取得的收入全部留归本单位的。

| 财 务 会 计 | 预 算 会 计 |
| --- | --- |
| 借:银行存款(应当按照实际取得的价款)<br>　贷:应收股利(如有)<br>　　长期股权投资(按照被处置长期股权投资的账面余额)<br>　　银行存款(相关税费)<br>　　投资收益(借贷方差额,可能在借方) | 借:资金结存——货币资金(按照实际取得的价款)<br>　贷:投资预算收益(按照处置时确认的投资收益金额)<br>　　其他预算收入(差额) |

2. 因被投资单位破产清算等原因,有确凿证据表明长期股权投资发生损失,按照规定报经批准后予以核销时,按照予以核销的长期股权投资的账面余额,借记"资产处置费用"科目,贷记"长期股权投资"科目。

**【例 13 - 66】** 某事业单位于 2024 年 1 月投资 M 公司,取得 20%的有表决权股份,能够对其施加重大影响。2025 年 M 公司宣告破产,该事业单位对所购的股权投资按规定报经批准后予以核销,当时该笔"长期股权投资"科目的账面余额为 300 000 元。财会部门根据有关凭证,应做账务处理如下:

| 财 务 会 计 | 预 算 会 计 |
| --- | --- |
| 借:资产处置费用　　　　300 000<br>　　贷:长期股权投资　　　　　300 000 | — |

3. 报经批准置换转出长期股权投资时,参照"库存物品"科目中置换换入库存物品的规定进行账务处理。

**【例 13 - 67】** 经与 S 公司协商,某事业单位以长期股权投资换入 S 公司的一批产成品。交换日,该事业单位换出长期股权投资的账面价值为 560 000 元,公允价值为 520 000 元。不考虑其他因素。财会部门根据有关凭证,应做账务处理如下:

| 财 务 会 计 | 预 算 会 计 |
| --- | --- |
| 借:库存物品　　　　　　520 000<br>　　资产处置费用　　　　　40 000<br>　　贷:长期股权投资　　　　　560 000 | — |

4. 采用权益法核算的长期股权投资的处置,除进行上述账务处理外,还应结转原直接计入净资产的相关金额,借记或贷记"权益法调整"科目,贷记或借记"投资收益"科目。

## 复习思考题

1. 行政事业单位资产的定义是什么?
2. 行政事业单位资产的确认条件是什么?
3. 行政事业单位资产的计量属性包括哪几种?
4. 事业单位货币资金包括哪些?其中其他货币资金又包括哪些?
5. 财政直接支付和财政授权支付各自的会计处理有何不同?
6. 其他应收款当期应补提或冲减的坏账准备如何计算?
7. 存货购入、自行加工、委托加工、置换、捐赠、无偿调入和盘盈都是怎么计量的?
8. 存货的发出、捐赠、无偿调出又是如何计量的?
9. 事业单位短期投资和长期投资的定义是什么?
10. 事业单位对外股权投资,划分为长期股权投资,在其持有期间,被投资单位宣告发放股利,如何进行会计处理?

11. 什么是成本法？什么是权益法？

12. 事业单位长期股权投资后续计量成本法、权益法的会计处理及二者相互转化的会计处理该如何进行？

# 练习题

1. 某事业单位 20×4 年 12 月发生的业务资料如下：

(1) 5 日，开出现金支票从银行提取现金 10 000 元。

(2) 15 日，购买了一批自用物资，以银行存款实际支付购买价款 46 800 元，当日验收后入库。

(3) 18 日，以财政授权支付的方式支付印刷费 8 000 元。

(4) 31 日，对库存现金进行盘点时发现现金溢余 200 元。经查后原因不明，经批准做其他收入处理。

要求：编制该单位上述业务的相关会计分录。

2. 20×4 年 12 月 31 日，某省级事业单位经与代理银行提供的对账单核对无误后，将 150 000 元零余额账户用款额度予以注销。另外，本年度财政授权支付预算指标数大于零余额账户用款额度下达数，未下达的用款额度为 200 000 元。2020 年初，该单位收到代理银行提供的上年度注销额度恢复到账通知书及财政部门批复的上年末未下达零余额账户用款额度。

要求：根据上述资料，编制相关会计分录。

3. 某事业单位 20×4 年 12 月发生的业务资料如下：

(1) 5 日，销售商品一批，销售额 9 000 元，货款尚未收到。

(2) 15 日，与某厂签订采购合同，购买办公用品一批，合同金额 8 000 元，预付货款 3 000 元，以银行存款支付。

(3) 18 日，某职工预借差旅备用金 3 000 元，以现金支付。

要求：不考虑增值税，编制该单位上述业务的相关会计分录。

4. 某事业单位 20×4 年 1 月发生的业务资料如下：

(1) 自行加工实验产品一批，共发生如下费用：领用甲材料价值 8 000 元，发生本单位职工工资 20 000 元。

(2) 上述实验产品加工完成后验收入库

(3) 该单位用自己的甲无形资产置换 C 公司乙库存物品。甲无形资产原值 800 万元，已经累计摊销 400 万元，评估价为 600 万元，该单位用自有资金以银行存款的方式支付各种置换税费 5 万元。该单位同时向 C 公司支付补价 3 万元。

(4) 接受 D 公司捐赠的材料一批，价值 16 000 元，发生运输费 500 元，以银行存款支付，材料已验收入库。

(5) 无偿调出一批低值易耗品，账面价值 10 000 元，以银行存款支付运费 500 元。

要求：根据上述资料，编制相关会计分录。

5. 某事业单位用银行存款购买 L 公司的股权 1 500 股，每股购入价 30 元，相关税费 200 元，共计 45 200 元，以银行存款支付。要求：根据上述资料，编制相关会计分录。

6. 某单位 20×5 年—20×8 年发生的对外投资业务的相关资料如下：

(1) 20×5 年 1 月 1 日，购买 3 个月到期国债，购买金额为 100 000 元，票面利率为 3%，一次还本付息，用银行存款支付。3个月后国债到期，该单位收回本息。

(2) 20×5年6月30日，以银行存款购入3年期国债100 000元，年利率为4%，按年分期付息，到期还本，付息日为每年7月1日，最后一年偿还本金并支付最后一次利息。

(3) 20×5年12月15日，经上级主管部门批准，以一项专利权投资M公司，取得该企业20%的股份，能够对其施加重大影响。专利权的原价为500 000元，已提取摊销100 000元，评估价为1 500 000元。

(4) 20×6年末，M公司发生净亏损300 000元。当年M公司因持有的可供出售金融资产公允价值的变动计入其他综合收益的金额为12 000元。

(5) 20×8年末对外转让对M公司的长期股权投资，取得价款1 400 000元。该项长期股权投资的账面价值120 000元，相关费用20 000元。

假定不考虑增值税、所得税因素。

要求：根据上述相关资料，编制有关会计分录。

# 第十四章

# 行政事业单位的资产(下)

## 第一节 固定资产

### 一、固定资产概述

#### (一) 固定资产的概念和科目核算内容

固定资产,是指单位为满足自身开展业务活动或其他活动需要而控制的,使用年限超过1年(不含1年)、单位价值在规定标准以上,并在使用过程中基本保持原有物质形态的资产,一般包括房屋及构筑物、设备、陈列品等。单位价值虽未达到规定标准,但是使用年限超过1年(不含1年)的大批同类物资,如图书、家具、用具、装具等,应当确认为固定资产。单位的固定资产一般分为六类:房屋和构筑物、设备、陈列品、图书和档案、家具和用具、特种动植物。"固定资产"科目按此六类设置明细科目。

"固定资产"科目核算固定资产的原值,按类别和项目进行明细核算。

固定资产核算时,应当考虑以下情况:(1) 购入需要安装的固定资产,应当先通过"在建工程"科目核算,安装完毕交付使用时再转入本科目核算。(2) 以借入、经营租赁租入方式取得的固定资产,不通过本科目核算,应当设置备查簿进行登记。(3) 采用融资租入方式取得的固定资产,通过本科目核算,并在本科目下设置"融资租入固定资产"明细科目。(4) 经批准在境外购买具有所有权的土地,作为固定资产,通过本科目核算;单位应当在本科目下设置"境外土地"明细科目,进行相应明细核算。

#### (二) 固定资产的确认

固定资产同时满足下列条件的,应当予以确认:(1) 与该固定资产相关的服务潜力很可能实现或者经济利益很可能流入单位。(2) 该固定资产的成本或者价值能够可靠地计量。通常情况下,购入、换入、接受捐赠、无偿调入不需安装的固定资产,在固定资产验收合格时确认;购入、换入、接受捐赠、无偿调入需要安装的固定资产,在固定资产安装完成交付使用时确认;自行建造、改建、扩建的固定资产,在建造完成交付使用时确认。

确认固定资产时,应当考虑以下情况:(1) 固定资产的各组成部分具有不同使用年限或者以不同方式为单位实现服务潜力或提供经济利益,适用不同折旧率或折旧方法且可以分别确定各自原价的,应当分别将各组成部分确认为单项固定资产。(2)应用软件构成相关硬件不可缺少的组成部分的,应当将该软件的价值包括在所属的硬件价值中,一并确认为固定资产,不构成相关硬件不可缺少的组成部分的,应当将该软件确认为无形资产。(3)购建房屋及构筑物时,不能分清购建成本中的房屋及构筑物部分与土地使用权部分的,应当全部确认为固定资产;能够分清购建成本中的房屋及构筑物部分与土地使用权部分的,应当将其中的房屋及构筑物部分确认为固定资产,将其中的土地使用权部分确认为无形资产。

按规定由本级政府机关事务管理等部门统一管理(如仅持有资产的产权证等),但具体由其他部门占有、使用的固定资产,应当由占有、使用该资产的部门作为会计确认主体,对该资产进行会计核算。多个部门共同占用、使用同一项固定资产,且该项固定资产由本级政府机关事务管理等部门统一管理并负责后续维护、改造的,由本级政府机关事务管理等部门作为确认主体,对该项固定资产进行会计核算。同一部门内部所属单位共同占有、使用同一项固定资产,或者所属事业单位占有、使用部门本级拥有产权的固定资产的,按照本部门规定对固定资产进行会计核算。

## 二、固定资产的取得

固定资产在取得时应当按照成本进行初始计量。

### (一) 外购的固定资产

单位外购的固定资产,其成本包括购买价款、相关税费以及固定资产交付使用前所发生的可归属于该项资产的运输费、装卸费、安装费和专业人员服务费等。以一笔款项购入多项没有单独标价的固定资产,应当按照各项固定资产同类或类似资产市场价格的比例对总成本进行分配,分别确定各项固定资产的成本。

购入不需安装的固定资产验收合格时,按照确定的固定资产成本,借记"固定资产"科目,贷记"财政拨款收入""零余额账户用款额度""应付账款""银行存款"等科目。

购入需要安装的固定资产,在安装完毕交付使用前通过"在建工程"科目核算,安装完毕交付使用时再转入"固定资产"科目。

购入固定资产扣留质量保证金的,应当在取得固定资产时,按照确定的固定资产成本,借记"固定资产"[不需安装]或"在建工程"科目[需要安装],按照实际支付或应付的金额,贷记"财政拨款收入""零余额账户用款额度""应付账款"[不含质量保证金]、"银行存款"等科目,按照扣留的质量保证金数额,贷记"其他应付款"[扣留期在1年以内(含1年)]或"长期应付款"[扣留期超过1年]科目。

质保期满支付质量保证金时,借记"其他应付款""长期应付款"科目,贷记"财政拨款收入""零余额账户用款额度""银行存款"等科目。

【例14-1】 某行政单位购入不需安装的设备一台,价款500 000元,运输费2 000元,共计502 000元,通过财政直接支付付款。不考虑增值税,财会部门根据有关凭证,应做账务处理如下:

| 财务会计 | | 预算会计 | |
|---|---|---|---|
| 借:固定资产 | 502 000 | 借:行政支出 | 502 000 |
|   贷:财政拨款收入 | 502 000 |   贷:财政拨款预算收入 | 502 000 |

### (二) 自行建造的固定资产

单位自行建造的固定资产,其成本包括该项资产至交付使用前所发生的全部必要支出,包括建筑安装工程投资成本、设备投资成本、应分摊的间接费用等。

在原有固定资产基础上进行改建、扩建、修缮后的固定资产,其成本按照原固定资产账面价值加上改建、扩建、修缮发生的支出,再扣除固定资产被替换部分的账面价值后的金额确定。为建造固定资产借入的专门借款的利息,属于建设期间发生的,计入在建工程成本;不属于建设期间发生的,计入当期费用。已交付使用但尚未办理竣工决算手续的固定资产,应当按照估计价值入账,待办理竣工决算后再按实际成本调整原来的暂估价值。

自行建造的固定资产交付使用时,按照在建工程成本,借记"固定资产"科目,贷记"在建工程"科目。已交付使用但尚未办理竣工决算手续的固定资产,按照估计价值入账,待办理竣工决算后再按照实际成本调整原来的暂估价值。

### (三) 置换取得的固定资产

单位通过置换取得的固定资产,其成本按照换出资产的评估价值加上支付的补价或减去收到的补价,加上换入固定资产发生的其他相关支出确定。

置换取得的固定资产,参照存货中置换取得库存物品的相关规定进行账务处理。

### (四) 接受捐赠的固定资产

单位接受捐赠的固定资产,其成本按照有关凭据注明的金额加上相关税费、运输费等确定[①];没有相关凭据可供取得,但按规定经过资产评估的,其成本按照评估价值加上相关税费、运输费等确定;没有相关凭据可供取得、也未经资产评估的,其成本比照同类或类似资产的市场价格加上相关税费、运输费等确定;没有相关凭据且未经资产评估、同类或类似资产的市场价格也无法可靠取得的,按照名义金额入账,相关税费、运输费等计入当期费用。如受赠的系旧的固定资产,在确定其初始入账成本时应当考虑该项资产的新旧程度。

接受捐赠的固定资产,按照确定的固定资产成本,借记"固定资产"(不需安装)或"在建工程"科目(需安装),按照发生的相关税费、运输费等,贷记"零余额账户用款额度""银行存款"等科目,按照其差额,贷记"捐赠收入"科目。

接受捐赠的固定资产按照名义金额入账的,按照名义金额,借记"固定资产"科目,贷记"捐赠收入"科目;按照发生的相关税费、运输费等,借记"其他费用"科目,贷记"零余额账户用款额度""银行存款"等科目。

【例 14 - 2】 某事业单位接受捐赠 50 台电脑,有关凭据注明金额 215 000 元。发生运输费 1 000 元,以银行存款支付。财会部门根据有关凭证,应做账务处理如下:

| 财 务 会 计 | 预 算 会 计 |
|---|---|
| 借:固定资产 216 000<br>　贷:捐赠收入　　　215 000<br>　　　银行存款　　　　1 000 | 借:其他支出　　　　　1 000<br>　贷:资金结存——货币资金　1 000 |

---

① 如果"凭据"上注明的价格高于受赠资产同类或类似资产的市场价格 30%或达不到其 70%的,则应当以同类或类似资产的市场价格确定成本。具体操作参见第十三章第四节存货。

【例14-3】 某事业单位收到一件设备，未取得相关凭据等价值信息，按照名义金额入账，发生运输保管相关费用1 000元。财会部门根据有关凭证，应做账务处理如下：

| 财 务 会 计 | 预 算 会 计 |
|---|---|
| 借：固定资产　　　　　　　　　　1<br>　　贷：捐赠收入　　　　　　　　　　1<br>借：其他费用　　　　　　　　　1 000<br>　　贷：银行存款　　　　　　　　1 000 | 借：其他支出　　　　　　　　　1 000<br>　　贷：资金结存——货币资金　1 000 |

### （五）无偿调入的固定资产

单位无偿调入的固定资产，其成本按照调出方账面价值加上相关税费、运输费等确定。无偿调入的固定资产，按照确定的固定资产成本，借记"固定资产"（不需安装）或"在建工程"科目（需安装），按照发生的相关税费、运输费等，贷记"零余额账户用款额度""银行存款"等科目，按照其差额，贷记"无偿调拨净资产"科目。

【例14-4】 某事业单位接受无偿调入的专用设备2台，调出方调出设备的账面价值160 000元。发生运输费800元，以银行存款支付。财会部门根据有关凭证，应做账务处理如下：

| 财 务 会 计 | 预 算 会 计 |
|---|---|
| 借：固定资产　　　　　　　　160 800<br>　　贷：无偿调拨净资产　　　　160 000<br>　　　　银行存款　　　　　　　　800 | 借：其他支出　　　　　　　　　　800<br>　　贷：资金结存——货币资金　　800 |

无偿调入资产在调出方的账面价值为零（即已经按制度规定提足折旧）或者账面余额为名义金额的，单位（调入方）应当将调入过程中其承担的相关税费计入当期费用，不计入调入资产的初始入账成本。

1. 无偿调入资产在调出方的账面价值为零的，调入方的账务处理如下：

| 财 务 会 计 | 预 算 会 计 |
|---|---|
| 借：固定资产/无形资产（资产账面余额）<br>　　贷：固定资产累计折旧/无形资产累计摊销（资产账面余额）<br>借：其他费用<br>　　贷：财政拨款收入/零余额账户用款额度/银行存款（支付的相关税费） | 借：其他支出（支付的相关税费）<br>　　贷：资金结存 |

2. 无偿调入资产在调出方的账面余额为名义金额的，调入方的账务处理如下：

| 财 务 会 计 | 预 算 会 计 |
|---|---|
| 借：固定资产/无形资产（名义金额）<br>　　贷：无偿调拨净资产（名义金额）<br>借：其他费用<br>　　贷：财政拨款收入/零余额账户用款额度/银行<br>　　　　存款（支付的相关税费） | 借：其他支出（支付的相关税费）<br>　　贷：资金结存 |

### （六）融资租赁取得的固定资产

融资租赁取得的固定资产，其成本按照租赁协议或者合同确定的租赁价款、相关税费以及固定资产交付使用前所发生的可归属于该项资产的运输费、途中保险费、安装调试费等确定。

融资租入的固定资产，按照确定的成本，借记"固定资产"（不需安装）或"在建工程"科目（需安装），按照租赁协议或者合同确定的租赁付款额，贷记"长期应付款"科目，按照支付的运输费、途中保险费、安装调试费等金额，贷记"财政拨款收入""零余额账户用款额度""银行存款"等科目。

定期支付租金时，按照实际支付金额，借记"长期应付款"科目，贷记"财政拨款收入""零余额账户用款额度""银行存款"等科目。

按照规定跨年度分期付款购入固定资产的账务处理，参照融资租入固定资产。

**【例 14-5】** 某事业单位融资租入经营用的不需安装设备 6 台，合同规定的租赁价为 80 000 元，租赁期限 5 年，以银行存款支付运输费 2 000 元。财会部门根据有关凭证，应做账务处理如下：

| 财 务 会 计 | | 预 算 会 计 | |
|---|---|---|---|
| 借：固定资产 | 82 000 | 借：经营支出 | 2 000 |
| 　　贷：长期应付款 | 80 000 | 　　贷：资金结存——货币资金 | 2 000 |
| 　　　　银行存款 | 2 000 | | |

## 三、固定资产的持有期间

固定资产的后续计量主要包括固定资产折旧的计提以及后续支出的计量。减值损失的确定目前尚不需要考虑。

### （一）固定资产折旧

行政事业单位的固定资产必须按照规定计提折旧。折旧，是指在固定资产的预计使用年限内，按照确定的方法对应计的折旧额进行系统分摊。固定资产应计的折旧额为其成本，计提固定资产折旧时不考虑预计净残值。

单位确定固定资产使用年限，应当考虑下列因素：(1) 预计实现服务潜力或提供经济利益的期限；(2) 预计有形损耗和无形损耗；(3) 法律或者类似规定对资产使用的限制。

下列各项固定资产不计提折旧：(1) 文物和陈列品；(2) 动植物；(3) 图书、档案；(4) 单独计价入账的土地；(5) 以名义金额计量的固定资产。

固定资产应当按月计提折旧，当月增加的固定资产，当月开始计提折旧；当月减少的固定资产,当月不再计提折旧。固定资产提足折旧后,无论能否继续使用,均不再计提折旧;提前报废的固定资产,也不再补提折旧。已提足折旧的固定资产,可以继续使用的,应当继续使用,规范实物管理。

单位一般采用年限平均法或者工作量法计提固定资产折旧。

在确定固定资产的折旧方法时,应当考虑与固定资产相关的服务潜力或经济利益的预期实现方式。固定资产折旧方法一经确定,不得随意变更。单位应当根据相关规定以及固定资产的性质和使用情况,合理确定固定资产的使用年限。固定资产的使用年限一经确定,不得随意变更。

固定资产因改建、扩建或修缮等原因而延长其使用年限的,应当按照重新确定的固定资产的成本以及重新确定的折旧年限计算折旧额。单位应当对暂估入账的固定资产计提折旧,实际成本确定后不需调整原已计提的折旧额。单位盘盈、无偿调入、接受捐赠以及置换的固定资产,应当考虑该项资产的新旧程度,按照其尚可使用的年限计提折旧。单位计提融资租入固定资产折旧时,应当采用与自有固定资产相一致的折旧政策。能够合理确定租赁期届满时将会取得租入固定资产所有权的,应当在租入固定资产尚可使用年限内计提折旧;无法合理确定租赁期届满时能够取得租入固定资产所有权的,应当在租赁期与租入固定资产尚可使用年限两者中较短的期间内计提折旧。

计提的折旧应通过"固定资产累计折旧"科目核算,并根据用途计入当期费用或者相关资产成本。该科目应当按照所对应固定资产的明细分类进行明细核算、按月计提固定资产折旧时,按照应计提折旧金额,借记"业务活动费用""单位管理费用""经营费用""加工物品""在建工程"等科目,贷记"固定资产累计折旧"科目。

### (二) 固定资产的后续支出

固定资产在使用过程中发生的后续支出,符合确认条件的,应当计入固定资产成本;不符合确认条件的,应当在发生时计入当期费用或者相关资产成本。将发生的固定资产后续支出计入固定资产成本的,应当同时从固定资产账面价值中扣除被替换部分的账面价值。被替换部分的账面价值难以确定的,单位可以采用合理的分配方法计算确定,或组织专家参照资产评估方法进行估价。单位确定被替换部分的账面价值不切实可行或不符合成本效益原则的,可以不予扣除,但应当在报表附注中予以披露。

#### 1. 符合固定资产确认条件的后续支出

固定资产发生可资本化的后续支出时,单位一般将该固定资产的原价、已计提的累计折旧转销,将固定资产的账面价值转入在建工程,并在此基础上重新确定固定资产的原价。当固定资产转入在建工程时,应停止计提折旧。在固定资产发生的后续支出完工并达到预定可使用状态时,再从在建工程转入固定资产,并按重新确定的固定资产原值、使用寿命和折旧方法计提折旧。固定资产发生的可资本化的后续支出,通过"在建工程"科目核算。

通常情况下,将固定资产转入改建、扩建时,按照固定资产的账面价值,借记"在建工程"科目,按照固定资产已计提折旧,借记"固定资产累计折旧"科目,按照固定资产的账面余额,贷记"固定资产"科目。

为增加固定资产使用效能或延长其使用年限而发生的改建、扩建等后续支出,借记"在建工程"科目,贷记"财政拨款收入""零余额账户用款额度""银行存款"等科目。固定资产改建、扩建等完成交付使用时,按照在建工程成本,借记"固定资产"科目,贷记"在建工程"科目。

单位对于租入等不由本单位入账核算但实际使用的固定资产,发生的符合资产确认条件的后续支出,应当按照《政府会计制度》中"长期待摊费用"科目相关规定进行会计处理。

**【例 14-6】** 某行政单位对服务中心大楼进行改扩建,该楼的账面原值 1 628 000 元,已提折旧 732 600 元,账面价值 895 400 元,改扩建支出 650 000 元,通过财政直接支付付款,后交付使用。财会部门根据有关凭证,应做账务处理如下:

| 财 务 会 计 | 预 算 会 计 |
|---|---|
| 转入改扩建时:<br>借:在建工程　　　　　　　895 400<br>　　固定资产累计折旧　　　732 600<br>　　贷:固定资产　　　　　　1 628 000 | |
| 改扩建支出时:<br>借:在建工程　　　　　　　650 000<br>　　贷:财政拨款收入　　　　650 000 | 借:行政支出　　　　　　　650 000<br>　　贷:财政拨款预算收入　　650 000 |
| 交付使用时:<br>借:固定资产　　　　　　1 545 400<br>　　贷:在建工程　　　　　　1 545 400 | — |

2. 不符合固定资产确认条件的后续支出

与固定资产有关的修理费用等后续支出,不符合固定资产确认条件的,应当根据不同的情况分别在发生时记入当期损益。为保证固定资产正常使用发生的日常维修等支出,借记"业务活动费用""单位管理费用"等科目,贷记"财政拨款收入""零余额账户用款额度""银行存款"等科目。

**【例 14-7】** 某行政单位对服务中心大楼进行日常维修,发生费用 50 000 元,以银行存款支付。财会部门根据有关凭证,应做账务处理如下:

| 财 务 会 计 | 预 算 会 计 |
|---|---|
| 借:业务活动费用　　　　　50 000<br>　　贷:银行存款　　　　　　50 000 | 借:行政支出　　　　　　　50 000<br>　　贷:资金结存——货币资金　50 000 |

## 四、固定资产的处置和盘点

### (一) 固定资产的处置

1. 单位按规定报经批准出售、转让固定资产的,应当将固定资产账面价值转销计入当期费用,并将处置收入扣除相关处置税费后的差额按规定做应缴款项处理(差额为净收益时)或计入当期费用(差额为净损失时)。

报经批准出售、转让固定资产,按照被出售、转让固定资产的账面价值,借记"资产处置费用"科目,按照固定资产已计提的折旧,借记"固定资产累计折旧"科目,按照固定资产账面余额,贷记"固定资产"科目;同时,按照收到的价款,借记"银行存款"等科目,按照处置过程中发生的相关费用,贷记"银行存款"等科目,按照其差额,贷记"应缴财政款"科目。

**【例 14-8】** 某行政单位经批准出售一台多年前购入设备,其账面原值 95 000 元,计提折旧 76 000 元,账面价值 19 000 元,收到价款 35 000 元,未发生其他相关费用。财会部门根据有关凭证,应做账务处理如下:

| 财 务 会 计 | 预 算 会 计 |
|---|---|
| 借:资产处置费用　　　　　　19 000<br>　　固定资产累计折旧　　　　76 000<br>　　贷:固定资产　　　　　　　95 000 | — |
| 借:银行存款　　　　　　　　35 000<br>　　贷:应缴财政款　　　　　　35 000 | — |

2. 单位按规定报经批准对外捐赠、无偿调出固定资产的,应当将固定资产的账面价值予以转销,对外捐赠、无偿调出中发生的归属于捐出方、调出方的相关费用应当计入当期费用。

报经批准对外捐赠固定资产,按照固定资产已计提的折旧,借记"固定资产累计折旧"科目,按照被处置固定资产账面余额,贷记"固定资产"科目,按照捐赠过程中发生的归属于捐出方的相关费用,贷记"银行存款"等科目,按照其差额,借记"资产处置费用"科目。

报经批准无偿调出固定资产,按照固定资产已计提的折旧,借记"固定资产累计折旧"科目,按照被处置固定资产账面余额,贷记"固定资产"科目,按照其差额,借记"无偿调拨净资产"科目;同时,按照无偿调出过程中发生的归属于调出方的相关费用,借记"资产处置费用"科目,贷记"银行存款"等科目。

**【例 14-9】** 某事业单位经批准对外捐赠一台仪器,固定资产的账面原值 65 200 元,已提折旧 29 992 元,账面价值 35 208 元,以银行存款支付运费 500 元。财会部门根据有关凭证,应做账务处理如下:

| 财 务 会 计 | 预 算 会 计 |
|---|---|
| 借:资产处置费用　　　　　　35 708<br>　　固定资产累计折旧　　　　29 992<br>　　贷:固定资产　　　　　　　65 200<br>　　　　银行存款　　　　　　　　500 | 借:其他支出　　　　　　　　　500<br>　　贷:资金结存——货币资金　　500 |

3. 报经批准置换换出固定资产,参照存货中置换换入库存物品的规定进行账务处理。

4. 单位按规定报经批准以固定资产对外投资的,应当将该固定资产的账面价值予以转销,并将固定资产在对外投资时的评估价值与其账面价值的差额计入当期收入或费用。

**【例 14-10】** 某事业单位经批准以一台专用设备对外投资,其账面原值 3 000 000 元,已提折旧 1 380 000 元,账面价值 1 620 000 元。该专用设备评估价值 2 000 000 元。财会部门根据有关凭证,应做账务处理如下:

| 财 务 会 计 | 预 算 会 计 |
|---|---|
| 借：长期股权投资　　　　　2 000 000<br>　　固定资产累计折旧　　　1 380 000<br>　贷：固定资产　　　　　　　3 000 000<br>　　　其他收入　　　　　　　 380 000 | — |

固定资产处置时涉及增值税业务的，相关账务处理参见"应交增值税"科目。

### (二) 固定资产的盘点

单位应当定期对固定资产进行清查盘点，每年至少盘点一次。对于发生的固定资产盘盈、盘亏或毁损、报废，应当先记入"待处理财产损溢"科目，按照规定报经批准后及时进行后续账务处理。

1. 盘盈的固定资产，其成本按照有关凭据注明的金额确定；没有相关凭据、但按照规定经过资产评估的，其成本按照评估价值确定；没有相关凭据、也未经过评估的，其成本按照重置成本确定。如无法采用上述方法确定盘盈固定资产成本的，按照名义金额（人民币1元）入账。

盘盈的固定资产，按照确定的入账成本，借记"固定资产"科目，贷记"待处理财产损溢"科目。

【例 14-11】 年末，某行政单位对固定资产进行盘点，盘盈设备一台，评估价值 58 000 元。财会部门根据有关凭证，应做账务处理如下：

| 财 务 会 计 | 预 算 会 计 |
|---|---|
| 借：固定资产　　　　　　　　58 000<br>　贷：待处理财产损溢　　　　　58 000 | — |

2. 盘亏、毁损或报废的固定资产，按照待处理固定资产的账面价值，借记"待处理财产损溢"科目，按照已计提折旧，借记"固定资产累计折旧"科目，按照固定资产的账面余额，贷记"固定资产"科目。

固定资产盘亏造成的损失，按规定报经批准后应当计入当期费用。

【例 14-12】 某行政单位进行年末清点，盘亏电脑一台，账面原值 8 000 元，已提折旧 4 000 元，账面价值 4 000 元。财会部门根据有关凭证，应做账务处理如下：

| 财 务 会 计 | 预 算 会 计 |
|---|---|
| 借：待处理财产损溢　　　　　 4 000<br>　　固定资产累计折旧　　　　 4 000<br>　贷：固定资产　　　　　　　　8 000 | — |

## 第二节　在建工程

单位在建的建设项目工程的实际成本通过"在建工程"科目核算，"在建工程"应当设置"建筑安装工程投资""设备投资""待摊投资""其他投资""待核销基建支出""基建转出投资"等明细科目,并按照具体项目进行明细核算。单位在建的信息系统项目工程、公共基础设施项目工程、保障性住房项目工程的实际成本,也通过"在建工程"科目核算。

## 一、"建筑安装工程投资"明细科目的核算

"建筑安装工程投资"明细科目,核算单位发生的构成建设项目实际支出的建筑工程和安装工程的实际成本,不包括被安装设备本身的价值以及按照合同规定支付给施工单位的预付备料款和预付工程款。本明细科目应当设置"建筑工程"和"安装工程"两个明细科目进行明细核算。

1. 将固定资产等资产转入改建、扩建等时,按照固定资产等资产的账面价值,借记"在建工程——建筑安装工程投资",按照已计提的折旧或摊销,借记"固定资产累计折旧"等科目,按照固定资产等资产的原值,贷记"固定资产"等科目。固定资产等资产改建、扩建过程中涉及替换(或拆除)原资产的某些组成部分的,按照被替换(或拆除)部分的账面价值,借记"待处理财产损溢"科目,贷记"在建工程——建筑安装工程投资"。

2. 单位对于发包建筑安装工程,根据建筑安装工程价款结算账单与施工企业结算工程价款时,按照应承付的工程价款,借记"在建工程——建筑安装工程投资",按照预付工程款余额,贷记"预付账款"科目,按照其差额,贷记"财政拨款收入""零余额账户用款额度""银行存款""应付账款"等科目。

3. 单位自行施工的小型建筑安装工程,按照发生的各项支出金额,借记"在建工程——建筑安装工程投资"科目,贷记"工程物资""零余额账户用款额度""银行存款""应付职工薪酬"等科目。

4. 工程竣工,办妥竣工验收交接手续交付使用时,按照建筑安装工程成本(含应分摊的待摊投资),借记"固定资产"等科目,贷记"在建工程——建筑安装工程投资"科目。

【例14-13】 某行政单位对一栋办公楼以发包形式改扩建,该楼的固定资产账面原值6 100 000元,已计提折旧2 440 000元,账面价值3 660 000元;发生改扩建费用共计2 274 000元,通过财政直接支付付款。财会部门根据有关凭证,应做账务处理如下:

| 财 务 会 计 | 预 算 会 计 |
|---|---|
| 转为改扩建时:<br>借:在建工程——建筑安装工程投资　3 660 000<br>　　固定资产累计折旧　　　　　　　2 440 000<br>　贷:固定资产　　　　　　　　　　　6 100 000 | — |
| 发生改扩建费用时:<br>借:在建工程——建筑安装工程投资　2 274 000<br>　贷:财政拨款收入　　　　　　　　　2 274 000 | 借:行政支出　　　　　　　　　2 274 000<br>　贷:财政拨款预算收入　　　　2 274 000 |
| 交付使用时:<br>借:固定资产　　　　　　　　　　　5 934 000<br>　贷:在建工程——建筑安装工程投资　5 934 000 | — |

## 二、"设备投资"明细科目的核算

"设备投资"明细科目,核算单位发生的构成建设项目实际支出的各种设备的实际成本。

1. 购入设备时,按照购入成本,借记"在建工程——设备投资"科目,贷记"财政拨款收入""零余额账户用款额度""银行存款"等科目;采用预付款方式购入设备的,有关预付款的账务处理参照"在建工程——建筑安装工程投资"明细科目的规定。

2. 设备安装完毕,办妥竣工验收交接手续交付使用时,按照设备投资成本(含设备安装工程成本和分摊的待摊投资),借记"固定资产"等科目,贷记"在建工程——设备投资、建筑安装工程投资——安装工程"科目。

将不需要安装的设备和达不到固定资产标准的工具、器具交付使用时,按照相关设备、工具、器具的实际成本,借记"固定资产""库存物品"科目,贷记"在建工程——设备投资"科目。

【例 14 - 14】 某行政单位购入需要安装的专用设备 2 台,购买价格及相关税费共计 117 000 元,发生安装费用 12 000 元,采用财政授权支付,现交付使用。财会部门根据有关凭证,应做账务处理如下:

| 财 务 会 计 | 预 算 会 计 |
|---|---|
| 购入时:<br>借:在建工程——设备投资　　117 000<br>　贷:零余额账户用款额度　　　117 000 | 借:行政支出　　　　　　　　　　117 000<br>　贷:资金结存——零余额账户用款额度　117 000 |
| 安装时:<br>借:在建工程——建筑安装工程投资　12 000<br>　贷:零余额账户用款额度　　　12 000 | 借:行政支出　　　　　　　　　　12 000<br>　贷:资金结存——零余额账户用款额度　12 000 |
| 交付时:<br>借:固定资产　　　　　　　　129 000<br>　贷:在建工程——设备投资　　　117 000<br>　　　在建工程——建筑安装工程投资　12 000 | |

## 三、"待摊投资"明细科目的核算

"待摊投资"明细科目,核算单位发生的构成建设项目实际支出的、按照规定应当分摊计入有关工程成本和设备成本的各项间接费用和税费支出。本明细科目的具体核算内容包括:(1) 勘察费、设计费、研究试验费、可行性研究费及项目其他前期费用;(2) 土地征用及迁移补偿费、土地复垦及补偿费、森林植被恢复费及其他为取得土地使用权、租用权而发生的费用;(3) 土地使用税、耕地占用税、契税、车船税、印花税及按照规定缴纳的其他税费;(4) 项目建设管理费、代建管理费、临时设施费、监理费、招投标费、社会中介审计(审查)费及其他管理性质的费用;(5) 项目建设期间发生的各类专门借款利息支出或融资费用;(6) 工程检测费、设备检验费、负荷联合试车费及其他检验检测类费用;(7) 固定资产损失、器材处理亏损、设备盘亏及毁损、单项工程或单位工程报废、毁损净损失及其他损失;(8) 系统集成等信息工程的费用支出;(9) 其他待摊性质支出。

本明细科目应当按照上述费用项目进行明细核算,其中有些费用(如项目建设管理费等),

还应当按照更为具体的费用项目进行明细核算。

建设工程发生的构成建设项目实际支出的、按照规定应当分摊计入有关工程成本和设备成本的各项间接费用和税费支出,先在本明细科目中归集;建设工程办妥竣工验收手续交付使用时,按照合理的分配方法,摊入相关工程成本、在安装设备成本等。

1. 单位发生的构成待摊投资的各类费用,按照实际发生金额,借记"在建工程——待摊投资"科目,贷记"财政拨款收入""零余额账户用款额度""银行存款""应付利息""长期借款""其他应交税费""固定资产累计折旧""无形资产累计摊销"等科目。

2. 对于建设过程中试生产、设备调试等产生的收入,按照取得的收入金额,借记"银行存款"等科目,按照依据有关规定应当冲减建设工程成本的部分,贷记"在建工程——待摊投资"科目,按照其差额贷记"应缴财政款"或"其他收入"科目。

3. 由于自然灾害、管理不善等原因造成的单项工程或单位工程报废或毁损,扣除残料价值和过失人或保险公司等赔款后的净损失,报经批准后计入继续施工的工程成本的,按照工程成本扣除残料价值和过失人或保险公司等赔款后的净损失,借记"在建工程——待摊投资"科目,按照残料变价收入、过失人或保险公司赔款等,借记"银行存款""其他应收款"等科目,按照报废或毁损的工程成本,贷记"在建工程——建筑安装工程投资"科目。

4. 工程交付使用时,按照合理的分配方法分配待摊投资,借记"在建工程——建筑安装工程投资""在建工程——设备投资"科目,贷记"在建工程——待摊投资"科目。

待摊投资的分配方法,可按照下列公式计算:

(1) 按照实际分配率分配。适用于建设工期较短、整个项目的所有单项工程一次竣工的建设项目。

实际分配率=待摊投资明细科目余额÷(建筑工程明细科目余额+安装工程明细科目余额+设备投资明细科目余额)×100%

(2) 按照概算分配率分配。适用于建设工期长、单项工程分期分批建成投入使用的建设项目。

概算分配率=(概算中各待摊投资项目的合计数-其中可直接分配部分)÷(概算中建筑工程、安装工程和设备投资合计)×100%

某项固定资产应分配的待摊投资=该项固定资产的建筑工程成本或该项固定资产(设备)的采购成本和安装成本合计×分配率

【例 14-15】 某行政单位 2024 年发生设计费 10 000 元,以银行存款支付。此设计费涉及两个工程(建筑安装工程甲、设备工程乙)。在两个工程都完工后,工程甲的造价为 500 000 元,工程乙的造价为 300 000 元。按各工程造价分摊设计费用 10 000 元。财会部门根据有关凭证,应做账务处理如下:

| 财 务 会 计 | 预 算 会 计 |
| --- | --- |
| 支付设计费时:<br>借:在建工程——待摊投资　　　10 000<br>　　贷:银行存款　　　　　　　　　　10 000 | 借:行政支出　　　　　　　　　　10 000<br>　　贷:资金结存——货币资金　　　　10 000 |

续表

| 财 务 会 计 | 预 算 会 计 |
|---|---|
| 分摊待摊投资时：<br>借：在建工程——建筑安装工程投资　　6 250<br>　　　在建工程——设备投资　　　　　　3 750<br>　　贷：在建工程——待摊投资　　　　　　　10 000 | — |

## 四、"其他投资"明细科目的核算

"其他投资"明细科目，核算单位发生的构成建设项目实际支出的房屋购置支出，基本畜禽、林木等购置、饲养、培育支出，办公生活用家具、器具购置支出，软件研发和不能计入设备投资的软件购置等支出。单位为进行可行性研究而购置的固定资产，以及取得土地使用权支付的土地出让金，也通过本明细科目核算。本明细科目应当设置"房屋购置""基本畜禽支出""林木支出""办公生活用家具、器具购置""可行性研究固定资产购置""无形资产"等明细科目。

单位为建设工程发生的房屋购置支出，基本畜禽、林木等的购置、饲养、培育支出，办公生活用家具、器具购置支出，软件研发和不能计入设备投资的软件购置等支出，按照实际发生金额，借记"在建工程——其他投资"，贷记"财政拨款收入""零余额账户用款额度""银行存款"等科目。

工程完成将形成的房屋、基本畜禽、林木等各种财产以及无形资产交付使用时，按照其实际成本，借记"固定资产""无形资产"等科目，贷记"在建工程——其他投资"科目。

【例 14-16】 某行政单位为信息系统建设工程而开发软件，开发费用为 180 000 元，通过财政直接支付付款，后交付使用。财会部门根据有关凭证，应做账务处理如下：

| 财 务 会 计 | 预 算 会 计 |
|---|---|
| 开发软件时：<br>借：在建工程——其他投资　　180 000<br>　　贷：财政拨款收入　　　　　　　180 000 | 借：行政支出　　　　　　　　　180 000<br>　　贷：财政拨款预算收入　　　　　180 000 |
| 形成无形资产交付使用时：<br>借：无形资产　　　　　　　　　180 000<br>　　贷：在建工程——其他投资　　　180 000 | — |

## 五、"待核销基建支出"明细科目的核算

"待核销基建支出"明细科目，核算建设项目发生的江河清障、航道清淤、飞播造林、补助群众造林、水土保持、城市绿化、取消项目的可行性研究费以及项目整体报废等不能形成资产部分的基建投资支出。本明细科目应按照待核销基建支出的类别进行明细核算。

1. 建设项目发生的江河清障、航道清淤、飞播造林、补助群众造林、水土保持、城市绿化等不能形成资产的各类待核销基建支出，按照实际发生金额，借记"在建工程——待核销基建支出"，贷记"财政拨款收入""零余额账户用款额度""银行存款"等科目。

2. 取消的建设项目发生的可行性研究费,按照实际发生金额,借记"在建工程——待核销基建支出"科目,贷记"在建工程——待摊投资"科目。

3. 由于自然灾害等原因发生的建设项目整体报废所形成的净损失,报经批准后转入待核销基建支出,按照项目整体报废所形成的净损失,借记"在建工程——待核销基建支出"科目,按照报废工程回收的残料变价收入、保险公司赔款等,借记"银行存款""其他应收款"等科目,按照报废的工程成本,贷记"在建工程—建筑安装工程投资"等科目。

4. 建设项目竣工验收交付使用时,对发生的待核销基建支出进行冲销,借记"资产处置费用"科目,贷记"在建工程——待核销基建支出"科目。

【例 14-17】 由于自然灾害造成某事业单位某项水利工程整体报废,经评估净损失达到 3 000 000 元。报批后该单位予以处理。财会部门根据有关凭证,应做账务处理如下:

| 财 务 会 计 | 预 算 会 计 |
| --- | --- |
| 借:在建工程——待核销基建支出　3 000 000<br>　　贷:在建工程——建筑安装工程投资　3 000 000 | — |

## 六、"基建转出投资"明细科目的核算

"基建转出投资"明细科目,核算为建设项目配套而建成的、产权不归属本单位的专用设施的实际成本。本明细科目应按照转出投资的类别进行明细核算。

为建设项目配套而建成的、产权不归属本单位的专用设施,在项目竣工验收交付使用时,按照转出的专用设施的成本,借记"在建工程——基建转出投资"科目,贷记"在建工程——建筑安装工程投资"科目;同时,借记"无偿调拨净资产"科目,贷记"在建工程——基建转出投资"科目。

【例 14-18】 某事业单位为建设项目配套而建成的、产权不归属本单位的地下管道,实际投入成本 580 000 元,该项目竣工验收交付使用。财会部门根据有关凭证,应做账务处理如下:

| 财 务 会 计 | 预 算 会 计 |
| --- | --- |
| 借:在建工程——基建转出投资　　　580 000<br>　　贷:在建工程——建筑安装工程投资　580 000<br>借:无偿调拨净资产　　　　　　　580 000<br>　　贷:在建工程——基建转出投资　　580 000 | — |

# 第三节　无形资产

无形资产,是指单位控制的没有实物形态的可辨认非货币性资产。按照《政府部门财务报告编制操作指南》(财库〔2023〕22 号)的规定,现在的政府部门无形资产包括专利权、非专利技

术、著作权、资源资质、商标权、信息数据和其他七类。

资产满足下列条件之一的,符合无形资产定义中的可辨认性标准:(1)能够从单位中分离或者划分出来,并能单独或者与相关合同、资产或负债一起,用于出售、转移、授予许可、租赁或者交换。(2)源自合同性权利或其他法定权利,无论这些权利是否可以从单位或其他权利和义务中转移或者分离。

无形资产同时满足下列条件的,应当予以确认:(1)与该无形资产相关的服务潜力很可能实现或者经济利益很可能流入单位;(2)该无形资产的成本或者价值能够可靠地计量。

单位在判断无形资产的服务潜力或经济利益是否很可能实现或流入时,应当对无形资产在预计使用年限内可能存在的各种社会、经济、科技因素做出合理估计,并且应当有确凿的证据支持。

单位购入的不构成相关硬件不可缺少组成部分的软件,应当确认为无形资产。单位自创商誉及内部产生的品牌、报刊名等,不应确认为无形资产。

"无形资产"科目核算单位无形资产的原值,本科目应当按照无形资产的类别、项目等进行明细核算。

## 一、无形资产的取得

无形资产在取得时应当按照成本进行初始计量。

### (一)外购的无形资产

单位外购的无形资产,其成本包括购买价款、相关税费以及可归属于该项资产达到预定用途前所发生的其他支出。

外购的无形资产,按照确定的成本,借记"无形资产",贷记"财政拨款收入""零余额账户用款额度""应付账款""银行存款"等科目。

非大批量购入、单价小于 1 000 元的无形资产,可以于购买的当期将其成本直接计入当期费用。

【例 14-19】 某行政单位通过政府集中采购购入计算机软件,价款 600 000 元,通过财政直接支付方式支付。财会部门根据有关凭证,应做账务处理如下:

| 财 务 会 计 | 预 算 会 计 |
|---|---|
| 借:无形资产　　　　　　　　　600 000<br>　　贷:财政拨款收入　　　　　　　600 000 | 借:行政支出　　　　　　　　　　600 000<br>　　贷:财政拨款预算收入　　　　　600 000 |

### (二)委外研发的无形资产

单位委托软件公司开发的软件,视同外购无形资产确定其成本。

合同中约定预付开发费用的,按照预付金额,借记"预付账款"科目,贷记"财政拨款收入""零余额账户用款额度""银行存款"等科目。

软件开发完成交付使用并支付剩余或全部软件开发费用时,按照软件开发费用总额,借记"无形资产",按照相关预付账款金额,贷记"预付账款"科目,按照支付的剩余金额,贷记"财政拨款收入""零余额账户用款额度""银行存款"等科目。

### (三)自行研发的无形资产

单位自行开发的无形资产,其成本包括自该项目进入开发阶段后至达到预定用途前所发生的支出总额。具体核算参考"研发支出"。

#### （四）接受捐赠的无形资产

单位接受捐赠的无形资产，其成本按照有关凭据注明的金额加上相关税费确定[①]；没有相关凭据可供取得，但按规定经过资产评估的，其成本按照评估价值加上相关税费确定；没有相关凭据可供取得、也未经资产评估的，其成本比照同类或类似资产的市场价格加上相关税费确定；没有相关凭据且未经资产评估、同类或类似资产的市场价格也无法可靠取得的，按照名义金额入账，相关税费计入当期费用。确定接受捐赠无形资产的初始入账成本时，应当考虑该项资产尚可为单位带来服务潜力或经济利益的能力。其账务处理与固定资产的相关业务相同，可以参考本章"固定资产"一节。

#### （五）无偿调入的无形资产

单位无偿调入的无形资产，其成本按照调出方账面价值加上相关税费确定。

无偿调入的无形资产，按照确定的无形资产成本，借记"无形资产"科目，按照发生的相关税费等，贷记"零余额账户用款额度""银行存款"等科目，按照其差额，贷记"无偿调拨净资产"科目。无偿调入的无形资产在调出方的账面价值为零或者账面余额为名义金额的，单位（调入方）应当将调入过程中其承担的相关税费计入当期费用，不计入调入资产的初始入账成本，账务处理与固定资产一样。

【例 14-20】 某行政单位接受无偿调入一项专利技术，其调出方的账面价值 258 000 元，以银行存款支付相关税费 43 860 元。财会部门根据有关凭证，应做账务处理如下：

| 财 务 会 计 | 预 算 会 计 |
|---|---|
| 借：无形资产　　　　　　301 860<br>　　贷：无偿调拨净资产　　258 000<br>　　　　银行存款　　　　　 43 860 | 借：其他支出　　　　　　 43 860<br>　　贷：资金结存——货币资金　43 860 |

#### （六）置换取得的无形资产

单位通过置换取得的无形资产，其成本按照换出资产的评估价值加上支付的补价或减去收到的补价，加上换入无形资产发生的其他相关支出确定。

置换取得的无形资产，参照存货中置换取得库存物品的相关规定进行账务处理。无形资产取得时涉及增值税业务的，相关账务处理参见"应交增值税"科目。

### 二、内部研究开发支出（研发支出）

首先，为评价单位内部产生的无形资产是否满足确认标准，单位应当将资产的形成过程分为研究阶段与开发阶段两部分；其次，对于开发过程中发生的费用，在符合一定条件的情况下，才可确认为一项无形资产。在实务工作中，具体划分研究阶段与开发阶段以及是否符合资本化的条件，应当根据单位的实际情况以及相关信息予以判断。

#### （一）内部研究开发支出的计量

对于单位自行进行的研究开发项目，应当区分研究阶段与开发阶段两个部分分别进行核

---

① 如果"凭据"上注明的价格高于受赠资产同类或类似资产的市场价格 30% 或达不到其 70% 的，则应当以同类或类似资产的市场价格确定成本。具体操作参见第十三章第四节存货。

算。研究是指为获取并理解新的科学或技术知识而进行的独创性的有计划调查。开发是指在进行生产或使用前,将研究成果或其他知识应用于某项计划或设计,以生产出新的或具有实质性改进的材料、装置、产品等。

单位自行研究开发项目研究阶段的支出,应当于发生时计入当期费用。单位自行研究开发项目开发阶段的支出,先按合理方法进行归集,如果最终形成无形资产的,应当确认为无形资产;如果最终未形成无形资产的,应当计入当期费用。

单位自行研究开发项目尚未进入开发阶段,或者确实无法区分研究阶段支出和开发阶段支出,但按法律程序已申请取得无形资产的,应当将依法取得时发生的注册费、聘请律师费等费用确认为无形资产。

**(二) 内部研究开发支出的会计处理**

单位设置"研发支出"科目核算单位自行研究开发项目研究阶段和开发阶段发生的各项支出。单位应当按照自行研究开发项目,分别按"研究支出""开发支出"进行明细核算。

建设项目中的软件研发支出,应当通过"在建工程"科目核算,不通过"研发支出"科目核算。

1. 自行研究开发项目研究阶段的支出,应当先在"研发支出"科目归集。按照从事研究及其辅助活动人员计提的薪酬、研究活动领用的库存物品,发生的与研究活动相关的管理费、间接费和其他各项费用,借记"研发支出——研究支出"科目,贷记"应付职工薪酬""库存物品""财政拨款收入""零余额账户用款额度""固定资产累计折旧""银行存款"等科目。期(月)末,应当将"研发支出"归集的研究阶段的支出金额转入当期费用,借记"业务活动费用"等科目,贷记"研发支出——研究支出"科目。

2. 自行研究开发项目开发阶段的支出,先通过"研发支出"科目进行归集。按照从事开发及其辅助活动人员计提的薪酬、开发活动领用的库存物品,发生的与开发活动相关的管理费、间接费和其他各项费用,借记"研发支出——开发支出"科目,贷记"应付职工薪酬""库存物品""财政拨款收入""零余额账户用款额度""固定资产累计折旧""银行存款"等科目。自行研究开发项目完成,达到预定用途形成无形资产的,按照"研发支出"科目归集的开发阶段的支出金额,借记"无形资产"科目,贷记"研发支出——开发支出"科目。

单位应于每年年度终了评估研究开发项目是否能达到预定用途,如预计不能达到预定用途(如无法最终完成开发项目并形成无形资产的),应当将已发生的开发支出金额全部转入当期费用,借记"业务活动费用"等科目,贷记"研发支出——开发支出"科目。

3. 自行研究开发项目尚未进入开发阶段,或者确实无法区分研究阶段支出和开发阶段支出,但按照法律程序已申请取得无形资产的,按照依法取得时发生的注册费、聘请律师费等费用,借记"无形资产"科目,贷记"财政拨款收入""零余额账户用款额度""银行存款"等科目;按照依法取得前发生的研究开发支出,借记"业务活动费用"等科目,贷记"研发支出"科目。

**【例 14-21】** 某事业单位自行研发一项专利技术,无法区分研究阶段支出和开发阶段支出,研发成功后按法律程序申请取得专利权,注册费 10 000 元,聘请律师费 30 000 元,以银行存款支付。财会部门根据有关凭证,应做账务处理如下:

| 财 务 会 计 | | 预 算 会 计 | |
|---|---|---|---|
| 借:无形资产 | 40 000 | 借:事业支出 | 40 000 |
|    贷:银行存款 | 40 000 |    贷:资金结存——货币资金 | 40 000 |

单位自创商誉及内部产生的品牌、报刊名等,不应确认为无形资产。

### 三、无形资产的持有期间

与无形资产有关的后续支出,符合无形资产确认条件的,应当计入无形资产成本;不符合无形资产确认条件的,应当在发生时计入当期费用或者相关资产成本。

#### (一) 符合无形资产确认条件的后续支出

为增加无形资产的使用效能对其进行升级改造或扩展其功能时,如需暂停对无形资产进行摊销的,按照无形资产的账面价值,借记"在建工程"科目,按照无形资产已摊销金额,借记"无形资产累计摊销"科目,按照无形资产的账面余额,贷记"无形资产"科目。

无形资产后续支出符合无形资产确认条件的,按照支出的金额,借记"无形资产"(无须暂停摊销的)或"在建工程"科目(需暂停摊销的),贷记"财政拨款收入""零余额账户用款额度""银行存款"等科目。

暂停摊销的无形资产升级改造或扩展功能等完成交付使用时,按照在建工程成本,借记"无形资产"科目,贷记"在建工程"科目。

**【例 14-22】** 某行政单位对软件暂停使用、升级改造,支付升级费用 25 000 元,财政直接支付。该软件账面原值 100 000 元,累计摊销 50 000 元,账面价值 50 000 元。财会部门根据有关凭证,应做账务处理如下:

| 财 务 会 计 | 预 算 会 计 |
| --- | --- |
| 暂停使用时:<br>借:在建工程　　　　　　　　50 000<br>　　无形资产累计摊销　　　　50 000<br>　　贷:无形资产　　　　　　　　100 000 | |
| 支付升级费用时:<br>借:在建工程　　　　　　　　25 000<br>　　贷:财政拨款收入　　　　　25 000 | 借:行政支出　　　　　　　　25 000<br>　　贷:财政拨款预算收入　　　25 000 |
| 交付使用时:<br>借:无形资产　　　　　　　　75 000<br>　　贷:在建工程　　　　　　　75 000 | — |

#### (二) 不符合无形资产确认条件的后续支出

为保证无形资产正常使用发生的日常维护等支出,借记"业务活动费用""单位管理费用"等科目,贷记"财政拨款收入""零余额账户用款额度""银行存款"等科目。

**【例 14-23】** 某行政单位对软件进行技术维护,以银行存款支付维护费用 3 000 元。财会部门根据有关凭证,应做账务处理如下:

| 财 务 会 计 | 预 算 会 计 |
| --- | --- |
| 借:业务活动费用　　　　　　3 000<br>　　贷:银行存款　　　　　　　3 000 | 借:行政支出　　　　　　　　3 000<br>　　贷:资金结存——货币资金　3 000 |

### (三) 无形资产的摊销

单位应当于取得或形成无形资产时合理确定其使用年限。无形资产的使用年限为有限的,应当估计该使用年限。无法预见无形资产为单位提供服务潜力或者带来经济利益期限的,应当视为使用年限不确定的无形资产。

单位应当对使用年限有限的无形资产进行摊销,但已摊销完毕仍继续使用的无形资产和以名义金额计量的无形资产除外。使用年限不确定的无形资产不应摊销。摊销是指在无形资产使用年限内,按照确定的方法对应摊销金额进行系统分摊。单位应当采用年限平均法或者工作量法对无形资产进行摊销,应摊销金额为其成本,不考虑预计残值。因发生后续支出而增加无形资产成本的,对于使用年限有限的无形资产,应当按照重新确定的无形资产成本以及重新确定的摊销年限计算摊销额。

对于使用年限有限的无形资产,单位应当按照以下原则确定无形资产的摊销年限:(1) 法律规定了有效年限的,按照法律规定的有效年限作为摊销年限;(2) 法律没有规定有效年限的,按照相关合同或单位申请书中的受益年限作为摊销年限;(3) 法律没有规定有效年限、相关合同或单位申请书也没有规定受益年限的,应当根据无形资产为单位带来服务潜力或经济利益的实际情况,预计其使用年限;(4) 非大批量购入、单价小于1 000元的无形资产,可以于购买的当期将其成本一次性全部转销。

"无形资产累计摊销"科目核算对使用年限有限的无形资产计提的累计摊销,该科目应当按照对应无形资产的明细分类进行明细核算。

单位应当按月对使用年限有限的无形资产进行摊销,并根据用途计入当期费用或者相关资产成本。按月对无形资产进行摊销时,按照应摊销金额,借记"业务活动费用""单位管理费用""加工物品""在建工程"等科目,贷记"无形资产累计摊销"科目。

【例 14 - 24】 月末,某行政单位计提无形资产摊销。单位共有2项无形资产:著作权的账面余额是 200 000 元,法律规定的有效年限是 20 年,每月计提的无形资产摊销额是 834 元;专利权的账面余额是 180 000 元,法律没有规定有效年限,单位申请书中的受益年限是 10 年,每月计提的无形资产摊销额是 1 500 元。财会部门根据有关凭证,应做账务处理如下:

| 财 务 会 计 | 预 算 会 计 |
| --- | --- |
| 借:业务活动费用　　　　　　　　　2 334<br>　　贷:无形资产累计摊销——著作权　　834<br>　　　　无形资产累计摊销——专利权　1 500 | — |

### 四、无形资产的处置和盘点

#### (一) 无形资产的处置

1. 出售、转让无形资产

单位按规定报经批准出售、转让无形资产,应当将无形资产账面价值转销计入当期费用,并将处置收入大于相关处置税费后的差额按规定计入当期收入或者做应缴款项处理,将处置收入小于相关处置税费后的差额计入当期费用。

报经批准出售、转让无形资产,按照被出售、转让无形资产的账面价值,借记"资产处置费用"科目，按照无形资产已计提的摊销，借记"无形资产累计摊销"科目，按照无形资产账面余额，贷记"无形资产"科目；同时，按照收到的价款，借记"银行存款"等科目，按照处置过程中发生的相关费用，贷记"银行存款"等科目，按照其差额，贷记"应缴财政款"（按照规定应上缴无形资产转让净收入的）或"其他收入"（按照规定将无形资产转让收入纳入本单位预算管理的）科目。

### 2. 对外捐赠、无偿调出无形资产

单位按规定报经批准对外捐赠、无偿调出无形资产的，应当将无形资产的账面价值予以转销，对外捐赠、无偿调出中发生的归属于捐出方、调出方的相关费用应当计入当期费用。具体会计核算参考固定资产相关账务处理。

### 3. 以无形资产对外投资

单位按规定报经批准以无形资产对外投资的，应当将该无形资产的账面价值予以转销，并将无形资产在对外投资时的评估价值与其账面价值的差额计入当期收入或费用。

【例 14-25】 某事业单位经批准以一项专利技术对外投资，该专利技术的账面原值是 180 000 元，累计摊销额是 24 000 元，账面价值是 156 000 元；其评估价值是 200 000 元。财会部门根据有关凭证，应做账务处理如下：

| 财 务 会 计 | 预 算 会 计 |
|---|---|
| 借：长期股权投资　　　　　200 000<br>　　无形资产累计摊销　　　 24 000<br>　贷：无形资产　　　　　　　180 000<br>　　　其他收入　　　　　　　 44 000 | — |

无形资产处置时涉及增值税业务的，相关账务处理参见"应交增值税"科目。

#### （二）无形资产的清查盘点

单位应当定期对无形资产进行清查盘点，每年至少盘点一次。单位资产清查盘点过程中发现的无形资产盘盈、盘亏等，参照"固定资产"科目相关规定进行账务处理。

无形资产预期不能为单位带来服务潜力或者经济利益的，应当在报经批准后将该无形资产的账面价值予以转销。

无形资产预期不能为单位带来服务潜力或经济利益，按照规定报经批准核销时，按照待核销无形资产的账面价值，借记"资产处置费用"科目，按照已计提摊销，借记"无形资产累计摊销"科目，按照无形资产的账面余额，贷记"无形资产"科目。

## 第四节　经管类资产

经管类资产是指属于单位控制的，供社会公众使用的经济资源，主要包括公共基础设施、政府储备物资、文物资源、保障性住房等。

### 一、公共基础设施

#### （一）公共基础设施及其科目概述

##### 1. 公共基础设施的概念和范围

公共基础设施，是指单位为满足社会公共需求而控制的，同时具有以下特征的有形资产：

(1)是一个有形资产系统或网络的组成部分;(2)具有特定用途;(3)一般不可移动。

公共基础设施主要包括市政基础设施(如交通设施、供排水设施、能源设施、环卫设施、园林绿化设施、综合类设施、信息通信设施等)、交通基础设施(如公路、航道、港口等)、水利基础设施(如防洪工程、治涝工程、灌溉工程等)和其他公共基础设施四类。

不包括以下内容:(1)独立于公共基础设施、不构成公共基础设施使用不可缺少组成部分的管理维护用房屋建筑物、设备、车辆等;(2)属于文物资源的公共基础设施;(3)采用政府和社会资本合作模式(即PPP模式)形成的公共基础设施。

2.公共基础设施的确认

(1)确认的条件

同时满足下列条件的,应当予以确认:① 与该公共基础设施相关的服务潜力很可能实现或者经济利益很可能流入单位;② 该公共基础设施的成本或者价值能够可靠地计量。

(2)确认主体

通常情况下,符合确认条件的公共基础设施,应当由按规定对其负有管理维护职责的单位予以确认。多个单位共同管理维护的公共基础设施,应当由对该资产负有主要管理维护职责或者承担后续主要支出责任的单位予以确认。分为多个组成部分,由不同单位分别管理维护的公共基础设施,应当由各个单位分别对其负责管理维护的公共基础设施的相应部分予以确认。负有管理维护公共基础设施职责的单位通过政府购买服务方式委托企业或其他会计主体代为管理维护公共基础设施的,该公共基础设施应当由委托方予以确认。

(3)确认的时间

通常情况下,对于自建或外购的公共基础设施,单位应当在该项公共基础设施验收合格并交付使用时确认;对于无偿调入、接受捐赠的公共基础设施,单位应当在开始承担该项公共基础设施管理维护职责时确认。

(4)确认时要注意的其他事项

单位应当根据公共基础设施提供公共产品或服务的性质或功能特征对其进行分类确认。

公共基础设施的各组成部分具有不同使用年限或者以不同方式提供公共产品或服务,适用不同折旧率或折旧方法且可以分别确定各自原价的,应当分别将各组成部分确认为该类公共基础设施的一个单项公共基础设施。

单位在购建公共基础设施时,能够分清购建成本中的构筑物部分与土地使用权部分的,应当将其中的构筑物部分和土地使用权部分分别确认为公共基础设施;不能分清购建成本中的构筑物部分与土地使用权部分的,应当整体确认为公共基础设施。

"公共基础设施"科目核算单位控制的公共基础设施的原值。本科目应当按照公共基础设施的类别、项目进行明细核算。

**(二) 公共基础设施的取得**

公共基础设施在取得时应当按照成本进行初始计量。

1.自行建造的公共基础设施

单位自行建造的公共基础设施,其成本包括完成批准的建设内容所发生的全部必要支出,包括建筑安装工程投资支出、设备投资支出、待摊投资支出和其他投资支出。具体核算与固定资产相似,参考本章"固定资产"一节。

2.无偿调入的公共基础设施

单位接受其他会计主体无偿调入的公共基础设施,其成本按照该项公共基础设施在调出方的账面价值加上归属于调入方的相关费用确定。

接受其他单位无偿调入的公共基础设施,按照确定的成本,借记"公共基础设施"科目,按照发生的归属于调入方的相关费用,贷记"财政拨款收入""零余额账户用款额度""银行存款"等科目,按照其差额,贷记"无偿调拨净资产"科目。

无偿调入的公共基础设施成本无法可靠取得的,按照发生的相关税费、运输费等金额,借记"其他费用"科目,贷记"财政拨款收入""零余额账户用款额度""银行存款"等科目。

3. 接受捐赠的公共基础设施

单位接受捐赠的公共基础设施,其成本按照有关凭据注明的金额加上相关费用确定;没有相关凭据可供取得、但按规定经过资产评估的,其成本按照评估价值加上相关费用确定;没有相关凭据可供取得、也未经资产评估的,其成本比照同类或类似资产的市场价格加上相关费用确定。如受赠的系旧的公共基础设施,在确定其初始入账成本时应当考虑该项资产的新旧程度。

接受捐赠的公共基础设施,按照确定的成本,借记"公共基础设施"科目,按照发生的相关费用,贷记"财政拨款收入""零余额账户用款额度""银行存款"等科目,按照其差额,贷记"捐赠收入"科目。接受捐赠的公共基础设施成本无法可靠取得的,按照发生的相关税费等金额,借记"其他费用"科目,贷记"财政拨款收入""零余额账户用款额度""银行存款"等科目。

4. 外购的公共基础设施

单位外购的公共基础设施,其成本包括购买价款、相关税费以及公共基础设施交付使用前所发生的可归属于该项资产的运输费、装卸费、安装费和专业人员服务费等。

外购的公共基础设施,按照确定的成本,借记"公共基础设施"科目,贷记"财政拨款收入""零余额账户用款额度""银行存款"等科目。

对于包括不同组成部分的公共基础设施,其只有总成本、没有单项组成部分成本的,单位可以按照各单项组成部分同类或类似资产的成本或市场价格比例对总成本进行分配,分别确定公共基础设施中各单项组成部分的成本。

对于成本无法可靠取得的公共基础设施,单位应当设置备查簿进行登记,待成本能够可靠确定后按照规定及时入账。

(三) 公共基础设施的持有期间

1. 公共基础设施的改扩建与维护

符合公共基础设施确认条件的,应当计入公共基础设施成本;不符合公共基础设施确认条件的,应当在发生时计入当期费用。

通常情况下,为增加公共基础设施使用效能或延长其使用年限而发生的改建、扩建等后续支出,应当计入公共基础设施成本;为维护公共基础设施的正常使用而发生的日常维修、养护等后续支出,应当计入当期费用。

在原有公共基础设施基础上进行改建、扩建等建造活动后的公共基础设施,其成本按照原公共基础设施账面价值加上改建、扩建等建造活动发生的支出,再扣除公共基础设施被替换部分的账面价值后的金额确定。

公共基础设施改建、扩建和日常维修养护的账务处理与固定资产相似,请参考固定资产相关业务核算。

2. 公共基础设施的折旧或摊销

单位应当对公共基础设施计提折旧,但单位持续进行良好的维护使得其性能得到永久维持的公共基础设施和确认为公共基础设施的单独计价入账的土地使用权除外。

单位应当根据公共基础设施的性质和使用情况，合理确定公共基础设施的折旧年限。单位确定公共基础设施折旧年限，应当考虑下列因素：(1) 设计使用年限或设计基准期；(2) 预计实现服务潜力或提供经济利益的期限；(3) 预计有形损耗和无形损耗；(4) 法律或者类似规定对资产使用的限制。公共基础设施的折旧年限一经确定，不得随意变更，有特殊规定的除外。对于单位接受无偿调入、捐赠的公共基础设施，应当考虑该项资产的新旧程度，按照其尚可使用的年限计提折旧。

单位一般采用年限平均法或者工作量法计提公共基础设施折旧。折旧方法一经确定，不得随意变更。在确定公共基础设施的折旧方法时，应当考虑与公共基础设施相关的服务潜力或经济利益的预期实现方式。

公共基础设施应计提的折旧总额为其成本，计提公共基础设施折旧时不考虑预计净残值。

公共基础设施应当按月计提折旧，并计入当期费用。当月增加的公共基础设施，当月开始计提折旧；当月减少的公共基础设施，当月不再计提折旧。处于改建、扩建等建造活动期间的公共基础设施，应当暂停计提折旧。因改建、扩建等原因而延长公共基础设施使用年限的，应当按照重新确定的公共基础设施的成本和重新确定的折旧年限计算折旧额，不需调整原已计提的折旧额。

单位应当对暂估入账的公共基础设施计提折旧，实际成本确定后不需调整原已计提的折旧额。公共基础设施提足折旧后，无论能否继续使用，均不再计提折旧；已提足折旧的公共基础设施，可以继续使用的，应当继续使用，并规范实物管理。提前报废的公共基础设施，不再补提折旧。

对于确认为公共基础设施的单独计价入账的土地使用权，单位应当按照无形资产的相关规定进行摊销。

为核算公共基础设施计提折旧，设置"公共基础设施累计折旧(摊销)"科目，该科目应当按照对应公共基础设施的明细分类进行明细核算。

按月计提公共基础设施折旧时，按照应计提的折旧额，借记"业务活动费用"科目，贷记"公共基础设施累计折旧(摊销)"科目。按月对确认为公共基础设施的单独计价入账的土地使用权进行摊销时，按照应计提的摊销额，借记"业务活动费用"科目，贷记"公共基础设施累计折旧(摊销)"科目。

**（四）公共基础设施的处置和盘点**

1. 公共基础设施的处置

单位按规定报经批准无偿调出、对外捐赠公共基础设施的，应当将公共基础设施的账面价值予以转销，无偿调出、对外捐赠中发生的归属于调出方、捐出方的相关费用应当计入当期费用。具体会计核算参考固定资产相关账务处理。

2. 公共基础设施的清查盘点

单位应当定期对公共基础设施进行清查盘点。公共基础设施报废或遭受重大毁损的，单位应当在报经批准后将公共基础设施账面价值予以转销，并将报废、毁损过程中取得的残值变价收入扣除相关费用后的差额按规定做应缴款项处理（差额为净收益时）或计入当期费用（差额为净损失时）。

对于发生的公共基础设施盘盈、盘亏、毁损或报废，应当先记入"待处理财产损溢"科目，按照规定报经批准后及时进行后续账务处理。具体会计核算参考固定资产相关账务处理。

盘盈的公共基础设施,其成本按照有关凭据注明的金额确定;没有相关凭据但按照规定经过资产评估的,其成本按照评估价值确定;没有相关凭据也未经过评估的,其成本按照重置成本确定。盘盈的公共基础设施成本无法可靠取得的,单位应当设置备查簿进行登记,待成本确定后按照规定及时入账。

## 二、政府储备物资

政府储备物资,是指单位为满足实施国家安全与发展战略、进行抗灾救灾、应对公共突发事件等特定公共需求而控制的,同时具有下列特征的有形资产:(1)在应对可能发生的特定事件或情形时动用;(2)其购入、存储保管、更新(轮换)、动用等由政府及相关部门发布的专门管理制度规范。

政府储备物资包括粮食等农产品和农资储备、能源储备、矿产品原材料储备和应急专用物资储备等,通常情况下由单位委托承储单位存储。不包括:(1)企业以及纳入企业财务管理体系的事业单位接受政府委托收储并按企业会计准则核算的储备物资。(2)单位的存货。

政府储备物资同时满足下列条件的,应当予以确认:(1)与该政府储备物资相关的服务潜力很可能实现或者经济利益很可能流入单位;(2)该政府储备物资的成本或者价值能够可靠地计量。

通常情况下,符合本节规定的政府储备物资,应当由按规定对其负有行政管理职责的单位予以确认。行政管理职责主要是指提出或拟定收储计划、更新(轮换)计划、动用方案等。相关行政管理职责由不同单位行使的政府储备物资,由负责提出收储计划的单位予以确认。对政府储备物资不负有行政管理职责但接受委托具体负责执行其存储保管等工作的单位,应当将受托代储的政府储备物资作为受托代理资产核算。

**(一)政府储备物资的取得**

政府储备物资在取得时应当按照成本进行初始计量。下列各项不计入政府储备物资成本:(1)仓储费用;(2)日常维护费用;(3)不能归属于使政府储备物资达到目前场所和状态所发生的其他支出。

单位应当按照政府储备物资的种类、品种、存放地点等进行明细核算。单位根据需要,可在"政府储备物资"下设置"在库""发出"等明细科目进行明细核算。

1. 购入的政府储备物资

单位购入的政府储备物资,其成本包括购买价款和单位承担的相关税费、运输费、装卸费、保险费、检测费以及使政府储备物资达到目前场所和状态所发生的归属于政府储备物资成本的其他支出。购入的政府储备物资验收入库,按照确定的成本,借记"政府储备物资"科目,贷记"财政拨款收入""零余额账户用款额度""银行存款"等科目。

2. 委托加工的政府储备物资

单位委托加工的政府储备物资,其成本包括委托加工前物料成本、委托加工的成本(如委托加工费以及按规定应计入委托加工政府储备物资成本的相关税费等)以及单位承担的使政府储备物资达到目前场所和状态所发生的归属于政府储备物资成本的其他支出。涉及委托加工政府储备物资业务的,相关账务处理参照加工物品。

3. 接受捐赠和无偿调入的政府储备物资

单位接受捐赠的政府储备物资,其成本按照有关凭据注明的金额加上单位承担的相关税费、运输费等确定;没有相关凭据可供取得、但按规定经过资产评估的,其成本按照评估价值加上单位承担的相关税费、运输费等确定;没有相关凭据可供取得、也未经资产评估的,其成本比照同类或类似资产的市场价格加上单位承担的相关税费、运输费等确定。

单位接受无偿调入的政府储备物资,其成本按照调出方账面价值加上归属于单位的相关税费、运输费等确定。

捐赠和无偿调入的账务处理可参考库存物品的相关业务处理。

### (二) 政府储备物资的发出

单位应当根据实际情况采用先进先出法、加权平均法或者个别计价法确定政府储备物资发出的成本。计价方法一经确定,不得随意变更。对于性质和用途相似的政府储备物资,单位应当采用相同的成本计价方法确定发出物资的成本。对于不能替代使用的政府储备物资、为特定项目专门购入或加工的政府储备物资,单位通常应采用个别计价法确定发出物资的成本。

1. 无须收回的政府储备物资

因动用而发出无须收回的政府储备物资的,单位应当在发出物资时将其账面余额予以转销,计入当期费用。在发出物资时,按照发出物资的账面余额,借记"业务活动费用"科目,贷记"政府储备物资"科目。

2. 需要收回或可能收回的政府储备物资

因动用而发出需要收回或者预期可能收回的政府储备物资的,单位应当在按规定的质量验收标准收回物资时,将未收回物资的账面余额予以转销,计入当期费用。

在发出物资时,按照发出物资的账面余额,借记"政府储备物资——发出"科目,贷记"政府储备物资——在库"科目;按照规定的质量验收标准收回物资时,按照收回物资原账面余额,借记"政府储备物资——在库"科目,按照未收回物资的原账面余额,借记"业务活动费用"科目,按照物资发出时登记在"政府储备物资"所属"发出"明细科目中的余额,贷记"政府储备物资——发出"科目。

【例 14-26】 经批准,A 行政单位向 Z 单位提供一批政府储备物资,该批物资的账面价值 608 900 元。Z 单位使用完毕后退还其中部分物资,退回的物资价值 524 000 元。A 行政单位按规定的质量验收标准办理入库。财会部门根据有关凭证,应做账务处理如下:

| 财 务 会 计 | 预 算 会 计 |
| --- | --- |
| 发出时:<br>借:政府储备物资——发出　　　608 900<br>　　贷:政府储备物资——在库　　　608 900<br>收回时:<br>借:政府储备物资——在库　　　524 000<br>　　业务活动费用　　　　　　　　84 900<br>　　贷:政府储备物资——发出　　　608 900 | — |

3. 调拨的政府储备物资

因行政管理主体变动等原因而将政府储备物资调拨给其他主体的,单位应当在发出物资时将其账面余额予以转销。

按照无偿调出政府储备物资的账面余额,借记"无偿调拨净资产"科目,贷记"政府储备物资"科目。

#### 4. 对外销售的政府储备物资

单位对外销售政府储备物资的,应当在发出物资时将其账面余额转销计入当期费用,并按规定确认相关销售收入或将销售取得的价款大于所承担的相关税费后的差额做应缴款项处理。

对外销售政府储备物资并将销售收入纳入单位预算统一管理的,发出物资时,按照发出物资的账面余额,借记"业务活动费用"科目,贷记"政府储备物资"科目;实现销售收入时,按照确认的收入金额,借记"银行存款""应收账款"等科目,贷记"事业收入"等科目。

**【例 14-27】** 某事业单位对外销售一批政府储备物资,该批物资的账面余额 542 000 元,实现收入 658 000 元,款项已收到。该事业单位销售收入纳入单位预算统一管理。财会部门根据有关凭证,应做账务处理如下:

| 财 务 会 计 | 预 算 会 计 |
|---|---|
| 借:业务活动费用　　　　542 000　　<br>　　贷:政府储备物资　　　　　542 000<br>借:银行存款　　　　　　658 000<br>　　贷:事业收入　　　　　　　658 000 | 借:资金结存——货币资金　　658 000<br>　　贷:事业预算收入　　　　　658 000 |

对外销售政府储备物资并按照规定将销售净收入上缴财政的,发出物资时,按照发出物资的账面余额,借记"资产处置费用"科目,贷记"政府储备物资"科目;取得销售价款时,按照实际收到的款项金额,借记"银行存款"等科目,按照发生的相关税费,贷记"银行存款"等科目,按照销售价款大于所承担的相关税费后的差额,贷记"应缴财政款"科目。

**【例 14-28】** 某事业单位对外销售一批政府储备物资,该批物资的账面价值 542 000 元,实现收入 658 000 元,款项已收到,该事业单位销售净收入需上缴财政。财会部门根据有关凭证,应做账务处理如下:

| 财 务 会 计 | 预 算 会 计 |
|---|---|
| 借:资产处置费用　　　　542 000<br>　　贷:政府储备物资　　　　　542 000<br>借:银行存款　　　　　　658 000<br>　　贷:应缴财政款　　　　　　658 000 | — |

单位采取销售采购方式对政府储备物资进行更新(轮换)的,应当将物资轮出视为物资销售;将物资轮入视为物资采购。

### (三) 政府储备物资的盘点

单位应当定期对政府储备物资进行清查盘点,每年至少盘点一次。对于发生的政府储备物资盘盈、盘亏或者报废、毁损,应当先记入"待处理财产损溢"科目,按照规定报经批准后及时进行后续账务处理。

1. 单位盘盈的政府储备物资,其成本按照有关凭据注明的金额确定;没有相关凭据,但按规定经过资产评估的,其成本按照评估价值确定;没有相关凭据、也未经资产评估的,其成本按照重置成本确定。盘盈的政府储备物资,按照确定的入账成本,借记本科目,贷记"待处理财产损溢"科目。

2. 政府储备物资报废、毁损的,单位应当按规定报经批准后将报废、毁损的政府储备物资的账面余额予以转销,确认应收款项(确定追究相关赔偿责任的)或计入当期费用(因储存年限到期报废或非人为因素致使报废、毁损的);同时,将报废、毁损过程中取得的残值变价收入扣除单位承担的相关费用后的差额按规定做应缴款项处理(差额为净收益时)或计入当期费用(差额为净损失时)。

3. 政府储备物资盘亏的,单位应当按规定报经批准后将盘亏的政府储备物资的账面余额予以转销,确定追究相关赔偿责任的,确认应收款项;属于正常耗费或不可抗力因素造成的,计入当期费用。

盘亏或者毁损、报废的政府储备物资,按照待处理政府储备物资的账面余额,借记"待处理财产损溢"科目,贷记"政府储备物资"科目。批准后再由"待处理财产损溢"科目转入"其他应收款"科目或"资产处置费用"科目。

【例 14-29】 某事业单位清查盘点政府储备物资,盘亏物资的账面价值为 53 690 元,批准后确定需要追究相关赔偿责任。财会部门根据有关凭证,应做账务处理如下:

| 财 务 会 计 | 预 算 会 计 |
|---|---|
| 批准前:<br>借:待处理财产损溢　　　　　53 690<br>　　贷:政府储备物资　　　　　　53 690<br>批准后:<br>借:其他应收款　　　　　　　53 690<br>　　贷:待处理财产损溢　　　　　53 690 | — |

## 三、文物资源

文物资源,是指按照《中华人民共和国文物保护法》等有关法律、行政法规的规定,被认定为文物的有形资产,以及考古发掘品、尚未被认定为文物的古籍和按照文物征集尚未入藏的征集物。

"文物资源"科目核算由政府会计主体承担管理收藏职责的文物资源,包括符合《政府会计准则第 11 号——文物资源》第二条规定的文物资源和第二十一条规定的其他藏品。

"文物资源"科目应当按照文物资源的类型、计量属性等进行明细核算。政府会计主体应当根据文物资源的类型设置"可移动文物""不可移动文物""其他藏品"一级明细科目。根据文物资源的计量属性设置"成本""名义金额"二级明细科目。对于可移动文物和其他藏品,根据文物资源的入藏状态,设置"待入藏""馆藏""借出"三级明细科目。对于认定为不可移动文物的公共基础设施,其三级及以下明细科目设置可参照公共基础设施有关规定执行。政府会计主体可以根据实际情况在本科目下自行增设明细科目。

政府会计主体应当按照成本对文物资源进行初始计量;对于成本无法可靠取得的文物资源,应当按照名义金额计量。文物资源不计提折旧。

### (一)文物资源的取得

1. 政府会计主体通过征集购买方式取得的文物资源,应当按照购买价款,在财务会计借记本科目,贷记"财政拨款收入""银行存款"等科目;在预算会计借记"行政支出""事业支出"等科目,贷记"财政拨款预算收入""资金结存"等科目。

2. 政府会计主体通过调入、依法接收、指定保管等方式取得的文物资源,应当按照确定的成本或名义金额,在财务会计借记本科目,贷记"无偿调拨净资产"科目。

3. 政府会计主体对于考古发掘、接受捐赠等方式取得的文物资源,应当按照名义金额入账,在财务会计借记本科目,贷记"累计盈余""捐赠收入"等科目。

4. 文物资源发生盘盈的,政府会计主体应当按照确定的成本或名义金额,在财务会计借记本科目,贷记"待处理财产损溢"科目。

5. 为取得文物资源发生的相关支出,包括文物资源入藏前发生的保险费、运输费、装卸费、专业人员服务费,以及按规定向捐赠人支付的物质奖励等,政府会计主体应当在财务会计按照实际发生数计入当期费用。

### (二)文物资源保护和利用

1. 对于文物资源本体的修复修缮等相关保护支出,政府会计主体应当在财务会计按照实际发生的费用记入"业务活动费用"。

2. 政府会计主体将已入藏的文物资源借给外单位的,应当至少在每年年末核查尚未收回的文物资源,按照账面价值,在财务会计借记本科目下的"借出"明细科目,贷记本科目下的"馆藏"明细科目;在借出的文物资源收回时做相反会计分录。政府会计主体从外单位借入的文物资源做"受托代理资产"处理。

### (三)文物资源调出和撤销退出

1. 政府会计主体按照规定报经批准调出文物资源的,应当将该文物资源的账面价值予以转销,将调出中发生的归属于调出方的相关支出计入当期费用。账务处理参考存货。

2. 文物资源报经文物行政部门批准被依法拆除或者因不可抗力等因素毁损、丢失的,政府会计主体应当在按照规定程序核查处理后确认文物资源灭失时,按照该文物资源的账面价值,在财务会计借记"待处理财产损溢"科目,贷记"文物资源"科目。

## 四、保障性住房

单位设置"保障性住房"科目核算单位为满足社会公共需求而控制的保障性住房。本科目应当按照保障性住房的类别、项目等进行明细核算。

### (一)保障性住房的取得

保障性住房在取得时,应当按其成本入账。

1. 外购的保障性住房,其成本包括购买价款、相关税费以及可归属于该项资产达到预定用途前所发生的其他支出。外购的保障性住房,按照确定的成本,借记"保障性住房"科目,贷记"财政拨款收入""零余额账户用款额度""银行存款"等科目。

2. 自行建造的保障性住房交付使用时,按照在建工程成本,借记"保障性住房"科目,贷记"在建工程"科目。已交付使用但尚未办理竣工决算手续的保障性住房,按照估计价值入账,待办理竣工决算后再按照实际成本调整原来的暂估价值。

3. 接受其他单位无偿调入、接受捐赠、融资租赁取得的保障性住房,参照"固定资产"科目相关规定进行处理。

### (二)保障性住房的后续支出

与保障性住房有关的后续支出,参照"固定资产"科目相关规定进行处理。

## （三）保障性住房的出租

按照规定出租保障性住房并将出租收入上缴同级财政，按照收取的租金金额，借记"银行存款"等科目，贷记"应缴财政款"科目。

【例 14-30】 某行政单位将自建的保障性住房出租，收取的租金金额 537 000 元。财会部门根据有关凭证，应做账务处理如下：

| 财 务 会 计 | 预 算 会 计 |
| --- | --- |
| 借：银行存款　　　　　　　537 000<br>　贷：应缴财政款　　　　　　537 000 | — |

## （四）保障性住房的折旧

按月计提保障性住房折旧时，按照应计提的折旧额，借记"业务活动费用"科目，贷记"保障性住房累计折旧"科目。折旧的规定与固定资产折旧一致。

## （五）保障性住房的处置

无偿调出保障性住房和报经批准出售保障性住房账务处理与固定资产相似，参考固定资产相关业务处理。

## （六）保障性住房的盘点

单位应当定期对保障性住房进行清查盘点。对于发生的保障性住房盘盈、盘亏、毁损或报废等，参照"固定资产"科目相关规定进行账务处理。

# 第五节　其他资产

## 一、受托代理资产

"受托代理资产"科目核算单位接受委托方委托管理的各项资产，包括受托指定转赠的物资、受托存储保管的物资。单位管理的罚没物资也应当通过"受托代理资产"核算。

收到的受托代理资产为现金和银行存款的，不通过"受托代理资产"科目核算，应当通过"库存现金""银行存款"科目进行核算。

本科目应当按照资产的种类和委托人进行明细核算；属于转赠资产的，还应当按照受赠人进行明细核算。

### （一）受托转赠物资

1. 接受委托人委托需要转赠给受赠人的物资，其成本按照有关凭据注明的金额确定。接受委托转赠的物资验收入库，按照确定的成本，借记"受托代理资产"科目，贷记"受托代理负债"科目。

受托协议约定由受托方承担相关税费、运输费等的，还应当按照实际支付的相关税费、运输费等金额，借记"其他费用"科目，贷记"银行存款"等科目。

【例 14-31】 某行政单位接受委托转赠物资一批，有关凭据注明的金额为 228 000 元，以银行存款支付运输费 900 元(协议约定由受托方承担相关税费、运输费),物资已验收入库。财会部门根据有关凭证,应做账务处理如下:

| 财 务 会 计 | 预 算 会 计 |
|---|---|
| 借:受托代理资产　　　　　　　　228 000<br>　　贷:受托代理负债　　　　　　　228 000<br>借:其他费用　　　　　　　　　　　　900<br>　　贷:银行存款　　　　　　　　　　900 | 借:其他支出　　　　　　　　　　　　900<br>　　贷:资金结存——货币资金　　　　900 |

2. 将受托转赠物资交付受赠人时,按照转赠物资的成本,借记"受托代理负债"科目,贷记"受托转赠物资"科目。

3. 转赠物资的委托人取消了对捐赠物资的转赠要求,且不再收回捐赠物资的,应当将转赠物资转为单位的存货、固定资产等。按照转赠物资的成本,借记"受托代理负债"科目,贷记"受托代理资产"科目;同时,借记"库存物品""固定资产"等科目,贷记"其他收入"科目。

【例 14-32】 接例 14-31。转赠物资的委托人取消了对捐赠物资的转赠要求,且不再收回捐赠物资。转赠物资价值转为存货。财会部门根据有关凭证,应做账务处理如下:

| 财 务 会 计 | 预 算 会 计 |
|---|---|
| 借:受托代理负债　　　　　　　　228 000<br>　　贷:受托代理资产　　　　　　　228 000<br>借:库存物品　　　　　　　　　　228 000<br>　　贷:其他收入　　　　　　　　　228 000 | — |

(二) 受托存储保管物资

1. 接受委托人委托存储保管的物资,其成本按照有关凭据注明的金额确定。接受委托储存的物资验收入库,按照确定的成本,借记"受托代理资产"科目,贷记"受托代理负债"科目。

2. 发生由受托单位承担的与受托存储保管的物资相关的运输费、保管费等费用时,按照实际发生的费用金额,借记"其他费用"等科目,贷记"银行存款"等科目。

3. 根据委托人要求交付或发出受托存储保管的物资时,按照发出物资的成本,借记"受托代理负债"科目,贷记"受托代理资产"科目。

(三) 罚没物资

1. 取得罚没物资时,其成本按照有关凭据注明的金额确定。罚没物资验收(入库),按照确定的成本,借记"受托代理资产"科目,贷记"受托代理负债"科目。罚没物资成本无法可靠确定的,单位应当设置备查簿进行登记。

2. 按照规定处置或移交罚没物资时,按照罚没物资的成本,借记"受托代理负债"科目,贷记"受托代理资产"科目。处置时取得款项的,按照实际取得的款项金额,借记"银行存款"等科目,贷记"应缴财政款"等科目。

单位受托代理的其他实物资产,参照"受托代理资产"有关受托转赠物资、受托存储保管物资的规定进行账务处理。

## 二、待摊费用与长期待摊费用

"待摊费用"是科目核算单位已经支付,但应当由本期和以后各期分别负担的分摊期在1年以内(含1年)的各项费用,如预付航空保险费、预付租金等。本科目应当按照待摊费用种类进行明细核算。

"长期待摊费用"科目核算单位已经支出,但应由本期和以后各期负担的分摊期限在1年以上(不含1年)的各项费用,如以经营租赁方式租入的固定资产发生的改良支出等。本科目应当按照费用项目进行明细核算。

待摊费用和长期待摊费用都应当在其受益期限内分期平均摊销。

待摊费用和长期待摊费用期末借方余额,反映单位各种已支付但尚未摊销完毕的费用。

单位应严格按制度的规定进行会计处理,不得多摊、少摊或不摊。

### (一) 发生待摊费用或长期待摊费用

发生待摊费用或者长期待摊费用时,借记"待摊费用"或"长期待摊费用"科目,贷记"财政拨款收入""零余额账户用款额度""银行存款"等科目。

【例14-33】 某行政单位对一栋租入的办公楼进行整体装修,装修费用300 000元,采用财政直接支付方式,预计未来受益期限为5年。财会部门根据有关凭证,应做账务处理如下:

| 财 务 会 计 | 预 算 会 计 |
|---|---|
| 借:长期待摊费用　　　　　　300 000<br>　贷:财政拨款收入　　　　　　　　300 000 | 借:行政支出　　　　　　　　300 000<br>　贷:财政拨款预算收入　　　　　　300 000 |

### (二) 分期摊销待摊费用或长期待摊费用

按照受益期限分期平均摊销待摊费用或者长期待摊费用时,按照摊销金额,借记"业务活动费用""单位管理费用""经营费用"等科目,贷记"待摊费用"或"长期待摊费用"科目。

【例14-34】 上述行政单位将300 000元的装修费用按照5年分摊,本年度分摊金额为60 000元。财会部门根据有关凭证,应做账务处理如下:

| 财 务 会 计 | 预 算 会 计 |
|---|---|
| 借:业务活动费用　　　　　　60 000<br>　贷:长期待摊费用　　　　　　　60 000 | — |

### (三) 全部转销时

如果某项待摊费用或长期待摊费用已经不能使单位受益,应当将其摊余金额一次全部转入当期费用。按照摊销金额,借记"业务活动费用""单位管理费用""经营费用"等科目,贷记"待摊费用"或"长期待摊费用"科目。

【例14-35】 上述单位租用的办公楼在租满3年的时候,房东提出解除租赁合同,并赔偿违约金150 000元,单位同意并将收到的违约金上缴国库。财会部门根据有关凭证,应做账务处理如下:

| 财 务 会 计 | | 预 算 会 计 |
|---|---|---|
| 借：其他费用　　　　　　　　　120 000<br>　　贷：长期待摊费用　　　　　120 000<br>借：银行存款　　　　　　　　　150 000<br>　　贷：应缴财政款　　　　　　150 000 | | — |

### 三、待处理财产损溢

"待处理财产损溢"科目核算单位在资产清查过程中查明的各种资产盘盈、盘亏和报废、毁损的价值。本科目应当按照待处理的资产项目进行明细核算；对于在资产处理过程中取得收入或发生相关费用的项目，还应当设置"待处理财产价值""处理净收入"明细科目，进行明细核算。

单位资产清查中查明的资产盘盈、盘亏、报废和毁损，一般先记入本科目，按照规定报经批准后及时进行账务处理。年末结账前应处理完毕。

"待处理财产损溢"科目期末如为借方余额，反映尚未处理完毕的各种资产的净损失；期末如为贷方余额，反映尚未处理完毕的各种资产净溢余。年末，经批准处理后，"待处理财产损溢"科目一般无余额。

#### （一）库存现金短缺或溢余

1. 每日账款核对中发现现金短缺或溢余，属于现金短缺，按照实际短缺的金额，借记"待处理财产损溢"科目，贷记"库存现金"科目；属于现金溢余，按照实际溢余的金额，借记"库存现金"科目，贷记"待处理财产损溢"科目。

2. 如为现金短缺，属于应由责任人赔偿或向有关人员追回的，借记"其他应收款"科目，贷记"待处理财产损溢"科目；属于无法查明原因的，报经批准核销时，借记"资产处置费用"科目，贷记"待处理财产损溢"科目。

3. 如为现金溢余，属于应支付给有关人员或单位的，借记"待处理财产损溢"科目，贷记"其他应付款"科目；属于无法查明原因的，报经批准后，借记"待处理财产损溢"科目，贷记"其他收入"科目。

**【例 14-36】** 某单位在盘点库存现金时，发现现金短缺，短缺金额 3 600 元，经调查发现职员李某借款 3 000 元，手续齐全，未及时入账，剩余短缺款项未能查明原因，经上报审批后，作为损失处理。财会部门根据有关凭证，应做账务处理如下：

| 财 务 会 计 | 预 算 会 计 |
|---|---|
| 借：待处理财产损溢　　　　　　　3 600<br>　　贷：库存现金　　　　　　　　3 600<br>借：其他应收款　　　　　　　　　3 000<br>　　贷：待处理财产损溢　　　　　3 000<br>借：资产处置费用　　　　　　　　　600<br>　　贷：待处理财产损溢　　　　　　600 | 借：其他支出　　　　　　　　　3 600<br>　　贷：资金结存——货币资金　3 600 |

## (二) 除库存现金以外的各种资产盘盈、盘亏或报废、毁损

单位在资产清查过程中发现的存货、固定资产、无形资产、公共基础设施、政府储备物资、文物资源、保障性住房等各种资产盘盈、盘亏或报废、毁损。

### 1. 盘盈的各类资产

(1) 转入待处理资产时，按照确定的成本，借记"库存物品""固定资产""无形资产""公共基础设施""政府储备物资""文物资源""保障性住房"等科目，贷记"待处理财产损溢"科目。

(2) 按照规定报经批准后处理时，对于盘盈的流动资产，借记"待处理财产损溢"科目，贷记"单位管理费用"（事业单位）或"业务活动费用"（行政单位）科目。对于盘盈的非流动资产，如属于本年度取得的，按照当年新取得相关资产进行账务处理；如属于以前年度取得的，按照前期差错处理，借记"待处理财产损溢"科目，贷记"以前年度盈余调整"科目。

**【例14-37】** 某单位在固定资产盘点中，盘盈以前年度取得的一台检测设备，经批准按照评估价16 000元入账。财会部门根据有关凭证，应做账务处理如下：

| 财 务 会 计 | 预 算 会 计 |
| --- | --- |
| 借：固定资产　　　　　　　16 000<br>　　贷：待处理财产损溢　　　　　16 000<br>借：待处理财产损溢　　　　16 000<br>　　贷：以前年度盈余调整　　　　16 000 | — |

### 2. 盘亏或者毁损、报废的各类资产

(1) 转入待处理资产时，借记"待处理财产损溢——待处理财产价值"（盘亏、毁损、报废固定资产、无形资产、公共基础设施、保障性住房的，还应借记"固定资产累计折旧""无形资产累计摊销""公共基础设施累计折旧（摊销）""保障性住房累计折旧"科目），贷记"库存物品""固定资产""无形资产""公共基础设施""政府储备物资""文物资源""保障性住房""在建工程"等科目。涉及增值税业务的，相关账务处理参见"应交增值税"科目。

报经批准处理时，借记"资产处置费用"科目，贷记"待处理财产损溢——待处理财产价值"科目。

(2) 处理毁损、报废实物资产过程中取得的残值或残值变价收入、保险理赔和过失人赔偿等，借记"库存现金""银行存款""库存物品""其他应收款"等科目，贷记"待处理财产损溢——处理净收入"科目；处理毁损、报废实物资产过程中发生的相关费用，借记"待处理财产损溢——处理净收入"科目，贷记"库存现金""银行存款"等科目。

处理收支结清，如果处理收入大于相关费用的，按照处理收入减去相关费用后的净收入，借记"待处理财产损溢——处理净收入"科目，贷记"应缴财政款"等科目；如果处理收入小于相关费用的，按照相关费用减去处理收入后的净支出，借记"资产处置费用"科目，贷记"待处理财产损溢——处理净收入"科目。

**【例14-38】** 某事业单位报废一台科研专用设备，原价15 000元，已提折旧14 000元，收到残值收入800元，用银行存款方式支付清理费用900元。

| 财 务 会 计 | 预 算 会 计 |
|---|---|
| 批准前：<br>借：待处理财产损溢——待处理财产价值　1 000<br>　　固定资产累计折旧　　　　　　　　14 000<br>　　贷：固定资产——设备　　　　　　　　15 000<br>批准后：<br>借：银行存款　　　　　　　　　　　　　800<br>　　贷：待处理财产损溢——处理净收入　　　800<br>借：待处理财产损溢——处理净收入　　　900<br>　　贷：银行存款　　　　　　　　　　　　900<br>借：资产处置费用　　　　　　　　　　　100<br>　　贷：待处理财产损溢——处理净收入　　　100<br>借：资产处置费用　　　　　　　　　1 000<br>　　贷：待处理财产损溢——待处理财产价值　1 000 | 批准前：<br>—<br><br>批准后：<br>借：其他支出——其他资金支出　　100<br>　　贷：资金结存——货币资金　　　　100 |

## 复习思考题

1. 简述行政事业单位固定资产的定义、类别。
2. 固定资产的折旧方法有哪些？
3. 行政事业单位无形资产通常包括哪些？确认条件是什么？
4. 事业单位自行研究开发项目研究阶段支出和开发阶段支出各自的会计处理有何异同？
5. 简述公共基础设施的定义及内容。
6. 简述公共基础设施的确认条件、确认时间和确认主体。
7. 简述政府储备物资的定义、确认条件。
8. 简述文物资源的定义，包括哪些内容？
9. 受托代理资产主要包括哪些？
10. 待摊费用与长期待摊费用的区别是什么？

## 练习题

1. 某单位 20×4 年—20×7 年与固定资产有关的业务资料如下：

（1）20×4 年 12 月 1 日，购入需要安装的设备一台，设备价款 80 000 元，运输费 600 元，装卸费 200 元，共计 80 800 元，财政授权支付 50 000 元，余款 30 800 元作为扣留质量保证金（一年以上）。

（2）20×4 年 12 月 20 日，支付设备安装调试费 6 000 元，以零余额账户用款额度支付。

（3）20×4 年 12 月 31 日，设备安装完工交付使用。该设备预计使用年限为 3 年，采用年限平均法计提折旧。

（4）20×5 年 12 月 31 日，质保期满，该单位以财政授权支付方式支付质量保证金 30 800 元。

（5）20×6 年 6 月 30 日，对设备进行日常维修，支付维修费用 9 000 元，以银行存款支付。

(6) 20×7年12月末,对固定资产进行盘点,盘亏笔记本电脑一台,账面原值为12 000元,已提折旧2 000元,报经批准后予以核销。

假设不考虑其他相关税费。

要求:根据上述相关资料,编制有关会计分录。

2. 某单位20×5年与无形资产有关的业务资料如下:

(1) 1月,使用财政项目补助资金购入一项外观设计专利权,价款为600 000元,以财政授权支付的方式支付,预计使用年限为5年。

(2) 3月,自行研发一项专利技术,领用材料价值60 000元,支付研发人员工资30 000元。6月份,该技术研发成功,按照法律程序已申请取得专利权,注册费10 000元,以银行存款支付。

(3) 9月,该单位将其拥有的一项专利技术转让,取得转让收入80 000元,该专利权账面原值为24 000元,已计提摊销2 400元。

假设不考虑相关税费。

要求:根据上述相关资料,编制有关会计分录。

3. 某单位20×5年与公共基础设施相关的业务资料如下:

(1) 自行建设市民健身广场,建设完工后交付使用,建造成本3 000 000元,验收后投入使用。

(2) 经批准,接受调入某道路配套开发的公共照明设施,设施的原账面价值为86 000元。并对所接管的某道路配套开发的公共照明设施进行日常维护,以现金支付维修人员费用6 000元。

(3) 报废一项公共基础设施,该设施账面原值为80 000元,已提折旧64 000元。

假设不考虑其他相关税费。

要求:编制该单位上述业务的相关会计分录。

4. 某行政单位20×5年发生的业务资料如下:

(1) 2月,接受捐赠的历史文物一批,有关凭据上注明该批文物价值500 000元,以银行存款支付保险费80 000元。

(2) 6月,外购保障性住房100套,以银行存款支付相关购买价款及税费16 000万元,验收后投入使用,预计使用年限60年。次月,将该批保障性住房全部出租,每月取得租金收入35万元。

(3) 接受委托转赠物资一批,有关凭据上注明的金额为100 000元。次月将该物资交付受赠人,以现金支付运输费用3 000元。

假设不考虑其他相关税费。

要求:编制该单位上述业务的相关会计分录。

# 第十五章

# 行政事业单位的负债和净资产

负债是指行政事业单位过去的经济业务或者事项形成的,预期会导致经济资源流出行政事业单位的现时义务。

单位的负债按照流动性,分为流动负债、非流动负债和受托代理负债。流动负债是指预计在1年内(含1年)偿还的负债,包括短期借款、应交增值税、其他应交税费、应交财政款、应付职工薪酬、应付票据、应付账款、应付政府补贴款、应付利息、预收账款、其他应付款、预提费用等。非流动负债是指流动负债以外的负债,包括长期应付款、长期借款、预计负债和其他非流动负债等。受托代理负债指单位接受委托取得受托代理资产时形成的负债。

行政事业单位的负债管理应该遵循下面的原则:

(1)单位依法取得的应当上缴财政的资金,包括罚没收入、行政事业性收费、政府性基金、国有资产处置和出租出借收入等,应当按照国库集中收缴的有关规定及时足额上缴,不得隐瞒、滞留、截留、挪用和坐支。

(2)单位在业务活动中发生的暂存款项,包括与其他单位或者个人预收、代管等待结算的款项,应当加强管理,不得将应当纳入单位收入管理的款项列入暂存款项;对各种暂存款项应当及时清理、结算,不得长期挂账。

(3)划转撤并的单位应当对单位的财产、债权、债务等进行全面清理,编制财产目录和债权、债务清单,提出财产作价依据和债权、债务处理办法,做好资产和负债的移交、接收、划转和管理工作,并妥善处理各项遗留问题。

(4)单位应当对不同性质的负债分类管理,及时清理并按照规定办理结算,保证各项负债在规定期限内归还。

(5)单位应当建立健全财务风险控制机制,规范和加强借入款项管理,严格执行审批程序,不得违反规定举借债务和提供担保。

## 第一节 借 款

借款是指事业单位为了维持和补充正常业务活动所需要的资金,经批准向银行或其他金融机构借入的有偿使用各种款项。事业单位的借入款项,主要用于特殊性或临时性的资金需求。借款按期限分为短期借款和长期借款。行政单位按规定不能借款,所以不设置"短期借款""长期借款""应付利息"科目。

## 一、短期借款

"短期借款"科目核算事业单位经批准向银行或其他金融机构等借入的期限在1年内(含1年)的各种借款。"短期借款"科目应当按照债权人和借款种类进行明细核算。期末贷方余额,反映事业单位尚未偿还的短期借款本金。

(1)借入各种短期借款时,按照实际借入的金额,借记"银行存款"科目,贷记"短期借款"科目。

银行承兑汇票到期,本单位无力支付票款的,按照应付票据的账面余额,借记"应付票据"科目,贷记"短期借款"科目。

(2)短期借款一般不需要计提利息,待实际支付利息时直接记入"其他费用"科目。

(3)归还短期借款时,借记"短期借款"科目,贷记"银行存款"科目。

【例15-1】 某事业单位向银行借入一笔短期借款,借款本金3 000 000元,借款期限3个月,借款年利率6%,到期还本付息。财会部门根据有关凭证,应做账务处理如下:

| 财 务 会 计 | 预 算 会 计 |
| --- | --- |
| (1)取得短期借款时:<br>借:银行存款　　　　　　3 000 000<br>　贷:短期借款　　　　　　　3 000 000<br>(2)偿还借款本金并支付利息时:<br>借:短期借款　　　　　　3 000 000<br>　其他费用　　　　　　　　45 000<br>　贷:银行存款　　　　　　　3 045 000 | (1)取得短期借款时:<br>借:资金结存——货币资金　3 000 000<br>　贷:债务预算收入　　　　　3 000 000<br>(2)偿还借款本金并支付利息时:<br>借:债务还本支出　　　　3 000 000<br>　其他支出　　　　　　　　45 000<br>　贷:资金结存——货币资金　3 045 000 |

## 二、长期借款

"长期借款"科目核算事业单位经批准向银行或其他金融机构等借入的期限超过1年(不含1年)的各种借款本息。本科目应当设置"本金"和"应计利息"明细科目,并按照贷款单位和贷款种类进行明细核算。对于建设项目借款,还应按照具体项目进行明细核算。期末贷方余额,反映事业单位尚未偿还的长期借款本息金额。

### (一)取得借款

借入各项长期借款时,按照实际借入的金额,借记"银行存款"科目,贷记"长期借款——本金"科目。

【例15-2】 某事业单位计划新建一栋办公楼,2024年7月1日从银行借入20 000 000元,借款期限36个月,年利率6%,到期一次还本付息。取得借款时,财会部门根据有关凭证,应做账务处理如下:

| 财 务 会 计 | 预 算 会 计 |
| --- | --- |
| 借:银行存款　　　　　　20 000 000<br>　贷:长期借款——本金　　　20 000 000 | 借:资金结存——货币资金　20 000 000<br>　贷:债务预算收入　　　　　20 000 000 |

## （二）计提借款利息

1. 一般情况下，按期计提长期借款的利息时，按照计算确定的应支付的利息金额，借记"其他费用"科目，贷记"应付利息"科目（分期付息、到期还本借款的利息）或"长期借款——应计利息"科目（到期一次还本付息借款的利息）。

2. 为建造固定资产、公共基础设施等应支付的专门借款利息，按期计提利息时，分别以下情况处理：

（1）属于工程项目建设期间发生的利息，计入工程成本，按照计算确定的应支付的利息金额，借记"在建工程"科目，贷记"应付利息"科目。

（2）属于工程项目完工交付使用后发生的利息，计入当期费用，按照计算确定的应支付的利息金额，借记"其他费用"科目，贷记"应付利息"科目。

【例15-3】 接例15-2。该建设项目在2024年7月1日开工，预计2025年6月30日完工。财会部门根据有关凭证，在2024年12月31日应做账务处理如下：

| 财 务 会 计 | 预 算 会 计 |
| --- | --- |
| 借：在建工程　　　　　　　　　600 000<br>　　贷：长期借款——应计利息　　600 000 | — |

## （三）归还借款

到期归还长期借款本金、利息时，借记长期借款——本金、应计利息，贷记"银行存款"科目。

【例15-4】 接例15-2。2027年6月30日，该事业单位归还借款本金，同时支付借款利息。财会部门根据有关凭证，应做账务处理如下：

| 财 务 会 计 | 预 算 会 计 |
| --- | --- |
| 借：长期借款——本金　　　　20 000 000<br>　　长期借款——应计利息　　3 600 000<br>　　贷：银行存款　　　　　　　23 600 000 | 借：债务还本支出　　　　　　20 000 000<br>　　其他支出　　　　　　　　3 600 000<br>　　贷：资金结存——货币资金　23 600 000 |

# 第二节　应缴款项

应缴款项是指单位按规定应向有关部门上缴的各种款项，主要包括应缴财政款、应交增值税及其他应交税费。

## 一、应缴财政款

单位应缴财政款是指单位取得或应收的按照规定应当上缴财政的款项，包括应缴国库的款项和应缴财政专户的款项。

为核算应缴财政的各类款项，单位应当设置"应缴财政款"科目。单位按照国家税法等有关规定应当缴纳的各种税费，通过"应交增值税""其他应交税费"科目核算，不通过本科目核算。本科目应当按照应缴财政款项的类别进行明细核算。本科目期末贷方余额,反映单位应当上缴财政但尚未缴纳的款项。年终清缴后,本科目一般应无余额。

1. 单位取得或应收按照规定应缴财政的款项时,借记"银行存款""应收账款"等科目,贷记"应缴财政款"科目。预算会计不做处理。

单位处置资产取得的应上缴财政的处置净收入的账务处理,参见"待处理财产损溢"等科目。

【例 15 - 5】 某事业单位收到一项应上缴财政专户的事业收入 213 000 元,款项已存入开户银行。财会部门根据有关凭证,应做账务处理如下:

| 财 务 会 计 | 预 算 会 计 |
| --- | --- |
| 借:银行存款　　　　　　　　　　213 000<br>　贷:应缴财政款——应缴财政专户　213 000 | — |

2. 单位上缴应缴财政的款项时,按照实际上缴的金额,借记"应缴财政款"科目,贷记"银行存款"科目。

【例 15 - 6】 上述事业单位将取得的应缴财政款上缴财政专户。财会部门根据有关凭证,应做账务处理如下:

| 财 务 会 计 | 预 算 会 计 |
| --- | --- |
| 借:应缴财政款——应缴财政专户　213 000<br>　贷:银行存款　　　　　　　　　　213 000 | — |

## 二、应交增值税

### (一)"应交增值税"科目核算的内容及明细设置

"应交增值税"科目核算单位按照税法规定计算应交纳的增值税。"应交增值税"科目期末如为贷方余额,反映单位应交未交的增值税;期末如为借方余额,反映单位尚未抵扣或多交的增值税。

属于增值税小规模纳税人的单位只需在本科目下设置"转让金融商品应交增值税""代扣代交增值税"明细科目。

属于增值税一般纳税人的单位,应当在本科目下设置"应交税金""未交税金""预交税金""待抵扣进项税额""待认证进项税额""待转销项税额""简易计税""转让金融商品应交增值税""代扣代交增值税"等明细科目。

1. "应交税金"明细账内应当设置"进项税额""已交税金""转出未交增值税""减免税款""销项税额""进项税额转出""转出多交增值税"等专栏。

(1) "进项税额"专栏,记录单位购进货物、加工修理修配劳务、服务、无形资产或不动产而支付或负担的、准予从当期销项税额中抵扣的增值税额;

(2) "已交税金"专栏,记录单位当月已交纳的应交增值税额;

(3)"转出未交增值税"和"转出多交增值税"专栏,分别记录一般纳税人月度终了转出当月应交未交或多交的增值税额;

(4)"减免税款"专栏,记录单位按照现行增值税制度规定准予减免的增值税额;

(5)"销项税额"专栏,记录单位销售货物、加工修理修配劳务、服务、无形资产或不动产应收取的增值税额;

(6)"进项税额转出"专栏,记录单位购进货物、加工修理修配劳务、服务、无形资产或不动产等发生非正常损失以及其他原因而不应从销项税额中抵扣、按照规定转出的进项税额。

2."未交税金"明细科目,核算单位月度终了从"应交税金"或"预交税金"明细科目转入当月应交未交、多交或预缴的增值税额,以及当月交纳以前期间未交的增值税额。

3."预交税金"明细科目,核算单位转让不动产、提供不动产经营租赁服务等,以及其他按照现行增值税制度规定应预缴的增值税额。

4."待抵扣进项税额"明细科目,核算单位已取得增值税扣税凭证并经税务机关认证,按照现行增值税制度规定准予以后期间从销项税额中抵扣的进项税额。

5."待认证进项税额"明细科目,核算单位由于未经税务机关认证而不得从当期销项税额中抵扣的进项税额,包括:一般纳税人已取得增值税扣税凭证并按规定准予从销项税额中抵扣,但尚未经税务机关认证的进项税额;一般纳税人已申请稽核但尚未取得稽核相符结果的海关缴款书进项税额。

6."待转销项税额"明细科目,核算单位销售货物、加工修理修配劳务、服务、无形资产或不动产,已确认相关收入(或利得)但尚未发生增值税纳税义务而需于以后期间确认为销项税额的增值税额。

7."简易计税"明细科目,核算单位采用简易计税方法发生的增值税计提、扣减、预缴、缴纳等业务。

8."转让金融商品应交增值税"明细科目,核算单位转让金融商品发生的增值税额。

9."代扣代交增值税"明细科目,核算单位购进在境内未设经营机构的境外单位或个人在境内的应税行为代扣代缴的增值税。

**(二)进项税的核算**

1. 采购等业务进项税额允许抵扣

单位(如不特别说明,本部分内容中的"单位"指增值税一般纳税人)购买用于增值税应税项目的资产或服务等时,按照应计入相关成本费用或资产的金额,借记"业务活动费用""在途物品""库存物品""工程物资""在建工程""固定资产""无形资产"等科目,按照当月已认证的可抵扣增值税额,借记"应交增值税——应交税金—进项税额"科目,按照当月未认证的可抵扣增值税额,借记"应交增值税——待认证进项税额"科目,按照应付或实际支付的金额,贷记"应付账款""应付票据""银行存款""零余额账户用款额度"等科目。发生退货的,如原增值税专用发票已做认证,应根据税务机关开具的红字增值税专用发票做相反的会计分录;如原增值税专用发票未做认证,应将发票退回并做相反的会计分录。

小规模纳税人购买资产或服务等时不能抵扣增值税,发生的增值税计入资产成本或相关成本费用。

【例 15-7】 某事业单位属于增值税一般纳税人,2024 年 5 月 10 日购入一批材料用于经营性业务,材料价款 10 000 元,增值税专用发票上注明的增值税税额 1 300 元(当月未认证),以银行存款支付 11 300 元。财会部门根据有关凭证,应做账务处理如下:

| 财 务 会 计 | 预 算 会 计 |
|---|---|
| 借：库存物品　　　　　　　　　　　10 000<br>　　应交增值税——待认证进项税额　 1 300<br>　　贷：银行存款　　　　　　　　　　　11 300 | 借：经营支出　　　　　　　　　　　11 300<br>　　贷：资金结存——货币资金　　　　11 300 |

2. 采购等业务进项税额不得抵扣

单位购进资产或服务等，用于简易计税方法计税项目、免征增值税项目、集体福利或个人消费等，其进项税额按照现行增值税制度规定不得从销项税额中抵扣的，取得增值税专用发票时，应按照增值税发票注明的金额，借记相关成本费用或资产科目，按照待认证的增值税进项税额，借记"应交增值税——待认证进项税额"科目，按照实际支付或应付的金额，贷记"银行存款""应付账款""零余额账户用款额度"等科目。经税务机关认证为不可抵扣进项税时，借记"应交增值税——应交税金——进项税额"科目，贷记"应交增值税——待认证进项税额"科目，同时，将进项税额转出，借记相关成本费用科目，贷记"应交增值税——应交税金——进项税额转出"科目。

【例15-8】 接例15-7。增值税发票税务局认证没有通过。该批材料还没被领用。财会部门根据有关凭证，应做账务处理如下：

| 财 务 会 计 | 预 算 会 计 |
|---|---|
| 借：应交增值税——应交税金——进项税额　　1 300<br>　　贷：应交增值税——待认证进项税额　　　 1 300<br>借：库存物品　　　　　　　　　　　　　　1 300<br>　　贷：应交增值税——应交税金——进项税额转出<br>　　　　　　　　　　　　　　　　　　　 1 300 | — |

3. 进项税额抵扣情况发生改变

单位因发生非正常损失或改变用途等，原已计入进项税额、待抵扣进项税额或待认证进项税额，但按照现行增值税制度规定不得从销项税额中抵扣的，借记"待处理财产损溢""固定资产""无形资产"等科目，贷记"应交增值税——应交税金——进项税额转出""应交增值税——待抵扣进项税额"或"应交增值税——待认证进项税额"科目；原不得抵扣且未抵扣进项税额的固定资产、无形资产等，因改变用途等用于允许抵扣进项税额的应税项目的，应按照允许抵扣的进项税额，借记"应交增值税——应交税金——进项税额"科目，贷记"固定资产""无形资产"等科目。固定资产、无形资产等经上述调整后，应按照调整后的账面价值在剩余尚可使用年限内计提折旧或摊销。

单位购进时已全额计入进项税额的货物或服务等转用于不动产在建工程的，对于结转以后期间的进项税额，应借记"应交增值税——待抵扣进项税额"科目，贷记"应交增值税——应交税金——进项税额转出"科目。

【例15-9】 某事业单位属于增值税一般纳税人，2024年3月5日购入一批货物，用于专业业务活动，增值税专用发票上注明的价款为1 200 000元（已认证），增值税额为156 000元，采用银行存款支付。货物入库后，单位将该批货物改变用途，用于发放职工福利。财会部门根据有关凭证，应做账务处理如下：

| 财 务 会 计 | 预 算 会 计 |
|---|---|
| 货物入库时：<br>借：库存物品　　　　　　　　　　1 200 000<br>　　应交增值税——应交税金——进项税额　156 000<br>　　贷：银行存款　　　　　　　　　　1 356 000<br>用于发放职工福利时：<br>借：应付职工薪酬　　　　　　　　1 356 000<br>　　贷：应交增值税——应交税金——进项税额转出<br>　　　　　　　　　　　　　　　　　156 000<br>　　　　库存物品　　　　　　　　　1 200 000 | 货物入库时：<br>借：事业支出　　　　　　　　　　1 356 000<br>　　贷：资金结存——货币资金　　1 356 000<br>用于发放职工福利时：<br>　　　　　　　　　—— |

**4. 购买方作为扣缴义务人**

按照现行增值税制度的规定，境外单位或个人在境内发生应税行为，在境内未设有经营机构的，以购买方为增值税扣缴义务人。境内一般纳税人购进服务或资产时，按照应计入相关成本费用或资产的金额，借记"业务活动费用""在途物品""库存物品""工程物资""在建工程""固定资产""无形资产"等科目，按照可抵扣的增值税额，借记"应交增值税——应交税金——进项税额"科目（小规模纳税人应借记相关成本费用或资产科目），按照应付或实际支付的金额，贷记"银行存款""应付账款"等科目，按照应代扣代缴的增值税额，贷记"应交增值税——代扣代交增值税"科目。实际缴纳代扣代缴增值税时，按照代扣代缴的增值税额，借记"应交增值税——代扣代交增值税"科目，贷记"银行存款""零余额账户用款额度"等科目。

**【例 15-10】** 某事业单位为增值税一般纳税人，向境外某公司购买专业咨询服务，合同价款折合人民币 100 000 元，增值税 6 000 元，价税合计 106 000 元，该事业单位为扣缴义务人。财会部门根据有关凭证，应做账务处理如下：

| 财 务 会 计 | 预 算 会 计 |
|---|---|
| 借：业务活动费用　　　　　　　　　100 000<br>　　应交增值税——应交税金——进项税额　6 000<br>　　贷：银行存款　　　　　　　　　　100 000<br>　　　　应交增值税——代扣代交增值税　6 000 | 借：事业支出　　　　　　　　　　100 000<br>　　贷：资金结存——货币资金　　100 000 |

**（三）销项税的核算**

**1. 销售资产或提供服务业务**

单位销售货物或提供服务，应当按照应收或已收的金额，借记"应收账款""应收票据""银行存款"等科目，按照确认的收入金额，贷记"经营收入""事业收入"等科目，按照现行增值税制度规定计算的销项税额（或采用简易计税方法计算的应纳增值税额），贷记"应交增值税——应交税金——销项税额"科目 或"应交增值税——简易计税"科目（小规模纳税人应贷记"应交增值税"科目）。发生销售退回的，应根据按照规定开具的红字增值税专用发票做相反的会计分录。

按照政府会计制度及相关政府会计准则确认收入的时点早于按照增值税制度确认增值税纳税义务发生时点的，应将相关销项税额计入"应交增值税——待转销项税额"科目，待实际发生纳税义务时再转入"应交增值税——应交税金——销项税额"或"应交增值税——简易计税"

科目。

按照增值税制度确认增值税纳税义务发生时点早于按照政府会计制度及相关政府会计准则确认收入的时点的,应按照应纳增值税额,借记"应收账款"科目,贷记"应交增值税——应交税金——销项税额"或"应交增值税——简易计税"科目。

【例 15-11】 某事业单位属于增值税一般纳税人,对外销售产品一批,产品价款 20 000 元,增值税税额 2 600 元,价税合计 22 600 元,货款尚未收到。财会部门根据有关凭证,应做账务处理如下:

| 财 务 会 计 | 预 算 会 计 |
| --- | --- |
| 借:应收账款　　　　　　　　　　　　22 600<br>　贷:经营收入　　　　　　　　　　　20 000<br>　　　应交增值税——应交税金——销项税额　2 600 | — |

2. 金融商品转让按照规定以盈亏相抵后的余额作为销售额

金融商品实际转让月末,如产生转让收益,则按照应纳税额,借记"投资收益"科目,贷记"应交增值税——转让金融商品应交增值税"科目;如产生转让损失,则按照可结转下月抵扣税额,借记"应交增值税——转让金融商品应交增值税"科目,贷记"投资收益"科目。交纳增值税时,应借记"应交增值税——转让金融商品应交增值税"科目,贷记"银行存款"等科目。年末,"应交增值税——转让金融商品应交增值税"科目,如有借方余额,则借记"投资收益"科目,贷记"应交增值税——转让金融商品应交增值税"科目。

【例 15-12】 某事业单位属于增值税一般纳税人,2024 年 9 月 30 日对外出售未到期的有价债券(当年购入),成本价为 60 000 元,转让价为 61 000 元,计提应交增值税 60 元。财会部门根据有关凭证,应做账务处理如下:

| 财 务 会 计 | 预 算 会 计 |
| --- | --- |
| 借:银行存款　　　　　　　　　　　　61 000<br>　贷:短期投资　　　　　　　　　　　60 000<br>　　　投资收益　　　　　　　　　　　1 000<br>借:投资收益　　　　　　　　　　　　　　60<br>　贷:应交增值税——转让金融商品应交增值税　60 | 借:资金结存——货币资金　　　　　　61 000<br>　贷:投资预算收益　　　　　　　　　1 000<br>　　　投资支出　　　　　　　　　　60 000 |

(四) 月末转出多交增值税和未交增值税

月度终了,单位应当将当月应交未交或多交的增值税自"应交税金"明细科目转入"未交税金"明细科目。对于当月应交未交的增值税,借记"应交增值税——应交税金——转出未交增值税"科目,贷记"应交增值税——未交税金"科目;对于当月多交的增值税,借记"应交增值税——未交税金"科目,贷记"应交增值税——应交税金——转出多交增值税"科目。

(五) 交纳增值税

1. 交纳当月应交增值税

单位交纳当月应交的增值税,借记"应交增值税——应交税金——已交税金"科目(小规模纳税人借记"应交增值税"科目),贷记"银行存款"等科目。

2. 交纳以前期间未交增值税

单位交纳以前期间未交的增值税,借记"应交增值税——未交税金"科目(小规模纳税人借记"应交增值税"科目),贷记"银行存款"等科目。

3. 预交增值税

单位预交增值税时,借记"应交增值税——预交税金"科目,贷记"银行存款"等科目。月末,单位应将"预交税金"明细科目余额转入"未交税金"明细科目,借记"应交增值税——未交税金"科目,贷记"应交增值税——预交税金"科目。

4. 减免增值税

对于当期直接减免的增值税,借记"应交增值税——应交税金——减免税款"科目,贷记"业务活动费用""经营费用"等科目。

按照现行增值税制度的规定,单位初次购买增值税税控系统专用设备支付的费用以及缴纳的技术维护费允许在增值税应纳税额中全额抵减的,按照规定抵减的增值税应纳税额,借记"应交增值税——应交税金——减免税款"科目(小规模纳税人借记"应交增值税"科目),贷记"业务活动费用""经营费用"等科目。

【例15-13】 某事业单位属于增值税一般纳税人,2024年12月缴纳了两笔增值税(都属于该事业单位专业业务产生的税收),一笔属于上月未交的增值税3 500元,另一笔属于本月应交的增值税1 200元。财会部门根据有关凭证,应做账务处理如下:

| 财 务 会 计 | 预 算 会 计 |
| --- | --- |
| 借:应交增值税——未交税金　　　　3 500<br>　　应交增值税——应交税金——已交税金　1 200<br>　贷:银行存款　　　　　　　　　　　4 700 | 借:事业支出　　　　　　　　　　4 700<br>　贷:资金结存——货币资金　　　　4 700 |

### 三、其他应交税费

"其他应交税费"科目核算单位按照税法等规定计算应交纳的除增值税以外的各种税费,包括城市维护建设税、教育费附加、地方教育费附加、车船税、房产税、城镇土地使用税和企业所得税等。单位代扣代缴的个人所得税,也通过本科目核算。单位应交纳的印花税不需要预提应交税费,直接通过"业务活动费用""单位管理费用""经营费用"等科目核算,不通过本科目核算。

其他应交税费应当按照应交纳的税费种类进行明细核算。期末贷方余额,反映单位应交未交的除增值税以外的税费金额;期末如为借方余额,反映单位多交纳的除增值税以外的税费金额。

(一)发生应交税费

1. 发生城市维护建设税、教育费附加、地方教育费附加、车船税、房产税、城镇土地使用税等纳税义务的,按照税法规定计算的应缴税费金额,借记"业务活动费用""单位管理费用""经营费用"等科目,贷记"其他应交税费——应交城市维护建设税、应交教育费附加、应交地方教育费附加、应交车船税、应交房产税、应交城镇土地使用税"等科目。

2. 按照税法规定计算应代扣代缴职工(含长期聘用人员)的个人所得税,借记"应付职工薪酬"科目,贷记"其他应交税费——应交个人所得税"科目。

按照税法规定计算应代扣代缴支付给职工(含长期聘用人员)以外人员劳务费的个人所得税,借记"业务活动费用""单位管理费用"等科目,贷记"其他应交税费——应交个人所得税"科目。

3. 发生企业所得税纳税义务的,按照税法规定计算的应交所得税额,借记"所得税费用"科目,贷记"其他应交税费——单位应交所得税"科目。

【例 15-14】 某事业单位 2024 年 8 月计算出经营业务应纳以下税收:应纳城市维护建设税 140 元,教育费附加 60 元,地方教育费附加 40 元。财会部门根据有关凭证,应做账务处理如下:

| 财　务　会　计 | 预　算　会　计 |
|---|---|
| 借:经营费用　　　　　　　　　　　　　240<br>　贷:其他应交税费——应交城市维护建设税　140<br>　　　其他应交税费——应交教育费附加　　　60<br>　　　其他应交税费——应交地方教育费附加　40 | —— |

(二)缴纳应交税费

单位实际交纳上述各种税费时,借记"其他应交税费——应交城市维护建设税、应交教育费附加、应交地方教育费附加、应交车船税、应交房产税、应交城镇土地使用税、应交个人所得税、单位应交所得税"等科目,贷记"财政拨款收入""零余额账户用款额度""银行存款"等科目。

【例 15-15】 接例 15-14。上述事业单位 2024 年 9 月缴纳例 15-14 中的城市维护建设税、教育费附加、地方教育费附加。财会部门根据有关凭证,应做账务处理如下:

| 财　务　会　计 | 预　算　会　计 |
|---|---|
| 借:其他应交税费——应交城市维护建设税　140<br>　　其他应交税费——应交教育费附加　　　60<br>　　其他应交税费——应交地方教育费附加　40<br>　贷:银行存款　　　　　　　　　　　　　240 | 借:经营支出　　　　　　　　　　240<br>　贷:资金结存——货币资金　　240 |

# 第三节　应付职工薪酬

单位的应付职工薪酬是指单位按照有关规定应付给职工(含长期聘用人员)及为职工支付的各种薪酬,包括基本工资、国家统一规定的津贴补贴、规范津贴补贴(绩效工资)、改革性补贴、社会保险费(如职工基本养老保险费、职业年金、基本医疗保险费等)、住房公积金等。

为核算应付职工薪酬业务,单位应当设置"应付职工薪酬"科目,该科目应当根据国家有关规定按照"基本工资"(含离退休费)"国家统一规定的津贴补贴""规范津贴补贴(绩效工资)""改革性补贴""社会保险费""住房公积金""其他个人收入"等进行明细核算。其中,"社会保险费""住房公积金"明细科目核算内容包括单位从职工工资中代扣代缴的社会保险费、住房公积金,以及单位为职工计算缴纳的社会保险费、住房公积金。

应付职工薪酬科目期末贷方余额,反映单位应付未付的职工薪酬。

## 一、计提当期应付职工薪酬

单位应当每期计算确认当期应付职工薪酬(含单位为职工计算缴纳的社会保险费、住房公积金)。

1. 计提从事专业及其辅助活动人员的职工薪酬,借记"业务活动费用""单位管理费用"科目,贷记"应付职工薪酬"科目。

2. 计提应由在建工程、加工物品、自行研发无形资产负担的职工薪酬,借记"在建工程""加工物品""研发支出"等科目,贷记"应付职工薪酬"科目。

3. 计提从事专业及其辅助活动之外的经营活动人员的职工薪酬,借记"经营费用"科目,贷记"应付职工薪酬"科目。

4. 因解除与职工的劳动关系而给予的补偿,借记"单位管理费用"等科目,贷记"应付职工薪酬"科目。

【例 15-16】 某事业单位计提 2024 年 2 月份应付职工薪酬,假设行政处和财务处应付职工薪酬总额为 300 000 元,其他处室应付工资薪酬总额为 700 000 元(均从事专业活动及辅助活动)。财会部门根据有关凭证,应做账务处理如下:

| 财 务 会 计 | 预 算 会 计 |
| --- | --- |
| 借:单位管理费用　　　　　　300 000<br>　　业务活动费用　　　　　　700 000<br>　　贷:应付职工薪酬　　　　1 000 000 | — |

## 二、计提当期代扣款项

按照税法规定代扣职工个人所得税时,借记"应付职工薪酬——基本工资"科目,贷记"其他应交税费——应交个人所得税"科目。从应付职工薪酬中代扣为职工垫付的水电费、房租等费用时,按照实际扣除的金额,借记"应付职工薪酬——基本工资"科目,贷记"其他应收款"等科目。从应付职工薪酬中代扣社会保险费和住房公积金,按照代扣的金额,借记"应付职工薪酬——基本工资"科目,贷记"应付职工薪酬——社会保险费、住房公积金"科目。

【例 15-17】 某事业单位 2024 年 2 月应从职工工资中代扣代缴社会保险费 200 000 元、住房公积金 120 000 元,按照税法规定代扣职工个人所得税 90 000 元。财会部门根据有关凭证,应做账务处理如下:

| 财 务 会 计 | 预 算 会 计 |
| --- | --- |
| 借:应付职工薪酬——基本工资　　410 000<br>　　贷:应付职工薪酬——社会保险费　　200 000<br>　　　　应付职工薪酬——住房公积金　　120 000<br>　　　　其他应交税费——应交个人所得税　　90 000 | — |

## 三、支付职工薪酬

单位向职工支付工资、津贴补贴等薪酬时，按照实际支付的金额，借记"应付职工薪酬"，贷记"财政拨款收入""零余额账户用款额度""银行存款"等科目。

**【例 15-18】** 某事业单位 2024 年 3 月支付上月职工薪酬，实际支付 650 000 元，采用财政直接支付。财会部门根据有关凭证，应做账务处理如下：

| 财 务 会 计 | 预 算 会 计 |
|---|---|
| 借：应付职工薪酬　　　　　650 000<br>　贷：财政拨款收入　　　　　　650 000 | 借：事业支出　　　　　　　650 000<br>　贷：财政拨款预算收入　　　　650 000 |

## 四、缴纳社保、公积金及个税

按照国家有关规定缴纳职工社会保险费和住房公积金时，按照实际支付的金额，借记本科目（社会保险费、住房公积金），贷记"财政拨款收入""零余额账户用款额度""银行存款"等科目。

缴纳代扣的个人所得税时，按照代扣的个人所得税金额，借记"其他应交税费——应交个人所得税"科目，贷记"财政拨款收入""零余额账户用款额度""银行存款"等科目。

**【例 15-19】** 某事业单位 2024 年 3 月缴纳社会保险金和住房公积金合计 300 000 元，缴纳个人所得税 50 000 元，以上均采用财政直接支付。财会部门根据有关凭证，应做账务处理如下：

| 财 务 会 计 | 预 算 会 计 |
|---|---|
| 缴纳社会保险金和住房公积金时：<br>借：应付职工薪酬　　　　　300 000<br>　贷：财政拨款收入　　　　　　300 000 | 缴纳社会保险金和住房公积金时：<br>借：事业支出　　　　　　　300 000<br>　贷：财政拨款预算收入　　　　300 000 |
| 缴纳个人所得税时：<br>借：其他应交税费——应交个人所得　50 000<br>　贷：财政拨款收入　　　　　　50 000 | 缴纳个人所得税时：<br>借：事业支出　　　　　　　50 000<br>　贷：财政拨款预算收入　　　　50 000 |

# 第四节　应付及预收款项

应付及预收款项是单位在与其他单位及个人之间由于购买商品、接受劳务或其他结算关系形成的待结算债务款项。单位在购买商品或接受劳务需要支付款项时，除通过货币资金结清款项外，还可以通过票据、挂账等信用方式结算，形成一些应付款项。事业单位在销售商品或提供劳务时，可以采用订购的方式，形成一些预收款项。单位还可能与其他单位或个人之间产生一定的暂收款项、代扣款项等。应付及预收款项是单位的债务，应当及时办理结算，避免长时间拖欠。

单位应付及预收款项包括应付票据、应付账款、预收账款、其他应付款、长期应付款等往来款项。

## 一、应付票据

"应付票据"科目核算事业单位因购买材料、物资等而开出、承兑的商业汇票,包括银行承兑汇票和商业承兑汇票。本科目应当按照债权人进行明细核算。本科目期末贷方余额,反映事业单位开出、承兑的尚未到期的应付票据金额。本科目是事业单位专有的科目。

单位应当设置"应付票据备查簿",详细登记每一应付票据的种类、号数、出票日期、到期日、票面金额、交易合同号、收款人姓名或单位名称以及付款日期和金额等。应付票据到期结清票款后,应当在备查簿内逐笔注销。

### (一)开出商业汇票

事业单位开出商业汇票时,借记"库存物品""固定资产"等科目,贷记"应付票据"科目。涉及增值税业务的,相关账务处理参见"应交增值税"科目。以商业汇票抵付应付账款时,借记"应付账款"科目,贷记"应付票据"科目。支付银行承兑汇票的手续费时,借记"业务活动费用""经营费用"等科目,贷记"银行存款""零余额账户用款额度"等科目。

【例15-20】 某事业单位购入一批货物(经营业务用),含税价款为20 000元,货物已验收入库,单位向供应商开具了商业承兑汇票。该事业单位为小规模纳税人,财会部门根据有关凭证,应做账务处理如下:

| 财 务 会 计 | 预 算 会 计 |
| --- | --- |
| 借:库存物品　　　　　　　　20 000<br>　贷:应付票据　　　　　　　　20 000 | — |

### (二)商业汇票到期

1. 事业单位收到银行支付到期票据的付款通知时,借记"应付票据"科目,贷记"银行存款"科目。

2. 银行承兑汇票到期,单位无力支付票款的,按照应付票据账面余额,借记"应付票据"科目,贷记"短期借款"科目。商业承兑汇票到期,单位无力支付票款的,按照应付票据账面余额,借记"应付票据"科目,贷记"应付账款"科目。

【例15-21】 接例15-20。该事业单位的应付票据到期,事业单位收到银行支付到期票据的付款通知。财会部门根据有关凭证,应做账务处理如下:

| 财 务 会 计 | 预 算 会 计 |
| --- | --- |
| 借:应付票据　　　　　　　　20 000<br>　贷:银行存款　　　　　　　　20 000 | 借:经营支出　　　　　　　　20 000<br>　贷:资金结存——货币资金　　20 000 |

## 二、应付账款

"应付账款"科目核算单位因购买物资、接受服务、开展工程建设等而应付的偿还期限在1年以内(含1年)的款项。本科目应当按照债权人进行明细核算。对于建设项目,还应设置"应付器材款""应付工程款"等明细科目,并按照具体项目进行明细核算。本科目期末贷方余额,反映单位尚未支付的应付账款金额。

**(一)发生应付账款**

单位收到所购材料、物资、设备或服务以及确认完成工程进度但尚未付款时,根据发票及账单等有关凭证,按照应付未付款项的金额,借记"库存物品""固定资产""在建工程"等科目,贷记"应付账款"科目。涉及增值税业务的,相关账务处理参见"应交增值税"科目。

**(二)偿付应付账款**

1. 单位偿付应付账款时,按照实际支付的金额,借记"应付账款"科目,贷记"财政拨款收入""零余额账户用款额度""银行存款"等科目。

2. 开出、承兑商业汇票抵付应付账款时,借记"应付账款"科目,贷记"应付票据"科目。

3. 无法偿付或债权人豁免偿还的应付账款,应当按照规定报经批准后进行账务处理。经批准核销时,借记"应付账款"科目,贷记"其他收入"科目。核销的应付账款应在备查簿中保留登记。

### 三、应付政府补贴款

"应付政府补贴款"科目核算负责发放政府补贴的行政单位,按照规定应当支付给政府补贴接受者的各种政府补贴款。本科目应当按照应支付的政府补贴种类进行明细核算。单位还应当根据需要按照补贴接受者进行明细核算,或者建立备查簿对补贴接受者予以登记。本科目期末贷方余额,反映行政单位应付未付的政府补贴金额。

所以本科目是行政单位特有的,事业单位不能使用本科目。

应付政府补贴款的主要账务处理如下:

1. 发生应付政府补贴时,按照依规定计算确定的应付政府补贴金额,借记"业务活动费用"科目,贷记本科目。

2. 支付应付政府补贴款时,按照支付金额,借记本科目,贷记"零余额账户用款额度""银行存款"等科目。

### 四、预收账款

"预收账款"科目核算事业单位预先收取但尚未结算的款项。本科目应当按照债权人进行明细核算。本科目期末贷方余额,反映事业单位预收但尚未结算的款项金额。本科目是事业单位专有的科目。

**(一)发生预收账款**

事业单位从付款方预收款项时,按照实际预收的金额,借记"银行存款"等科目,贷记"预收账款"科目。

【例15-22】 某事业单位开展经营活动,对某公司提供咨询服务,合同总价款为100 000元,合同签订后的5个工作日内预收合同总价的10%。2024年5月25日,单位收到预收款项。财会部门根据有关凭证,应做账务处理如下:

| 财 务 会 计 | 预 算 会 计 |
|---|---|
| 借:银行存款　　　　　　　10 000<br>　贷:预收账款　　　　　　　　10 000 | 借:资金结存——货币资金　　10 000<br>　贷:经营预算收入　　　　　　10 000 |

## (二)冲减预收账款

事业单位确认有关收入时,按照预收账款账面余额,借记"预收账款"科目,按照应确认的收入金额,贷记"事业收入""经营收入"等科目,按照付款方补付或退回付款方的金额,借记或贷记"银行存款"等科目。涉及增值税业务的,相关账务处理参见"应交增值税"科目。

无法偿付或债权人豁免偿还的预收账款,应当按照规定报经批准后进行账务处理。经批准核销时,借记"预收账款"科目,贷记"其他收入"科目。核销的预收账款应在备查簿中保留登记。

**【例 15-23】** 接例 15-22。该事业单位按合同规定时间交付工作成果,向客户收取剩余全部款项,不考虑增值税。财会部门根据有关凭证,应做账务处理如下:

| 财 务 会 计 | | 预 算 会 计 | |
|---|---|---|---|
| 借:银行存款 | 90 000 | 借:资金结存——货币资金 | 90 000 |
| 预收账款 | 10 000 | 贷:经营预算收入 | 90 000 |
| 贷:经营收入 | 100 000 | | |

## 五、其他应付款

"其他应付款"科目核算单位除应交增值税、其他应交税费、应缴财政款、应付职工薪酬、应付票据、应付账款、应付政府补贴款、应付利息、预收账款以外,其他各项偿还期限在 1 年内(含 1 年)的应付及暂收款项,如收取的押金、存入保证金、已经报销但尚未偿还银行的本单位公务卡欠款等。本科目应当按照其他应付款的类别以及债权人等进行明细核算。本科目期末贷方余额,反映单位尚未支付的其他应付款金额。

同级政府财政部门预拨的下期预算款和没有纳入预算的暂付款项,以及采用实拨资金方式通过本单位转拨给下属单位的财政拨款,也通过本科目核算。对于不纳入部门预算管理的暂收暂付款项,单位仅做财务会计处理,不做预算会计处理。

其他应付款的主要账务处理如下:

1. 单位发生其他应付及暂收款项时,借记"银行存款"等科目,贷记"其他应付款"科目。支付(或退回)其他应付及暂收款项时,借记"其他应付款"科目,贷记"银行存款"等科目。将暂收款项转为收入时,借记"其他应付款"科目,贷记"事业收入"等科目。

2. 单位收到同级政府财政部门预拨的下期预算款和没有纳入预算的暂付款项,按照实际收到的金额,借记"银行存款"等科目,贷记"其他应付款"科目;待到下一预算期或批准纳入预算时,借记"其他应付款"科目,贷记"财政拨款收入"科目。预拨的下期预算款本年不做预算会计的账务处理,等下一预算期或批准纳入预算再做预算会计的账务处理。不纳入部门预算管理的暂收款,只做财务会计处理,不做预算会计处理。

3. 采用实拨资金方式通过本单位转拨给下属单位的财政拨款,按照实际收到的金额,借记"银行存款"科目,贷记"其他应付款"科目;向下属单位转拨财政拨款时,按照转拨的金额,借记"其他应付款"科目,贷记"银行存款"科目。

4. 本单位公务卡持卡人报销时,按照审核报销的金额,借记"业务活动费用""单位管理费用"等科目,贷记"其他应付款"科目;偿还公务卡欠款时,借记"其他应付款"科目,贷记"零余额账户用款额度"等科目。

5. 涉及质保金形成其他应付款的,相关账务处理参见"固定资产"科目。

6. 无法偿付或债权人豁免偿还的其他应付款项,应当按照规定报经批准后进行账务处理。经批准核销时,借记"其他应付款"科目,贷记"其他收入"科目。

核销的其他应付款应在备查簿中保留登记。

【例 15 - 24】 某行政单位使用单位公务卡从京东商城采购一批办公用品,总价为 10 000 元,签收后立即投入使用,公务卡欠款尚未偿还。财会部门根据有关凭证,应做账务处理如下:

| 财 务 会 计 | 预 算 会 计 |
|---|---|
| 借:业务活动费用　　　　　　10 000<br>　　贷:其他应付款　　　　　　　　　10 000 | — |

【例 15 - 25】 某事业单位收到同级政府财政部门预拨的下期预算款 180 000 元,下年初确认预算拨款收入。财会部门根据有关凭证,应做账务处理如下:

| 财 务 会 计 | 预 算 会 计 |
|---|---|
| 预拨时:<br>借:银行存款　　　　　　　　180 000<br>　　贷:其他应付款　　　　　　　　　180 000<br>下年初确认预算拨款收入时:<br>借:其他应付款　　　　　　　180 000<br>　　贷:财政拨款收入　　　　　　　　180 000 | 预拨时:<br>—<br><br>下年初确认预算拨款收入时:<br>借:资金结存——货币资金　　　180 000<br>　　贷:财政拨款预算收入　　　　　　180 000 |

## 六、长期应付款

"长期应付款"科目核算单位发生的偿还期限超过 1 年(不含 1 年)的应付款项,如以融资租赁方式取得固定资产应付的租赁费等。本科目应当按照长期应付款的类别以及债权人进行明细核算。本科目期末贷方余额,反映单位尚未支付的长期应付款金额。

### (一) 发生长期应付款

单位发生长期应付款时,借记"固定资产""在建工程"等科目,贷记"长期应付款"科目。

涉及质保金形成长期应付款的,相关账务处理参见"固定资产"科目。

【例 15 - 26】 某事业单位购入一台医疗设备,合同价款 1 000 000 元,不考虑增值税,合同约定货款的 10% 作为质保金,质保期两年,其余款项在设备验收后用银行存款支付。财会部门根据有关凭证,应做账务处理如下:

| 财 务 会 计 | 预 算 会 计 |
|---|---|
| 借:固定资产　　　　　　　1 000 000<br>　　贷:银行存款　　　　　　　　　　900 000<br>　　　　长期应付款　　　　　　　　　100 000 | 借:事业支出　　　　　　　　900 000<br>　　贷:资金结存——货币资金　　　　900 000 |

## （二）支付长期应付款

单位支付长期应付款时，按照实际支付的金额，借记"长期应付款"科目，贷记"财政拨款收入""零余额账户用款额度""银行存款"等科目。涉及增值税业务的，相关账务处理参见"应交增值税"科目。

【例15-27】 接例15-26。质保期到期，单位按合同约定以银行存款支付质保金。财会部门根据有关凭证，应做账务处理如下：

| 财 务 会 计 | 预 算 会 计 |
| --- | --- |
| 借：长期应付款　　　　　　　100 000<br>　　贷：银行存款　　　　　　　　　100 000 | 借：事业支出　　　　　　　　　100 000<br>　　贷：资金结存——货币资金　　　100 000 |

## （三）经批准核销长期应付款

无法偿付或债权人豁免偿还的长期应付款，应当按照规定报经批准后进行账务处理。经批准核销时，借记"长期应付款"科目，贷记"其他收入"科目。核销的长期应付款应在备查簿中保留登记。

# 第五节　其他负债

其他负债是指除借款、应缴款项、应付职工薪酬、应付及预收款项以外的其他负债，包括预提费用、预计负债、受托代理负债等。

## 一、预提费用

"预提费用"科目核算单位预先提取的已经发生但尚未支付的费用，如预提租金费用等。本科目期末贷方余额，反映单位已预提但尚未支付的各项费用。

事业单位按规定从科研项目收入中提取的项目间接费用或管理费，也通过本科目核算。本科目应当按照预提费用的种类进行明细核算。对于提取的项目间接费用或管理费，应当在本科目下设置"项目间接费用或管理费"明细科目，并按项目进行明细核算。

事业单位计提的借款利息费用，通过"应付利息""长期借款"科目核算，不通过本科目核算。

### （一）发生预提费用

1. 单位按规定从科研项目收入中提取项目间接费用或管理费时，按照提取的金额，借记"单位管理费用"科目，贷记"预提费用——项目间接费用或管理费"科目。

2. 按期预提租金等费用时，按照预提的金额，借记"业务活动费用""单位管理费用""经营费用"等科目，贷记"预提费用"科目。

【例15-28】 某科研事业单位按规定从科研项目收入中提取项目间接费用，提取金额为120 000元。财会部门根据有关凭证，应做账务处理如下：

| 财 务 会 计 | 预 算 会 计 |
|---|---|
| 借：单位管理费用　　　　　　　　120 000<br>　　贷：预提费用——项目间接费用和管理费用<br>　　　　　　　　　　　　　　　120 000 | 借：非财政拨款结转——项目间接费用或管理费<br>　　　　　　　　　　　　　　　120 000<br>　　贷：非财政拨款结余——项目间接费用或管理费<br>　　　　　　　　　　　　　　　120 000 |

### （二）实际支付预提费用

1. 单位实际使用计提的项目间接费用或管理费时，按照实际支付的金额，借"预提费用——项目间接费用或管理费"科目，贷记"银行存款""库存现金"等科目。

使用计提的项目间接费用或管理费购买固定资产、无形资产的，按照固定资产、无形资产的成本金额，借记"固定资产""无形资产"科目，贷记"银行存款""零余额账户用款额度""财政拨款收入"等科目；同时，按照相同的金额，借记"预提费用——项目间接费用或管理费"科目，贷记"累计盈余"科目。

2. 实际支付预提租金等费用时，按照支付金额，借记"预提费用"科目，贷记"零余额账户用款额度""银行存款"等科目。

【例 15 - 29】 接例 15 - 28。该单位实际使用计提的项目间接费用购买固定资产，以银行存款支付 120 000 元。财会部门根据有关凭证，应做账务处理如下：

| 财 务 会 计 | 预 算 会 计 |
|---|---|
| 借：固定资产　　　　　　　　　　120 000<br>　　贷：银行存款　　　　　　　　　120 000<br>借：预提费用——项目间接费用和管理费用<br>　　　　　　　　　　　　　　　120 000<br>　　贷：累计盈余　　　　　　　　　120 000 | 借：事业支出　　　　　　　　　　120 000<br>　　贷：资金结存——货币资金　　　120 000 |

## 二、预计负债

"预计负债"科目核算单位对因或有事项所产生的现时义务而确认的负债，如对未决诉讼等确认的负债。本科目应当按照预计负债的项目进行明细核算。本科目期末贷方余额，反映单位已确认但尚未支付的预计负债金额。

### （一）确认预计负债

确认预计负债时，按照预计的金额，借记"业务活动费用""经营费用""其他费用"等科目，贷记"预计负债"科目。

【例 15 - 30】 某事业 2024 年 10 月单位因一项业务活动合同纠纷，被供应商起诉，咨询代理律师，单位很可能败诉，如果败诉将赔偿 200 000 元。年底，财会部门根据有关凭证，应做账务处理如下：

| 财 务 会 计 | 预 算 会 计 |
|---|---|
| 借：业务活动费用　　　　　　　　200 000<br>　　贷：预计负债　　　　　　　　　200 000 | —— |

### (二) 调整预计负债

根据确凿证据需要对已确认的预计负债账面余额进行调整的，按照调整增加的金额，借记有关科目，贷记"预计负债"科目；按照调整减少的金额，借记"预计负债"，贷记有关科目。

### (三) 实际偿付预计负债

实际偿付预计负债时，按照偿付的金额，借记"预计负债"科目，贷记"银行存款""零余额账户用款额度"等科目。

【例 15-31】 接例 15-30。2025 年 3 月，法院判决该单位应赔偿款 210 000 元，该单位以银行存款支付了此笔赔款。财会部门根据有关凭证，应做账务处理如下：

| 财 务 会 计 | 预 算 会 计 |
|---|---|
| 借：预计负债　　　　　200 000<br>　　业务活动费用　　　　10 000<br>　　贷：银行存款　　　　　　210 000 | 借：事业支出　　　　　　210 000<br>　　贷：资金结存——货币资金　210 000 |

### 三、受托代理负债

受托代理负债是指单位接受委托取得受托代理资产时形成的负债。

本科目的账务处理参见"受托代理资产""库存现金""银行存款"等科目。

本科目期末贷方余额，反映单位尚未交付或发出受托代理资产形成的受托代理负债金额。

## 第六节　行政事业单位的净资产

净资产是指行政事业单位资产扣除负债后的净额，其金额取决于资产和负债的计量。

单位财务会计中净资产的来源主要包括累计实现的盈余和无偿调拨的净资产。在日常核算中，单位应当在财务会计中设置"累计盈余""专用基金""无偿调拨净资产""权益法调整"和"本期盈余""本期盈余分配""以前年度盈余调整"等科目。"专用基金""权益法调整"是事业单位专用科目。

### 一、本期盈余

"本期盈余"科目核算单位本期各项收入、费用相抵后的余额。

期末，单位应当将各类收入科目的本期发生额转入本期盈余，借记"财政拨款收入""事业收入""上级补助收入""附属单位上缴收入""经营收入""非同级财政拨款收入""投资收益""捐赠收入""利息收入""租金收入""其他收入"科目，贷记"本期盈余"科目；将各类费用科目本期发生额转入本期盈余，借记"本期盈余"科目，贷记"业务活动费用""单位管理费用""经营费用""所得税费用""资产处置费用""上缴上级费用""对附属单位补助费用""其他费用"科目。

本科目期末如为贷方余额，反映单位自年初至当期期末累计实现的盈余；如为借方余额，反映单位自年初至当期期末累计发生的亏损。

年末，完成上述结转后，将"本期盈余"科目余额转入"本年盈余分配"科目，借记或贷记"本期盈余"科目，贷记或借记"本年盈余分配"科目。

年末结账后,本期盈余应无余额。

【例 15-32】 某行政单位 2024 年 1 月发生财政拨款收入 1 000 000 元,发生业务活动费用 900 000 元,除此以外未发生其他收入和费用。在 1 月末结转时,应做如下账务处理:

| 财 务 会 计 | 预 算 会 计 |
|---|---|
| 借:财政拨款收入　　　　1 000 000<br>　　贷:本期盈余　　　　　　　1 000 000<br>借:本期盈余　　　　　　　900 000<br>　　贷:业务活动费用　　　　　　900 000 | — |

【例 15-33】 某事业单位 2024 年 12 月 31 日结账前,本期盈余科目为贷方余额 800 000 元,将"本期盈余"科目余额转入"本年盈余分配"科目,应做如下账务处理:

| 财 务 会 计 | 预 算 会 计 |
|---|---|
| 借:本期盈余　　　　　　　800 000<br>　　贷:本年盈余分配　　　　　　800 000 | — |

## 二、本年盈余分配

单位应当设置"本年盈余分配"科目,反映单位本年度盈余分配的情况和结果。年末结账后,本科目应无余额。

1. 年末,将"本期盈余"科目余额转入"本年盈余分配"科目,借记或贷记"本期盈余"科目,贷记或借记"本年盈余分配"科目。

2. 根据有关规定从本年度非财政拨款结余或经营结余中提取专用基金的,按照预算会计下计算的提取金额,借记"本年盈余分配"科目,贷记"专用基金"科目。

3. 按照规定完成上述处理后,将"本年盈余分配"科目余额转入累计盈余,借记或贷记"本年盈余分配"科目,贷记或借记"累计盈余"科目。

【例 15-34】 某事业单位 2024 年 12 月 31 日结账前,本年盈余分配科目为贷方余额 100 000 元,应做账务处理如下:

| 财 务 会 计 | 预 算 会 计 |
|---|---|
| 借:本年盈余分配　　　　　100 000<br>　　贷:累计盈余　　　　　　　100 000 | — |

## 三、专用基金

专用基金是指事业单位按照规定提取或设置的具有专门用途的净资产,主要包括职工福利基金、科技成果转化基金等。事业单位在财务会计下应当设计"专用基金"科目,核算专用基金的取得和使用情况。本科目应当按照专用基金的类别进行明细核算。本科目期末贷方余额,反映事业单位累计提取或设置的尚未使用的专用基金。

**(一) 专用基金的取得**

1. 年末,根据有关规定从本年度非财政拨款结余或经营结余中提取专用基金的,按照预算会计下计算的提取金额,借记"本年盈余分配"科目,贷记"专用基金"科目。具体核算见例15-35。

2. 根据有关规定从收入中提取专用基金并计入费用的,一般按照预算会计下基于预算收入计算提取的金额,借记"业务活动费用"等科目,贷记"专用基金"科目。国家另有规定的,从其规定。预算会计不需要核算。

3. 根据有关规定设置的其他专用基金,按照实际收到的基金金额,借记"银行存款"等科目,贷记"专用基金"科目。预算会计不需要核算。

【例15-35】 2024年12月31日,某事业单位按规定从本年度非财政拨款结余中提取专用基金130 000元。财会部门根据有关凭证,应做账务处理如下:

| 财 务 会 计 | 预 算 会 计 |
|---|---|
| 借:本年盈余分配　　　　　130 000<br>　　贷:专用基金　　　　　　　　130 000 | 借:非财政拨款结余分配　　　130 000<br>　　贷:专用结余　　　　　　　　130 000 |

**(二) 专用基金的使用**

1. 使用从当年收入中提取并列入费用的专用基金:

| 财 务 会 计 | 预 算 会 计 |
|---|---|
| 借:专用基金<br>　　贷:银行存款 | 借:事业支出等<br>　　贷:资金结存——货币资金 |

2. 使用从非财政拨款结余或经营结余中提取的专用基金:

应当在财务会计下借记"业务活动费用"等费用类科目,贷记"银行存款"等科目,并在有关费用科目的明细核算或辅助核算中注明"使用专用基金";同时,在预算会计下借记"事业支出"等预算支出科目,贷记"资金结存"科目,并在有关预算支出科目的明细核算或辅助核算中注明"使用专用结余"。

事业单位应当在期末将有关费用中使用专用基金的本期发生额转入专用基金,在财务会计下借记"专用基金"科目,贷记"业务活动费用"等科目;在年末将有关预算支出中使用专用结余的本年发生额转入专用结余,在预算会计下借记"专用结余"科目,贷记"事业支出"等科目。

| 财 务 会 计 | 预 算 会 计 |
|---|---|
| 使用时:<br>借:业务活动费用/单位管理费用<br>　　贷:银行存款<br>期末:<br>借:专用基金<br>　　贷:业务活动费用 | 使用时:<br>借:事业支出<br>　　贷:资金结存<br>年末:<br>借:专用结余<br>　　贷:事业支出 |

3. 单位使用提取的专用基金(不管是从收入中提取的还是从结余中提取的专用基金)购置固定资产、无形资产的,按照固定资产、无形资产成本金额,借记"固定资产""无形资产"科目,贷记"银行存款"等科目;同时,按照专用基金使用金额,借记本科目,贷记"累计盈余"科目。

【例 15-36】 某事业单位使用上年从非财政拨款结余中提取的专用基金 100 000 元,用于购买专用设备 1 台,购置成本为 100 000 元,以银行存款支付。财会部门根据有关凭证,假设不考虑相关税费,应做账务处理如下:

| 财 务 会 计 | 预 算 会 计 |
| --- | --- |
| 借:固定资产　　　　　　　　　10 000<br>　贷:银行存款　　　　　　　　　　10 000<br>借:专用基金　　　　　　　　　10 000<br>　贷:累计盈余　　　　　　　　　　10 000 | 借:专用结余　　　　　　　　　10 000<br>　贷:资金结存——货币资金　　　10 000 |

## 四、权益法调整

"权益法调整"科目核算事业单位持有的长期股权投资采用权益法核算时,按照被投资单位除净损益和利润分配以外的所有者权益变动份额调整长期股权投资账面余额而计入净资产的金额。本科目应当按照被投资单位进行明细核算。本科目期末余额,反映事业单位在被投资单位除净损益和利润分配以外的所有者权益变动中累积享有(或分担)的份额。

1. 年末,按照被投资单位除净损益和利润分配以外的所有者权益变动应享有(或应分担)的份额,借记或贷记"长期股权投资——其他权益变动"科目,贷记或借记"权益法调整"科目。

2. 采用权益法核算的长期股权投资,因被投资单位除净损益和利润分配以外的所有者权益变动而将应享有(或应分担)的份额计入单位净资产的,处置该项投资时,按照原计入净资产的相应部分金额,借记或贷记"权益法调整"科目,贷记或借记"投资收益"科目。

【例 15-37】 某事业单位于 2024 年 1 月 1 日对外股权投资一家企业,持股比例为 30%,采用权益法核算。2024 年度该企业除净损益和利润分配以外的所有者权益变动为 200 000 元(即该企业的其他综合收益增加 200 000 元)。在 2024 年 12 月 31 日,财会部门根据有关凭证,应做账务处理如下:

| 财 务 会 计 | 预 算 会 计 |
| --- | --- |
| 借:长期股权投资——其他权益变动　　60 000<br>　贷:权益法调整　　　　　　　　　　60 000 | |

## 五、无偿调拨净资产

按照行政事业单位资产管理的相关规定,经批准政府单位之间可以无偿调拨资产。无偿调拨资产业务属于政府部门间净资产的变化,调入调出方不确认相应收入和费用。单位应当设置"无偿调拨净资产"科目,核算无偿调入或调出非现金资产所引起的净资产变动金额。

1. 单位按照规定取得无偿调入的存货、长期股权投资、固定资产、无形资产、公共基础设施、政府储备物资、文物资源、保障性住房等，按照确定的成本，借记"库存物品""长期股权投资""固定资产""无形资产""公共基础设施""政府储备物资""文物资源""保障性住房"等科目，按照调入过程中发生的归属于调入方的相关费用，贷记"零余额账户用款额度""银行存款"等科目，按照其差额，贷记"无偿调拨净资产"科目。

【例 15 - 38】 某行政单位接受其他部门无偿调入固定资产一批，该批固定资产在调出方的账面价值为 80 000 元（账面原值为 200 000 元，账面累计折旧为 120 000 元），资产调入过程中该单位以银行存款支付了包装运输费 5 000 元。财会部门根据有关凭证，假设不考虑相关税费，应做账务处理如下：

| 财 务 会 计 | | 预 算 会 计 | |
|---|---|---|---|
| 借：固定资产 | 85 000 | 借：其他支出 | 5 000 |
| 　贷：银行存款 | 5 000 | 　贷：资金结存——货币资金 | 5 000 |
| 　　无偿调拨净资产 | 80 000 | | |

2. 按照规定经批准无偿调出存货、长期股权投资、固定资产、无形资产、公共基础设施、政府储备物资、文物资源、保障性住房等，按照调出资产的账面余额或账面价值，借记"无偿调拨净资产"科目，按照固定资产累计折旧、无形资产累计摊销、公共基础设施累计折旧或摊销、保障性住房累计折旧的金额，借记"固定资产累计折旧""无形资产累计摊销""公共基础设施累计折旧（摊销）""保障性住房累计折旧"科目，按照调出资产的账面余额，贷记"库存物品""长期股权投资""固定资产""无形资产""公共基础设施""政府储备物资""文物资源""保障性住房"等科目；同时，按照调出过程中发生的归属于调出方的相关费用，借记"资产处置费用"科目，贷记"零余额账户用款额度""银行存款"等科目。

【例 15 - 39】 某事业单位经批准对外无偿调出一套设备，该套设备账面余额为 200 000 元，已计提折旧 120 000 元。设备调拨过程中该单位支付运输安装费 5 000 元，以银行存款支付。财会部门根据有关凭证，假设不考虑相关税费，应做账务处理如下：

| 财 务 会 计 | | 预 算 会 计 | |
|---|---|---|---|
| 借：无偿调拨净资产 | 80 000 | | |
| 　　固定资产累计折旧 | 120 000 | | |
| 　贷：固定资产 | 200 000 | 借：其他支出 | 5 000 |
| 借：资产处置费用 | 5 000 | 　贷：资金结存——货币资金 | 5 000 |
| 　贷：银行存款 | 5 000 | | |

3. 年末，将"无偿调拨净资产"科目的余额转入累计盈余，借记或贷记"无偿调拨净资产"科目，贷记或借记"累计盈余"科目。年末结账后，本科目应无余额。

## 六、以前年度盈余调整

"以前年度盈余调整"科目核算单位本年度发生的调整以前年度盈余的事项，包括本年度发生的重要前期差错更正涉及调整以前年度盈余的事项。

1. 当单位需要调整增加以前年度收入时,按照调整增加的金额,借记有关科目,贷记"以前年度盈余调整"科目;调整减少的,做相反会计分录。需要调整增加以前年度费用时,按照调整增加的金额,借记"以前年度盈余调整"科目,贷记有关科目;调整减少的,做相反会计分录。

2. 盘盈的各种非流动资产,报经批准后处理时,借记"待处理财产损溢"科目,贷记"以前年度盈余调整"科目。

**【例 15-40】** 某行政单位盘盈一台检测设备,重置价值 20 000 元,经评估该设备成新率 80%。财会部门根据有关凭证,应做账务处理如下:

| 财 务 会 计 | 预 算 会 计 |
|---|---|
| 借:固定资产　　　　　　　16 000<br>　　贷:待处理财产损溢　　　　　16 000<br>经批准后,应做账务处理如下:<br>借:待处理财产损溢　　　　16 000<br>　　贷:以前年度盈余调整　　　　16 000 | — |

3. 经上述调整后,年末应将"以前年度盈余调整"科目的余额转入累计盈余,借记或贷记"累计盈余"科目,贷记或借记"以前年度盈余调整"科目。本科目结转后应无余额。

## 七、累计盈余

"累计盈余"科目核算单位历年实现的盈余扣除盈余分配后滚存的金额,以及因无偿调入调出资产产生的净资产变动额。

按照规定上缴、缴回、单位间调剂结转结余资金产生的净资产变动额以及对以前年度盈余的调整金额,也通过本科目核算。

本科目期末余额,反映单位未分配盈余(或未弥补亏损)的累计数以及截至上年末无偿调拨净资产变动的累计数。年末余额,反映单位未分配盈余(或未弥补亏损)以及无偿调拨净资产变动的累计数。

1. 年末,将"本年盈余分配"科目的余额转入累计盈余,借记或贷记"本年盈余分配"科目,贷记或借记"累计盈余"科目。

2. 年末,将"无偿调拨净资产"科目的余额转入累计盈余,借记或贷记"无偿调拨净资产"科目,贷记或借记"累计盈余"科目。

3. 按照规定上缴财政拨款结转结余、缴回非财政拨款结转资金、向其他单位调出财政拨款结转资金时,按照实际上缴、缴回、调出金额,借记"累计盈余"科目,贷记"财政应返还额度""零余额账户用款额度""银行存款"等科目。

按照规定从其他单位调入财政拨款结转资金时,按照实际调入金额,借记"零余额账户用款额度""银行存款"等科目,贷记"累计盈余"科目。

4. 将"以前年度盈余调整"科目的余额转入"累计盈余"科目,借记或贷记"以前年度盈余调整"科目,贷记或借记"累计盈余"科目。

5. 按照规定使用专用基金购置固定资产、无形资产的,按照固定资产、无形资产成本金额,借记"固定资产""无形资产"科目,贷记"银行存款"等科目;同时,按照专用基金使用金额,借记"专用基金"科目,贷记"累计盈余"科目。

【例 15-41】 2024年12月31日，某事业单位按照规定缴回非财政拨款结转资金420 000元，以银行存款支付。财会部门根据有关凭证，应做账务处理如下：

| 财 务 会 计 | 预 算 会 计 |
|---|---|
| 借：累计盈余　　　　　　　　　420 000<br>　　贷：银行存款　　　　　　　　　420 000 | 借：非财政拨款结转——缴回资金　420 000<br>　　贷：资金结存——货币资金　　　420 000 |

## 复习思考题

1. 事业单位应当如何核算长期借款的利息？
2. 如何理解借款利息的资本化和费用化？
3. 一般纳税人与小规模纳税人在增值税申报缴纳的账务处理方面有何不同？
4. "应交增值税"科目涉及哪些明细科目？
5. "其他应交税费"科目涉及哪些明细科目？
6. 应通过"应付职工薪酬"科目核算的有哪些？
7. 应付及预收款项科目，哪个科目仅适用于行政单位？哪些科目适用于事业单位？哪些科目行政单位和事业单位均适用？
8. 其他应付款和长期应付款在核算方面有何不同？
9. 无法偿付或债权人豁免偿还的应付账款如何进行账务处理？
10. 净资产包括哪些财务会计科目？
11. 哪些净资产类会计科目需在年终进行结转？

## 练习题

1. 某事业单位发生如下经济业务：
（1）为新建一座实验室，20×4年1月1日向银行借入一笔长期借款，本金为10 000 000元，期限2年，年利率8%，每年付息一次，到期偿还本金。
（2）实验室项目在20×4年4月1日开工，直至20×5年3月31日完工。
（3）20×4年12月31日、20×5年12月31日各支付利息一次。
（4）20×5年12月31日，偿还本金10 000 000元。
要求：根据以上经济业务，为该事业单位编制有关的会计分录。

2. 某事业单位是增值税小规模纳税人，增值税征收率为3%，城市维护建设税、教育费附加、地方教育费附加分别按照7%、3%、2%计提。该单位20×5年1月份取得经营收入30 000元。请编制关于其他应交税费的会计分录。

3. 某事业单位20×5年1月的工资表显示：应发职务工资67 000元、级别工资65 000元、绩效工资60 000元、特区津贴17 000元、岗位津贴48 000元；工资表中计算出单位承担的职工医疗保险4 000元、养老保险26 000元、住房公积金25 000元；工资表还计算出应代扣个人承担的社会保险费40 000元、住房公积金50 000元、应代扣个人所得税12 000元，工资表中所有人员均从事专业及其辅助活动。

请编写该单位计提应付职工薪酬及计提代扣代缴款项的会计分录。

4. 某事业单位 20×5 年发生如下经济业务(均不考虑相关税金)：

(1) 20×5 年 3 月 1 日,为采购一台专用设备,开具一张票面金额 500 000 元、6 个月到期的商业承兑汇票。

(2) 20×5 年 4 月 13 日,委托会计师事务所审计,审计服务费 150 000 元,审计报告已取得,审计费用尚未支付。

(3) 20×5 年 12 月 25 日,收到同级政府财政部门预拨的下期预算款 1 000 000 元。

要求：根据以上经济业务,为该事业单位编制有关的会计分录。

5. 20×5 年 12 月 31 日,某事业单位年终结账前,账面记录如下：20×5 年 12 月累计取得财政拨款收入 1 200 000 元、事业收入 800 000 元；12 月累计发生业务活动费用 1 400 000 元、单位管理费用 500 000 元、其他费用 60 000 元；年末"以前年度盈余调整"为贷方余额 20 000 元,"无偿调拨净资产"为借方余额 36 000 元；该单位按照预算会计下基于预算收入计算提取金额,提取专用基金 40 000 元。

请根据以上信息编制年终结账相关会计分录。

# 第十六章

# 行政事业单位的收入和费用

## 第一节 行政事业单位的收入

收入是指报告期内导致行政事业单位净资产增加的、含有服务潜力或者经济利益的经济资源的流入。收入的确认应当同时满足以下条件：与收入相关的含有服务潜力或者经济利益的经济资源很可能流入政府会计主体；含有服务或者经济利益的经济资源流入会导致政府会计主体资产增加或者负债减少；流入金额能够可靠地计量。符合收入定义和收入确认条件的项目，应当列入收入费用表。事业单位收入包括财政拨款收入、事业收入、上级补助收入、附属单位上缴收入、经营收入、非同级财政拨款收入、投资收益、捐赠收入、利息收入、租金收入、其他收入。行政单位收入包括财政拨款收入、非同级财政拨款收入、捐赠收入、利息收入、租金收入、其他收入。

### 一、财政拨款收入

（一）"财政拨款收入"科目的核算内容及明细设置

"财政拨款收入"科目核算单位从同级政府财政部门取得的各类财政拨款。本科目可按照一般公共预算财政拨款、政府性基金预算财政拨款等拨款种类进行明细核算。期末结转后，本科目应无余额。行政事业单位都适用本科目。

同级政府财政部门预拨的下期预算款和没有纳入预算的暂付款项以及采用实拨资金方式通过本单位转拨给下属单位的财政拨款，通过"其他应付款"科目核算，不通过本科目核算。

（二）"财政拨款收入"的主要账务处理

1. 财政直接支付方式下，根据收到的"财政直接支付入账通知书"及相关原始凭证，按照通知书中的直接支付入账金额，借记"库存物品""固定资产""业务活动费用""单位管理费用""应付职工薪酬"等科目，贷记本科目。涉及增值税业务的，相关账务处理参见"应交增值税"科目。

【例 16-1】 某行政单位采用财政直接支付方式购置某项目通用设备一台 50 000 元，收到"财政直接支付入账通知书"及相关原始凭证。财会部门根据有关凭证，应做账务处理如下：

| 财 务 会 计 | 预 算 会 计 |
|---|---|
| 借：固定资产——通用设备　　50 000<br>　　贷：财政拨款收入　　　　　　　50 000 | 借：行政支出　　　　　　　　50 000<br>　　贷：财政拨款预算收入　　　　　50 000 |

2. 财政授权支付方式下，根据收到的"财政授权支付额度到账通知书"，按照通知书中的授权支付额度，借记"零余额账户用款额度"科目，贷记本科目。

【例 16-2】 某行政单位收到"财政授权支付额度到账通知书"，通知授权支付额度 350 000 元到账。财会部门根据有关凭证，应做账务处理如下：

| 财 务 会 计 | 预 算 会 计 |
|---|---|
| 借：零余额账户用款额度　　350 000<br>　　贷：财政拨款收入　　　　　　　350 000 | 借：资金结存——零余额账户用款额度　350 000<br>　　贷：财政拨款预算收入　　　　　　　350 000 |

实行预算管理一体化时，如果本级财政没有设置"零余额账户用款额度"科目，授权支付与直接支付的财政拨款收入会计核算一致，都是根据国库集中支付凭证及相关原始凭证，借记费用类或资产类等科目，贷记"财政拨款收入"。具体核算见第十三章第三节。

3. 其他方式下收到财政拨款收入时，按照实际收到的金额，借记"银行存款"等科目，贷记本科目。

4. 因差错更正或购货退回等发生国库直接支付款项退回的，属于以前年度支付的款项，按照退回金额，借记"财政应返还额度——财政直接支付"科目，贷记"以前年度盈余调整""库存物品"等科目；属于本年度支付的款项，按照退回金额，借记本科目，贷记"业务活动费用""库存物品"等科目。

【例 16-3】 某行政单位收到以前年度国库直接支付退回的购置某项目服务费 50 000 元。财会部门根据有关凭证，应做账务处理如下：

| 财 务 会 计 | 预 算 会 计 |
|---|---|
| 借：财政应返还额度　　　　50 000<br>　　贷：以前年度盈余调整　　　　50 000 | 借：资金结存——财政应返还额度　　　50 000<br>　　贷：财政拨款结余/结转——年初余额调整<br>　　　　　　　　　　　　　　　　50 000 |

【例 16-4】 某行政单位收到当年度国库直接支付退回的购置某项目服务费 50 000 元。财会部门根据有关凭证，应做账务处理如下：

| 财 务 会 计 | 预 算 会 计 |
|---|---|
| 借：财政拨款收入　　　　　50 000<br>　　贷：业务活动费用　　　　　　50 000 | 借：财政拨款预算收入　　　　　　50 000<br>　　贷：行政支出——项目支出　　　　50 000 |

5. 期末,将本科目本期发生额转入本期盈余,借记本科目,贷记"本期盈余"科目。

**【例 16-5】** 某行政单位 6 月 30 日将财政拨款收入本期发生额 60 000 元进行结转。财会部门根据有关凭证,应做账务处理如下:

| 财 务 会 计 | 预 算 会 计 |
|---|---|
| 借:财政拨款收入　　　　60 000<br>　贷:本期盈余　　　　　　　　60 000 | —<br>注:行政事业单位预算收入和预算支出平时期末不结转,年底结转,而财务会计的收入费用平时期末也要结转。 |

## 二、事业收入

### (一)"事业收入"的核算内容及明细设置

"事业收入"科目核算事业单位开展专业业务活动及其辅助活动实现的收入,不包括从同级政府财政部门取得的各类财政拨款。本科目应当按照事业收入的类别、来源等进行明细核算。期末结转后,本科目应无余额。行政单位不适用本科目。

对于因开展科研及其辅助活动从非同级政府财政部门取得的经费拨款,应当在本科目下单设"非同级财政拨款"明细科目进行核算。

### (二)"事业收入"的主要账务处理

1. 采用财政专户返还方式管理的事业收入

(1) 实现应上缴财政专户的事业收入时,按照实际收到或应收的金额,借记"银行存款""应收账款"等科目,贷记"应缴财政款"科目。

(2) 向财政专户上缴款项时,按照实际上缴的款项金额,借记"应缴财政款"科目,贷记"银行存款"等科目。

(3) 收到从财政专户返还的事业收入时,按照实际收到的返还金额,借记"银行存款"等科目,贷记本科目。

**【例 16-6】** 某事业单位实行收支两条线管理,将收到的学费 100 000 元全额上缴财政专户。财会部门根据有关凭证,应做账务处理如下:

| 财 务 会 计 | 预 算 会 计 |
|---|---|
| 收到学费时:<br>借:银行存款　　　　　　100 000<br>　贷:应缴财政款　　　　　　　100 000<br>全额上缴财政专户时:<br>借:应缴财政款　　　　　　100 000<br>　贷:银行存款　　　　　　　　100 000<br>收到财政专户返还时:<br>借:银行存款　　　　　　100 000<br>　贷:事业收入　　　　　　　　100 00 | 收到学费时:<br>—<br><br>全额上缴财政专户时:<br>—<br><br>收到财政专户返还时:<br>借:资金结存——货币资金　　100 000<br>　贷:事业预算收入　　　　　　　100 000 |

2. 采用预收款方式确认的事业收入

(1) 实际收到预收款项时,按照收到的款项金额,借记"银行存款"等科目,贷记"预收账款"科目。

**【例 16-7】** 某事业单位开展专业业务活动预收其他单位资金 50 000 元。财会部门根据有关凭证,应做账务处理如下:

| 财 务 会 计 | 预 算 会 计 |
|---|---|
| 借:银行存款　　　　　　　　50 000<br>　　贷:预收账款　　　　　　　　　50 000 | 借:资金结存——货币资金　　　50 000<br>　　贷:事业预算收入　　　　　　　50 000 |

(2) 以合同完成进度确认事业收入时,按照基于合同完成进度计算的金额,借记"预收账款"科目,贷记本科目。

**【例 16-8】** 接例 16-7。某事业单位开展专业业务活动,按照合同完工进度确认事业收入 50 000 元。财会部门根据有关凭证,应做账务处理如下:

| 财 务 会 计 | 预 算 会 计 |
|---|---|
| 借:预收账款　　　　　　　　50 000<br>　　贷:事业收入　　　　　　　　　50 000 | — |

3. 采用应收款方式确认的事业收入
(1) 根据合同完成进度计算本期应收的款项,借记"应收账款"科目,贷记本科目。
(2) 实际收到款项时,借记"银行存款"等科目,贷记"应收账款"科目。
4. 其他方式下确认的事业收入
按照实际收到的金额,借记"银行存款""库存现金"等科目,贷记本科目。
期末,将本科目本期发生额转入本期盈余,借记本科目,贷记"本期盈余"科目。

**【例 16-9】** 某事业单位 5 月 31 日将事业收入本期发生额 60 000 元进行结转。财会部门根据有关凭证,应做账务处理如下:

| 财 务 会 计 | 预 算 会 计 |
|---|---|
| 借:事业收入　　　　　　　　60 000<br>　　贷:本期盈余　　　　　　　　　60 000 | 注:行政事业单位预算收入和预算支出平时期末不结转,年底结转,而财务会计的收入费用平时期末也要结转。 |

## 三、上级补助收入

"上级补助收入"科目核算事业单位从主管部门和上级单位取得的非财政拨款收入。本科目应当按照发放补助单位、补助项目等进行明细核算。期末结转后,本科目应无余额。只有事业单位适用,行政单位没有本科目。

1. 确认上级补助收入时,按照应收或实际收到的金额,借记"其他应收款""银行存款"等科目,贷记本科目。

实际收到应收的上级补助款时,按照实际收到的金额,借记"银行存款"等科目,贷记"其他应收款"科目。

【例 16-10】 2024 年 5 月 2 日某事业单位收到上级单位通知,应收上级补助收入 50 000 元。2024 年 5 月 10 日实际收到上级部门的补助收入 50 000 元。财会部门根据有关凭证,应做账务处理如下:

| 财 务 会 计 | 预 算 会 计 |
|---|---|
| 确认上级补助收入时:<br>借:其他应收款　　　　　　　　50 000<br>　贷:上级补助收入　　　　　　　　50 000<br>实际收到应收的上级补助款时:<br>借:银行存款　　　　　　　　　　50 000<br>　贷:其他应收款　　　　　　　　　50 000 | 确认上级补助收入时:<br>——<br><br>实际收到应收的上级补助款时:<br>借:资金结存——货币资金　　　　50 000<br>　贷:上级补助预算收入　　　　　　50 000 |

2. 期末,将本科目本期发生额转入本期盈余,借记本科目,贷记"本期盈余"科目。

### 四、附属单位上缴收入

"附属单位上缴收入"科目核算事业单位取得的附属独立核算单位按照有关规定上缴的收入。本科目应当按照附属单位、缴款项目等进行明细核算。期末结转后,本科目应无余额。只有事业单位适用,行政单位没有本科目。

1. 确认附属单位上缴收入时,按照应收或收到的金额,借记"其他应收款""银行存款"等科目,贷记本科目。

实际收到应收附属单位上缴款时,按照实际收到的金额,借记"银行存款"等科目,贷记"其他应收款"科目。

2. 期末,将本科目本期发生额转入本期盈余,借记本科目,贷记"本期盈余"科目。

### 五、经营收入

"经营收入"科目核算事业单位在专业业务活动及其辅助活动之外开展非独立核算经营活动取得的收入。本科目应当按照经营活动类别、项目和收入来源等进行明细核算。期末结转后,本科目应无余额。只有事业单位适用,行政单位没有本科目。

经营收入应当在提供服务或发出存货,同时收讫价款或者取得索取价款的凭据时,按照实际收到或应收的金额予以确认。

1. 实现经营收入时,按照确定的收入金额,借记"银行存款""应收账款""应收票据"等科目,贷记本科目。涉及增值税业务的,相关账务处理参见"应交增值税"科目。

2. 期末,将本科目本期发生额转入本期盈余,借记本科目,贷记"本期盈余"科目。

### 六、非同级财政拨款收入

#### (一)"非同级财政拨款收入"科目的核算内容及明细设置

"非同级财政拨款收入"科目核算单位从非同级政府财政部门取得的经费拨款,包括从同级政府其他部门取得的横向转拨财政款、从上级或下级政府财政部门取得的经费拨款等。本科目应当按照本级横向转拨财政款和非本级财政拨款进行明细核算,并按照收入来源进行明细核算。期末结转后,本科目应无余额。它是行政和事业单位共同适用的科目。

事业单位因开展科研及其辅助活动从非同级政府财政部门取得的经费拨款,应当通过"事业收入——非同级财政拨款"科目核算,不通过本科目核算。

### (二)"非同级财政拨款收入"的主要账务处理

1. 确认非同级财政拨款收入时,按照应收或实际收到的金额,借记"其他应收款""银行存款"等科目,贷记本科目。

2. 期末,将本科目本期发生额转入本期盈余,借记本科目,贷记"本期盈余"科目。

【例 16-11】 某行政单位取得从本级其他横向部门转拨的财政款 850 000 元。财会部门根据有关凭证,应做账务处理如下:

| 财 务 会 计 | 预 算 会 计 |
|---|---|
| 借:银行存款　　　　　　　　850 000<br>　　贷:非同级财政拨款收入——本级横向转拨财<br>　　　　政款　　　　　　　　850 000 | 借:资金结存——货币资金　　　850 000<br>　　贷:非同级财政拨款预算收入　　850 000 |

## 七、投资收益

"投资收益"科目核算事业单位股权投资和债券投资所实现的收益或发生的损失。本科目应当按照投资的种类等进行明细核算。只有事业单位适用本科目,行政单位不适用。

1. 收到短期投资持有期间的利息,按照实际收到的金额,借记"银行存款"科目,贷记"投资收益"科目。期末结转后,本科目应无余额。

【例 16-12】 某事业单位收回短期投资持有期间利息 75 000 元。财会部门根据有关凭证,应做账务处理如下:

| 财 务 会 计 | 预 算 会 计 |
|---|---|
| 借:银行存款　　　　　　　　75 000<br>　　贷:投资收益　　　　　　　75 000 | 借:资金结存——货币资金　　　75 000<br>　　贷:投资预算收益　　　　　75 000 |

2. 出售或到期收回短期债券本息,按照实际收到的金额,借记"银行存款"科目,按照出售或收回短期投资的成本,贷记"短期投资"科目,按照其差额,贷记或借记本科目。涉及增值税业务的,相关账务处理参见"应交增值税"科目。

【例 16-13】 某事业单位收回本年度短期投资本息金额 55 000 元,其中取得债权投资成本 50 000 元。财会部门根据有关凭证,应做账务处理如下:

| 财 务 会 计 | 预 算 会 计 |
|---|---|
| 借:银行存款　　　　　　　　55 000<br>　　贷:短期投资　　　　　　　50 000<br>　　　　投资收益　　　　　　　5 000 | 借:资金结存——货币资金　　　55 000<br>　　贷:投资支出　　　　　　　50 000<br>　　　　投资预算收益　　　　　5 000 |

3. 持有的分期付息、一次还本的长期债券投资,按期确认利息收入时,按照计算确定的应收未收利息,借记"应收利息"科目,贷记本科目;持有的到期一次还本付息的债券投资,按期确认利息收入时,按照计算确定的应收未收利息,借记"长期债券投资——应计利息"科目,贷记本科目。

【例16-14】 某事业单位持有一笔分期付息、一次还本的长期债券投资,按照计算确定该笔债券的本期应收未收利息为13 000元。财会部门根据有关凭证,应做账务处理如下:

| 财 务 会 计 | 预 算 会 计 |
| --- | --- |
| 借:应收利息　　　　　　　　13 000<br>　贷:投资收益　　　　　　　　　　13 000 | — |

【例16-15】 某事业单位持有一笔一次还本付息的长期债券投资,按照计算确定该笔债券的本期利息收入为13 000元。财会部门根据有关凭证,应做账务处理如下:

| 财 务 会 计 | 预 算 会 计 |
| --- | --- |
| 借:长期债券投资——应计利息　　13 000<br>　贷:投资收益　　　　　　　　　　13 000 | — |

4. 出售长期债券投资或到期收回长期债券投资本息,按照实际收到的金额,借记"银行存款"等科目,按照债券初始投资成本和已计未收利息金额,贷记"长期债券投资——成本、应计利息"科目(到期一次还本付息债券)或"长期债券投资""应收利息"科目(分期付息债券),按照其差额,贷记或借记本科目。涉及增值税业务的,相关账务处理参见"应交增值税"科目。

【例16-16】 某事业单位出售上年购买的一次还本付息债券投资,实际收到本息金额155 000元,其中初始投资成本150 000元,已计未收利息5 000元。财会部门根据有关凭证,应做账务处理如下:

| 财 务 会 计 | 预 算 会 计 |
| --- | --- |
| 借:银行存款　　　　　　　　155 000<br>　贷:长期债券投资——成本　　　150 000<br>　　　长期债券投资——应计利息　　5 000 | 借:资金结存——货币资金　　　155 000<br>　贷:其他结余　　　　　　　　　50 000<br>　　　投资预算收益　　　　　　　　5 000 |

5. 采用成本法核算的长期股权投资持有期间被投资单位宣告分派现金股利或利润时,按照宣告分派的现金股利或利润中属于单位应享有的份额,借记"应收股利"科目,贷记本科目。

【例16-17】 某事业单位采用成本法核算长期股权投资,被投资单位宣告分派现金股利10 000元。财会部门根据有关凭证,应做账务处理如下:

| 财 务 会 计 | 预 算 会 计 |
| --- | --- |
| 借:应收股利　　　　　　　　10 000<br>　贷:投资收益　　　　　　　　　10 000 | — |

采用权益法核算的长期股权投资持有期间,按照应享有或应分担的被投资单位实现的净损益的份额,借记或贷记"长期股权投资——损益调整"科目,贷记或借记本科目;被投资单位发生净亏损但以后年度又实现净利润的,单位在其收益分享额弥补未确认的亏损分担额等后,恢复确认投资收益,借记"长期股权投资——损益调整"科目,贷记本科目。

【例 16-18】 某事业单位采用权益法核算长期股权投资,按照被投资单位实现的净损益份额计算应确认亏损分担额 180 000 元。财会部门根据有关凭证,应做账务处理如下:

| 财 务 会 计 | 预 算 会 计 |
| --- | --- |
| 借:投资收益　　　　　　　　　　180 000<br>　　贷:长期股权投资——损益调整　　180 000 | — |

6. 按照规定处置长期股权投资时有关投资收益的账务处理,参见"长期股权投资"科目。
7. 期末,将本科目本期发生额转入本期盈余,借记或贷记本科目,贷记或借记"本期盈余"科目。

## 八、捐赠收入

"捐赠收入"科目核算单位接受其他单位或者个人捐赠取得的收入。本科目应当按照捐赠资产的用途和捐赠单位等进行明细核算。期末结转后,本科目应无余额。本科目适用于行政与事业单位。

1. 接受捐赠的货币资金,按照实际收到的金额,借记"银行存款""库存现金"等科目,贷记本科目。单位取得捐赠的货币资金按规定应当上缴财政的,应通过"应缴财政款"进行相关财务会计处理,预算会计不做处理。

【例 16-19】 某事业单位收到捐赠款 30 000 元。财会部门根据有关凭证,应做账务处理如下:

| 财 务 会 计 | 预 算 会 计 |
| --- | --- |
| 借:银行存款　　　　　　　30 000<br>　　贷:捐赠收入　　　　　　　30 000 | 借:资金结存——货币资金　　　　30 000<br>　　贷:其他预算收入——捐赠收入　　30 000 |

2. 接受捐赠的存货、固定资产等非现金资产,按照确定的成本,借记"库存物品""固定资产"等科目,按照发生的相关税费、运输费等,贷记"银行存款"等科目,按照其差额,贷记本科目。相关业务参考固定资产核算。
3. 接受捐赠的资产按照名义金额入账的,按照名义金额借记"库存物品""固定资产"等科目,贷记本科目;同时,按照发生的相关税费、运输费等,借记"其他费用"科目,贷记"银行存款"等科目。相关业务参考固定资产核算。
4. 期末,将本科目本期发生额转入本期盈余,借记本科目,贷记"本期盈余"科目。

## 九、利息收入

"利息收入"科目核算单位取得的银行存款利息收入。期末结转后,本科目应无余额。本科目适用于行政与事业单位。

1. 取得银行存款利息时,按照实际收到的金额,借记"银行存款"科目,贷记本科目。

【例 16-20】 某事业单位收到银行存款利息 2 000 元。财会部门根据有关凭证,应做账务处理如下:

| 财 务 会 计 | 预 算 会 计 |
|---|---|
| 借:银行存款　　　　　　　　　2 000<br>　贷:利息收入　　　　　　　　　2 000 | 借:资金结存——货币资金　　　　2 000<br>　贷:其他预算收入——利息收入　2 000 |

2. 期末,将本科目本期发生额转入本期盈余,借记本科目,贷记"本期盈余"科目。

## 十、租金收入

"租金收入"科目核算单位经批准利用国有资产出租取得并按照规定纳入本单位预算管理的租金收入。本科目应当按照出租国有资产类别和收入来源等进行明细核算。期末结转后,本科目应无余额。本科目适用于行政与事业单位。

1. 国有资产出租收入,应当在租赁期内各个期间按照直线法予以确认。

(1) 采用预收租金方式的,预收租金时,按照收到的金额,借记"银行存款"等科目,贷记"预收账款"科目;分期确认租金收入时,按照各期租金金额,借记"预收账款"科目,贷记本科目。

(2) 采用后付租金方式的,每期确认租金收入时,按照各期租金金额,借记"应收账款"科目,贷记本科目;收到租金时,按照实际收到的金额,借记"银行存款"等科目,贷记"应收账款"科目。

(3) 采用分期收取租金方式的,每期收取租金时,按照租金金额,借记"银行存款"等科目,贷记本科目。

涉及增值税业务的,相关账务处理参见"应交增值税"科目。

【例 16-21】 某事业单位出租房屋预收 3 个月房租 21 000 元(每个月 7 000 元)。财会部门根据有关凭证,应做账务处理如下:

| 财 务 会 计 | 预 算 会 计 |
|---|---|
| 预收时:<br>借:银行存款　　　　　　　　21 000<br>　贷:预收账款　　　　　　　　21 000<br>每月确认时:<br>借:预收账款　　　　　　　　　7 000<br>　贷:租金收入　　　　　　　　　7 000 | 预收时:<br>借:资金结存——货币资金　　　21 000<br>　贷:其他预算收入——租金收入　21 000<br>每月确认时:<br>——— |

2. 期末,将本科目本期发生额转入本期盈余,借记本科目,贷记"本期盈余"科目。

## 十一、其他收入

### (一)"其他收入"科目的核算范围及明细设置

"其他收入"科目核算单位取得的除财政拨款收入、事业收入、上级补助收入、附属单位上缴收入、经营收入、非同级财政拨款收入、投资收益、捐赠收入、利息收入、租金收入以外的各项收入,包括现金盘盈收入、按照规定纳入单位预算管理的科技成果转化收入、行政单位收回已核销的其他应收款、无法偿付的应付及预收款项、置换换出资产评估增值等。本科目应当按照其他收入的类别、来源等进行明细核算。本科目适用于行政与事业单位。

**(二) 其他收入的主要账务处理**

1. 现金盘盈收入

每日现金账款核对中发现的现金溢余,属于无法查明原因的部分,报经批准后,借记"待处理财产损溢"科目,贷记本科目。

【例 16-22】 某事业单位在每日现金盘点中发现现金溢余 500 元,经批准属于无法查明原因。财会部门根据有关凭证,应做账务处理如下:

| 财 务 会 计 | 预 算 会 计 |
|---|---|
| 发现盘盈时:<br>借:库存现金　　　　　　　　　500<br>　贷:待处理财产损溢　　　　　　　　500<br>批准后:<br>借:待处理财产损溢　　　　　　　500<br>　贷:其他收入——现金盘盈收入　　　500 | 发现盘盈时:<br>借:资金结存——货币资金　　　　500<br>　贷:其他预算收入　　　　　　　　500<br>批准后: |

2. 科技成果转化收入

单位科技成果转化所取得的收入,按照规定留归本单位的,按照所取得收入扣除相关费用之后的净收益,借记"银行存款"等科目,贷记本科目。

3. 收回已核销的其他应收款

行政单位已核销的其他应收款在以后期间收回的,按照实际收回的金额,借记"银行存款"等科目,贷记本科目。

【例 16-23】 某行政单位收回已核销的其他应收款 20 000 元。财会部门根据有关凭证,应做账务处理如下:

| 财 务 会 计 | 预 算 会 计 |
|---|---|
| 借:银行存款　　　　　　　　20 000<br>　贷:其他收入　　　　　　　　　20 000 | 借:资金结存——货币资金　　　20 000<br>　贷:其他预算收入　　　　　　　20 000 |

4. 无法偿付的应付及预收款项

无法偿付或债权人豁免偿还的应付账款、预收账款、其他应付款及长期应付款,借记"应付账款""预收账款""其他应付款""长期应付款"等科目,贷记本科目。

【例 16-24】 某事业单位经核查无法偿付应付账款 20 000 元。财会部门根据有关凭证,应做账务处理如下:

| 财 务 会 计 | 预 算 会 计 |
|---|---|
| 借:应付账款　　　　　　　　20 000<br>　贷:其他收入　　　　　　　　　20 000 | — |

### 5. 置换换出资产评估增值

资产置换过程中,换出资产评估增值的,按照评估价值高于资产账面价值或账面余额的金额,借记有关科目,贷记本科目。具体账务处理参见"库存物品"等科目。

以未入账的无形资产取得的长期股权投资,按照评估价值加相关税费作为投资成本,借记"长期股权投资"科目,按照发生的相关税费,贷记"银行存款""其他应交税费"等科目,按其差额,贷记本科目。

**【例 16 - 25】** 某事业单位以未入账的长期股权投资,按照评估价值 50 000 元和相关税费 1 000 元作为投资成本。财会部门根据有关凭证,应做账务处理如下:

| 财 务 会 计 | | 预 算 会 计 | |
| --- | --- | --- | --- |
| 借：长期股权投资 | 51 000 | 借：投资支出 | 1 000 |
| 　贷：银行存款 | 1 000 | 　贷：资金结存——货币资金 | 1 000 |
| 　　　其他收入 | 50 000 | | |

确认上面以外的其他收入时,按照应收或实际收到的金额,借记"其他应收款""银行存款""库存现金"等科目,贷记本科目。涉及增值税业务的,相关账务处理参见"应交增值税"科目。

期末,将本科目本期发生额转入本期盈余,借记本科目,贷记"本期盈余"科目。

## 第二节　行政事业单位的费用

行政事业单位费用是指报告期内导致行政事业单位净资产减少的、含有服务潜力或者经济利益的经济资源的流出。费用的确认应当同时满足以下条件：与费用相关的含有服务潜力或者经济利益的经济资源很可能流出政府会计主体；含有服务潜力或者经济利益的经济资源流出会导致政府会计主体资产减少或者负债增加；流出金额能够可靠地计量。符合费用定义和费用确定条件的项目,应当列入收入费用表。事业单位的费用科目包括：业务活动费用、单位管理费用、经营费用、资产处置费用、上缴上级费用、对附属单位补助费用、所得税费用和其他费用。行政单位的费用科目包括：业务活动费用、资产处置费用和其他费用。

### 一、业务活动费用

#### (一)"业务活动费用"科目的核算范围及明细设置

"业务活动费用"科目核算单位为实现其职能目标,依法履职或开展专业业务活动及其辅助活动所发生的各项费用。期末结转后,本科目应无余额。本科目是行政事业单位共同适用的科目。

本科目应当按照项目、服务或者业务类别、支付对象等进行明细核算。为了满足成本核算需要,本科目下还可按照"工资福利费用""商品和服务费用""对个人和家庭的补助费用""对企业补助费用""固定资产折旧费""无形资产摊销费""公共基础设施折旧(摊销)费""保障性住房折旧费""计提专用基金"等成本项目设置明细科目,归集能够直接计入业务活动或采用一定方法计算后计入业务活动的费用。

**(二)"业务活动费用"的主要账务处理**

1. 为履职或开展业务活动人员计提的薪酬,按照计算确定的金额,借记本科目,贷记"应付职工薪酬"科目。

【例 16-26】 某事业单位开展业务活动计提职工薪酬 850 000 元。财会部门根据有关凭证,应做账务处理如下:

| 财 务 会 计 | 预 算 会 计 |
| --- | --- |
| 借:业务活动费用——工资福利费用　　850 000<br>　　贷:应付职工薪酬　　　　　　　　　　850 000 | — |

2. 为履职或开展业务活动发生的外部人员劳务费,按照计算确定的金额,借记本科目,按照代扣代缴个人所得税的金额,贷记"其他应交税费——应交个人所得税"科目,按照扣税后应付或实际支付的金额,贷记"其他应付款""财政拨款收入""零余额账户用款额度""银行存款"等科目。

【例 16-27】 某事业单位开展专业业务活动,通过直接支付发生的外部人员劳务费 45 000 元,代扣个人所得税 1 000 元。财会部门根据有关凭证,应做账务处理如下:

| 财 务 会 计 | 预 算 会 计 |
| --- | --- |
| 借:业务活动费用——商品和服务费用　 46 000<br>　　贷:其他应交税费——应交个人所得税　 1 000<br>　　　　财政拨款收入　　　　　　　　　 45 000 | 借:事业支出　　　　　　　　　　　　 45 000<br>　　贷:财政拨款预算收入　　　　　　　 45 000 |

3. 为履职或开展业务活动领用库存物品,以及动用发出相关政府储备物资,按照领用库存物品或发出相关政府储备物资的账面余额,借记本科目,贷记"库存物品""政府储备物资"科目。

【例 16-28】 某事业单位开展业务活动,领用库存物品 1 000 元。财会部门根据有关凭证,应做账务处理如下:

| 财 务 会 计 | 预 算 会 计 |
| --- | --- |
| 借:业务活动费用——商品和服务费用　　1 000<br>　　贷:库存物品　　　　　　　　　　　　1 000 | — |

4. 为履职或开展业务活动所使用的固定资产、无形资产以及为所控制的公共基础设施、保障性住房计提的折旧、摊销,按照计提金额,借记本科目,贷记"固定资产累计折旧""无形资产累计摊销""公共基础设施累计折旧(摊销)""保障性住房累计折旧"科目。

【例 16-29】 某事业单位使用某固定资产开展业务活动,发生折旧费 2 000 元。财会部门根据有关凭证,应做账务处理如下:

| 财 务 会 计 | 预 算 会 计 |
|---|---|
| 借：业务活动费用——固定资产折旧费　2 000<br>　　贷：固定资产累计折旧　　　　　　　　2 000 | — |

5. 为履职或开展业务活动发生的城市维护建设税、教育费附加、地方教育费附加、车船税、房产税、城镇土地使用税等，按照计算确定应交纳的金额，借记本科目，贷记"其他应交税费"等科目。

| 财 务 会 计 | 预 算 会 计 |
|---|---|
| 借：业务活动费用<br>　　贷：其他应交税费 | — |

6. 为履职或开展业务活动发生其他各项费用时，按照费用确认金额，借记本科目，贷记"财政拨款收入""零余额账户用款额度""银行存款""应付账款""其他应付款""其他应收款"等科目。

7. 按照规定从收入中提取专用基金并计入费用的，一般按照预算会计下基于预算收入计算提取的金额，借记本科目，贷记"专用基金"科目。国家另有规定的，从其规定。

【例16-30】 某事业单位按照收入计提专用基金并列入业务活动费用120 000元。财会部门根据有关凭证，应做账务处理如下：

| 财 务 会 计 | 预 算 会 计 |
|---|---|
| 借：业务活动费用——计提专用基金　120 000<br>　　贷：专用基金　　　　　　　　　　　120 000 | — |

8. 发生当年购货退回等业务，对于已计入本年业务活动费用的，按照收回或应收的金额，借记"财政拨款收入""零余额账户用款额度""银行存款""其他应收款"等科目，贷记本科目。

【例16-31】 某事业单位发生当年已计入业务活动费用的购货退回业务30 000元（原来是财政授权支付）。财会部门根据有关凭证，应做账务处理如下：

| 财 务 会 计 | 预 算 会 计 |
|---|---|
| 借：零余额账户用款额度　　　　　　　30 000<br>　　贷：业务活动费用——商品和服务费用　30 000 | 借：资金结存——零余额账户用款额度　30 000<br>　　贷：事业支出　　　　　　　　　　　30 000 |

9. 期末，将本科目本期发生额转入本期盈余，借记"本期盈余"科目，贷记本科目。

| 财 务 会 计 | 预 算 会 计 |
|---|---|
| 借：本期盈余<br>　　贷：业务活动费用 | —<br>注：行政事业单位预算收入和预算支出平时期末不结转，年底结转。而财务会计的收入费用平时期末也要结转。 |

## 二、单位管理费用

"单位管理费用"与"业务活动费用"有以下区别：(1)"业务活动费用"是行政事业单位都适用的科目，但"单位管理费用"只适用于事业单位；(2)在事业单位会计里，"业务活动费用"是开展专业业务活动及其辅助活动所发生的各项费用，而本级行政及后勤管理部门开展管理活动发生的各项费用则在"单位管理费用"科目核算。

### (一)"单位管理费用"科目的核算范围及明细设置

"单位管理费用"科目核算事业单位本级行政及后勤管理部门开展管理活动发生的各项费用，包括单位行政及后勤管理部门发生的人员经费、公用经费、资产折旧(摊销)等费用，以及由单位统一负担的离退休人员经费、工会经费、诉讼费、中介费等。期末结转后，本科目应无余额。本科目只适用于事业单位，行政单位不适用。

"单位管理费用科目"应当按照项目、费用类别、支付对象等进行明细核算。为了满足成本核算需要，本科目下还可按照"工资福利费用""商品和服务费用""对个人和家庭的补助费用""固定资产折旧费""无形资产摊销费"等成本项目设置明细科目，归集能够直接计入单位管理活动或采用一定方法计算后计入单位管理活动的费用。

### (二)"单位管理费用"的主要账务处理

1. 为管理活动人员计提的薪酬，按照计算确定的金额，借记本科目，贷记"应付职工薪酬"科目。

2. 为开展管理活动发生的外部人员劳务费，按照计算确定的费用金额，借记本科目，按照代扣代缴个人所得税的金额，贷记"其他应交税费——应交个人所得税"科目，按照扣税后应付或实际支付的金额，贷记"其他应付款""财政拨款收入""零余额账户用款额度""银行存款"等科目。

3. 开展管理活动内部领用库存物品，按照领用物品实际成本，借记本科目，贷记"库存物品"科目。

4. 为管理活动所使用固定资产、无形资产计提的折旧、摊销，按照应提折旧、摊销额，借记本科目，贷记"固定资产累计折旧""无形资产累计摊销"科目。

5. 为开展管理活动发生城市维护建设税、教育费附加、地方教育费附加、车船税、房产税、城镇土地使用税等，按照计算确定应交纳的金额，借记本科目，贷记"其他应交税费"等科目。

6. 为开展管理活动发生的其他各项费用，按照费用确认金额，借记本科目，贷记"财政拨款收入""零余额账户用款额度""银行存款""其他应付款""其他应收款"等科目。

7. 发生当年购货退回等业务，对于已计入本年单位管理费用的，按照收回或应收的金额，借记"财政拨款收入""零余额账户用款额度""银行存款""其他应收款"等科目，贷记本科目。

8. 期末，将本科目本期发生额转入本期盈余，借记"本期盈余"科目，贷记本科目。

具体核算可参考本节"业务活动费用"的案例。

## 三、经营费用

### (一)"经营费用"科目的核算范围及明细设置

"经营费用"科目核算事业单位在专业业务活动及其辅助活动之外开展非独立核算经营活动发生的各项费用。本科目应当按照经营活动类别、项目、支付对象等进行明细核算。期末结转后，本科目应无余额。因为只有事业单位才能开展经营活动，所以本科目只适用于事业单位,不适用于行政单位。

为了满足成本核算需要,本科目下还可按照"工资福利费用""商品和服务费用""对个人和家庭的补助费用""固定资产折旧费""无形资产摊销费"等成本项目设置明细科目,归集能够直接计入单位经营活动或采用一定方法计算后计入单位经营活动的费用。

### (二)"经营费用"的主要账务处理

1. 为经营活动人员计提的薪酬,按照计算确定的金额,借记本科目,贷记"应付职工薪酬"科目。

2. 开展经营活动领用或发出库存物品,按照物品实际成本,借记本科目,贷记"库存物品"科目。

3. 为经营活动所使用固定资产、无形资产计提的折旧、摊销,按照应提折旧、摊销额,借记本科目,贷记"固定资产累计折旧""无形资产累计摊销"科目。

4. 开展经营活动发生城市维护建设税、教育费附加、地方教育费附加、车船税、房产税、城镇土地使用税等,按照计算确定应交纳的金额,借记本科目,贷记"其他应交税费"等科目。

5. 发生与经营活动相关的其他各项费用时,按照费用确认金额,借记本科目,贷记"银行存款""其他应付款""其他应收款"等科目。涉及增值税业务的,相关账务处理参见"应交增值税"科目。

【例16-32】 某事业单位经营活动发生30 000元服务费用,用银行存款支付。财会部门根据有关凭证,应做账务处理如下:

| 财 务 会 计 | 预 算 会 计 |
| --- | --- |
| 借:经营费用　　　　　　　　　30 000<br>　贷:银行存款　　　　　　　　　30 000 | 借:经营支出　　　　　　　　　30 000<br>　贷:资金结存——货币资金　　30 000 |

6. 发生当年购货退回等业务,对于已计入本年经营费用的,按照收回或应收的金额,借记"银行存款""其他应收款"等科目,贷记本科目。

7. 期末,将本科目本期发生额转入本期盈余,借记"本期盈余"科目,贷记本科目。

具体核算可参考"业务活动费用"的具体案例。

## 四、资产处置费用

### (一)"资产处置费用"科目的核算内容及明细设置

"资产处置费用"科目核算单位经批准处置资产时发生的费用,包括转销的被处置资产价值,以及在处置过程中发生的相关费用或者处置收入小于相关费用形成的净支出。资产处置的形式按照规定包括无偿调拨、出售、出让、转让、置换、对外捐赠、报废、毁损以及货币性资产损失核销等。

单位在资产清查中查明的资产盘亏、毁损以及资产报废等,应当先通过"待处理财产损溢"科目进行核算,再将处理资产价值和处理净支出计入本科目。

短期投资、长期股权投资、长期债券投资的处置,按照相关资产科目的规定进行账务处理。

期末结转后,本科目应无余额。事业单位和行政单位都适用本科目。

本科目应当按照处置资产的类别、资产处置的形式等进行明细核算。

## (二)"资产处置费用"的主要账务处理

"待处理财产损溢"科目核算单位在资产清查过程中查明的各种资产盘盈、盘亏和报废、毁损的价值。只有各种资产盘盈、盘亏和报废、毁损时,才需要经过"待处理财产损溢"科目。其他资产处置方式不需要经过"待处理财产损溢"科目核算。

1. 不通过"待处理财产损溢"科目核算的资产处置

(1) 按照规定报经批准处置资产时,按照处置资产的账面价值,借记本科目(处置固定资产、无形资产、公共基础设施、保障性住房的,还应借记"固定资产累计折旧""无形资产累计摊销""公共基础设施累计折旧(摊销)""保障性住房累计折旧"科目),按照处置资产的账面余额,贷记"库存物品""固定资产""无形资产""公共基础设施""政府储备物资""文物资源""保障性住房""其他应收款""在建工程"等科目。

【例 16-33】 某事业单位按规定报经批准处置转让一批台式计算机,处置时台式计算机账面余额 65 000 元,已经计提折旧 45 000 元。财会部门根据有关凭证,应做账务处理如下:

| 财 务 会 计 | 预 算 会 计 |
|---|---|
| 借:资产处置费用　　　　20 000<br>　　固定资产累计折旧　　45 000<br>　贷:固定资产　　　　　　　　65 000 | — |

(2) 处置资产过程中仅发生相关费用的,按照实际发生金额,借记本科目,贷记"银行存款""库存现金"等科目。

【例 16-34】 接例 16-33。某事业单位按规定报经批准处置转让这批台式计算机,发生处置费用 300 元。财会部门根据有关凭证,应做账务处理如下:

| 财 务 会 计 | 预 算 会 计 |
|---|---|
| 借:资产处置费用　　　　300<br>　贷:库存现金　　　　　　　300 | 借:其他支出　　　　　　　　300<br>　贷:资金结存——货币资金　　300 |

(3) 处置资产过程中取得收入的,按照取得的价款,借记"库存现金""银行存款"等科目,按照处置资产过程中发生的相关费用,贷记"银行存款""库存现金"等科目,按照其差额,借记本科目或贷记"应缴财政款"等科目。

【例 16-35】 接例 16-33。某事业单位按规定报经批准处置转让这批台式计算机,发生处置费用 300 元,取得转让收入 25 000 元。财会部门根据有关凭证,应做账务处理如下:

| 财 务 会 计 | 预 算 会 计 |
|---|---|
| 借:银行存款　　　　　　25 000<br>　贷:库存现金　　　　　　　　300<br>　　应缴财政款　　　　　　24 700 | — |

涉及增值税业务的,相关账务处理参见"应交增值税"科目。

2. 通过"待处理财产损溢"科目核算的资产处置

(1) 单位账款核对中发现的现金短缺,属于无法查明原因的,报经批准核销时,借记本科目,贷记"待处理财产损溢"科目。

【例 16-36】 某事业单位现金盘点中发现现金短缺 500 元,经查无法确定原因,报经单位批准。财会部门根据有关凭证,应做账务处理如下:

| 财 务 会 计 | 预 算 会 计 |
|---|---|
| 借:资产处置费用　　　　　500<br>　贷:待处理财产损溢　　　　500 | — |

(2) 单位资产清查过程中盘亏或者毁损、报废的存货、固定资产、无形资产、公共基础设施、政府储备物资、文物资源、保障性住房等,报经批准处理时,按照处理资产价值,借记本科目,贷记"待处理财产损溢——待处理财产价值"科目。处理收支结清时,处理过程中所取得收入小于所发生相关费用的,按照相关费用减去处理收入后的净支出,借记本科目,贷记"待处理财产损溢——处理净收入"科目。

【例 16-37】 某事业单位资产清查过程中毁损存货价值 3 000 元,报经批准进行资产处置,处理过程中取得清理收入 200 元,发生资产处置费用 800 元。财会部门根据有关凭证,应做账务处理如下:

| 财 务 会 计 | 预 算 会 计 |
|---|---|
| 借:资产处置费用　　　　　　　　　3 000<br>　贷:待处理财产损溢——待处理财产价值 3 000<br>借:资产处置费用　　　　　　　　　 600<br>　贷:待处理财产损溢——处理净收入　 600 | 借:其他支出　　　　　　　600<br>　贷:资金结存——货币资金　600 |

3. 期末,将本科目本期发生额转入本期盈余,借记"本期盈余"科目,贷记本科目。

### 五、上缴上级费用

"上缴上级费用"科目核算事业单位按照财政部门和主管部门的规定上缴上级单位款项发生的费用。本科目应当按照收缴款项单位、缴款项目等进行明细核算。期末结转后,本科目应无余额。本科目只适用于事业单位。

1. 单位发生上缴上级支出的,按照实际上缴的金额或者按照规定计算出应当上缴上级单位的金额,借记本科目,贷记"银行存款""其他应付款"等科目。

【例 16-38】 某事业单位发生上缴上级支出 75 000 元,会计核算如下:

| 财 务 会 计 | 预 算 会 计 |
|---|---|
| 借:上缴上级费用　　　75 000<br>　贷:银行存款　　　　　75 000 | 借:上缴上级支出　　　　　75 000<br>　贷:资金结存——货币资金　75 000 |

2. 期末，将本科目本期发生额转入本期盈余，借记"本期盈余"科目，贷记本科目。

## 六、对附属单位补助费用

"对附属单位补助费用"科目核算事业单位用财政拨款收入之外的收入对附属单位补助发生的费用。本科目应当按照接受补助单位、补助项目等进行明细核算。期末结转后，本科目应无余额。本科目只适用于事业单位。

1. 单位发生对附属单位补助支出的，按照实际补助的金额或者按照规定计算出应当对附属单位补助的金额，借记本科目，贷记"银行存款""其他应付款"等科目。

【例 16-39】 某事业单位支付对附属单位补助费用 40 000 元，会计核算如下：

| 财 务 会 计 | 预 算 会 计 |
|---|---|
| 借：对附属单位补助费用　　　　40 000<br>　贷：银行存款　　　　　　　　　　40 000 | 借：对附属单位补助支出　　　　40 000<br>　贷：资金结存——货币资金　　　40 000 |

2. 期末，将本科目本期发生额转入本期盈余，借记"本期盈余"科目，贷记本科目。

## 七、所得税费用

"所得税费用"科目核算有企业所得税缴纳义务的事业单位按规定缴纳企业所得税所形成的费用。年末结转后，本科目应无余额。本科目只适用于事业单位。

1. 发生企业所得税纳税义务的，按照税法规定计算的应交税金数额，借记本科目，贷记"其他应交税费——单位应交所得税"科目。

【例 16-40】 某事业单位按照税费规定计算应缴纳所得税 10 000 元，会计核算如下：

| 财 务 会 计 | 预 算 会 计 |
|---|---|
| 借：所得税费用　　　　　　　　　10 000<br>　贷：其他应交税费——单位应交所得税　10 000 | — |

实际缴纳时，按照缴纳金额，借记"其他应交税费——单位应交所得税"科目，贷记"银行存款"科目。

【例 16-41】 接例 16-40。某事业单位按照实际缴纳所得税 10 000 元，财务会计核算如下：

| 财 务 会 计 | 预 算 会 计 |
|---|---|
| 借：其他应交税费——单位应交所得税　10 000<br>　贷：银行存款　　　　　　　　　　10 000 | 借：非财政拨款结余——累计结余　　10 000<br>　贷：资金结存——货币资金　　　10 000 |

2. 年末，将本科目本年发生额转入本期盈余，借记"本期盈余"科目，贷记本科目。

| 财 务 会 计 | 预 算 会 计 |
|---|---|
| 借：本期盈余<br>　　贷：所得税费用 | — |

## 八、其他费用

"其他费用"科目核算单位发生的除业务活动费用、单位管理费用、经营费用、资产处置费用、上缴上级费用、附属单位补助费用、所得税费用以外的各项费用，包括利息费用、坏账损失、罚没支出、现金资产捐赠支出以及相关税费、运输费等。本科目应当按照其他费用的类别等进行明细核算。单位发生的利息费用较多的，可以单独设置"利息费用"科目。期末结转后，本科目应无余额。本科目适用于事业单位和行政单位。

1. 利息费用

按期计算确认借款利息费用时，按照计算确定的金额，借记"在建工程"科目或本科目，贷记"应付利息""长期借款——应计利息"科目。

【例 16-42】 某事业单位 2024 年 6 月 1 日计算确定一次还本分期付息长期借款应付利息 10 000 元，6 月 30 日支付利息 10 000 元。会计核算如下：

| 财 务 会 计 | 预 算 会 计 |
|---|---|
| 计算时：<br>借：其他费用——利息费用　　10 000<br>　　贷：应付利息　　　　　　　　10 000<br>支付时：<br>借：应付利息　　　　　　　　10 000<br>　　贷：银行存款　　　　　　　　10 000 | 计算时：<br>　　　　　—<br><br>支付时：<br>借：其他支出　　　　　　　　10 000<br>　　贷：资金结存——货币资金　　10 000 |

2. 坏账损失

年末，事业单位按照规定对收回后不需上缴财政的应收账款和其他应收款计提坏账准备时，按照计提金额，借记本科目，贷记"坏账准备"科目；冲减多提的坏账准备时，按照冲减金额，借记"坏账准备"科目，贷记本科目。

【例 16-43】 某事业单位年末对收回后不需上缴财政的应收账款计提坏账准备 5 000 元。会计核算如下：

| 财 务 会 计 | 预 算 会 计 |
|---|---|
| 借：其他费用——坏账损失　　5 000<br>　　贷：坏账准备　　　　　　　　5 000 | — |

3. 罚没支出

单位发生罚没支出的，按照实际缴纳或应当缴纳的金额，借记本科目，贷记"银行存款""库存现金""其他应付款"等科目。

4. 现金资产捐赠

单位对外捐赠现金资产的,按照实际捐赠的金额,借记本科目,贷记"银行存款""库存现金"等科目。

【例 16-44】 某事业单位通过银行存款对外捐赠现金资产 3 000 元。会计核算如下:

| 财　务　会　计 | 预　算　会　计 |
| --- | --- |
| 借:其他费用——现金资产捐赠　　　3 000<br>　　贷:银行存款　　　　　　　　　　　3 000 | 借:其他支出　　　　　　　　　　　　3 000<br>　　贷:资金结存——货币资金　　　　3 000 |

5. 其他相关费用

单位接受捐赠(或无偿调入)以名义金额计量的存货、固定资产、无形资产,以及成本无法可靠取得的公共基础设施、文物资源等发生的相关税费、运输费等,按照实际支付的金额,借记本科目,贷记"财政拨款收入""零余额账户用款额度""银行存款""库存现金"等科目。

单位发生的与受托代理资产相关的税费、运输费、保管费等,按照实际支付或应付的金额,借记本科目,贷记"零余额账户用款额度""银行存款""库存现金""其他应付款"等科目。

【例 16-45】 某事业单位收到外单位捐赠一件设备,未取得相关凭据等价值信息,按照名义金额入账,发生运输保管相关费用 1 000 元。财会部门根据有关凭证,应做账务处理如下:

| 财　务　会　计 | 预　算　会　计 |
| --- | --- |
| 借:固定资产　　　　　　　　　　　　　1<br>　　贷:捐赠收入　　　　　　　　　　　　1<br>借:其他费用　　　　　　　　　　　1 000<br>　　贷:银行存款　　　　　　　　　　1 000 | 借:其他支出　　　　　　　　　　　　1 000<br>　　贷:资金结存——货币资金　　　　1 000 |

6. 期末,将本科目本期发生额转入本期盈余,借记"本期盈余"科目,贷记本科目。

# 复习思考题

1. 简述行政事业收入的概念。
2. 简述财政拨款收入两种付款方式的核算。预算管理一体化下核算发生了什么变化?
3. 简述事业收入与经营收入的不同。
4. 简述行政事业单位收入的期末结转。
5. 行政单位会计的费用科目与事业单位会计的费用科目有什么不同?
6. "业务管理费用"和"单位管理费用"有什么不同?
7. "其他费用"的核算范围是什么?
8. "资产处置费用"通过"待处理财产损溢"和不通过"待处理财产损溢"的账务处理有什么不同?

## 练习题

1. 某事业单位采用财政直接支付方式购置某项目通用设备一台 80 000 元,用授权支付方式购买服务,支付服务费 98 000 元。该单位如何进行账务处理？实行预算管理一体化不设置"零余额账户额度"时,如何核算？

2. 某事业单位收到当年国库直接支付退回的服务费 5 000 元。该单位如何进行账务处理？

3. 某事业单位 20×5 年应缴财政专户款 50 万元已全额上缴,至 20×5 年 12 月 31 日共返还单位资金 40 万元,其余 10 万元于 20×6 年返还。该单位如何进行账务处理？

4. 某事业单位收到上级单位的补助收入 65 000 元,该单位如何进行账务处理？

5. 某事业单位收到应开展科研活动从本级横向部门转拨的财政款 800 000 元,该单位如何进行账务处理？

6. 某事业单位出租房屋价款 12 000 元,分别用预收、后付和分期付款三种方式进行核算。该单位如何进行账务处理？

7 盘盈现金 700 元,无法查明原因,经批准做收入处理。该单位如何进行账务处理？

8. 某事业单位收到一件捐赠字画,未取得相关凭据等价值信息,按照名义金额入账,发生运输保管相关费用 1 000 元。该单位如何进行账务处理？

9. 某事业单位开展管理活动计提职工薪酬 50 000 元,外部人员劳务费 10 000 元。该单位如何进行账务处理？

10. 某行政单位为业务活动使用固定资产,计提折旧 18 000 元。该单位如何进行账务处理？

11. 某事业单位开展经营活动缴纳相关的房产税 3 000 元。该单位如何进行账务处理？

12. 某事业单位开展经营活动因购货退回当年度款项 130 000 元。该单位如何进行账务处理？

13. 某事业单位现金盘点中发现现金短缺 1 500 元,经查无法确定原因,报经单位批准。该单位如何进行账务处理？

14. 某事业单位按照税费规定计算并缴纳所得税 18 000 元。该单位如何进行账务处理？

15. 某事业单位因违反有关规定发生并缴纳的罚没支出 12 000 元。该单位如何进行账务处理？

# 第十七章

# 行政事业单位的预算收入和预算支出

## 第一节 预算收入

预算收入是指行政事业单位在预算年度内依法取得的并纳入预算管理的现金流入。预算收入采用收付实现制,一般在实际收到时予以确认,以实际收到的金额计量。行政事业单位的预算收入包括财政拨款预算收入、事业预算收入、上级补助预算收入、附属单位上缴预算收入、经营预算收入、债务预算收入、非同级财政拨款预算收入、投资预算收益和其他预算收入。财政拨款预算收入、非同级财政拨款预算收入和其他预算收入是行政事业单位共用的科目,其他科目只适用于事业单位。

### 一、财政拨款预算收入

#### (一)"财政拨款预算收入"的核算内容及明细设置

财政拨款预算收入,是指行政事业单位从同级财政部门取得的各类财政拨款。在这一概念中,重点是来源于"同级财政",另外是"各类财政拨款"。

财政拨款预算收入包括基本支出经费和项目支出经费。基本支出,是指行政事业单位为保障机构正常运转和完成日常工作任务发生的支出,包括人员支出和公用支出。用于基本支出的财政拨款,一般称为基本支出经费。项目支出,是指行政事业单位为完成特定的工作任务,在基本支出之外发生的支出。用于项目支出的财政拨款,一般称为项目支出经费。

"财政拨款预算收入"科目核算行政事业单位从同级财政部门取得的各类财政拨款。本科目应当设置"基本支出"和"项目支出"两个明细科目,并按照《政府收支分类科目》中"支出功能分类科目"的项级科目进行明细核算;同时,在"基本支出"明细科目下按照"人员经费"和"日常公用经费"进行明细核算,在"项目支出"明细科目下按照具体项目进行明细核算。年末结转后,本科目应无余额。本科目是行政事业单位共用科目。

有一般公共预算财政拨款、政府性基金预算财政拨款两种或两种以上财政拨款的单位,还应当按照财政拨款的种类进行明细核算。

## （二）"财政拨款预算收入"的主要账务处理

1. 财政直接支付下，单位根据收到的"财政直接支付入账通知书"及相关原始凭证，按照通知书中的直接支付金额，借记"行政支出""事业支出"等科目，贷记本科目。

**【例 17-1】** 某行政单位采用财政直接支付方式购置某项目通用设备一台 50 000 元，收到"财政直接支付入账通知书"及相关原始凭证，会计核算如下：

| 财 务 会 计 | 预 算 会 计 |
| --- | --- |
| 借：固定资产　　　　　　　　　　50 000<br>　　贷：财政拨款收入　　　　　　　　50 000 | 借：行政支出——财政拨款支出——项目支出　50 000<br>　　贷：财政拨款预算收入——项目支出　　　　50 000 |

2. 财政授权支付方式下，单位根据收到的"财政授权支付额度到账通知书"，按照通知书中的授权支付额度，借记"资金结存——零余额账户用款额度"科目，贷记本科目。

**【例 17-2】** 某行政单位采用财政授权支付方式购置某项目通用设备一台 350 000 元，根据"财政授权支付到账通知书"等原始凭证，会计核算如下：

| 财 务 会 计 | 预 算 会 计 |
| --- | --- |
| 确认财政拨款收入时：<br>借：零余额账户用款额度　　　　　350 000<br>　　贷：财政拨款收入　　　　　　　　350 000<br>发生采购支出时：<br>借：固定资产　　　　　　　　　　350 000<br>　　贷：零余额账户用款额度　　　　　350 000 | 确认财政拨款收入时：<br>借：资金结存——零余额账户用款额度　　350 000<br>　　贷：财政拨款预算收入——项目支出　　　350 000<br>发生采购支出时：<br>借：行政支出——财政拨款支出——项目支出<br>　　　　　　　　　　　　　　　　350 000<br>　　贷：资金结存——零余额账户用款额度　　350 000 |

实行预算管理一体化时，如果本级财政没有设置"零余额账户用款额度"科目，授权支付与直接支付的财政拨款收入会计核算是一致的，都是根据国库集中支付凭证及相关原始凭证，借记支出类科目，贷记"财政拨款预算收入"。具体核算见第十三章第三节。

3. 其他方式下，单位按照本期预算收到财政拨款预算收入时，按照实际收到的金额，借记"资金结存——货币资金"科目，贷记本科目。

**【例 17-3】** 某行政单位用其他方式从同级财政部门取得财政拨款日常公用经费 80 000 元，会计核算如下：

| 财 务 会 计 | 预 算 会 计 |
| --- | --- |
| 借：银行存款　　　　　　　　　　80 000<br>　　贷：财政拨款收入　　　　　　　　80 000 | 借：资金结存——货币资金　　　　　　　80 000<br>　　贷：财政拨款预算收入——基本支出——日常公<br>　　　　用经费　　　　　　　　　　　80 000 |

4. 因差错更正、购货退回等发生国库直接支付款项退回的，属于本年度支付的款项，按照退回金额，借记本科目，贷记"行政支出""事业支出"等科目。具体参考例 16-4。

5. 年末,将本科目本年发生额转入财政拨款结转,借记本科目,贷记"财政拨款结转——本年收支结转"科目。

## 二、事业预算收入

### (一)"事业预算收入"的核算内容及明细设置

"事业预算收入"科目核算事业单位开展专业活动及其辅助活动取得的现金流入。事业单位因开展科研及其辅助活动从非同级财政部门取得的经费拨款,也通过本科目核算。年末结转后,本科目应无余额。本科目只适用于事业单位。

本科目应按照事业预算收入类别、项目、来源、《政府收支分类科目》中"支出功能分类科目"项级科目等进行明细核算。对于因开展科研及其辅助活动从非同级政府财政部门取得的经费拨款,应当在本科目下单设"非同级财政拨款"明细科目进行明细核算;事业预算收入中如有专项资金收入,还应按照具体项目进行明细核算。

### (二)"事业预算收入"的主要账务处理

1. 采用财政专户返还方式管理的事业预算收入,收到从财政专户返还的事业预算收入时,按照实际收到的返还金额,借记"资金结存——货币资金"科目,贷记本科目。具体核算参考例16-6。

2. 收到其他事业预算收入时,按照实际收到的款项金额,借记"资金结存——货币资金"科目,贷记本科目。

【例17-4】 某事业单位开展科研活动,从非同级财政部门取得经费拨款20 000元,会计核算如下:

| 财 务 会 计 | 预 算 会 计 |
| --- | --- |
| 借:银行存款　　　　　　　20 000<br>　贷:事业收入——非同级财政拨款　20 000 | 借:资金结存——货币资金　　　20 000<br>　贷:事业预算收入——非同级财政拨款　20 000 |

3. 年末,将本科目本年发生额中的专项资金收入转入非财政拨款结转,借记本科目下各专项资金收入明细科目,贷记"非财政拨款结转——本年收支结转"科目;将本科目本年发生额中的非专项资金收入转入其他结余,借记本科目下各非专项资金明细科目,贷记"其他结余"科目。

| 财 务 会 计 | 预 算 会 计 |
| --- | --- |
| 注:财务会计收入和费用结转是在每期期末,即每月月末,所以12月底只能结转当月发生的收入和费用。<br>借:事业收入<br>　贷:本期盈余 | 专项资金收入:<br>借:事业预算收入<br>　贷:非财政拨款结转——本年收支结转<br>非专项资金收入:<br>借:事业预算收入<br>　贷:其他结余 |

## 三、上级补助预算收入

"上级补助预算收入"科目核算事业单位从主管部门和上级单位取得的非财政补助现金流

入。年末结转后,本科目应无余额。本科目只适用于事业单位。

本科目应当按照发放补助单位、补助单位、《政府收支分类科目》中"支出功能分类科目"的项级科目等进行明细核算。上级补助预算收入中如有专项资金收入,还应当按照具体项目进行明细核算。

1. 收到上级补助预算收入时,按照实际收到的金额,借记"资金结存——货币资金"科目,贷记本科目。具体核算参考例 16-10。

2. 年末,将本科目本年发生额中的专项资金收入转入非财政拨款结转,借记本科目下各专项资金收入明细科目,贷记"非财政拨款结转——本年收支结转"科目;将本科目本年发生额中的非专项资金收入转入其他结余,借记本科目下各非专项资金收入明细科目,贷记"其他结余"科目。

| 财 务 会 计 | 预 算 会 计 |
|---|---|
| 注:财务会计收入和费用结转是在每期期末,即每月月末,所以 12 月底只能结转当月发生的收入和费用。<br>借:上级补助收入<br>    贷:本期盈余 | 专项资金收入:<br>借:上级补助预算收入<br>    贷:非财政拨款结转——本年收支结转<br>非专项资金收入:<br>借:上级补助预算收入<br>    贷:其他结余 |

## 四、附属单位上缴预算收入

"附属单位上缴预算收入"科目核算事业单位取得附属独立核算单位根据有关规定上缴的现金流入。年末结转后,本科目应无余额。本科目只适用于事业单位。

本科目应按照附属单位、缴款项目、《政府收支分类科目》中"支出功能分类科目"的项级科目等进行明细核算。附属单位上缴预算收入中如有专项资金收入,还应按照具体项目进行明细核算。

1. 收到附属单位缴来的款项时,按照实际收到的金额,借记"资金结存——货币资金"科目,贷记本科目。

【例 17-5】 某事业单位取得附属独立核算单位上缴收入 40 000 元,会计核算如下:

| 财 务 会 计 | 预 算 会 计 |
|---|---|
| 借:银行存款    40 000<br>    贷:附属单位上缴收入    40 000 | 借:资金结存——货币资金    40 000<br>    贷:附属单位上缴预算收入    40 000 |

2. 年末,将本科目本年发生额中的专项资金收入转入非财政拨款结转,借记本科目下各专项资金收入明细科目,贷记"非财政拨款结转——本年收支结转"科目;将本科目本年发生额中的非专项资金收入转入其他结余,借记本科目下各非专项资金收入明细科目,贷记"其他结余"科目。具体核算参考"上级补助预算收入"。

## 五、经营预算收入

"经营预算收入"科目核算事业单位在专业业务活动及其辅助活动之外开展非独立核算经

营活动取得的现金流入。年末结转后,本科目应无余额。本科目只适用于事业单位。

本科目应当按照经营类别、项目、《政府收支分类科目》中"支出功能分类科目"项级科目等进行明细核算。

1. 收到经营预算收入时,按照实际收到的金额,借记"资金结存——货币资金"科目,贷记本科目。

【例 17-6】 某事业单位取得经营预算收入 100 000 元。如不考虑增值税,会计核算如下:

| 财 务 会 计 | 预 算 会 计 |
|---|---|
| 借:银行存款　　　　　　　　100 000<br>　贷:经营收入　　　　　　　　　100 000 | 借:资金结存——货币资金　　　100 000<br>　贷:经营预算收入　　　　　　　100 000 |

2. 年末,将本科目本年发生额转入经营结余,借记本科目,贷记"经营结余"科目。

| 财 务 会 计 | 预 算 会 计 |
|---|---|
| 注:财务会计收入和费用结转是在每期期末,即每月月末,所以 12 月底只能结转当月发生的收入和费用。<br>借:经营收入<br>　贷:当期盈余 | 借:经营预算收入<br>　贷:经营结余 |

## 六、债务预算收入

"债务预算收入"科目核算事业单位按照规定从银行和其他金融机构等借入的、纳入部门预算管理的、不以财政资金作为偿还来源的债务本金。年末结转后,本科目应无余额。本科目只适用于事业单位。

本科目应当按照贷款单位、贷款种类、《政府收支分类科目》中"支出功能分类科目"的项级科目等进行明细核算。债务预算收入中如有专项资金收入,还应按照具体项目进行明细核算。

1. 借入各项短期或长期借款时,按照实际借入的金额,借记"资金结存——货币资金"科目,贷记本科目。

【例 17-7】 某事业单位取得短期借款 850 000 元,会计核算如下:

| 财 务 会 计 | 预 算 会 计 |
|---|---|
| 借:银行存款　　　　　　　　850 000<br>　贷:短期借款　　　　　　　　850 000 | 借:资金结存——货币资金　　　850 000<br>　贷:债务预算收入　　　　　　　850 000 |

2. 年末,将本科目本年发生额中的专项资金收入转入非财政拨款结转,借记本科目下各专项资金收入明细科目,贷记"非财政拨款结转——本年收支结转"科目;将本科目本年发生额中非专项资金收入转入其他结余,借记本科目下各非专项资金收入明细科目,贷记"其他结余"科目。具体核算参考"上级补助预算收入"。

## 七、非同级财拨款预算收入

"非同级财政拨款预算收入"科目核算从非同级财政部门取得的财政拨款,包括本级横向转拨财政拨款和非本级财政拨款。对于因开展科研及其辅助活动从非同级政府财政部门取得的经费拨款,应当通过"事业预算收入——非同级财政拨款"科目进行核算,不通过本科目核算。年末结转后,本科目应无余额。本科目是行政事业单位共用科目。

本科目应当按照非同级财政部拨款预算收入的类别、来源、《政府收支分类科目》中"支出功能分类科目"的项级科目等进行明细核算。非同级财政拨款预算收入中如有专项资金收入,还应按照具体项目进行明细核算。

1. 取得非同级财政拨款预算收入时,按照实际收到的金额,借记"资金结存——货币资金"科目,贷记本科目。具体核算参考例16-11。

2. 年末,将本科目本年发生额中的专项资金收入转入非财政拨款结转,借记本科目下各专项资金收入明细科目,贷记"非财政拨款结转——本年收支结转"科目;将本科目本年发生额中的非专项资金收入转入其他结余,借记本科目下各非专项资金收入明细科目,贷记"其他结余"科目。具体核算参考"上级补助预算收入"。

## 八、投资预算收益

"投资预算收益"科目核算事业单位取得的按照规定纳入部门预算管理的属于投资收益性质的现金流入,包括股权投资收益、出售或收回债券投资取得的收益和债券投资利息收入。年末结转后,本科目应无余额。本科目只适用于事业单位。

本科目应当按照《政府收支分类科目》中"支出功能分类科目"的项级科目等进行明细核算。

1. 出售或到期收回本年度取得的短期、长期债券,按照实际取得的价款或实际收到的本息金额,借记"资金结存——货币资金"科目,按照取得债券时"投资支出"科目的发生额,贷记"投资支出"科目,按照其差额,贷记或借记本科目。具体核算参考例16-13。

出售或到期收回以前年度取得的短期、长期债券,按照实际取得的价款或实际收到的本息金额,借记"资金结存——货币资金"科目,按照取得债券时"投资支出"科目的发生额,贷记"其他结余"科目,按照其差额,贷记或借记本科目。

**【例17-8】** 某事业单位收回以前年度短期投资本息金额55 000元,其中取得债权投资50 000元,会计核算如下:

| 财 务 会 计 | | 预 算 会 计 | |
|---|---|---|---|
| 借:银行存款 | 55 000 | 借:资金结存——货币资金 | 55 000 |
|   贷:短期投资 | 50 000 |   贷:其他结余 | 50 000 |
|     投资收益 | 5 000 |     投资预算收益 | 5 000 |

出售、转让货币资金取得长期股权投资的,其账务处理参照出售或到期收回债券投资。

2. 持有的短期投资以及分期付息、一次还本的长期债券投资收到利息时,按照实际收到的金额,借记"资金结存——货币资金"科目,贷记本科目。

| 财 务 会 计 | 预 算 会 计 |
|---|---|
| 借：银行存款<br>　　贷：投资收益/应收利息 | 借：资金结存——货币资金<br>　　贷：投资预算收益 |

3. 持有长期股权投资取得被投资单位分派的现金股利或利润时，按照实际收到的金额，借记"资金结存——货币资金"科目，贷记本科目。

| 财 务 会 计 | 预 算 会 计 |
|---|---|
| 借：银行存款<br>　　贷：应收股利 | 借：资金结存——货币资金<br>　　贷：投资预算收益 |

4. 出售、转让以非货币性资产取得的长期股权投资，按照不同情况确认投资预算收益，具体规定和核算参考"长期股权投资"相关业务核算。

5. 年末，将本科目本年发生额转让其他结余，借记或贷记本科目，贷记或借记"其他结余"科目。

## 九、其他预算收入

"其他预算收入"科目核算财政拨款预算收入、事业预算收入、上级补助预算收入、附属单位上缴预算收入、经营预算收入、债务预算收入、非同级财政拨款预算收入、投资预算收益之外的纳入部门预算管理的现金流入，包括捐赠预算收入、利息预算收入、租金预算收入、现金盘盈收入等。年末结转后，本科目应无余额。本科目是行政事业单位共用科目。

本科目应当按照其他收入类别、《政府收支分类科目》中"支出功能分类科目"的项级科目等进行明细核算。其他预算收入中如有专项租金收入，还应按照具体项目进行明细核算。

单位发生的捐赠预算收入、利息预算收入、租金预算收入金额较大或业务较多的，可单独设置"6603 捐赠预算收入""6604 利息预算收入""6605 租金预算收入"等科目。

1. 接受捐赠现金资产、收到银行存款利息、收到资产承租人支付的租金时，按照实际收到的金额，借记"资金结存——货币资金"科目，贷记本科目。具体核算参考"捐赠收入""利息收入"和"租金收入"的具体案例。

2. 每日现金账款核对中发现现金溢余，按照溢余的现金金额，借记"资金结存——货币资金"科目，贷记本科目。经核实，属于应支付给有关个人和单位的部分，按照实际支付的金额，借记本科目，贷记"资金结存——货币资金"科目。具体核算参考例 16-22。

3. 收到其他预算收入时，按照收到的金额，借记"资金结存——货币资金"科目，贷记本科目。

4. 年末，将本科目本年发生额中的专项资金收入转入非财政拨款结转，借记本科目下各专项资金收入明细科目，贷记"非财政拨款结转——本年收支结转"科目；将本科目本年发生额中的非专项资金收入转入其他结余，借记本科目下各非专项资金收入明细科目，贷记"其他结余"科目。具体核算与"事业预算收入""上级补助预算收入"类似。

## 第二节  预算支出

预算支出是指行政事业单位在预算年度内依法发生并纳入预算管理的现金流出。预算支出一般在实际支付时予以确认,以实际支付的金额计量,包括行政支出、事业支出、经营支出、上缴上级支出、对附属单位补助支出、投资支出、债务还本支出和其他支出。"行政支出"是行政单位特有的科目。"其他支出"是行政事业单位共用的科目。其他科目只适用于事业单位。

### 一、行政支出

#### (一)"行政支出"科目核算的内容及明细设置

"行政支出"科目核算行政单位履行其职责实际发生的各项现金流出。年末结转后,本科目应无余额。本科目仅适用于行政单位。"行政支出"科目核算的重点和难点是在明细上。

1. 本科目应当分别按照"财政拨款支出""非财政专项资金支出""其他资金支出"设置明细,这是按照资金来源来进行的。来源于同级财政拨款的支出,记入"财政拨款支出";来源于非同级财政但是专项资金的支出,记入"非财政专项资金支出";来源于非同级财政而且又不是非专项资金的支出,记入"其他资金支出"。

有一般公共预算财政拨款、政府性基金预算财政拨款等两种或两种以上的财政拨款行政单位,还应当在"财政拨款支出"明细科目下按照财政拨款的种类进行明细核算。

2. 本科目应当按"基本支出"和"项目支出"等进行明细核算。"基本支出"和"项目支出"明细科目下应当按照《政府收支分类科目》中"部门预算支出经济分类科目"的款级科目进行明细核算,同时在"项目支出"明细科目下按照具体项目进行明细核算。

3. 本科目应当按照《政府收支分类科目》中"支出功能分类科目"的项级科目进行明细核算;

4. 对于预付款项,可通过在本科目下设置"待处理"明细科目进行核算,待确认具体支出项目后再转入本科目下相关明细科目。年末结账前,应将本科目"待处理"明细科目余额全部转入本科目下相关明细科目。

#### (二)"行政支出"科目的主要账务处理

1. 支付单位职工薪酬。向单位职工个人支付薪酬时,按照实际支付的金额,借记本科目,贷记"财政拨款预算收入""资金结存"科目。

按照规定代扣代缴个人所得税以及代扣代缴或为职工缴纳职工社会保险费、住房公积金等时,按照实际缴纳的金额,借记本科目,贷记"财政拨款预算收入""资金结存"科目。

【例 17-9】 某行政单位计提单位职工工资 850 000 元,并通过直接支付方式为单位职工支付薪酬 850 000 元,会计核算如下:

| 财 务 会 计 | 预 算 会 计 |
| --- | --- |
| 计提工资时:<br>借:业务活动费用——工资福利费用　　850 000<br>　　贷:应付职工薪酬　　　　　　　　　　850 000 | 计提工资时:<br>— |

续表

| 财 务 会 计 | 预 算 会 计 |
|---|---|
| 支付工资时：<br>借：应付职工薪酬　　　　　　　850 000<br>　　贷：财政拨款收入　　　　　　　850 000 | 支付工资时：<br>借：行政支出——财政拨款支出——基本支出<br>　　　　　　　　　　　　　　　　850 000<br>　　贷：财政拨款预算收入——基本支出——人员<br>　　　　经费　　　　　　　　　　850 000 |

2. 支付外部人员劳务费。按照实际支付给外部人员个人的金额，借记本科目，贷记"财政拨款预算收入""资金结存"科目。

按照规定代扣代缴个人所得税时，按照实际缴纳的金额，借记本科目，贷记"财政拨款预算收入""资金结存"科目。

**【例 17-10】** 某行政单位通过授权支付方式支付 A 项目外部人员劳务费 10 000 元，会计核算如下：

| 财 务 会 计 | 预 算 会 计 |
|---|---|
| 借：业务活动费用——商品和服务费用　10 000<br>　　贷：零余额账户用款额度　　　　　10 000 | 借：行政支出——财政拨款支出——项目支出（A<br>　　项目）　　　　　　　　　　　10 000<br>　　贷：资金结存——零余额账户用款额度　10 000 |

3. 为购买存货、固定资产、无形资产等以及在建工程支付相关款项时，按照实际支付的金额，借记本科目，贷记"财政拨款预算收入""资金结存"科目。

**【例 17-11】** 某行政单位用非财政专项资金购买 B 项目用电脑 23 000 元，会计核算如下：

| 财 务 会 计 | 预 算 会 计 |
|---|---|
| 借：固定资产　　　　　　　　　　23 000<br>　　贷：银行存款　　　　　　　　　23 000 | 借：行政支出——非财政专项资金支出——项目支<br>　　出（B 项目）　　　　　　　　23 000<br>　　贷：资金结存——货币资金　　　　23 000 |

4. 发生预付账款时，按照实际支付的金额，借记本科目，贷记"财政拨款预算收入""资金结存"科目。

对于暂付款项，在支付款项时可以不做预算会计处理，待结算或报销时，按照结算或报销的金额，借记本科目，贷记"资金结存"科目。

**【例 17-12】** 某行政单位与供应商签订合同，按照合同条款用其他非专项资金预付账款 140 000 元。会计核算如下：

| 财 务 会 计 | 预 算 会 计 |
|---|---|
| 借：预付账款　　　　　　　　　　140 000<br>　　贷：银行存款　　　　　　　　　140 000 | 借：行政支出——待处理　　　　　　140 000<br>　　贷：资金结存——货币资金　　　　140 000 |

5. 发生其他各项支出时,按照实际支付的金额,借记本科目,贷记"财政拨款预算收入""资金结存"科目。

6. 因购货退回等发生款项退回或者发生差错更正的,属于当年支出收回的,按照收回或更正金额,借记"财政拨款预算收入""资金结存"科目,贷记本科目。

**【例 17-13】** 某行政单位退还当月购买的电脑(见例 17-11),电脑还未使用,也没有计提折旧。会计核算如下:

| 财 务 会 计 | 预 算 会 计 |
|---|---|
| 借:银行存款　　　　　　　　23 000<br>　贷:固定资产　　　　　　　　　23 000 | 借:资金结存——货币资金　　　23 000<br>　贷:行政支出——非财政专项资金——项目支<br>　　出(B项目)　　　　　　　　　23 000 |

7. 年末,将本科目本年发生额中的财政拨款预算支出转入财政拨款结转,借记"财政拨款结转——本年收支结转"科目,贷记本科目下各财政拨款支出明细科目;将本科目本年发生额中的非财政专项资金支出转入非财政拨款结转,借记"非财政拨款结转——本年收支结转"科目,贷记本科目下各非财政专项资金支出明细科目;将本科目本年发生额中的其他支出(非财政非专项资金支出)转入其他结余,借记"其他结余"科目,贷记本科目下其他资金支出明细科目。

**【例 17-14】** 某行政单位年末将当年度行政支出发生额中财政拨款支出 750 000 元转入财政拨款结转,将行政支出发生额中非财政专项资金支出 150 000 元转入非财政拨款结转,将行政支出中其他资金支出 100 000 元转入其他结余;该单位 12 月份行政支出的发生数为 200 000 元,会计核算如下:

| 财 务 会 计 | 预 算 会 计 |
|---|---|
| 注:财务会计收入和费用结转是在每期期末,即每月月末,所以 12 月底只能结转当月发生的收入和费用。<br>借:本期盈余　　　　　　　　200 000<br>　贷:业务活动费用　　　　　　　　200 000 | 借:财政拨款结转——本年收支结转　　750 000<br>　　非财政拨款结转——本年收支结转　　150 000<br>　　其他结余　　　　　　　　　　　　100 000<br>　贷:行政支出——财政拨款支出　　　　750 000<br>　　　行政支出——非财政专项资金支出　150 000<br>　　　行政支出——其他资金支出　　　　100 000 |

## 二、事业支出

### (一)"事业支出"科目核算的内容及明细设置

"事业支出"科目核算事业单位开展专业业务活动及其辅助活动实际发生的各项现金流出。年末结转后,本科目应无余额。本科目仅适用于事业单位。"事业支出"科目核算的重点和难点是在明细上。

1. 单位发生教育、科研、医疗、行政管理、后勤保障等活动的,可在本科目下设置相应的明细科目进行核算,或单设"7201 教育支出""7202 科研支出""7203 医疗支出""7204 行政管理支出""7205后勤保障支出"等一级会计科目进行核算。

2. 本科目应当按照"财政拨款支出""非财政专项资金支出"和"其他资金支出"设置明细。有一般公共预算财政拨款、政府性基金预算财政拨款等两种或两种以上财政拨款的事业单位,还应当在"财政拨款支出"明细科目下按照财政拨款的种类进行明细核算。"财政拨款支出""非财政专项资金支出"和"其他资金支出"三个明细科目设置的依据与"行政支出"同理。

3. 本科目应当分"基本支出"和"项目支出"等进行明细核算,"基本支出"和"项目支出"明细科目下应当按照《政府收支分类科目》中"部门预算支出经济分类科目"的款级科目进行明细核算,同时在"项目支出"明细科目下按照具体项目进行明细核算。

4. 本科目应当按照《政府收支分类科目》中"支出功能分类科目"的项级科目进行明细核算。

5. 对于预付款项,可通过在本科目下设置"待处理"明细科目进行明细核算,待确认具体支出项目后再转入本科目下相关明细科目。年末结账前,应将本科目"待处理"明细科目余额全部转入本科下相关明细科目。

**(二)"事业支出"科目的主要账务处理**

1. 支付单位职工(经营部门职工除外)薪酬。向单位职工个人支付薪酬,按照实际支付的数额,借记本科目,贷记"财政拨款预算收入""资金结存"科目。

按照规定代扣代缴个人所得税以及代扣代缴或为职工缴纳职工社会保险费、住房公积金等时,按照实际缴纳的金额,借记本科目,贷记"财政拨款预算收入""资金结存"科目。

2. 为专业业务活动及辅助活动支付给外部人员劳务费。按照实际支付给外部人员个人的金额,借记本科目,贷记"财政拨款预算收入""资金结存"科目。

按照规定代扣代缴个人所得税时,按照实际缴纳的金额,借记本科目,贷记"财政拨款预算收入""资金结存"科目。

3. 开展专业业务活动及其辅助活动过程中为购买存货、固定资产、无形资产等以及在建工程支付相关款项时,按照实际支付的金额,借记本科目,贷记"财政拨款预算收入""资金结存"科目。

4. 开展专业业务活动及其辅助活动过程中发生预付账款时,按照实际支付的金额,借记本科目,贷记"财政拨款预算收入""资金结存"科目。

对于暂付款项,在支付款项时可不做预算会计处理,待结算或报销时,按照结算或报销的金额,借记本科目,贷记"资金结存"科目。

5. 开展专业业务活动及其辅助活动过程中缴纳的相关税费以及发生的其他各项支出,按照实际支付的金额,借记本科目,贷记"财政拨款预算收入""资金结存"科目。

6. 开展专业业务活动及其辅助活动过程中因购货退回等发生款项退回或者发生差错更正的,属于当年支出收回的,按照收回或更正的金额,借记"财政拨款预算收入""资金结存"科目,贷记本科目。

以上六种情况的具体核算参考"行政支出"科目的相关案例。

7. 年末,将本科目本年发生额中的财政拨款支出转入财政拨款结转,借记"财政拨款结转——本年收支结转"科目,贷记本科目下各财政拨款支出明细科目;将本科目本年发生额中的非财政专项资金支出转入非财政拨款结转,借记"非财政拨款结转——本年收支结转"科目,贷记本科目下各非财政专项资金支出明细科目;将本科目本年发生额中的其他资金支出(非财政非专项资金支出)转入其他结余,借记"其他结余"科目,贷记本科目下其他资金支出明细科目。

| 财 务 会 计 | 预 算 会 计 |
|---|---|
| 注:财务会计收入和费用结转是在每期期末,即每月月末,所以12月底只能结转当月发生的收入和费用。<br>每期的结转分录:<br>借:本期盈余<br>  贷:业务活动费用/单位管理费用 | 借:财政拨款结转——本年收支结转<br>  贷:事业支出——财政拨款支出<br>借:非财政拨款结转——本年收支结转<br>  贷:事业支出——非财政专项资金支出<br>借:其他结余<br>  贷:事业支出——其他资金支出 |

## 三、经营支出

"经营支出"科目核算事业单位在专业业务活动及其辅助活动之外开展非独立核算经营活动实际发生的各项现金流出。年末结转后,本科目应无余额。本科目仅适用于事业单位。

本科目应当按照经营活动类别、项目、《政府收支分类科目》中"支出功能分类科目"的项级科目和"部门预算支出经济分类科目"的款级科目等进行明细核算。

对于预付款项,可通过在本科目下设置"待处理"明细科目进行明细核算,待确认具体支出项目后再转入本科目下相关明细科目。年末结账前,应将本科目"待处理"明细科目余额全部转入本科目下相关明细科目。

1. 支付经营部门职工薪酬。向职工个人支付薪酬时,按照实际的金额,借记本科目,贷记"资金结存"科目。

按照规定代扣代缴个人所得税以及代扣代缴或为职工缴纳职工社会保险费、住房公积金时,按照实际缴纳的金额,借记本科目,贷记"资金结存"科目。

【例 17-15】 某事业单位计提并支付开展经营活动的职工薪酬 73 000 元,会计核算如下:

| 财 务 会 计 | 预 算 会 计 |
|---|---|
| 计提工资时:<br>借:经营费用——工资福利费    73 000<br>  贷:应付职工薪酬    73 000<br>支付工资时:<br>借:应付职工薪酬    73 000<br>  贷:银行存款    73 000 | 计提工资时:<br>——<br>支付工资时:<br>借:经营支出    73 000<br>  贷:资金结存——货币资金    73 000 |

2. 为经营活动支付外部人员劳务费。按照实际支付给外部人员个人的金额,借记本科目,贷记"资金结存"科目。

按照规定代扣代缴个人所得税时,按照实际缴纳的金额,借记本科目,贷记"资金结存"科目。

【例 17-16】 某事业单位为开展经营活动的外部人员代扣并缴纳个人所得税 3 000 元,会计核算如下:

| 财 务 会 计 | 预 算 会 计 |
|---|---|
| 代扣个人所得税时：<br>借：经营费用——工资福利费用　　　3 000<br>　　贷：其他应交税费——应交个人所得税　3 000<br>支付个人所得税时：<br>借：其他应交税费——应交个人所得税　　3 000<br>　　贷：银行存款　　　　　　　　　　　3 000 | 代扣个人所得税时：<br>　　　　　　　—<br>支付个人所得税时：<br>借：经营支出　　　　　　　　　　　3 000<br>　　贷：资金结存——货币资金　　　　3 000 |

3. 开展经营活动过程中为购买存货、固定资产、无形资产等以及在建工程支付相关款项时，按照实际支付的金额，借记本科目，贷记"资金结存"科目。

【例 17-17】 某事业单位为开展经营活动购买存货 67 000 元，用银行存款支付，不考虑增值税。会计核算如下：

| 财 务 会 计 | 预 算 会 计 |
|---|---|
| 借：库存物品　　　　　　　　　67 000<br>　　贷：银行存款　　　　　　　　67 000 | 借：经营支出　　　　　　　　　67 000<br>　　贷：资金结存——货币资金　67 000 |

4. 开展经营活动过程中发生预付账款时，按照实际支付的金额，借记本科目，贷记"资金结存"科目。

对于暂付款项，在支付款项时可不做预算会计处理，待结算或报销时，按照结算或报销的金额，借记本科目，贷记"资金结存"科目。

5. 因开展经营活动缴纳的相关税费以及发生的其他各项支出，按照实际支付的金额，借记本科目，贷记"资金结存"科目。

6. 开展经营活动中因购货退回等发生款项退回或者发生差错更正的，属于当年支出收回的，按照收回或更正金额，借记"资金结存"科目，贷记本科目。

7. 年末，将本科目本年发生额转入经营结余，借记"经营结余"科目，贷记本科目。

| 财 务 会 计 | 预 算 会 计 |
|---|---|
| 注：财务会计收入和费用结转是在每期期末，即每月月末，所以 12 月底只能结转当月发生的收入和费用。<br>每期的结转分录：<br>借：本期盈余<br>　　贷：经营费用 | 借：经营结余<br>　　贷：经营支出 |

## 四、上缴上级支出

"上缴上级支出"科目核算事业单位按照财政部门和主管部门的规定上缴上级单位款项的现金流出。年末结转后，本科目应无余额。本科目仅适用于事业单位。

本科目应当按照收缴款项单位、缴款项目、《政府收支分类科目》中"支出功能分类科目"的项级科目和"部门预算支出经济分类科目"的款级科目等进行明细核算。

1. 按照规定将款项上缴上级单位的,按照实际上缴的金额,借记本科目,贷记"资金结存"科目。具体参考例 16-38。

2. 年末,将本科目本年发生额转入其他结余,借记"其他结余"科目,贷记本科目。

### 五、对附属单位补助支出

"对附属单位补助支出"科目核算事业单位用财政拨款预算收入之外的收入对附属单位补助发生的现金流出。年末结转后,本科目应无余额。本科目仅适用于事业单位。

本科目应当按照接受补助单位、补助项目、《政府收支分类科目》中"支出功能分类科目"的项级科目和"部门预算支出经济分类科目"的款级科目等进行明细核算。

1. 发生对附属单位补助支出的,按照实际补助的金额,借记本科目,贷记"资金结存"科目。具体参考例 16-39。

2. 年末,将本科目本年发生额转入其他结余,借记"其他结余"科目,贷记本科目。

| 财 务 会 计 | 预 算 会 计 |
| --- | --- |
| 注:财务会计收入和费用结转是在每期期末,即每月月末,所以 12 月底只能结转当月发生的收入和费用。每期的结转分录:<br>借:本期盈余<br>　　贷:对附属单位补助费用 | 借:其他结余<br>　　贷:对附属单位补助支出 |

### 六、投资支出

"投资支出"科目核算事业单位以货币资金对外投资发生的现金流出。年末结转后,本科目应无余额。本科目仅适用于事业单位。

本科目应当按照投资类型、投资对象、《政府收支分类科目》中"支出功能分类科目"的项级科目和"部门预算支出经济分类科目"的款级科目等进行明细核算。

1. 以货币资金对外投资时,按照投资金额和所支付的相关税费金额的合计数,借记本科目,贷记"资金结存"科目。具体核算参考短期投资、长期债券投资和长期股权投资相关业务核算。

2. 出售、对外转让或到期收回本年度以货币资金取得的对外投资的,如果按照规定将投资收益纳入单位预算,按照实际收到的金额,借记"资金结存"科目,按照取得投资时"投资支出"科目的发生额,贷记本科目,按照其差额,贷记或借记"投资预算收益"科目;如果按照规定将投资收益上缴财政的,按照取得投资时"投资支出"科目的发生额,借记"资金结存"科目,贷记本科目。

出售、对外转让或到期收回以前年度以货币资金取得的对外投资的,如果按规定将投资收益纳入单位预算,按照实际收到的金额,借记"资金结存"科目,按照取得投资时"投资支出"科目的发生额,贷记"其他结余"科目,按照其差额,贷记或借记"投资预算收益"科目;如果按规定将投资收益上缴财政的,按照取得投资时"投资支出"科目的发生额,借记"资金结存"科目,贷记"其他结余"科目。

具体核算参考短期投资、长期债券投资和长期股权投资相关业务核算。

3. 年末,将本科目本年发生额转入其他结余,借记"其他结余"科目,贷记本科目。

| 财 务 会 计 | 预 算 会 计 |
| --- | --- |
| — | 借:其他结余<br>　贷:投资支出 |

### 七、债务还本支出

"债务还本支出"科目核算事业单位偿还自身承担的、纳入预算管理的、从金融机构举借的债务本金的现金流出。年末结转后,本科目应无余额。本科目仅适用于事业单位。

本科目应当按照贷款单位、贷款种类、《政府收支分类科目》中"支出功能分类科目"的项级科目和"部门预算支出经济分类科目"的款级科目等进行明细核算。

1. 偿还各项短期或长期借款时,按照偿还的借款本金,借记本科目,贷记"资金结存"科目。具体核算参考短期借款和长期借款相关核算。

2. 年末,将本科目本年发生额转入其他结余,借记"其他结余"科目,贷记本科目。

### 八、其他支出

(一)"其他支出"科目的核算范围及明细设置

"其他支出"科目核算单位除行政支出、事业支出、经营支出、上缴上级支出、对附属单位补助支出、投资支出、债务还本支出以外的各项现金流出,包括利息支出、对外捐赠现金支出、现金盘亏损失、接受捐赠(调入)和对外捐赠(调出)非现金资产发生的税费支出、资产置换过程中发生的相关税费支出、罚没支出等。年末结转后,本科目应无余额。本科目是行政事业单位共用科目。

本科目应当按照其他支出类别、"财政拨款支出""非财政专项资金支出"和"其他资金支出"、《政府收支分类科目》中"支出功能分类科目"的项级科目和"部门预算支出经济分类科目"的款级科目等进行明细核算。其他支出如有专项资金支出,还应按照具体项目进行明细核算。

有一般公共预算财政拨款、政府性基金预算财政拨款等两种或两种以上财政拨款的事业单位,还应当在"财政拨款支出"明细科目下按照财政拨款的种类进行明细核算。

单位发生利息支出、捐赠支出等其他支出金额较大或业务较多的,可单独设置"7902 利息支出""7903 捐赠支出"等科目。

(二)"其他支出"科目的主要账务处理

1. 利息支出。支付银行借款利息时,按照实际支付金额,借记本科目,贷记"资金结存"科目。具体参考例 16-42。

2. 对外捐赠现金资产。对外捐赠现金资产时,按照捐赠的金额,借记本科目,贷记"资金结存——货币资金"科目。

【例 17-18】 某事业单位用非同级财政非专项资金对外捐赠现金 3 000 元,会计核算如下:

| 财 务 会 计 | 预 算 会 计 |
|---|---|
| 借：其他费用——现金资产捐赠　　3 000<br>　　贷：银行存款　　　　　　　　　　3 000 | 借：其他支出——其他资金支出　　3 000<br>　　贷：资金结存——货币资金　　　　3 000 |

3. 现金盘亏损失。每日现金账款核对中如发现现金短缺，按照短缺的现金金额，借记本科目，贷记"资金结存——货币资金"科目。经核实，属于应当由有关人员赔偿的，按照收到的赔偿金额，借记"资金结存——货币资金"科目，贷记本科目。具体参考例 14-36。

4. 接受捐赠（无偿调入）和对外捐赠（无偿调出）非现金资产发生的税费支出。接受捐赠（无偿调入）非现金资产发生的归属于捐入方（调入方）的相关税费、运输费等，按照实际支付金额，借记本科目，贷记"资金结存"科目。具体参考例 14-2。

对外捐赠（无偿调出）非现金资产发生的归属于捐出方（调出方）的相关税费、运输费等，按照实际支付金额，借记本科目，贷记"资金结存"科目。具体参考例 14-9。

5. 资产置换过程中发生的相关税费支出。资产置换过程中发生的相关税费，按照实际支付金额，借记本科目，贷记"资金结存"科目。具体参考例 13-36。

6. 其他支出。发生罚没等其他支出时，按照实际支出金额，借记本科目，贷记"资金结存"科目。

【例 17-19】　某事业单位用非同级财政的某专项资金支付因该项目发生的罚没支出 2 000 元，会计核算如下：

| 财 务 会 计 | 预 算 会 计 |
|---|---|
| 借：其他费用　　　　　　　　　　2 000<br>　　贷：银行存款　　　　　　　　　　2 000 | 借：其他支出——非财政专项资金支出　　2 000<br>　　贷：资金结存——货币资金　　　　　　2 000 |

7. 年末，将本科目本年发生额中的财政拨款支出转入财政拨款结转，借记"财政拨款结转——本年收支结转"科目，贷记本科目下各财政拨款支出明细科目；将本科目本年发生额中的非财政专项资金支出转入非财政拨款结转，借记"非财政拨款结转——本年收支结转"科目，贷记本科目下各非财政专项资金支出明细科目；将本科目本年发生额中的其他资金支出（非财政非专项资金支出）转入其他结余，借记"其他结余"科目，贷记本科目下各其他资金支出明细科目。

| 财 务 会 计 | 预 算 会 计 |
|---|---|
| 注：财务会计收入和费用结转是在每期期末，即每月月末，所以 12 月底只能结转当月发生的收入和费用。<br>每期的结转分录：<br>借：本期盈余<br>　　贷：其他费用/资产处置费用 | 借：财政拨款结转——本年收支结转<br>　　贷：其他支出——财政拨款支出<br>借：非财政拨款结转——本年收支结转<br>　　贷：其他支出——非财政专项资金支出<br>借：其他结余<br>　　贷：其他支出——其他资金支出 |

## 九、财务会计中的收入费用与预算会计中的收入支出之间的关系

财务会计中的收入费用是按照权责发生制确认的,而预算会计中的收入支出原则上是按照收付实现制确认的。所以两者在确认时间上有一定的差异,但在核算内容有着密切的联系。按照核算内容的相似性,表 17-1 列示了财务会计中的收入费用与预算会计中的预算收入、预算支出的对应关系。

表 17-1　　　　　　　财务会计中的收入费用与预算会计中的收入支出之间的关系

| 收入和预算收入 | | 费用与预算支出 | |
|---|---|---|---|
| 财政拨款收入 | 财政拨款预算收入 | 业务活动费用 | 行政支出/事业支出 |
| 事业收入 | 事业预算收入 | 单位管理费用 | 事业支出 |
| 上级补助收入 | 上级补助预算收入 | 经营费用 | 经营支出 |
| 附属单位上缴收入 | 附属单位上缴预算收入 | 上缴上级费用 | 上缴上级支出 |
| 经营收入 | 经营预算收入 | 对附属单位补助费用 | 对附属单位补助支出 |
| 非同级财政拨款收入 | 非同级财政拨款预算收入 | 资产处置费用 | 其他支出 |
| 投资收益 | 投资预算收益 | 其他费用 | |
| 捐赠收入 | 其他预算收入 | 所得税费用 | — |
| 利息收入 | | — | 投资支出 |
| 租金收入 | | — | 债务还本支出 |
| 其他收入 | | | |
| — | 债务预算收入 | | |

预算会计中的债务预算收入,在财务会计中对应的是短期借款和长期借款的增加;预算会计中的债务还本支出,在财务会计中对应的是短期借款和长期借款的减少。因为预算会计按收付实现制确认债务预算收入和债务还本支出,而财务会计则按权责发生制确认负债的增加和减少。同理,预算会计中的投资支出,对应的是财务会计中的短期投资、长期债券投资和长期股权投资的现金投资额的变化。另外,财务会计中的所得税费用产生,对应的是预算会计中非财政拨款结余的减少。

# 复习思考题

1. 行政事业单位预算收入的概念和内容是什么?
2. 财政拨款预算收入的明细该如何设置?
3. 事业预算收入、上级补助预算收入、附属单位上缴预算收入等专项资金收入与非专项

资金收入的年末结转应如何进行账务处理？

4. 其他预算收入的内容有哪些？与其他收入有什么区别？

5. 行政事业单位的预算支出的概念和内容是什么？

6. 预算收入和预算支出科目中有哪些是行政事业单位共用的？有哪些只适用于行政单位？又有哪些只适用于事业单位？

7. 年末，行政支出、事业支出和其他支出的"财政拨款支出""非财政专项资金支出""其他资金支出"三个明细科目如何结转？

8. 财务会计中的收入费用与预算会计中的收入支出之间有什么样的关系？

# 练习题

1. 某事业单位按照收支两条线核算，收到从财政专户返还的事业预算收入 76 000 元，会计应如何核算？

2. 某事业单位开展专业业务活动收到其他单位收入 16 000 元，会计应如何核算？

3. 某事业单位年末上级补助预算收入中专项资金收入 80 000 元，非专项资金收入 50 000 元年末结转该如何处理？

4. 某事业单位取得附属独立核算单位上缴收入 120 000 元，会计该如何核算？

5. 某事业单位从银行取得长期借款 800 000 元，会计应如何核算？

6. 某事业单位从事科研活动从非同级财政部门取得经费拨款 780 000 元，会计应如何核算？

7. 某事业单位计提单位职工工资 30 000 元，并通过直接支付方式为单位职工支付薪酬 30 000 元，会计该如何核算？

8. 某事业单位通过授权支付方式支付 B 项目外部人员劳务费 15 000 元，会计该如何核算？

9. 某事业单位用非财政非专项资金购买打印机一台，价值 8 000 元，会计应如何核算？

10. 某事业单位按规定将款项 20 000 元上缴上级单位。会计应如何核算？

11. 某事业单位偿还短期借款本金 80 000 元，会计应如何核算？

12. 某事业单位对外捐赠现金 1 000 元，会计应如何核算？

# 第十八章

# 行政事业单位的预算结余

预算结余是指行政事业单位在预算年度内预算收入扣除预算支出后的资金金额以及历年滚存的资金金额。预算结余包括结余资金和结转资金。结余资金是指年度预算执行终了，预算收入实际完成数扣除预算支出和结转资金后剩余的资金。结转资金是指预算安排项目的支出年终尚未执行完毕或者因故未执行，且下年需要按原用途继续使用的资金。行政事业单位的预算结余类科目有：资金结存、财政拨款结转、财政拨款结余、非财政拨款结转、非财政拨款结余、专用结余、经营结余、其他结余和非财政拨款结余分配。其中，资金结存、财政拨款结转、非财政拨款结转、非财政拨款结余和其他结余属于行政事业单位都适用，经营结余、专用结余和非财政拨款结余分配只适用于事业单位。

## 第一节 资金结存

### 一、"资金结存"科目的核算范围及明细设置

"资金结存"科目核算单位纳入部门预算管理的资金的流入、流出、调整和滚存等情况。本科目年末借方余额，反映单位预算资金的累计滚存情况。

本科目应当设置以下明细：

1. "零余额账户用款额度"：本明细科目核算实行国库集中支付的单位根据财政部门批复的用款计划收到和支用的零余额账户用款额度。年末结账后，本明细科目应无余额。有些地方预算管理一体化下不再设置"零余额账户用款额度"一级科目，相应的"资金结存——零余额账户用款额度"这一明细科目也就不用设置。

2. "货币资金"：本明细科目核算单位以库存现金、银行存款、其他货币资金形态存在的资金。本明细科目年末借方余额，反映单位尚未使用的货币资金。

3. "财政应返还额度"：本明细科目核算实行国库集中支付的单位可以使用的以前年度财政直接支付资金额度和财政应返还的财政授权支付资金额度。本明细科目下可设置"财政直接支付""财政授权支付"两个明细科目进行明细核算。本明细科目年末借方余额，反映单位应收财政返还的资金额度。在预算管理一体化下，有些地方"财政应返还额度"科目下不再分设

"财政直接支付""财政授权支付"明细科目;相应的"资金结存——财政应返还额度"科目下也不需分设"财政直接支付""财政授权支付"明细科目。

## 二、"资金结存"科目的主要账务处理

1. 财政授权支付方式下,单位根据代理银行转来的财政授权支付额度到账通知书,按照通知书中的授权支付额度,借记本科目(零余额账户用款额度),贷记"财政拨款预算收入"科目。具体核算参考例17-2。

以国库集中支付以外的其他支付方式取得预算收入时,按照实际收到的金额,借记本科目(货币资金),贷记"财政拨款预算收入""事业预算收入""经营预算收入"等科目。具体核算参考例17-3。

2. 财政授权支付方式下,发生相关支出时,按照实际支付的金额,借记"行政支出""事业支出"等科目,贷记本科目(零余额账户用款额度)。具体核算参考例17-10。

从零余额账户提取现金时,借记本科目(货币资金),贷记本科目(零余额账户用款额度)。退回现金时,做相反会计分录。

【例18-1】 某事业单位从零余额账户提取现金2 000元,会计核算如下:

| 财 务 会 计 | 预 算 会 计 |
| --- | --- |
| 借:现金　　　　　　　　　　　　2 000<br>　贷:零余额账户用款额度　　　　　　2 000 | 借:资金结存——货币资金　　　　　　2 000<br>　贷:资金结存——零余额账户用款额度　2 000 |

使用以前年度财政直接支付额度发生支出时,按照实际支付金额,借记"行政支出""事业支出"等科目,贷记本科目(财政应返还额度)。

【例18-2】 某事业单位通过以前年度财政直接支付额度支付30 000元的管理活动服务费,会计核算如下:

| 财 务 会 计 | 预 算 会 计 |
| --- | --- |
| 借:单位管理费用　　　　　　　　30 000<br>　贷:财政应返还额度　　　　　　　　30 000 | 借:事业支出　　　　　　　　　　30 000<br>　贷:资金结存——财政应返还额度　　30 000 |

国库集中支付以外的其他支付方式下,发生相关支出时,按照实际支付的金额,借记"事业支出""经营支出"等科目,贷记本科目(货币资金)。具体参考例17-11。

3. 按照规定上缴财政拨款结转结余资金或注销财政拨款结转结余资金额度的,按照实际上缴资金数额或注销的资金额度数额,借记"财政拨款结转——归集上缴"或"财政拨款结余——归集上缴"科目,贷记本科目(财政应返还额度、零余额账户用款额度、货币资金)。

| 财 务 会 计 | 预 算 会 计 |
| --- | --- |
| 借:累计盈余<br>　贷:财政应返还额度/零余额账户用款额度/银行存款 | 借:财政拨款结转/财政拨款结余——归集上缴<br>　贷:资金结存——财政应返还额度/零余额账户用款额度/货币资金 |

按规定向原资金拨入单位缴回非财政拨款结转资金的,按照实际缴回资金数额,借记"非财政拨款结转——缴回资金"科目,贷记本科目(货币资金)。

【例 18-3】 某事业单位向原资金拨入单位缴回专业委托调研经费 20 000 元,会计核算如下:

| 财 务 会 计 | 预 算 会 计 |
| --- | --- |
| 借:累计盈余　　　　　　　　　　20 000<br>　贷:银行存款　　　　　　　　　　20 000 | 借:非财政拨款结转——缴回资金　　20 000<br>　贷:资金结存——货币资金　　　　20 000 |

收到从其他单位调入的财政拨款结转资金的,按照实际调入资金数额,借记本科目(财政应返还额度、零余额账户用款额度、货币资金),贷记"财政拨款结转——归集调入"科目。

【例 18-4】 某事业单位收到从其他单位调入财政拨款结转资金 130 000 元,以零余额账户用款额度增加的方式调入,会计核算如下:

| 财 务 会 计 | 预 算 会 计 |
| --- | --- |
| 借:零余额账户用款额度　　　　　130 000<br>　贷:累计盈余　　　　　　　　　　130 000 | 借:资金结存——零余额账户用款额度　130 000<br>　贷:财政拨款结转——归集调入　　130 000 |

4. 按照规定使用专用基金时,按照实际支付金额,借记"事业支出"等科目,贷记本科目(货币资金)。

【例 18-5】 某事业单位使用专用基金(此专用基金是从预算收入中计提的)购买固定资产 15 000 元,会计核算如下:

| 财 务 会 计 | 预 算 会 计 |
| --- | --- |
| 借:固定资产　　　　　　　　　　15 000<br>　贷:银行存款　　　　　　　　　　15 000<br>借:专用基金　　　　　　　　　　15 000<br>　贷:累计盈余　　　　　　　　　　130 000 | 借:事业支出　　　　　　　　　　15 000<br>　贷:资金结存——货币资金　　　　15 000 |

5. 因购货退回、发生差错更正等退回国库直接支付、授权支付款项,或者收回货币资金的:

(1)属于本年度支付的,借记"财政拨款预算收入"科目或本科目(零余额账户用款额度、货币资金),贷记相关支出科目;

| 财 务 会 计 | 预 算 会 计 |
| --- | --- |
| 借:财政拨款收入/零余额账户用款额度/银行存款等<br>　贷:业务活动费用/单位管理费用/库存物品等 | 借:财政拨款预算收入/资金结存——零余额账户用款额度、货币资金<br>　贷:行政支出/事业支出等 |

(2) 属于以前年度支付的,借记本科目(财政应返还额度、零余额账户用款额度、货币资金),贷记"财政拨款结转""财政拨款结余""非财政拨款结转""非财政拨款结余"科目。

| 财 务 会 计 | 预 算 会 计 |
|---|---|
| 借:财政应返还额度/零余额账户用款额度/ 银行存款等<br>贷:以前年度盈余调整/库存物品 | 借:资金结存——财政应返还额度/零余额账户用款额度/货币资金<br>贷:财政拨款结转/财政拨款结余/非财政拨款结转/ 非财政拨款结余(年初余额调整) |

6. 有企业所得税缴纳义务的事业单位缴纳所得税时,按照实际缴纳金额,借记"非财政拨款结余——累计结余"科目,贷记本科目(货币资金)。具体参考例16-40、例16-41。

7. 年末,省级(含省级)以上单位根据本年度财政直接支付预算指标数与当年财政直接支付实际支出数的差额,借记本科目(财政应返还额度),贷记"财政拨款预算收入"科目。省级以下单位不用做此核算。

【例18-6】 某省级事业单位本年度财政直接支付指标数与实际支出数差额180 000元,会计核算如下:

| 财 务 会 计 | 预 算 会 计 |
|---|---|
| 借:财政应返还额度——财政直接支付　180 000<br>贷:财政拨款收入　　　　　　　　　　180 000 | 借:资金结存——财政应返还额度　　　180 000<br>贷:财政拨款预算收入　　　　　　　180 000 |

8. 年末,单位依据代理银行提供的对账单做注销额度的相关账务处理,借记本科目(财政应返还额度),贷记本科目(零余额账户用款额度);

本年度财政授权支付预算指标数大于零余额账户用款额度下达数的,省级(含省级)以上单位根据未下达的用款额度,借记本科目(财政应返还额度),贷记"财政拨款预算收入"科目。具体参考例13-13。省级以下单位不用做此核算。

下年初,单位依据代理银行提供的额度恢复到账通知书做恢复额度的相关账务处理,借记本科目(零余额账户用款额度),贷记本科目(财政应返还额度)。单位收到财政部门批复的上年末未下达零余额账户用款额度的,借记本科目(零余额账户用款额度),贷记本科目(财政应返还额度)。

【例18-7】 某事业单位根据下年初代理银行提供的额度恢复到账通知书40 000元做恢复额度账务处理,会计核算如下:

| 财 务 会 计 | 预 算 会 计 |
|---|---|
| 借:零余额账户用款额度　　　　　　　40 000<br>贷:财政应返还额度——财政授权支付　40 000 | 借:资金结存——零余额账户用款额度　40 000<br>贷:资金结存——财政应返还额度　　40 000 |

## 第二节 财政拨款结转与结余

### 一、财政拨款结转

**(一)"财政拨款结转"科目的核算范围以及明细设置**

"财政拨款结转"科目核算单位取得的同级财政拨款结转资金的调整、结转和滚存情况。本科目年末贷方余额,反映单位滚存的财政拨款结转资金数额。本科目由行政、事业单位共用。

1. 与会计差错更正、以前年度支出收回相关的明细科目

"年初余额调整":本明细科目核算因发生会计差错更正、以前年度支出收回等原因,需要调整财政拨款结转的金额。年末结账后,本明细科目应无余额。

2. 与财政拨款调拨业务相关的明细科目

(1)"归集调入":本明细科目核算按照规定从其他单位调入财政拨款结转资金时,实际调增的额度数额或调入的资金数额。年末结账后,本明细科目应无余额。

(2)"归集调出":本明细科目核算按照规定向其他单位调出财政拨款结转资金时,实际调减的额度数额或调出的资金数额。年末结账后,本明细科目应无余额。

(3)"归集上缴":本明细科目核算按照规定上缴财政拨款结转资金时,实际核销的额度数额或上缴的资金数额。年末结账后,本明细科目应无余额。

(4)"单位内部调剂":本明细科目核算经财政部门批准对财政拨款结余资金改变用途,调整用于本单位其他未完成项目等的调整金额。年末结账后,本明细科目应无余额。

3. 与年末财政拨款结转业务相关的明细科目

(1)"本年收支结转":本明细科目核算单位本年度财政拨款收支相抵后的余额。年末结账后,本明细科目应无余额。

(2)"累计结转":本明细科目核算单位滚存的财政拨款结转资金。本明细科目年末贷方余额,反映单位财政拨款滚存的结转资金数额。

本科目还应当设置"基本支出结转""项目支出结转"两个明细科目,并在"基本支出结转"明细科目下按照"人员经费""日常公用经费"进行明细核算,在"项目支出结转"明细科目下按照具体项目进行明细核算;同时,本科目还应按照《政府收支分类科目》中"支出功能分类科目"的相关科目进行明细核算。

有一般公共预算财政拨款、政府性基金预算财政拨款等两种或两种以上财政拨款的,还应当在本科目下按照财政拨款的种类进行明细核算。

**(二)"财政拨款结转"科目的主要账务处理**

1. 与会计差错更正、以前年度支出收回相关的账务处理

(1)因发生会计差错更正退回以前年度国库直接支付、授权支付款项或财政性货币资金,或者因发生会计差错更正增加以前年度国库直接支付、授权支付支出或财政性货币资金支出,属于以前年度财政拨款结转资金的,借记或贷记"资金结存——财政应返还额度、零余额账户用款额度、货币资金"科目,贷记或借记本科目(年初余额调整)。

| 财 务 会 计 | 预 算 会 计 |
| --- | --- |
| 因发生会计差错更正退回以前年度国库直接支付、授权支付款项或财政性货币资金：<br>借：零余额账户用款额度/银行存款等<br>　　贷：以前年度盈余调整 | 借：资金结存——零余额账户用款额度/货币资金等<br>　　贷：财政拨款结转——年初余额调整 |
| 因发生会计差错更正增加以前年度国库直接支付、授权支付支出或财政性货币资金支出：<br>借：以前年度盈余调整<br>　　贷：零余额账户用款额度/银行存款 | 借：财政拨款结转——年初余额调整<br>　　贷：资金结存——零余额账户用款额度/货币资金等 |

（2）因购货退回、预付款项收回等发生以前年度支出又收回国库直接支付、授权支付款项或收回财政性货币资金，属于以前年度财政拨款结转资金的，借记"资金结存——财政应返还额度、零余额账户用款额度、货币资金"科目，贷记本科目（年初余额调整）。

【例18-8】 某事业单位退回以前年度购买的办公用品900元，此900元原来用国库直接支付的方式支付。会计核算如下：

| 财 务 会 计 | 预 算 会 计 |
| --- | --- |
| 借：财政应返还额度　　　　　　900<br>　　贷：以前年度盈余调整　　　　　　900 | 借：资金结存——财政应返还额度　　900<br>　　贷：财政拨款结转——年初余额调整　　900 |

2. 与财政拨款结转结余资金调整业务相关的账务处理

（1）按照规定从其他单位调入财政拨款结转资金的，按照实际调增的额度数额或调入的资金数额，借记"资金结存——财政应返还额度、零余额账户用款额度、货币资金"科目，贷记本科目（归集调入）。具体参考例18-4。

（2）按照规定向其他单位调出财政拨款结转资金的，按照实际调减的额度数额或调出的资金数额，借记本科目（归集调出），贷记"资金结存——财政应返还额度、零余额账户用款额度、货币资金"科目。

【例18-9】 某事业单位财政应返还额度减少34 000元，用于向其他单位调出财政拨款结转资金。会计核算如下：

| 财 务 会 计 | 预 算 会 计 |
| --- | --- |
| 借：累计盈余　　　　　　　　34 000<br>　　贷：财政应返还额度　　　　　　34 000 | 借：财政拨款结转——归集调出　　34 000<br>　　贷：资金结存——财政应返还额度　　34 000 |

（3）按照规定上缴财政拨款结转资金或注销财政拨款结转资金额度的，按照实际上缴资金数额或注销的资金额度数额，借记本科目（归集上缴），贷记"资金结存——财政应返还额度、零余额账户用款额度、货币资金"科目。

| 财 务 会 计 | 预 算 会 计 |
|---|---|
| 借：累计盈余<br>　　贷：财政应返还额度/零余额账户用款<br>　　　　额度/银行存款 | 借：财政拨款结转——归集上缴<br>　　贷：资金结存——财政应返还额度/零余额账户用款额<br>　　　　度/货币资金 |

（4）经财政部门批准对财政拨款结余资金改变用途，调整用于本单位基本支出或其他未完成项目支出的，按照批准调剂的金额，借记"财政拨款结余——单位内部调剂"科目，贷记本科目（单位内部调剂）。

| 财 务 会 计 | 预 算 会 计 |
|---|---|
| — | 借：财政拨款结余——单位内部调剂<br>　　贷：财政拨款结转——单位内部调剂 |

3. 与年末财政拨款结转和结余业务相关的账务处理

（1）年末，将财政拨款预算收入本年发生额转入本科目，借记"财政拨款预算收入"科目，贷记本科目（本年收支结转）；将各项支出中财政拨款支出本年发生额转入本科目，借记本科目（本年收支结转），贷记各项支出（财政拨款支出）科目。

【例 18-10】 某事业单位年末将财政拨款预算收入本年发生额 1 750 000 元和事业支出中的财政拨款支出发生额 1 700 000 元转入财政拨款结转，会计核算如下：

| 财 务 会 计 | 预 算 会 计 |
|---|---|
| 注：财务会计收入和费用结转是在每期期末，即每月月末，所以 12 月底只能结转当月发生的收入和费用。 | 借：财政拨款预算收入　　　　　　　　1 750 000<br>　　贷：财政拨款结转——本年收支结转　　1 750 000<br>借：财政拨款结转——本年收支结转　　1 700 000<br>　　贷：事业支出——财政拨款支出　　　　1 700 000 |

（2）年末冲销有关明细科目余额。将本科目（本年收支结转、年初余额调整、归集调入、归集调出、归集上缴、单位内部调剂）余额转入本科目（累计结转）。结转后，本科目除"累计结转"明细科目外，其他明细科目应无余额。

| 财 务 会 计 | 预 算 会 计 |
|---|---|
| — | 借：财政拨款结转——年初余额调整（该明细科目为贷方<br>　　　　　　　　　　　余额时）<br>　　　　　　——归集调入<br>　　　　　　——单位内部调剂<br>　　　　　　——本年收支结转（该明细科目为贷方<br>　　　　　　　　　　　余额时）<br>　　贷：财政拨款结转——累计结转 |

续表

| 财 务 会 计 | 预 算 会 计 |
|---|---|
| — | 借:财政拨款结转——累计结转<br>  贷:财政拨款结转——归集上缴<br>                  ——年初余额调整(该明细科目为借方余额时)<br>                    ——归集调出<br>                    ——本年收支结转(该明细科目为借方余额时) |

(3) 年末完成上述结转后,应当对财政拨款结转各明细项目执行情况进行分析,按照有关规定将符合财政拨款结余性质的项目余额转入财政拨款结余,借记本科目(累计结转),贷记"财政拨款结余——结转转入"科目。

**【例 18 - 11】** 某事业单位年末将财政拨款结转中符合财政拨款结余性质的某项目 30 000 元转入财政拨款结余,会计核算如下:

| 财 务 会 计 | 预 算 会 计 |
|---|---|
| — | 借:财政拨款结转——累计结转　　　　30 000<br>  贷:财政拨款结余——结转转入　　　　　30 000 |

## 二、财政拨款结余

### (一)"财政拨款结余"科目核算的范围及明细设置

"财政拨款结余"科目核算单位取得的同级财政拨款项目支出结余资金的调整、结转和滚存情况。本科目年末贷方余额,反映单位滚存的财政拨款结余资金数额。本科目由行政、事业单位共用。

1. 与会计差错更正、以前年度支出收回相关的明细科目

"年初余额调整":本明细科目核算因发生会计差错更正、以前年度支出收回等原因,需要调整财政拨款结余的金额。年末结账后,本明细科目应无余额。

2. 与财政拨款结余资金调整业务相关的明细科目

(1)"归集上缴":本明细科目核算按照规定上缴财政拨款结余资金时,实际核销的额度数额或上缴的资金数额。年末结账后,本明细科目应无余额。

(2)"单位内部调剂":本明细科目核算经财政部门批准对财政拨款结余资金改变用途、调整用于本单位其他未完成项目等的调整金额。年末结账后,本明细科目应无余额。

3. 与年末财政拨款结余业务相关的明细科目

(1)"结转转入":本明细科目核算单位按照规定转入财政拨款结余的财政拨款结转资金。年末结账后,本明细科目应无余额。

(2)"累计结余":本明细科目核算单位滚存的财政拨款结余资金。本明细科目年末贷方余额,反映单位财政拨款滚存的结余资金数额。

本科目还应当按照具体项目、《政府收支分类科目》中"支出功能分类科目"的相关科目等

进行明细核算。有一般公共预算财政拨款、政府性基金预算财政拨款等两种或两种以上财政拨款的,还应当在本科目下按照财政拨款的种类进行明细核算。

### (二)"财政拨款结余"的主要账务处理

1. 与会计差错更正、以前年度支出收回相关的账务处理

(1) 因发生会计差错更正退回以前年度国库直接支付、授权支付款项或财政性货币资金,或者因发生会计差错更正增加以前年度国库直接支付、授权支付支出或财政性货币资金支出,属于以前年度财政拨款结余资金的,借记或贷记"资金结存——财政应返还额度、零余额账户用款额度、货币资金"科目,贷记或借记本科目(年初余额调整)。参考"财政拨款结转"相关核算。

(2) 因购货退回、预付款项收回等发生以前年度支出又收回国库直接支付、授权支付款项或收回财政性货币资金,属于以前年度财政拨款结余资金的,借记"资金结存——财政应返还额度、零余额账户用款额度、货币资金"科目,贷记本科目(年初余额调整)。

【例 18-12】 某事业单位因购货退回发生以前年度直接支付款项退回国库 20 000 元,属于以前年度财政拨款结余资金,会计核算如下:

| 财 务 会 计 | 预 算 会 计 |
| --- | --- |
| 借:财政应返还额度　　　　　　　　20 000<br>　贷:库存物品　　　　　　　　　　　　　20 000 | 借:资金结存——财政应返还额度　　　20 000<br>　贷:财政拨款结余——年初余额调整　　　20 000 |

2. 与财政拨款结余资金调整业务相关的账务处理

(1) 经财政部门批准对财政拨款结余资金改变用途,调整用于本单位基本支出或其他未完成项目支出的,按照批准调剂的金额,借记本科目(单位内部调剂),贷记"财政拨款结转——单位内部调剂"科目。

【例 18-13】 某事业单位经财政批准将财政拨款结余资金 30 000 元调整为基本支出经费,会计核算如下:

| 财 务 会 计 | 预 算 会 计 |
| --- | --- |
| —— | 借:财政拨款结余——单位内部调剂　　30 000<br>　贷:财政拨款结转——单位内部调剂　　　30 000 |

(2) 按照规定上缴财政拨款结余资金或注销财政拨款结余资金额度的,按照实际上缴资金数额或注销的资金额度数额,借记本科目(归集上缴),贷记"资金结存——财政应返还额度、零余额账户用款额度、货币资金"科目。参考"财政拨款结转"相关核算。

3. 与年末财政拨款结转和结余业务相关的账务处理

(1) 年末,对财政拨款结转各明细项目执行情况进行分析,按照有关规定将符合财政拨款结余性质的项目余额转入财政拨款结余,借记"财政拨款结转——累计结转"科目,贷记本科目(结转转入)。参考例 18-11。

(2) 年末冲销有关明细科目余额。将本科目(年初余额调整、归集上缴、单位内部调剂、结转转入)余额转入本科目(累计结余)。结转后,本科目除"累计结余"明细科目外,其他明细科目应无余额。参考"财政拨款结转"相关核算。

| 财务会计 | 预算会计 |
| --- | --- |
| — | 借:财政拨款结余——年初余额调整(该明细科目为贷方余额时)<br>　　贷:财政拨款结余——累计结余<br>借:财政拨款结余——累计结余<br>　　贷:财政拨款结余——年初余额调整(该明细科目为借方余额时)<br>　　　　　　　　　——归集上缴<br>　　　　　　　　　——单位内部调剂<br>借:财政拨款结余——结转转入<br>　　贷:财政拨款结余——累计结余 |

# 第三节 非财政拨款结转与结余

## 一、非财政拨款结转

### (一)"非财政拨款结转"科目的核算范围及明细设置

"非财政拨款结转"科目核算单位除财政拨款收支、经营收支以外各非同级财政拨款专项资金的调整、结转和滚存情况。本科目年末贷方余额,反映单位滚存的非同级财政拨款专项结转资金数额。本科目由行政、事业单位共用。

"非财政拨款结转"有以下明细科目:

1."年初余额调整":本明细科目核算因发生会计差错更正、以前年度支出收回等原因,需要调整非财政拨款结转的资金。年末结账后,本明细科目应无余额。

2."缴回资金":本明细科目核算按照规定缴回非财政拨款结转资金时,实际缴回的资金数额。年末结账后,本明细科目应无余额。

3."项目间接费用或管理费":本明细科目核算单位取得的科研项目预算收入中,按照规定计提项目间接费用或管理费的数额。年末结账后,本明细科目应无余额。

4."本年收支结转":本明细科目核算单位本年度非同级财政拨款专项收支相抵后的余额。年末结账后,本明细科目应无余额。

5."累计结转":本明细科目核算单位滚存的非同级财政拨款专项结转资金。

本明细科目年末贷方余额,反映单位非同级财政拨款滚存的专项结转资金数额。

本科目还应当按照具体项目、《政府收支分类科目》中"支出功能分类科目"的相关科目等进行明细核算。

### (二)"非财政拨款结转"的主要账务处理

1.按照规定从科研项目预算收入中提取项目管理费或间接费时,按照提取金额,借记本科目(项目间接费用或管理费),贷记"非财政拨款结余——项目间接费用或管理费"科目。

【例18-14】 某事业单位从科研项目预算收入中提取项目管理费10 000元,会计核算如下:

| 财 务 会 计 | 预 算 会 计 |
|---|---|
| 借：单位管理费用　　　　　　　　10 000<br>　　贷：预提费用——项目间接费用或管理费用<br>　　　　　　　　　　　　　　　　10 000 | 借：非财政拨款结转——项目间接费用或管理费<br>　　　　　　　　　　　　　　　　10 000<br>　　贷：非财政拨款结余——项目间接费用或管理费<br>　　　　　　　　　　　　　　　　10 000 |

2. 因会计差错更正收到或支出非同级财政拨款货币资金，属于非财政拨款结转资金的，按照收到或支出的金额，借记或贷记"资金结存——货币资金"科目，贷记或借记本科目（年初余额调整）。

因收回以前年度支出等收到非同级财政拨款货币资金，属于非财政拨款结转资金的，按照收到的金额，借记"资金结存——货币资金"科目，贷记本科目（年初余额调整）。具体参考"财政拨款结转"相关核算。

3. 按照规定缴回非财政拨款结转资金的，按照实际缴回资金数额，借记本科目（缴回资金），贷记"资金结存——货币资金"科目。

【例 18－15】 某事业单位按规定缴回给 B 单位非同级财政拨款的专项资金 45 000 元，用银行存款方式缴回。会计核算如下：

| 财 务 会 计 | 预 算 会 计 |
|---|---|
| 借：累计盈余　　　　　　　　　　45 000<br>　　贷：银行存款　　　　　　　　　45 000 | 借：非财政拨款结转——缴回资金　　45 000<br>　　贷：资金结存——货币资金　　　　45 000 |

4. 年末，将事业预算收入、上级补助预算收入、附属单位上缴预算收入、非同级财政拨款预算收入、债务预算收入、其他预算收入本年发生额中的专项资金收入转入本科目，借记"事业预算收入""上级补助预算收入""附属单位上缴预算收入""非同级财政拨款预算收入""债务预算收入""其他预算收入"科目下各专项资金收入明细科目，贷记本科目（本年收支结转）；将行政支出、事业支出、其他支出本年发生额中的非财政拨款专项资金支出转入本科目，借记本科目（本年收支结转），贷记"行政支出""事业支出""其他支出"科目下各非财政拨款专项资金支出明细科目。

【例 18－16】 某事业单位年末将事业预算收入、上级补助预算收入本年发生额中非同级财政专项资金收入各 10 000 元、20 000 元，以及事业支出、其他支出科目下各非同级财政专项资金支出各 8 000 元、18 000 元转入非财政拨款结转，会计核算如下：

| 财 务 会 计 | 预 算 会 计 |
|---|---|
| 注：财务会计收入和费用结转是在每期期末，即每月月末，所以 12 月底只能结转当月发生的收入和费用。 | 借：事业预算收入　　　　　　　　10 000<br>　　上级补助预算收入　　　　　　20 000<br>　　贷：非财政拨款结转——本年收支结转　30 000<br>借：非财政拨款结转——本年收支结转　26 000<br>　　贷：事业支出——非财政专项资金支出　8 000<br>　　　　其他支出——非财政专项资金支出　18 000 |

5. 年末冲销有关明细科目余额,将本科目(年初余额调整、项目间接费用或管理费、缴回资金、本年收支结转)余额转入本科目(累计结转)。结转后,本科目除"累计结转"明细科目外,其他明细科目应无余额。

| 财 务 会 计 | 预 算 会 计 |
| --- | --- |
| — | 借:非财政拨款结转——年初余额调整(该明细科目为贷方余额时)<br>　　　　　　　　——本年收支结转(该明细科目为贷方余额时)<br>　贷:非财政拨款结转——累计结转<br>借:非财政拨款结转——累计结转<br>　贷:非财政拨款结转——缴回资金<br>　　　　　　　　——年初余额调整(该明细科目为借方余额时)<br>　　　　　　　　——项目间接费用或管理费<br>　　　　　　　　——本年收支结转(该明细科目为借方余额时) |

6. 年末完成上述结转后,应当对非财政拨款专项结转资金各项目情况进行分析,将留归本单位使用的非财政拨款专项(项目已完成)剩余资金转入非财政拨款结余,借记本科目(累计结转),贷记"非财政拨款结余——结转转入"科目。

| 财 务 会 计 | 预 算 会 计 |
| --- | --- |
| — | 借:非财政拨款结转——累计结转<br>　贷:非财政拨款结余——结转转入 |

## 二、非财政拨款结余

### (一)"非财政拨款结余"科目的核算范围及明细设置

"非财政拨款结余"科目核算单位历年滚存的非限定用途的非同级财政拨款结余资金,主要为非财政拨款结余扣除结余分配后滚存的金额。本科目年末贷方余额,反映单位非同级财政拨款结余资金的累计滚存数额。本科目由行政、事业单位共用。

"非财政拨款结余"科目的明细设置有:

1. "年初余额调整":本明细科目核算因发生会计差错更正、以前年度支出收回等原因,需要调整非财政拨款结余的资金。年末结账后,本明细科目应无余额。

2. "项目间接费用或管理费":本明细科目核算单位取得的科研项目预算收入中,按照规定计提的项目间接费用或管理费数额。年末结账后,本明细科目应无余额。

3. "结转转入":本明细科目核算按照规定留归单位使用,由单位统筹调配,纳入单位非财政拨款结余的非同级财政拨款专项剩余资金。年末结账后,本明细科目应无余额。

4. "累计结余":本明细科目核算单位历年滚存的非同级财政拨款、非专项结余资金。本明细科目年末贷方余额,反映单位非同级财政拨款滚存的非专项结余资金数额。

本科目还应当按照《政府收支分类科目》中"支出功能分类科目"的相关科目进行明细核算。因为"非财政拨款结余"科目其他明细在年末转账后都没有余额，只有"累计结余"才有余额，所以其余额数就是"非财政拨款结余"科目的余额数。"非财政拨款结余"科目的余额是反映非同级财政拨款、非专项结余资金，也就是不指定用途的非同级财政拨款资金。

**（二）"非财政拨款结余"的主要账务处理**

1. 按照规定从科研项目预算收入中提取项目管理费或间接费时，借记"非财政拨款结转——项目间接费用或管理费"科目，贷记本科目（项目间接费用或管理费）。参考例 18-14。

2. 有企业所得税缴纳义务的事业单位实际缴纳企业所得税时，按照缴纳金额，借记本科目（累计结余），贷记"资金结存——货币资金"科目。参考例 16-41。

3. 因会计差错更正收到或支出非同级财政拨款货币资金，属于非财政拨款结余资金的，按照收到或支出的金额，借记或贷记"资金结存——货币资金"科目，贷记或借记本科目（年初余额调整）。

因收回以前年度支出等收到非同级财政拨款货币资金，属于非财政拨款结余资金的，按照收到的金额，借记"资金结存——货币资金"科目，贷记本科目（年初余额调整）。

核算与"财政拨款结转"相关业务相似，可以参考"财政拨款结转"相关业务的核算。

4. 年末，将留归本单位使用的非财政拨款专项（项目已完成）剩余资金转入本科目，借记"非财政拨款结转——累计结转"科目，贷记本科目（结转转入）。参考"非财政拨款结转"相关业务核算。

5. 年末冲销有关明细科目余额。将本科目（年初余额调整、项目间接费用或管理费、结转转入）余额结转入本科目（累计结余）。结转后，本科目除"累计结余"明细科目外，其他明细科目应无余额。

| 财 务 会 计 | 预 算 会 计 |
| --- | --- |
| — | 借：非财政拨款结余——年初余额调整（该明细科目为贷方余额时）<br>　　　　　　　——项目间接费用或管理费<br>　　　　　　　——结转转入<br>　贷：财政拨款结余——累计结余<br>借：财政拨款结余——累计结余<br>　贷：财政拨款结余——年初余额调整（该明细科目为借方余额时） |

6. 年末，事业单位将"非财政拨款结余分配"科目余额转入非财政拨款结余。"非财政拨款结余分配"科目为借方余额的，借记本科目（累计结余），贷记"非财政拨款结余分配"科目；"非财政拨款结余分配"科目为贷方余额的，借记"非财政拨款结余分配"科目，贷记本科目（累计结余）。

**【例 18-17】** 某事业单位年末将非财政拨款结余分配贷方余额 80 000 元转入非财政拨款结余，会计核算如下：

| 财 务 会 计 | 预 算 会 计 |
| --- | --- |
| — | 借：非财政拨款结余分配　　　　　　　80 000<br>　贷：非财政拨款结余——累计结余　　　80 000 |

年末,行政单位将"其他结余"科目余额转入非财政拨款结余。"其他结余"科目为借方余额的,借记本科目(累计结余),贷记"其他结余"科目;"其他结余"科目为贷方余额的,借记"其他结余"科目,贷记本科目(累计结余)。

**【例 18-18】** 某行政单位年末将其他结余贷方余额 50 000 元转入非财政拨款结余,会计核算如下:

| 财 务 会 计 | 预 算 会 计 |
|---|---|
| — | 借:其他结余　　　　　　　　　　　　　50 000<br>　　贷:非财政拨款结余——累计结余　　　　50 000 |

# 第四节　其他结余、经营结余与专用结余

## 一、其他结余

"其他结余"科目核算单位本年度除财政拨款收支、非同级财政专项资金收支和经营收支以外各项收支相抵后的余额。年末结账后,本科目应无余额。本科目适用于行政事业单位。

1. 年末,将事业预算收入、上级补助预算收入、附属单位上缴预算收入、非同级财政拨款预算收入、债务预算收入、其他预算收入本年发生额中的非专项资金收入以及投资预算收益本年发生额转入本科目,借记"事业预算收入""上级补助预算收入""附属单位上缴预算收入""非同级财政拨款预算收入""债务预算收入""其他预算收入"科目下各非专项资金收入明细科目和"投资预算收益"科目,贷记本科目("投资预算收益"科目本年发生额为借方净额时,借记本科目,贷记"投资预算收益"科目);将行政支出、事业支出、其他支出本年发生额中的非同级财政、非专项资金支出以及上缴上级支出、对附属单位补助支出、投资支出、债务还本支出本年发生额转入本科目,借记本科目,贷记"行政支出""事业支出""其他支出"科目下各非同级财政、非专项资金支出明细科目和"上缴上级支出""对附属单位补助支出""投资支出""债务还本支出"科目。

| 财 务 会 计 | 预 算 会 计 |
|---|---|
| — | (1) 结转预算收入(除财政拨款收入、非同级财政专项收入、经营收入以外):<br>借:事业预算收入/上级补助预算收入/附属单位上缴预算收入/非同级财政拨款预算收入/债务预算收入/其他预算收入(非专项资金收入部分)<br>　　投资预算收益(为贷方余额时)<br>　贷:其他结余<br>借:其他结余<br>　贷:投资预算收益(为借方余额时) |

续表

| 财 务 会 计 | 预 算 会 计 |
|---|---|
| — | （2）结转预算支出（除同级财政拨款支出、非同级财政专项支出、经营支出以外）：<br>借：其他结余<br>　　贷：行政支出/事业支出/其他支出（非财政、非专项资金支出部分）<br>　　　　上缴上级支出/对附属单位补助支出/投资支出/债务还本支出 |

2. 年末，完成上面的结转后，行政单位将本科目余额转入"非财政拨款结余——累计结余"科目；事业单位将本科目余额转入"非财政拨款结余分配"科目。当本科目为贷方余额时，借记本科目，贷记"非财政拨款结余——累计结余"或"非财政拨款结余分配"科目；当本科目为借方余额时，借记"非财政拨款结余——累计结余"或"非财政拨款结余分配"科目，贷记本科目。

| 财 务 会 计 | 预 算 会 计 |
|---|---|
| — | （1）行政单位：<br>借：其他结余（为贷方余额时）<br>　　贷：非财政拨款结余——累计结余<br>借：非财政拨款结余——累计结余<br>　　贷：其他结余（为借方余额时）<br>（2）事业单位：<br>借：其他结余（为贷方余额时）<br>　　贷：非财政拨款结余分配<br>借：非财政拨款结余分配<br>　　贷：其他结余（为借方余额时） |

## 二、经营结余

"经营结余"科目核算事业单位本年度经营活动收支相抵后余额弥补以前年度经营亏损后的余额。本科目可以按照经营活动类别进行明细核算。年末结账后，本科目一般无余额；如为借方余额，反映事业单位累计发生的经营亏损。因为行政单位是不允许进行经营活动的，所以本科目仅适用于事业单位，不适用于行政单位。

1. 年末，将经营预算收入本年发生额转入本科目，借记"经营预算收入"科目，贷记本科目；将经营支出本年发生额转入本科目，借记本科目，贷记"经营支出"科目。

| 财 务 会 计 | 预 算 会 计 |
|---|---|
| — | 借：经营预算收入<br>　　贷：经营结余<br>借：经营结余<br>　　贷：经营支出 |

2. 年末，完成上面结转后，如本科目为贷方余额，将本科目贷方余额转入"非财政拨款结余分配"科目，借记本科目，贷记"非财政拨款结余分配"科目；如本科目为借方余额，为经营亏损，不予结转。

| 财 务 会 计 | 预 算 会 计 |
| --- | --- |
| — | 借：经营结余<br>　　贷：非财政拨款结余分配<br>年末结余在借方，则不予结转 |

### 三、专用结余

"专用结余"科目核算事业单位按照规定从非财政拨款结余中提取的具有专门用途的资金的变动和滚存情况。本科目应当按照专用结余的类别进行明细核算。本科目年末贷方余额，反映事业单位从非同级财政拨款结余中提取的专用基金的累计滚存数额。本科目仅适用于事业单位。

1. 根据有关规定从本年度非财政拨款结余或经营结余中提取基金的，按照提取金额，借记"非财政拨款结余分配"科目，贷记本科目。具体核算见例15-35。

2. 根据规定使用从非财政拨款结余或经营结余中提取的专用基金时，会计核算见第十五章第六节"专用基金"部分。具体核算见例15-36。

## 第五节 非财政拨款结余分配与年末结账流程

### 一、非财政拨款结余分配

"非财政拨款结余分配"科目核算事业单位本年度非财政拨款结余分配的情况和结果。年末结账后，本科目应无余额。本科目仅适用于事业单位，因为只有事业单位才存在非财政拨款结余分配的经济行为。

1. 年末，将"其他结余"科目余额转入本科目，当"其他结余"科目为贷方余额时，借记"其他结余"科目，贷记本科目；当"其他结余"科目为借方余额时，借记本科目，贷记"其他结余"科目。年末，将"经营结余"科目贷方余额转入本科目，借记"经营结余"科目，贷记本科目。参考"其他结余"和"经营结余"的相关业务核算。

2. 根据有关规定提取专用基金的，按照提取的金额，借记本科目，贷记"专用结余"科目。具体参考例15-35。

3. 年末，按照规定完成上面处理后，将本科目余额转入非财政拨款结余。当本科目为借方余额时，借记"非财政拨款结余——累计结余"科目，贷记本科目；当本科目为贷方余额时，借记本科目，贷记"非财政拨款结余——累计结余"科目。具体参考例18-17。

## 二、预算会计的年末结账流程

1. 收支结转。

预算会计不需要像财务会计那样每月结转收支,只要年底进行收支结转。预算会计下事业单位的收支分为四类(行政单位只有三类,不包括经营性收支),所以收支结转也需要四次(具体见表 18-1):第一类是同级财政的各类拨款及其形成的支出;第二类就是除同级财政各类拨款之外,非经营性的专项性质的收支;第三类是除同级财政各类拨款之外,非经营性的非专项性质的收支;第四类就是经营性的收支。

表 18-1  事业单位预算会计的四种收支及其结转

| 类别 | 性质 | 结转结余 | 收入 | 支出 |
|---|---|---|---|---|
| 第一类 | 同级财政各类拨款 | 财政拨款结转 | 财政拨款预算收入 | 1. 事业支出/行政支出——财政拨款支出<br>2. 其他支出——财政拨款支出 |
| 第二类 | 除同级财政各类拨款之外、非经营性、专项 | 非财政拨款结转 | 1. 事业预算收入——专项资金收入<br>2. 上级补助收入——专项资金收入<br>3. 非同级财政拨款预算收入——专项资金收入<br>4. 附属单位上缴预算收入——专项资金收入<br>5. 债务预算收入——专项资金收入<br>6. 其他预算收入——专项资金收入 | 1. 事业支出/行政支出——非财政专项资金支出<br>2. 其他支出——非财政专项资金支出 |
| 第三类 | 除同级财政各类拨款之外、非经营性、非专项 | 其他结余 | 1. 事业预算收入——非专项资金收入<br>2. 上级补助收入——非专项资金收入<br>3. 非同级财政拨款预算收入——非专项资金收入<br>4. 附属单位上缴预算收入——非专项资金收入<br>5. 债务预算收入——非专项资金收入<br>6. 投资预算收益<br>7. 其他预算收入——非专项资金收入 | 1. 事业支出/行政支出——其他资金支出<br>2. 其他支出——其他资金支出<br>3. 投资支出<br>4. 上缴上级支出<br>5. 对附属单位补助支出<br>6. 债务还本支出 |
| 第四类 | 经营性 | 经营结余 | 经营预算收入 | 经营支出 |

事业单位的四类收支可以分为经营性与非经营性,非经营性又可以分为同级财政各类拨款与同级财政各类拨款之外的非经营性收支,后者又可以分为专项和非专项(见图 18-1)。

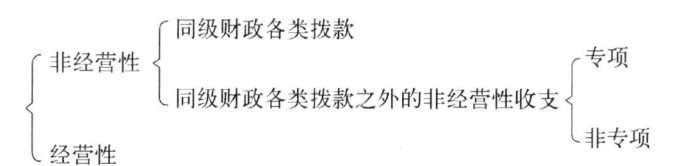

$$\begin{cases} \text{非经营性} \begin{cases} \text{同级财政各类拨款} \\ \text{同级财政各类拨款之外的非经营性收支} \begin{cases} \text{专项} \\ \text{非专项} \end{cases} \end{cases} \\ \text{经营性} \end{cases}$$

**图 18-1  事业单位预算会计的四种收支分类**

2. 冲销其他明细,并将结转转入结余。

(1)"财政拨款结转"的其他明细结转到"累计结转"后,其他明细科目余额为零。明细科目只剩"累计结转"有余额,具体核算请参考本章第二节。

对"财政拨款结转——累计结转"各明细项目执行情况进行分析,按照有关规定将符合财政拨款结余性质的项目余额转入财政拨款结余,借记"财政拨款结转——累计结转",贷记"财政拨款结余——结转转入"科目。

(2)"非财政拨款结转"的其他明细结转到"累计结转"后,其他明细科目余额为零。明细科目只剩"累计结转"有余额,具体核算请参考本章第三节。

对非财政拨款专项结转资金各项目情况进行分析,将留归本单位使用的非财政拨款专项(项目已完成)剩余资金转入非财政拨款结余,借记"非财政拨款结转——累计结转",贷记"非财政拨款结余——结转转入"科目。

3. 其他结余与经营结余转入非财政拨款结余分配或非财政拨款结余。

(1)行政单位:"其他结余"转入"非财政拨款结余"。结转后"其他结余"余额为零。

(2)事业单位:"其他结余"和有贷方余额的"经营结余"转入"非财政拨款结余分配"。结转后"其他结余"余额为零。"经营结余"或者为借方余额,或者余额为零。

4. 事业单位对非财政拨款结余进行分配。

按照规定对非财政拨款结余按比例计提专用基金。借记"非财政拨款结余分配"科目,贷记"专用结余"科目。

5. 事业单位将分配完的"非财政拨款结余分配"的余额转入"非财政拨款结余——累计结余",结转后"非财政拨款结余分配"余额为零。

6. 事业单位缴纳所得税,作为非财政拨款结余的减少。借记"非财政拨款结余——累计结余"科目,贷记"资金结存——货币资金"科目。

上面的4—6都不涉及行政单位,即行政单位不需要进行4—6的账务处理。

## 复习思考题

1. 什么是预算结余?什么是结转资金?什么是结余资金?
2. 事业单位收支有哪几种类型?与行政单位有哪些区别?
3. 事业单位哪些业务会引起"非财政拨款结余"的变化?
4. "资金结存"有哪些明细科目?
5. "财政拨款结转"和"财政拨款结余"有哪些明细科目?
6. "非财政拨款结转"和"非财政拨款结余"有哪些明细科目?
7. 预算会计的年末结账流程是什么样的?

## 练习题

1. 某事业单位年末将"财政拨款结转"科目下的明细科目"本年收支结转"贷方余额10 000元、"年初余额调整"贷方余额20 000元、"归集调入"贷方余额30 000元转入"累计结转",会计分录应如何做?

2. 某事业单位年末将"非财政拨款结转"科目下的明细科目"年初余额调整"贷方余额

20 000元、"项目间接费用或管理费"借方余额30 000元转入"累计结转",会计分录应如何做?

3. 某事业单位年末将非财政拨款专项结转中留归本单位使用的非财政拨款专项剩余资金180 000元转入非财政拨款结余,会计分录应如何做?

4. 某事业单位年末将事业预算收入、上级补助预算收入、非同级财政拨款预算收入、其他预算收入本年发生额中非专项资金收入10 000元、20 000元、30 000元,以及事业支出、对附属单位补助支出、其他支出各科目非财政非专项资金8 000元、15 000元、26 000元进行收支结转,会计分录应如何做?

5. 某事业单位年末将经营预算收入10 000元、经营支出8 000元进行收支结转,会计分录应如何做?

6. 某事业单位按规定从非财政拨款结余中提取专用基金40 000元,会计分录应如何做?

# 第十九章

# 行政事业单位的会计报表

　　行政事业单位会计具有预算会计和财务会计双会计功能,对应的也实行双报告制度,单位既要编制决算报告,又要编制财务报告。决算报告是综合反映会计主体年度预算收支执行结果的文件,包括决算报表和其他应当在决算报告中反映的相关信息和资料。预算会计报表是编制决算报表和决算报告的基础。财务报告是反映会计主体某一特定日期的财务状况和某一会计期间的运行情况和现金流量等信息的文件,包括财务报表和其他应当在财务报告中披露的相关信息和资料。

　　财务报表的编制主要以权责发生制为基础,以单位财务会计核算生成的数据为准;预算会计报表的编制主要以收付实现制为基础,以单位预算会计核算生成的数据为准。财务报表由财务会计报表及其附注构成,财务会计报表一般包括资产负债表、收入费用表和净资产变动表,单位可根据实际情况自行选择编制现金流量表。预算会计报表至少包括预算收入支出表、预算结转结余变动表和财政拨款预算收入支出表。

　　单位应当至少按照年度编制财务报表和预算会计报表。单位应当编制真实、完整的财务报表和预算会计报表,不得违反规定随意改变财务报表和预算会计报表的编制基础、编制依据、编制原则和方法,不得随意改变会计制度规定的财务报表和预算会计报表有关数据的会计口径。

　　财务报表和预算会计报表应当根据登记完整、核对无误的账簿记录和其他有关资料编制,做到数字真实、计算准确、内容完整、编报及时,见表 19-1。

表 19-1　　　　　　　　行政事业单位财务报表和预算会计报表

| 编　　号 | 报 表 名 称 | 编 制 期 |
| --- | --- | --- |
| 财务报表 | | |
| 会政财 01 表 | 资产负债表 | 月度、年度 |
| 会政财 02 表 | 收入费用表 | 月度、年度 |
| 会政财 03 表 | 净资产变动表 | 年度 |
| 会政财 04 表 | 现金流量表 | 年度 |
|  | 附注 | 年度 |

续表

| 编　号 | 报 表 名 称 | 编 制 期 |
|---|---|---|
| 预算会计报表 | | |
| 会政预 01 表 | 预算收入支出表 | 年度 |
| 会政预 02 表 | 预算结转结余变动表 | 年度 |
| 会政预 03 表 | 财政拨款预算收入支出表 | 年度 |

## 第一节　财务报表

财务报表是对会计主体财务状况、运行情况和现金流量等信息的结构性表述。财务报表包括财务会计报表和附注。财务会计报表包括资产负债表、收入费用表和净资产变动表,单位可以根据实际情况自行选择编制现金流量表。

### 一、资产负债表

资产负债表是反映单位在某一特定日期全部资产、负债和净资产等财务状况的报表。行政事业单位的资产负债表格式见表 19－2。

表 19－2　　　　　　　　　　　　　　资产负债表　　　　　　　　　　　　　会政财 01 表
编制单位　　　　　　　　　　　　　　＿＿年＿＿月＿＿日　　　　　　　　　　　单位：元

| 资　　产 | 年初余额 | 期末余额 | 负债和净资产 | 年初余额 | 期末余额 |
|---|---|---|---|---|---|
| 流动资产： | | | 流动负债： | | |
| 货币资金 | | | 短期借款 | | |
| 短期投资 | | | 应交增值税 | | |
| 财政应返还额度 | | | 其他应交税费 | | |
| 应收票据 | | | 应缴财政款 | | |
| 应收账款净额 | | | 应付职工薪酬 | | |
| 预付账款 | | | 应付票据 | | |
| 应收股利 | | | 应付账款 | | |
| 应收利息 | | | 应付政府补贴款 | | |
| 其他应收款净额 | | | 应付利息 | | |
| 存货 | | | 预收账款 | | |

续表

| 资　　产 | 年初余额 | 期末余额 | 负债和净资产 | 年初余额 | 期末余额 |
|---|---|---|---|---|---|
| 待摊费用 | | | 其他应付款 | | |
| 一年内到期的非流动资产 | | | 预提费用 | | |
| 其他非流动资产 | | | 一年内到期的非流动负债 | | |
| **流动资产合计** | | | 其他流动负债 | | |
| **非流动资产：** | | | **流动负债合计** | | |
| 长期股权投资 | | | **非流动负债：** | | |
| 长期债券投资 | | | 长期借款 | | |
| 固定资产原值 | | | 长期应付款 | | |
| 　减：固定资产累计折旧 | | | 预计负债 | | |
| 　固定资产净值 | | | 其他非流动负债 | | |
| 工程物资 | | | **非流动负债合计** | | |
| 在建工程 | | | 受托代理负债 | | |
| 无形资产原值 | | | **负债合计** | | |
| 　减：无形资产累计折旧 | | | | | |
| 　无形资产净值 | | | | | |
| 研发支出 | | | | | |
| 公共基础设施原值 | | | | | |
| 　减：公共基础设施累计折旧（摊销） | | | | | |
| 公共基础设施净值 | | | | | |
| 政府储备物资 | | | | | |
| 文物资源 | | | | | |
| 保障性住房原值 | | | | | |
| 　减：保障性住房累计折旧 | | | **净资产：** | | |
| 　保障性住房净值 | | | 累计盈余 | | |
| 长期待摊费用 | | | 专用基金 | | |
| 待处理财产损溢 | | | 权益法调整 | | |

续表

| 资　　产 | 年初余额 | 期末余额 | 负债和净资产 | 年初余额 | 期末余额 |
|---|---|---|---|---|---|
| 其他非流动资产 | | | 无偿调拨净资产* | | |
| **非流动资产合计** | | | 本期盈余* | | |
| 受托代理资产 | | | **净资产合计** | | |
| **资产总计** | | | **负债和净资产总计** | | |

注："*"标识项目为月报项目,年报中不需列示。

资产负债表"年初余额"栏内各项数字,应当根据上年年末资产负债表"期末余额"栏内数字填列。如果本年度资产负债表规定的项目的名称和内容同上年度不一致,应当对上年年末资产负债表项目的名称和数字按照本年度的规定进行调整,将调整后数字填入本表"年初余额"栏内。如果本年度单位发生了因前期差错更正、会计政策变更等调整以前年度盈余的事项,还应当对"年初余额"栏中的有关项目金额进行相应调整。资产负债表中"资产总计"项目期末(年初)余额应当与"负债和净资产总计"项目期末(年初)余额相等。

资产负债表中"期末余额"栏各项目的内容和填列方法如下:

**(一) 资产类项目**

1. "货币资金"项目,应当根据"库存现金""银行存款""零余额账户用款额度""其他货币资金"科目的期末余额的合计数填列;若单位存在通过"库存现金""银行存款"科目核算的受托代理资产还应当按照前述合计数扣减"库存现金""银行存款"科目下"受托代理资产"明细科目的期末余额后的金额填列。

2. "短期投资""财政应返还额度""应收票据""预付账款""应收股利""应收利息""待摊费用""长期股权投资""工程物资""在建工程""研发支出""政府储备物资""文物资源""长期待摊费用"等项目按照各自对应的会计科目的期末余额填列。

3. "应收账款净额""其他应收款净额"项目根据"应收账款"和"其他应收款"科目的期末余额,减去"坏账准备"科目中对应收账款和其他应收款计提的坏账准备的期末余额后的金额填列。

4. "存货"项目应当根据"在途物品""库存物品""加工物品"科目的期末余额的合计数填列。

5. "一年内到期的非流动资产"项目,应当根据"长期债券投资"等科目的明细科目的期末余额分析填列。

6. "其他流动资产"项目,应当根据有关科目期末余额的合计数填列。

7. "流动资产合计"项目,应当根据本表中"货币资金""短期投资""财政应返还额度""应收票据""应收账款净额""预付账款""应收股利""应收利息""其他应收款净额""存货""待摊费用""一年内到期的非流动资产""其他流动资产"项目金额的合计数填列。

8. "长期债券投资"项目,应当根据"长期债券投资"科目的期末余额减去其中将于1年内(含1年)到期的长期债券投资余额后的金额填列。

9. "固定资产原值""固定资产累计折旧""无形资产原值""无形资产累计摊销""公共基础设施原值""公共基础设施累计折旧(摊销)""保障性住房原值""保障性住房累计折旧"等项目

应当根据各自科目的期末余额填列。

"固定资产净值"项目应当根据"固定资产"科目期末余额减去"固定资产累计折旧"科目期末余额后的金额填列。

"无形资产净值"项目应当根据"无形资产"科目期末余额减去"无形资产累计摊销"科目期末余额后的金额填列。

"公共基础设施净值"项目根据"公共基础设施"科目期末余额减去"公共基础设施累计折旧(摊销)"科目期末余额后的金额填列。

"保障性住房净值"项目应当根据"保障性住房"科目期末余额减去"保障性住房累计折旧"科目期末余额后的金额填列。

10. "待处理财产损溢"项目应当根据"待处理财产损溢"科目的期末借方余额填列;如"待处理财产损溢"科目期末为贷方余额,以"—"号填列。

11. "其他非流动资产"项目,应当根据有关科目的期末余额合计数填列。

12. "非流动资产合计"项目应当根据本表中"长期股权投资""长期债券投资""固定资产净值""工程物资""在建工程""无形资产净值""研发支出""公共基础设施净值""政府储备物资""文物资源""保障性住房净值""长期待摊费用""待处理财产损溢""其他非流动资产"项目金额的合计数填列。

13. "受托代理资产"项目,应当根据"受托代理资产"科目的期末余额与"库存现金""银行存款"科目下"受托代理资产"明细科目的期末余额的合计数填列。

14. "资产总计"项目,应当根据本表中"流动资产合计""非流动资产合计""受托代理资产"项目金额的合计数填列。

**(二) 负债类项目**

1. "短期借款""应缴财政款""应付职工薪酬""应付票据""应付账款""应付政府补贴款""应付利息""预收账款""其他应付款""预提费用""预计负债""受托代理负债"等项目按照各自对应的会计科目的期末余额填列。

2. "应交增值税""其他应交税费"项目应当对应"应交增值税"和"其他应交税费"科目的期末余额填列,如"应交增值税"科目或者"其他应交税费"科目期末为借方余额,以"—"号填列。

3. "一年内到期的非流动负债"项目,应当根据"长期应付款""长期借款"等科目的明细科目的期末余额分析填列。

4. "其他流动负债"项目,应当根据有关科目的期末余额的合计数填列。

5. "流动负债合计"项目,应当根据本表"短期借款""应交增值税""其他应交税费""应缴财政款""应付职工薪酬""应付票据""应付账款""应付政府补贴款""应付利息""预收账款""其他应付款""预提费用""一年内到期的非流动负债""其他流动负债"项目金额的合计数填列。

6. "长期借款""长期应付款"项目,应当根据"长期借款"和"长期应付款"科目的期末余额减去其中将于1年内(含1年)到期的长期借款和长期应付款余额后的金额填列。

7. "其他非流动负债"项目,应当根据有关科目的期末余额合计数填列。

8. "非流动负债合计"项目,应当根据本表中"长期借款""长期应付款""预计负债""其他非流动负债"项目金额的合计数填列。

9. "负债合计"项目,应当根据本表中"流动负债合计""非流动负债合计""受托代理负债"项目金额的合计数填列。

## (三) 净资产项目

1. "累计盈余""专用基金"项目应当根据"累计盈余""专用基金"科目的期末余额填列。

2. "权益法调整"项目应当根据"权益法调整"科目的期末余额填列。如"权益法调整"科目期末为借方余额,以"—"号填列。

3. "无偿调拨净资产""本期盈余"项目仅在月度报表中列示,年度报表中不列示。月度报表中应当根据"无偿调拨净资产"和"本期盈余"科目的期末余额填列;科目期末为借方余额时,以"—"号填列。

4. "净资产合计"项目应当根据本表中"累计盈余""专用基金""权益法调整""无偿调拨净资产"(月度报表)"本期盈余"(月度报表)项目金额的合计数填列。

5. "负债和净资产总计"项目,应当按照本表中"负债合计""净资产合计"项目金额的合计数填列。

## 二、收入费用表

收入费用表是反映单位在某一会计期间内发生的收入、费用及当期盈余等运行情况的报表。行政事业单位的收入费用表格式见表 19-3。

表 19-3　　　　　　　　　　　　　收入费用表　　　　　　　　　　会政财 02 表
编制单位:　　　　　　　　　　　　　___年___月　　　　　　　　　　　单位:元

| 项　　　　目 | 本月数 | 本年累计数 |
|---|---|---|
| 一、本期收入 | | |
| 　(一) 财政拨款收入 | | |
| 　　　其中:政府性基金收入 | | |
| 　(二) 事业收入 | | |
| 　(三) 上级补助收入 | | |
| 　(四) 附属单位上缴收入 | | |
| 　(五) 经营收入 | | |
| 　(六) 非同级财政拨款收入 | | |
| 　(七) 投资收益 | | |
| 　(八) 捐赠收入 | | |
| 　(九) 利息收入 | | |
| 　(十) 租金收入 | | |
| 　(十一) 其他收入 | | |
| 二、本期费用 | | |
| 　(一) 业务活动费用 | | |

续表

| 项　　目 | 本月数 | 本年累计数 |
|---|---|---|
| （二）单位管理费用 | | |
| （三）经营费用 | | |
| （四）资产处置费用 | | |
| （五）上缴上级费用 | | |
| （六）对附属单位补助费用 | | |
| （七）所得税费用 | | |
| （八）其他费用 | | |
| 三、本期盈余 | | |

收入费用表"本月数"栏反映各项目的本月实际发生数。编制年度收入费用表时，应当将本栏改为"本年数"，反映本年度各项目的实际发生数。收入费用表"本年累计数"栏反映各项目自年初至报告期期末的累计实际发生数。编制年度收入费用表时，应当将本栏改为"上年数"，反映上年度各项目的实际发生数，"上年数"栏应当根据上年年度收入费用表中"本年数"栏内所列数字填列。

如果本年度收入费用表规定的项目的名称和内容同上年度不一致，应当对上年度收入费用表项目的名称和数字按照本年度的规定进行调整，将调整后的金额填入本年度收入费用表的"上年数"栏内。如果本年度单位发生了因前期差错更正、会计政策变更等调整以前年度盈余的事项，还应当对年度收入费用表中"上年数"栏中的有关项目金额进行相应调整。

收入费用表"本月数"栏各项目的内容和填列方法如下：

（一）**本期收入**

1."本期收入"项目应当根据本表中"财政拨款收入""事业收入""上级补助收入""附属单位上缴收入""经营收入""非同级财政拨款收入""投资收益""捐赠收入""利息收入""租金收入""其他收入"项目金额的合计数填列。

2."财政拨款收入""事业收入""上级补助收入""附属单位上缴收入""经营收入""非同级财政拨款收入""捐赠收入""利息收入""租金收入""其他收入"项目应该按照各自对应科目的本期发生额填列。"政府性基金收入"项目应当根据"财政拨款收入"相关明细科目的本期发生额填列。

3."投资收益"项目应当根据"投资收益"科目的本期发生额填列；如为投资净损失，以"—"号填列。

（二）**本期费用**

1."本期费用"项目应当根据本表中"业务活动费用""单位管理费用""经营费用""资产处置费用""上缴上级费用""对附属单位补助费用""所得税费用"和"其他费用"项目金额的合计数填列。

2."业务活动费用""单位管理费用""经营费用""资产处置费用""上缴上级费用""对附属单位补助费用""所得税费用"和"其他费用"项目应该按照各自对应科目的本期发生额填列。

### (三) 本期盈余

"本期盈余"项目应当根据收入支出表中"本期收入"项目金额减去"本期费用"项目金额后的金额填列;如为负数,以"—"号填列。

## 三、净资产变动表

净资产变动表是反映单位在某一会计年度内净资产项目变动情况的报表。净资产变动表是年报表,只需按年编制,见表19-4。

表 19-4　　　　　　　　　　　　　　净资产变动表　　　　　　　　　会政财政 03 表
编制单位:　　　　　　　　　　　　　　　___年　　　　　　　　　　　　　　单位:元

| 项　　目 | 累计盈余 | 专用基金 | 权益法调整 | 净资产合计 |
|---|---|---|---|---|
| 一、上年年末余额 | | | | |
| 二、以前年度盈余调整(减少以"—"号填列) | | | | |
| 三、本年年初余额 | | | | |
| 四、本年变动金额(减少以"—"号填列) | | | | |
| 　(一) 本年盈余 | | | — | |
| 　(二) 无偿调拨净资产 | | | — | |
| 　(三) 归集调整预算结转结余 | | | — | |
| 　(四) 提取或设置专用基金 | | | | |
| 　　其中:从预算收入中提取 | — | | — | |
| 　　　　从预算结余中提取 | | | — | |
| 　　　　设置的专用基金 | — | | — | |
| 　(五) 使用专用基金 | | | — | |
| 　(六) 权益法调整 | — | — | | |
| 　(七) 会计政策变更 | | — | — | |
| 　(八) 其他 | | | | |
| 五、本年年末余额 | | | | |

注:"—"标识单元格不需填列。

如果上年度净资产变动表规定的项目的名称和内容与本年度不一致,应对上年度净资产变动表项目的名称和数字按照本年度的规定进行调整,将调整后金额填入本年度净资产变动表"上年数"栏内。

净资产变动表各项目的内容和填列方法如下:

1. "上年年末余额"行：各项目应当根据"累计盈余""专用基金""权益法调整"科目上年年末余额填列。

2. "以前年度盈余调整"行：各项目应当根据本年度"以前年度盈余调整"科目转入各自科目的金额填列；如调整减少累计盈余，以"—"号填列。

3. "本年年初余额"行："累计盈余""专用基金""权益法调整"项目应当根据其各自在"上年年末余额"和"以前年度盈余调整"行对应项目金额的合计数填列。

4. "本年变动金额"行："累计盈余""专用基金""权益法调整"项目应当根据其各自在"本年盈余""无偿调拨净资产""归集调整预算结转结余""提取或设置专用基金""使用专用基金""权益法调整""会计政策变更""其他"行对应项目金额的合计数填列。

5. "本年盈余"行："累计盈余"项目应当根据年末由"本期盈余"科目转入"本年盈余分配"科目的金额填列；如转入时借记"本年盈余分配"科目，则以"—"号填列。

6. "无偿调拨净资产"行："累计盈余"项目应当根据年末由"无偿调拨净资产"科目转入"累计盈余"科目的金额填列；如转入时借记"累计盈余"科目，则以"—"号填列。

7. "归集调整预算结转结余"行："累计盈余"项目应当根据"累计盈余"科目明细账记录分析填列；如归集调整减少预算结转结余，则以"—"号填列。

8. "提取或设置专用基金"行："累计盈余"项目应当根据"从预算结余中提取"行"累计盈余"项目的金额填列。"专用基金"项目应当根据"从预算收入中提取""从预算结余中提取""设置的专用基金"行"专用基金"项目金额的合计数填列。

"从预算收入中提取"行：本行"专用基金"项目应当通过对"专用基金"科目明细账记录的分析，根据本年按有关规定从预算收入中提取基金的金额填列。

"从预算结余中提取"行：本行"累计盈余""专用基金"项目应当通过对"专用基金"科目明细账记录的分析，根据本年按有关规定从本年度非财政拨款结余或经营结余中提取专用基金的金额填列；本行"累计盈余"项目以"—"号填列。

"设置的专用基金"行：本行"专用基金"项目应当通过对"专用基金"科目明细账记录的分析，根据本年按有关规定设置的其他专用基金的金额填列。

9. "使用专用基金"行：本行"累计盈余""专用基金"项目应当通过对"专用基金"科目明细账记录的分析，根据本年按规定使用专用基金的金额填列；本行"专用基金"项目以"—"号填列。

10. "权益法调整"行："权益法调整"项目应当根据"权益法调整"科目本年发生额填列；若本年净发生额为借方时，以"—"号填列。

11. "会计政策变更"行：本行"累计盈余"项目根据会计政策变更业务数据分析填列。

12. "其他"行：本行各项目根据具体业务数据分析填列。

13. "本年年末余额"行："累计盈余""专用基金""权益法调整"项目应当根据其各自在"本年年初余额""本年变动金额"行对应项目金额的合计数填列。

14. 净资产变动表各行"净资产合计"项目，应当根据所在行"累计盈余""专用基金""权益法调整"项目金额的合计数填列。

### 四、现金流量表

现金流量表反映单位在某一会计年度内现金流入和流出情况的报表。《政府会计准则第9号——财务报表编制和列报》规定："财务报表至少包括下列组成部分：资产负债表；收入费用表；附注。政府会计主体可以根据实际情况自行选择编制现金流量表。"《政府会计制度——

行政事业单位会计科目和报表》规定:"财务报表由会计报表及其附注构成。会计报表一般包括资产负债表、收入费用表和净资产变动表。单位可根据实际情况自行选择编制现金流量表。"据此可见,单位可选择编制或者不编制现金流量表。现金流量表是年报表,如果编制,只需按年编制即可。

现金流量表所指的现金,是指单位的库存现金以及其他可以随时用于支付的款项,包括库存现金、可以随时用于支付的银行存款、其他货币资金、零余额账户用款额度、财政应返还额度,以及通过财政直接支付方式支付的款项。

现金流量表"本年金额"栏反映各项目的本年实际发生数。本表"上年金额"栏反映各项目的上年实际发生数,应当根据上年现金流量表中"本年金额"栏内所列数字填列。单位应当采用直接法编制现金流量表,见表19-5。

表19-5 现金流量表 会政财04表
编制单位: ____年 单位:元

| 项 目 | 本年金额 | 上年金额 |
| --- | --- | --- |
| 一、日常活动产生的现金流量 | | |
| 　　财政基本支出拨款收到的现金 | | |
| 　　财政非资本性项目拨款收到的现金 | | |
| 　　事业活动收到的除财政拨款以外的现金 | | |
| 　　收到的其他与日常活动有关的现金 | | |
| 　　**日常活动的现金流入小计** | | |
| 　　购买商品、接受劳务支付的现金 | | |
| 　　支付给职工以及为职工支付的现金 | | |
| 　　支付的各项税费 | | |
| 　　支付的其他与日常活动有关的现金 | | |
| 　　**日常活动的现金流出小计** | | |
| 　　**日常活动产生的现金流量净额** | | |
| 二、投资活动产生的现金流量 | | |
| 　　收回投资收到的现金 | | |
| 　　取得投资收益收到的现金 | | |
| 　　处置固定资产、无形资产、公共基础设施等收回的现金净额 | | |
| 　　收到的其他与投资活动有关的现金 | | |
| 　　**投资活动的现金流入小计** | | |

续表

| 项　　目 | 本年金额 | 上年金额 |
|---|---|---|
| 购建固定资产、无形资产、公共基础设施等支付的现金 | | |
| 对外投资支付的现金 | | |
| 上缴处置固定资产、无形资产、公共基础设施等净收入支付的现金 | | |
| 支付的其他与投资活动有关的现金 | | |
| 投资活动的现金流出小计 | | |
| 投资活动产生的现金流量净额 | | |
| 三、筹资活动产生的现金流量 | | |
| 财政资本性项目拨款收到的现金 | | |
| 取得借款收到的现金 | | |
| 收到的其他与筹资活动有关的现金 | | |
| 筹资活动的现金流入小计 | | |
| 偿还借款支付的现金 | | |
| 偿还利息支付的现金 | | |
| 支付的其他与筹资活动有关的现金 | | |
| 筹资活动的现金流出小计 | | |
| 筹资活动产生的现金流量净额 | | |
| 四、汇率变动对现金的影响额 | | |
| 五、现金净增加额 | | |

## 五、附注

附注是对在会计报表中列示的项目所做的进一步说明，以及对未能在会计报表中列示项目的说明。附注是财务报表的重要组成部分。凡对报表使用者的决策有重要影响的会计信息，不论政府会计制度是否有明确规定，单位均应当充分披露。附注主要包括下列内容：

**（一）单位的基本情况**

单位应当简要披露其基本情况，包括单位主要职能、主要业务活动、所在地、预算管理关系等。

**（二）会计报表编制基础**

**（三）遵循政府会计准则、制度的声明**

**（四）重要会计政策和会计估计**

单位应当采用与其业务特点相适应的具体会计政策，并充分披露报告期内采用的重要会

计政策和会计估计。主要包括以下内容:

1. 会计期间。
2. 记账本位币,外币折算汇率。
3. 坏账准备的计方法。
4. 存货类别、发出存货的计价方法、存货的盘存制度;以及低值易耗品和包装物的摊销方法。
5. 长期股权投资的核算方法。
6. 固定资产分类、折旧方法、折旧年限和年折旧率,融资租入固定资产的计价和折旧方法。
7. 无形资产的计价方法;使用寿命有限的无形资产,其使用寿命估计情况;使用寿命不确定的无形资产,其使用寿命不确定的判断依据;单位内部研究开发项目划分研究阶段和开发阶段的具体标准。
8. 公共基础设施的分类、折旧(摊销)方法、折旧(摊销)年限,以及其确定依据。
9. 政府储备物资分类,以及确定其发出成本所采用的方法。
10. 保障性住房的分类、折旧方法、折旧年限。
11. 其他重要的会计政策和会计估计。
12. 本期发生重要会计政策和会计估计变更的,变更的内容和原因、受其重要影响的报表项目名称和金额、相关审批程序,以及会计估计变更开始适用的时点。

**(五) 会计报表重要项目说明**

单位应当按照资产负债表和收入费用表项目列示顺序,采用文字和数据描述相结合的方式披露重要项目的明细信息。报表重要项目的明细金额合计,应当与报表项目金额相衔接。

## 第二节 预算会计报表

预算会计报表是反映单位预算执行情况及其结果的系列报表。预算会计报表至少包括预算收入支出表、预算结转结余变动表和财政拨款预算收入支出表。预算会计报表都是年报表,即按年编制,是编制部门决算报表和部门决算报告的基础。预算会计报表与决算报表的格式和内容有一定的区别。我们这里只介绍预算会计报表。

### 一、预算收入支出表

预算收入支出表是反映单位在某一会计年度内各项预算收入、预算支出和预算收支差额情况的报表,是年报表,见表 19-6。

表 19-6　　　　　　　　　　　预算收入支出表　　　　　　　　　会政预 01 表
编制单位:　　　　　　　　　　　　　＿＿年　　　　　　　　　　　　　单位:元

| 项　　　　目 | 本年金额 | 上年金额 |
|---|---|---|
| 一、本年预算收入 | | |
| 　(一)财政拨款预算收入 | | |
| 　　其中:政府性基金收入 | | |

续表

| 项　　目 | 本年金额 | 上年金额 |
| --- | --- | --- |
| （二）事业预算收入 | | |
| （三）上级补助预算收入 | | |
| （四）附属单位上缴预算收入 | | |
| （五）经营预算收入 | | |
| （六）债务预算收入 | | |
| （七）非同级财政拨款预算收入 | | |
| （八）投资预算收益 | | |
| （九）其他预算收入 | | |
| 　　其中：利息预算收入 | | |
| 　　　　　捐赠预算收入 | | |
| 　　　　　租金预算收入 | | |
| 二、本年预算支出 | | |
| （一）行政支出 | | |
| （二）事业支出 | | |
| （三）经营支出 | | |
| （四）上缴上级支出 | | |
| （五）对附属单位补助支出 | | |
| （六）投资支出 | | |
| （七）债务还本支出 | | |
| （八）其他支出 | | |
| 　　其中：利息支出 | | |
| 　　　　　捐赠支出 | | |
| 三、本年预算收支差额 | | |

预算收入支出表"本年数"栏反映各项目的本年实际发生数。预算收入支出表"上年数"栏反映各项目上年度的实际发生数，应当根据上年度预算收入支出表中"本年数"栏内所列数字填列。

如果本年度预算收入支出表规定的项目的名称和内容同上年度不一致，应当对上年度预算收入支出表项目的名称和数字按照本年度的规定进行调整,将调整后金额填入本年度预算收入支出表的"上年数"栏。

预算收入支出表"本年数"栏各项目的内容和填列方法如下:

(一)本年预算收入

1. "本年预算收入"项目应根据本表中"财政拨款预算收入""事业预算收入""上级补助预算收入""附属单位上缴预算收入""经营预算收入""债务预算收入""非同级财政拨款预算收入""投资预算收益""其他预算收入"项目金额的合计数填列。

2. "财政拨款预算收入""事业预算收入""上级补助预算收入""附属单位上缴预算收入""经营预算收入""债务预算收入""非同级财政拨款预算收入""投资预算收益""其他预算收入"等项目应该按照各自对应科目的本年发生额填列。

"政府性基金收入"项目应当根据"财政拨款预算收入"相关明细科目的本年发生额填列。"利息预算收入""捐赠预算收入""租金预算收入"项目应当根据"其他预算收入"科目的明细记录分析填列。单位单设"利息预算收入""捐赠预算收入""租金预算收入"科目的,应当根据各自对应科目的本年发生额填列。

(二)本年预算支出

1. "本年预算支出"项目应当根据本表中"行政支出""事业支出""经营支出""上缴上级支出""对附属单位补助支出""投资支出""债务还本支出"和"其他支出"项目金额的合计数填列。

2. "行政支出""事业支出""经营支出""上缴上级支出""对附属单位补助支出""投资支出""债务还本支出"和"其他支出"等项目应该按照各自对应科目的本年发生额填列。

"利息支出""捐赠支出"项目应当根据"其他支出"科目明细账记录分析填列。单位单设"利息支出""捐赠支出"科目的,应当根据"利息支出""捐赠支出"科目的本年发生额填列。

(三)本年预算收支差额

"本年预算收支差额"项目,应当根据本表中"本期预算收入"项目金额减去"本期预算支出"项目金额后的金额填列;如相减后金额为负数,以"—"号填列。

## 二、预算结转结余变动表

预算结转结余表是反映单位在某一会计年度内预算结转结余变动情况的报表,是年报表,见表19-7。

表 19-7　　　　　　　　　　　　预算结转结余变动表　　　　　　　　　　会政预02表
编制单位:　　　　　　　　　　　　　　　___年　　　　　　　　　　　　　　　单位:元

| 项　　　目 | 本年金额 | 上年金额 |
| --- | --- | --- |
| 一、年初预算结转结余 |  |  |
| （一）财政拨款结转结余 |  |  |
| （二）其他资金结转结余 |  |  |
| 二、年初余额调整(减少以"—"号填列) |  |  |
| （一）财政拨款结转结余 |  |  |

续表

| 项　　目 | 本年金额 | 上年金额 |
|---|---|---|
| （二）其他资金结转结余 | | |
| 三、本年变动金额（减少以"—"号填列） | | |
| 　　（一）财政拨款结转结余 | | |
| 　　　　1. 本年收支差额 | | |
| 　　　　2. 归集调入 | | |
| 　　　　3. 归集上缴或调出 | | |
| 　　（二）其他资金结转结余 | | |
| 　　　　1. 本年收支差额 | | |
| 　　　　2. 缴回资金 | | |
| 　　　　3. 使用专用结余 | | |
| 　　　　4. 支付所得税 | | |
| 四、年末预算结转结余 | | |
| 　　（一）财政拨款结转结余 | | |
| 　　　　1. 财政拨款结转 | | |
| 　　　　2. 财政拨款结余 | | |
| 　　（二）其他资金结转结余 | | |
| 　　　　1. 非财政拨款结转 | | |
| 　　　　2. 非财政拨款结余 | | |
| 　　　　3. 专用结余 | | |
| 　　　　4. 经营结余（如有余额，以"—"号填列） | | |

预算结转结余变动表"本年数"栏反映各项目的本年实际发生数。本表"上年数"栏反映各项目的上年实际发生数，应当根据上年度预算结转结余变动表中"本年数"栏内所列数字填列。

如果本年度预算结转结余变动表规定的项目的名称和内容同上年度不一致，应当对上年度预算结转结余变动表项目的名称和数字按照本年度的规定进行调整，将调整后金额填入本年度预算结转结余变动表的"上年数"栏。

本表中"年末预算结转结余"项目金额等于"年初预算结转结余""年初余额调整""本年变动金额"三个项目的合计数。

本表"本年数"栏各项目的内容和填列方法如下：

1."年初预算结转结余"项目应当根据本项目下"财政拨款结转结余""其他资金结转结余"项目金额的合计数填列。

（1）"财政拨款结转结余"项目应当根据"财政拨款结转""财政拨款结余"科目本年年初余额合计数填列。

（2）"其他资金结转结余"项目应当根据"非财政拨款结转""非财政拨款结余""专用结余""经营结余"科目本年年初余额的合计数填列。

2."年初余额调整"项目，应当根据本项目下"财政拨款结转结余""其他资金结转结余"项目金额的合计数填列。

（1）"财政拨款结转结余"项目应当根据"财政拨款结转""财政拨款结余"科目下"年初余额调整"明细科目的本年发生额的合计数填列；如调整减少年初财政拨款结转结余，以"—"号填列。

（2）"其他资金结转结余"项目应当根据"非财政拨款结转""非财政拨款结余"科目下"年初余额调整"明细科目的本年发生额的合计数填列；如调整减少年初其他资金结转结余，以"—"号填列。

3."本年变动金额"项目应当根据本项目下"财政拨款结转结余""其他资金结转结余"项目金额的合计数填列。

（1）"财政拨款结转结余"项目应当根据本项目下"本年收支差额""归集调入""归集上缴或调出"项目金额的合计数填列。"本年收支差额""归集调入"项目应当根据"财政拨款结转"科目下相关明细科目分析填列；如为负数的，以"—"号填列。"归集上缴或调出"项目应当根据"财政拨款结转""财政拨款结余"科目下相关明细科目本年发生额的合计数填列，以"—"号填列。

（2）"其他资金结转结余"项目应当根据本项目下"本年收支差额""缴回资金""使用专用结余""支付所得税"项目金额的合计数填列。"本年收支差额""缴回资金""使用专用结余""支付所得税"项目应当根据"非财政拨款结转""其他结余""经营结余""专用结余"科目下相关明细科目分析填列。本年转入的预算收入与预算支出的差额如为负数，"本年收支差额"以"—"号填列；"缴回资金""使用专用结余""支付所得税"按照实际发生额以"—"号填列。

4."年末预算结转结余"项目应当根据本项目下"财政拨款结转结余""其他资金结转结余"项目金额的合计数填列。

（1）"财政拨款结转结余"项目应当根据本项目下"财政拨款结转""财政拨款结余"项目金额的合计数填列。本项目下"财政拨款结转""财政拨款结余"项目，应当分别根据"财政拨款结转""财政拨款结余"科目的本年年末余额填列。

（2）"其他资金结转结余"项目，应当根据本项目下"非财政拨款结转""非财政拨款结余""专用结余""经营结余"项目金额的合计数填列。本项目下"非财政拨款结转""非财政拨款结余""专用结余""经营结余"项目，应当分别根据各自对应科目的本年年末余额填列。

### 三、财政拨款预算收入支出表

财政拨款预算收入支出表是反映单位本年财政拨款预算资金收入、支出及相关变动等具体情况的报表，是年报表，见表19-8。

表 19-8　　　　　　　　　　　　　财政拨款预算收入支出表　　　　　　　　　　　会政预 03 表
编制单位：　　　　　　　　　　　　　　　____年　　　　　　　　　　　　　　　　单位：元

| 项　目 | 年初财政拨款结转结余 || 调整年初财政拨款结转结余 | 本年归集调入 | 本年归集上缴或调出 | 单位内部调剂 || 本年财政拨款收入 | 本年财政拨款支出 | 年末财政拨款结转结余 ||
|---|---|---|---|---|---|---|---|---|---|---|---|
| | 结转 | 结余 | | | | 结转 | 结余 | | | 结转 | 结余 |
| 一、一般公共预算财政拨款 | | | | | | | | | | | |
| （一）基本支出 | | | | | | | | | | | |
| 1. 人员经费 | | | | | | | | | | | |
| 2. 日常公用经费 | | | | | | | | | | | |
| （二）项目支出 | | | | | | | | | | | |
| …… | | | | | | | | | | | |
| 二、政府性基金预算财政拨款 | | | | | | | | | | | |
| （一）基本支出 | | | | | | | | | | | |
| 1. 人员经费 | | | | | | | | | | | |
| 2. 日常公用经费 | | | | | | | | | | | |
| （二）项目支出 | | | | | | | | | | | |
| …… | | | | | | | | | | | |
| 总　计 | | | | | | | | | | | |

　　财政拨款预算收入支出表"项目"栏内各项目，应当根据单位取得的财政拨款种类分项设置。其中"项目支出"项目下，根据每个项目设置；单位取得除一般公共财政预算拨款和政府性基金预算拨款以外的其他财政拨款的，应当按照财政拨款种类增加相应的资金项目及其明细项目。

　　本表各栏及其对应项目的内容和填列方法
　　1. "年初财政拨款结转结余"栏中各项目应当根据"财政拨款结转""财政拨款结余"及其明细科目的年初余额填列。本栏中各项目的数额应当与上年度财政拨款预算收入支出表中"年末财政拨款结转结余"栏中各项目的数额相等。

　　2. "调整年初财政拨款结转结余"栏中各项目，应当根据"财政拨款结转""财政拨款结余"科目下"年初余额调整"明细科目及其所属明细科目的本年发生额填列；如调整减少年初财政拨款结转结余，以"—"号填列。

　　3. "本年归集调入"栏中各项目，应当根据"财政拨款结转"科目下"归集调入"明细科目及其所属明细科目的本年发生额填列。

4."本年归集上缴或调出"栏中各项目应当根据"财政拨款结转""财政拨款结余"科目下"归集上缴"科目和"财政拨款结转"科目下"归集调出"明细科目,及其所属明细科目的本年发生额填列,以"—"号填列。

5."单位内部调剂"栏中各项目应当根据"财政拨款结转"和"财政拨款结余"科目下的"单位内部调剂"明细科目及其所属明细科目的本年发生额填列;对单位内部调剂减少的财政拨款结余金额,以"—"号填列。

6."本年财政拨款收入""本年财政拨款支出"栏中各项目当根据"财政拨款预算收入""行政支出""事业支出"等科目及其所属明细科目的本年发生额填列。

7."年末财政拨款结转结余"栏中各项目应当根据"财政拨款结转""财政拨款结余"科目及其所属明细科目的年末余额填列。

## 复习思考题

1. 简述行政事业单位财务报告的概念和内容。
2. 财务会计报表编制与预算会计报表编制有什么不同?
3. 如何编制资产负债表?
4. 如何编制收入费用表?
5. 如何编制净资产变动表?
6. 如何编制预算收入支出表?
7. 如何编制预算结转结余变动表?

# 第四篇

# 民间非营利组织会计

# 第二十章

# 我国民间非营利组织会计

随着我国经济体制改革的不断深化,民间非营利组织的规模进一步扩大。民间非营利组织在社会救济、教育、养老保健、医疗服务等方面为政府分担了越来越多的职责,发挥了积极作用。

为了促进民间非营利组织的健康发展,我国财政部于2004年颁布、2005年1月1日正式实施《民间非营利组织会计制度》。2020年财政部颁布了《〈民间非营利组织会计制度〉若干问题的解释》,对民间非营利组织会计制度进行了补充和解释。2024年12月20日,财政部颁布了新的《民间非营利组织会计制度》,自2026年1月1日起施行。

本章将结合民间非营利组织的特点,重点介绍民间非营利组织特有的会计要素、会计报表。

## 第一节 我国民间非营利组织会计概述

### 一、民间非营利组织的定义及其特征

民间非营利组织是指民间出资举办的,不以营利为目的的,从事教育、科技、文化、卫生、宗教等社会公益性活动的社会服务性组织。包括依照国家法律、行政法规登记的社会团体、基金会、民办非企业单位和寺院、宫观、清真寺、教堂等。

**(一)民间非营利组织的构成**

社会团体是指中国公民自愿组成,为实现会员公共意愿,按照其章程开展活动的非营利性社会组织,如中国会计学会、中国财政学会等。

基金会是指按照民间捐赠人的意愿设立的专门用于捐赠人指定的社会公益性用途的非营利性基金管理组织,如宋庆龄基金会。

民办非企业单位是指企业性质的事业单位、社会团体和其他社会力量以及公民个人利用非国有资产举办的,从事非营利性社会服务活动的社会组织。主要包括:从事科学、教育、文艺、卫生、体育等非企业单位,如民办诊所、民办学校、民办剧团、各类体育俱乐部、民办各类研究所等;从事各种社会救济的非企业单位,如民办孤儿院、养老院等;从事民间公证鉴定、法律

服务、咨询服务等社会性质的社会中介组织,如商务咨询所、法律服务所等。

寺院、宫观、清真寺、教堂是由宗教信仰和热心宗教的公民在国家支持下兴办的、开展宗教活动的场所。主要包括佛教的寺院、道教的宫观、伊斯兰教的清真寺和基督教的教堂等。

民间非营利组织主要向社会提供精神产品和各种劳务,一般不会直接创造物质财富。但是社会的进步需要高质量的人才、高素质的劳动力和精神文明建设,而民间非营利组织则主要培养人才、提供相关服务,因此与企业、事业单位一样,是整个国民经济不可缺少的组成部分。

### (二) 民间非营利组织的特征

1. 为公益目的或者其他非营利目的成立

民间非营利组织的资金和财产提供者通常不以赚取经济利益为目标,而以公共利益为目的或者其他非营利利益为目的。民间非营利组织的业务收费标准必须经政府物价管理部门按照成本补偿原则审核批准。但是民间非营利组织同其他组织一样,在业务运作中始终把追求资金的使用效果作为财务管理的主要目标之一。

2. 资源提供者不取得经济回报

从民间非营利组织资金和财产的提供者创立组织的目的考察,他们并不期望按照出资额或财产比例获得经济利益。按照规定,民间非营利组织的收支结余不得向出资者分配,因此不具备企业会计意义上的所有者权益。

3. 资源提供者对该组织的财产不保留或享有任何财产权利

这一特征表现为《民间非营利组织会计制度》将与资产、负债相对应的会计要素定义为"净资产"而非"所有者权益"。这是指任何单位或个人不因为出资而拥有民间非营利组织的所有权。民间非营利组织因故出售、转让、变卖或组织清算时,也不存在可以分享一份剩余资金或财产的明确的所有者。如果民间非营利组织进行清算,则清算后的剩余财产应按规定继续用于社会公益事业。

## 二、民间非营利组织会计的定义及对象

根据《民间非营利组织会计制度》,我国的民间非营利组织会计制度适用于在中华人民共和国境内依法设立的符合本制度规定特征的民间非营利组织。民间非营利组织包括依照国家法律、行政法规登记的社会团体、基金会、社会服务机构、境外非政府组织在中国境内依法登记设立的代表机构、国际性社会团体、外国商会和宗教活动场所等组织。国务院财政部门另有规定的,从其规定。

民间非营利组织会计,是以每个民间非营利组织为会计主体,以民间非营利组织的基本业务活动或其他业务活动为管理内容的一种专业会计。民间非营利组织会计核算应当以民间非营利组织的交易或者事项为对象,记录和反映该组织本身的各项业务活动。

民间非营利组织主要是直接或间接为上层建筑、生产建设和人民生活提供服务的组织,一般不直接从事物质资料的生产,但是它所开展的各类活动是社会发展必不可少的。

## 三、民间非营利组织的会计要素与核算体系

### (一) 会计要素

会计要素是对会计对象的基本分类,是构成会计报表的基本项目。《民间非营利组织会计制度》将民间非营利组织会计核算和控制的项目分为五大类:资产、负债、净资产、收入和费用。

1. 资产

资产是指过去的交易或者事项形成并由民间非营利组织拥有或者控制的资源,该资源预期会给民间非营利组织带来经济利益或者服务潜力。资产根据流动性分为流动资产、非流动资产和受托代理资产。

2. 负债

负债是指过去的交易或者事项形成的现时义务,履行该义务预期会导致含有经济利益或者服务潜力的资源流出民间非营利组织。负债根据流动性分为流动负债、长期负债和受托代理负债等。

3. 净资产

民间非营利组织的净资产是指资产减去负债后的余额。净资产根据是否受到限制,分为限定性净资产和非限定性净资产等。

4. 收入

收入是指民间非营利组织开展业务活动取得的、导致本期净资产增加的经济利益或者服务潜力的流入。收入根据其来源分为捐赠收入、会费收入、提供服务收入、商品销售收入、政府补助收入、投资收益、总额拨款收入等主要业务活动收入和其他收入等。

5. 费用

费用是指民间非营利组织为开展业务活动所发生的、导致本期净资产减少的经济利益或者服务潜力的流出。费用按照其功能分为业务活动成本、税金及附加、管理费用、筹资费用、资产减值损失、所得税费用和其他费用等。

(二) 会计核算基础和会计原则

民间非营利组织的会计核算应当以权责发生制为基础。为了规范核算工作,应当遵循以下基本原则:

1. 真实性原则:会计核算应当以实际发生的交易或者事项为依据,如实反映民间非营利组织的财务状况、业务活动情况和现金流量等信息。

2. 相关性原则:会计核算所提供的信息应当能够满足会计信息使用者(如出资人、设立人、捐赠人、会员、监管者等)的需要。

3. 实质重于形式原则:会计核算应当按照交易或者事项的实质进行,而不应当仅仅将它们的法律形式作为其依据。

4. 一贯性原则:会计政策前后各期应当保持一致,不得随意变更。如有必要变更,应当在会计报表附注中披露变更的内容和理由、变更的累积影响数,以及累积影响数不能合理确定的理由等。

5. 可比性原则:会计核算应当按照规定的会计处理方法进行,会计信息应当口径一致、相互可比。

6. 及时性原则:会计核算应当及时进行,不得提前或延后。

7. 明晰性原则:会计核算和编制的财务会计报告应当清晰明了,便于理解和使用。

8. 配比性原则:在会计核算中,所发生的费用应当与其相关的收入相配比,同一会计期间内的各项收入和与其相关的费用应当在该会计期间内确认。

9. 谨慎性原则:会计核算应当遵循谨慎性原则。

10. 划分收益性支出与资本性支出原则:会计核算应当合理划分计入当期费用的支出和应当予以资本化的支出。

11. 重要性原则：会计核算应当遵循重要性原则，对资产、负债、净资产、收入、费用等有较大影响，并进而影响财务会计报告使用者据以做出合理判断的重要会计事项，必须按照规定的会计方法和程序进行处理，并在财务会计报告中予以充分披露；对于非重要的会计事项，在不影响会计信息真实性和不至于误导会计信息使用者做出正确判断的前提下，可适当简化处理。

### （三）会计科目体系

会计科目体系见表 20-1。

表 20-1　　　　　　　　　民间非营利组织会计科目表

| 顺序号 | 编号 | 名　称 | 顺序号 | 编号 | 名　称 |
| --- | --- | --- | --- | --- | --- |
|  |  | 一、资产类 |  |  | 二、负债类 |
| 1 | 1001 | 现金 | 27 | 2101 | 短期借款 |
| 2 | 1002 | 银行存款 | 28 | 2201 | 应付票据 |
| 3 | 1003 | 其他货币资金 | 29 | 2202 | 应付账款 |
| 4 | 1101 | 短期投资 | 30 | 2203 | 预收账款 |
| 5 | 1102 | 短期投资跌价准备 | 31 | 2204 | 应付职工薪酬 |
| 6 | 1111 | 应收票据 | 32 | 2206 | 应交税费 |
| 7 | 1121 | 应收账款 | 33 | 2209 | 其他应付款 |
| 8 | 1122 | 其他应收款 | 34 | 2301 | 预提费用 |
| 9 | 1131 | 坏账准备 | 35 | 2501 | 长期借款 |
| 10 | 1141 | 预付账款 | 36 | 2502 | 长期应付款 |
| 11 | 1201 | 存货 | 37 | 2503 | 预计负债 |
| 12 | 1202 | 存货跌价准备 | 38 | 2601 | 受托代理负债 |
| 13 | 1301 | 待摊费用 |  |  | 三、净资产类 |
| 14 | 1401 | 长期股权投资 | 39 | 3101 | 非限定性净资产 |
| 15 | 1402 | 长期债权投资 | 40 | 3102 | 限定性净资产 |
| 16 | 1403 | 其他长期投资 | 41 | 3201 | 以前年度净资产调整 |
| 17 | 1421 | 长期投资减值准备 |  |  | 四、收入类 |
| 18 | 1501 | 固定资产 | 42 | 4101 | 捐赠收入 |
| 19 | 1502 | 累计折旧 | 43 | 4201 | 会费收入 |
| 20 | 1505 | 在建工程 | 44 | 4301 | 提供服务收入 |

续表

| 顺序号 | 编号 | 名　称 | 顺序号 | 编号 | 名　称 |
|---|---|---|---|---|---|
| 21 | 1506 | 文物资源 | 45 | 4401 | 政府补助收入 |
| 22 | 1509 | 固定资产清理 | 46 | 4501 | 商品销售收入 |
| 23 | 1601 | 无形资产 | 47 | 4601 | 投资收益 |
| 24 | 1602 | 累计摊销 | 48 | 4701 | 总部拨款收入 |
| 25 | 1701 | 长期待摊费用 | 49 | 4901 | 其他收入 |
| 26 | 1801 | 受托代理资产 | | | **五、费用类** |
| | | | 50 | 5101 | 业务活动成本 |
| | | | 51 | 5201 | 税金及附加 |
| | | | 52 | 5301 | 管理费用 |
| | | | 53 | 5401 | 筹资费用 |
| | | | 54 | 5501 | 资产减值损失 |
| | | | 55 | 5601 | 所得税费用 |
| | | | 56 | 5901 | 其他费用 |

# 第二节　民间非营利组织会计的资产、负债和净资产

## 一、资产

### (一) 流动资产

流动资产是指预期可以在一年内(含一年)变现或者耗用的资产,包括货币资金、短期投资、应收款项、预付账款、存货和待摊费用等。流动资产按照是否具有货币性,又可以分为货币性资产和非货币性资产。货币性资产是指持有的现金及以固定的或可确定金额的货币收取的资产,包括现金、银行存款、应收账款、应收票据以及准备持有至到期的债券投资等。非货币性资产是指货币性资产以外的资产,包括存货、固定资产、无形资产、股权投资以及不准备持有至到期的债券投资等。民间非营利组织会计中流动资产的核算与管理基本与我国的企业会计中的流动资产一致。

1. 存货

存货是民间非营利组织在日常业务中持有的以备出售或捐赠的,或者为了出售或捐赠仍处在生产过程中的,或者将在生产、提供服务或日常管理过程中耗用的材料、物资、商品等,包

括材料、库存商品、委托加工材料,以及达不到固定资产标准的工具、器具等。

取得存货时,存货采取按实际成本计价。其实际成本的构成如下:采购成本、加工成本、其他成本。其中,采购成本包括实际支付的采购价款、相关税费、运输费、装卸费、保险费以及可直接用于存货采购的费用。存货在发出时,应当根据实际情况采用个别计价法、先进先出法或者加权平均法,确定发出存货的实际成本。

与其他经营性企业不同的是,税务机关通常将民间非营利组织认定为"小规模纳税人",民间非营利组织购入存货时,不管是取得增值税普通发票,还是增值税专用发票,都应当将增值税作为存货的实际成本。

为了反映和监督民间非营利组织的存货,设置"存货"科目。该科目的核算同企业会计的核算方法相似。

2. 存货跌价准备

为了正确反映民间非营利组织存货跌价准备的提取情况,应设置"存货跌价准备"账户。该账户是"存货"的备抵账户,是资产类调整账户,贷方登记已计提的可变现净值低于账面价值的金额,借方登记存货跌价准备的转销金额。期末,余额一般在贷方,反映民间非营利组织已计提的存货跌价准备。

民间非营利组织应当定期或者至少于每年年度终了,对存货是否发生了减值进行检查。如果发生了减值,应当计提存货跌价准备。如果已计提跌价准备的存货价值在以后期间得以恢复,则应当在已计提跌价准备的范围内部分或全部转回已确认的跌价损失,冲减当期费用。

如果存货的期末可变现净值低于账面价值,按照可变现净值低于账面价值的差额,借记"资产减值损失——存货跌价损失"科目,贷记本科目。如果以前期间已计提跌价准备的存货价值在当期得以恢复,即存货的期末可变现净值高于账面价值,按照可变现净值高于账面价值的差额,在原已计提跌价准备的范围内,借记本科目,贷记"资产减值损失——存货跌价损失"科目。

(二) 长期投资

长期投资是指民间非营利组织利用货币、实物、无形资产等方式向其他单位的投资。民间非营利组织进行长期投资的主要目的是:(1) 为了积累大额资金以促进科技、教育、卫生、体育等资源的合理配置,提高资产的使用价值;(2) 为了达到控制或影响被投资单位财务和决策的目的。

长期投资,按照投资性质分为权益性投资、债权性投资和混合性投资;按照投资目的,一般分为短期投资和长期投资;按投资形式,一般分为货币投资、实物投资、无形资产投资。

民间非营利组织会计设置"长期股权投资""长期债权投资""其他长期投资"科目。长期股权投资应当采用成本法核算。

(三) 固定资产及累计折旧

固定资产,是指为行政管理、提供服务、生产商品或者出租目的而持有的,预计使用年限超过1年,单位价值较高的有形资产。

固定资产应按其取得时的实际成本作为入账价值。取得时的实际成本包括买价、包装费、运输费、缴纳的有关税金等相关费用,以及为使固定资产达到预定可使用状态前所必要的支出。

非营利组织核算固定资产应设置"固定资产""累计折旧""固定资产清理"等科目。其具体核算方法与企业会计中固定资产的核算方法相似,在此不做详细介绍。

### （四）无形资产

无形资产，是指民间非营利组织为开展业务活动、出租给他人或为管理目的而持有的、没有实物形态的非货币性长期资产，包括专利权、非专利技术、商标权、著作权、土地使用权等。

为了核算民间非营利组织的无形资产增减变动及结存情况，设置"无形资产"科目。该科目属于资产类科目，借方登记无形资产的增加，贷方登记无形资产的减少及摊销价值，期末借方余额反映民间非营利组织无形资产的账面余额。该科目按照无形资产类别设置明细账，进行明细核算。

非营利组织核算无形资产应设置"无形资产""累计摊销"科目，其具体核算同企业会计核算方法相似，在此不做详细解释。

### （五）文物资源

文物资源是指按照《中华人民共和国文物保护法》等有关法律、行政法规规定被认定为文物的有形资产，以及尚未被认定为文物的古籍等藏品。

为了核算文物资源增减变动及结存情况，设置"文物资源"科目。该科目属于资产类科目，借方登记文物资源的增加额，贷方登记文物资源的减少额；期末借方余额反映期末文物资源的金额。其明细账按文物资源类型设置。

文物资源一般采用历史成本进行计量，无法取得成本的，按照名义金额计量。文物资源不计提折旧，文物资源本体的修复修缮支出，在发生时计入费用。对于文物资源撤销退出等业务，在履行相关报批程序后，参照固定资产清理进行会计处理。

其他未纳入文物资源范围的图书档案、艺术品、标本模型等，应当按照存货、固定资产进行会计处理。

### （六）受托代理资产

受托代理资产是指民间非营利组织接受委托方委托从事受托代理业务而从委托方取得的资产。在受托代理业务过程中，民间非营利组织通常只是从委托方收到受托资产，并按照委托人的意愿将资产转赠给指定的其他组织或个人，或者按照有关规定将资产转交给指定的其他组织或者个人，民间非营利组织本身不拥有受托资产的所有权和使用权，它只是在委托代理过程中起中介作用。

受托代理资产的确认和计量原则依照民间非营利组织接受捐赠资产的确认和计量原则。必须明确的是，民间非营利组织在确认一项受托代理资产时，应当同时确认一项受托代理负债。

为了核算民间非营利组织接受委托方从事委托代理业务而收到的资产，设置"受托代理资产"账户。该账户属于资产类账户，借方登记受托代理资产的增加，贷方登记受托代理资产的减少，期末余额在借方，反映民间非营利组织尚未转出的受托代理资产价值。

民间非营利组织应当设置"受托代理资产登记簿"，并根据具体情况设置明细账，进行明细核算。

1. 收到受托代理资产时，按照应确认的入账金额，借记本科目，贷记"受托代理负债"科目。

2. 转赠或者转出受托代理资产，按照转出受托代理资产的账面余额，借记"受托代理负债"科目，贷记本科目。民间非营利组织从事受托代理业务时发生的应归属于其自身的相关税费、运输费等，应当计入当期费用，借记"其他费用"科目，贷记"银行存款"等科目。

3. 民间非营利组织收到的受托代理资产如果为现金、银行存款或其他货币资金，可以不通过本科目核算,而在"现金""银行存款""其他货币资金"科目下设置"受托代理资产"明细科目进行核算。即在取得这些受托代理资产时,借记"现金——受托代理资产""银行存款——受托代理资产""其他货币资金——受托代理资产"科目,贷记"受托代理负债"科目;在转赠或者转出受托代理资产时,借记"受托代理负债"科目,贷记"现金——受托代理资产""银行存款——受托代理资产""其他货币资金——受托代理资产"科目。

**【例 20 - 1】** 某民间非营利组织收到海外校友基金会受托代理的货币 1 000 000 元,准备用于建立一专项科研资助基金。该组织根据有关凭证,编制如下会计分录:

借:银行存款——受托代理资产　　　　　　　　　　　　1 000 000
　　贷:受托代理负债　　　　　　　　　　　　　　　　　　1 000 000

转出受托代理资产时,编制如下会计分录:

借:受托代理负债　　　　　　　　　　　　　　　　　　1 000 000
　　贷:银行存款——受托代理资产　　　　　　　　　　　　1 000 000

## 二、负债

### (一) 流动负债

流动负债是指将在 1 年内(含 1 年)偿还的负债,包括短期借款、应付款项、应付职工薪酬、应交税费、预收账款、预提费用等。

上述科目的具体核算与企业会计的核算相似,在此不做详细介绍。

### (二) 长期负债

长期负债是指偿还期限在 1 年以上(不含 1 年)的负债,包括长期借款、长期应付款、预计负债和其他长期负债。

1. 长期借款,是指民间非营利组织向银行或其他金融机构等借入的期限在一年以上(不含一年)的各种借款。

2. 长期应付款,主要是指民间非营利组织融资租入固定资产发生的应付租赁费。

3. 预计负债,是指民间非营利组织对因或有事项所产生的现时义务而确认的负债。

4. 其他长期负债,是指除长期借款和长期应付款以外的长期负债。

我国《民间非营利组织会计制度》规定,长期借款的借款费用应当在发生时计入当期费用。但是,为购建固定资产而发生的专门借款的借款费用在规定的允许资本化的期间内,应当按照专门借款的借款费用的实际发生额予以资本化,计入在建工程成本。

### (三) 受托代理负债

受托代理负债,是指民间非营利组织因从事受托代理业务、接受受托代理资产而产生的负债。受托代理负债应当按照相对应的受托代理资产的金额予以确认和计量。

为了核算和监督民间非营利组织因接受受托代理资产的同时所形成的债务,应设置"受托代理负债"账户,该账户属于负债类结算账户,贷方登记受托代理负债的增加额,借方登记受托代理负债的减少额。期末贷方余额,反映民间非营利组织尚未清偿的受托代理负债。

本科目应当按照指定的受赠组织或个人,或者指定的应转交的组织或个人设置明细账,进行明细核算。

收到受托代理资产,按照应确认的入账金额,借记"受托代理资产"科目,贷记本科目。转赠或者转出受托代理资产,按照转出受托代理资产的账面余额,借记本科目,贷记"受托代理资产"科目。

【例 20-2】 某民间非营利组织收到海外华侨捐赠物资一批,用于帮助贫困家庭入学儿童,价值 20 000 元。根据捐赠协议,已将物资转赠到西南某省当地扶贫组织。根据有关凭证,编制如下会计分录:

1. 收到受托代理资产时:

借:受托代理资产　　　　　　　　　　　　　　　　　　　　　　　20 000
　　贷:受托代理负债　　　　　　　　　　　　　　　　　　　　　　　　20 000

2. 转赠受托代理资产时:

借:受托代理负债　　　　　　　　　　　　　　　　　　　　　　　20 000
　　贷:受托代理资产　　　　　　　　　　　　　　　　　　　　　　　　20 000

## 三、净资产

由于民间非营利组织的开办人不具有投资回报的要求权,即民间非营利组织没有明确的所有者,相应地也没有针对出资者的分配,因此,其净资产主要来源于社会捐赠、会费收入、政府补助、组织运转结余等不需要偿还的资金。从法律上讲,民间非营利组织的净资产归属于社会,任何人不能分割民间非营利组织的净资产。

为了恰当核算民间非营利组织来自不同资金来源的净资产,一般按其使用是否受到限制,分为限定性资产和非限定性资产。

### (一)限定性净资产

1. 限定性净资产的概念

如果资产或者资产所产生的经济利益(如资产的投资收益和利息等)的使用受到资产提供者或者国家有关法律、行政法规所设置的时间限制或(和)用途限制,则由此形成的净资产就是限定性资产。国家有关法律、行政法规对净资产的使用直接设置限制的,该受限制的净资产也是限定性净资产。

2. 限定性净资产的管理

本制度所称的限制,是指资产提供者或者国家有关法律、行政法规所设置的,比民间非营利组织的宗旨、目的或章程等关于资产使用的要求更具体明确的限制。

(1)时间限制,是指资产提供者或者国家有关法律、行政法规要求民间非营利组织在收到资产后的特定时期之内或特定日期之后使用该项资产,或者对资产的使用设置了永久限制。

(2)用途限制,是指资产提供者或者国家有关法律、行政法规要求民间非营利组织将收到的资产用于某一特定的用途。例如,接受捐赠的赈灾物资只能用于赈灾。

(3)时间限制和用途限制两者兼具。有些捐赠者要求将其捐赠的资产必须在某一特定期间用于某一特定用途。如某捐赠人在 2024 年向某民办非营利小学捐赠了 30 000 元,但要求该小学在 2025 年之后将该笔捐款用于该校招收的孤儿的教育,则该笔捐款既有时间限制又有用途限制。

如果资产或者资产所产生的经济利益的使用受到限制,使用时按照实际用于时间限制或用途限制的相关资产金额计入相关限定性费用,期末转入限定性净资产。如果限定性净资产的限制已经完全解除,应当对净资产重新进行分类,将限定性净资产转为非限定性净资产。

3. 限定性净资产的核算

为了核算民间非营利组织的限定性资产,设置"限定性净资产"科目。该科目属于净资产类科目，其贷方登记期末将限定性收入转入数，借方登记限定性费用的转入数和将限定性净资产转为非限定性净资产的数额，期末贷方余额反映民间非营利组织历年结存的限定性净资产。

期末，将各收入类科目所属"限定性收入"明细科目的余额转入本科目，借记"捐赠收入——限定性收入""政府补助收入——限定性收入"等科目，贷记本科目。同时，将各费用类科目所属"限定性费用"明细科目的余额转入本科目，借记本科目，贷记"业务活动成本——限定性费用""管理费用——限定性费用"等科目。

如果限定性净资产的限制已经完全解除，应当对净资产进行重新分类，将限定性净资产转为非限定性净资产，借记本科目，贷记"非限定性净资产"科目。

如果因调整以前期间收入、费用项目而涉及调整限定性净资产的，应当就调整后"以前年度净资产调整"涉及限定性净资产的科目余额转入本科目，借记或贷记"以前年度净资产调整"科目，贷记或借记本科目。

### （二）非限定性净资产

1. 非限定性净资产的概念

非限定性资产，是指资产提供者或者国家有关法律、行政法规对资产或者资产经济利益的使用未提出任何限制条件而形成的净资产，即除了限定性净资产以外的其他净资产。它是民间非营利组织报告期内净资产总额减去该期内限定性净资产后的余额。

2. 非限定性净资产的管理

民间非营利组织可以自主调配使用非限定性净资产。其一般来源于非营利组织提供服务的收入、销售商品的收入、向会员收取的会费收入以及对外投资收到的股利和利息，扣除为取得上述收入而发生的费用后的资金净流入。

3. 非限定性净资产的具体核算

为了反映和监督非限定性净资产的增减变动情况，民间非营利组织设置"非限定性净资产"账户。该账户为净资产类账户，其贷方登记期末从各收入类账户所属的"非限定性收入"明细账户转来的当期实际发生额以及当限定性净资产的限制解除时从"限定性净资产"账户的借方转入的数额；借方登记从各费用类账户所属的"非限定性费用"明细账户转入的当期实际发生额；期末贷方余额反映民间非营利组织历年积存的非限定性净资产。

期末，将各收入类科目所属"非限定性收入"明细科目的余额转入本科目，借记"捐赠收入——非限定性收入""会费收入——非限定性收入""提供服务收入——非限定性收入""政府补助收入——非限定性收入""商品销售收入——非限定性收入""投资收益——非限定性收入""总部拨款收入——非限定性收入""其他收入——非限定性收入"科目，贷记本科目。同时，将各费用类科目下的"非限定性费用"明细科目余额转入本科目，借记本科目，贷记"业务活动成本""税金及附加""资产减值损失""所得税费用""管理费用""筹资费用""其他费用"科目。

如果限定性净资产的限制已经完全解除，应当对净资产进行重新分类，将限定性净资产转为非限定性净资产，借记"限定性净资产"科目，贷记本科目。

如果因调整以前期间收入、费用项目而涉及调整非限定性净资产的，应当就调整后"以前年度净资产调整"涉及非限定性净资产的科目余额转入本科目，借记或贷记"以前年度净资产调整"科目，贷记或借记本科目。

如果根据国家有关法律、行政法规提取风险准备金、专项资金或基金等，应当按照实际提取金额，借记本科目，贷记"限定性净资产"科目。

## 第三节 民间非营利组织会计的收入和费用

### 一、收入

**(一) 收入的概念和构成**

收入是指民间非营利组织开展业务活动取得的、导致本期净资产增加的经济利益或服务潜力的流入,包括捐赠收入、会费收入、提供服务收入、政府补助收入、投资收益、总额拨款收入、商品销售收入等主要业务活动收入和其他收入。

1. 捐赠收入,是指民间非营利组织接受其他单位或者个人捐赠所取得的收入。
2. 会费收入,是指民间非营利组织根据章程等的规定向会员收取的会费。
3. 提供服务收入,是指民间非营利组织根据章程等规定向其服务对象提供服务取得的收入,包括学费收入、医疗费收入、培训收入、承接政府购买服务等。
4. 政府补助收入,是指民间非营利组织接受政府拨款或者政府机构给予的补助而取得的收入。该补助是无偿的,不需要向政府交付商品或服务等对价。
5. 商品销售收入,是指民间非营利组织销售商品所形成的收入。
6. 投资收益,是指民间非营利组织因对外投资取得的投资净收益。
7. 总部拨款收入,是指境外非政府组织代表机构从其总部取得的拨款收入。
8. 其他收入,是指除了上述七类收入外的其他收入。

**(二) 收入的核算**

民间非营利组织各收入,根据资金提供者是否从时间或(和)用途上设定一定的限制而分为限定性收入和非限定性收入。会费收入、提供服务收入、商品销售收入、投资收益、总部拨款收入等一般为非限定性收入,除非相关资产提供者对资产的使用设置了限制。民间非营利组织的捐赠收入和政府补助收入,应当视相关资产提供者对资产的使用是否设置了限制,分别限定性收入和非限定性收入进行核算。

民间非营利组织在确认收入时,应当区分交换交易所形成的收入和非交换交易所形成的收入,两者确认的条件不一样。交换交易是指按照等价交换原则所从事的交易,如按照等价交换原则销售商品、提供劳务等;非交换交易是指除交换交易之外的交易,如捐赠、政府补助等。

期末,民间非营利组织应当将本期限定性收入和非限定性收入分别结转至净资产项下的限定性净资产和非限定性净资产。

期末结转后,收入类科目应无余额。

1. 捐赠收入和政府补助收入

为了核算民间非营利组织接受其他单位或者个人捐赠所取得的收入,设置"捐赠收入"科目。民间非营利组织因受托代理业务而从委托方收到的受托代理资产,不在本科目核算。为了核算民间非营利组织因为政府拨款或者政府机构给予的补助而取得的收入设置"政府补助收入"。

(1) 接受捐赠或者政府补助,按照应确认的金额,借记"现金""银行存款"等科目,贷记本科目"限定性收入"或"非限定性收入"明细科目。

接受的服务收入,按照应确认的金额,借记"业务活动成本""管理费用"等科目,贷记本科目"限定性收入"或"非限定性收入"明细科目。

(2) 如果限定性捐赠收入或者政府补助收入的限制在确认收入的当期得以完全解除,应当将其转为非限定性捐赠收入,借记本科目"限定性收入"明细科目,贷记本科目"非限定性收入"明细科目。

(3) 期末,将本科目各明细科目的余额分别转入限定性净资产和非限定性净资产,借记本科目"限定性收入"明细科目,贷记"限定性净资产"科目,借记本科目"非限定性收入"明细科目,贷记"非限定性净资产"科目。

2. 商品销售收入

为了核算和监督民间非营利组织销售商品等所形成的收入,设置"商品销售收入"。本科目应当按照商品的种类设置明细账,进行明细核算。

民间非营利组织应当在满足规定的收入确认条件时确认商品销售收入。具体核算方法与企业会计相似,在此不做详细解释。

3. 会费收入

为了核算民间非营利组织根据章程等规定向会员收取的会费收入,设置"会费收入"账户。本科目应当按照会费种类(如团体会费、个人会费等)设置明细账,进行明细核算。

向会员收取会费,在满足收入确认条件时,借记"现金""银行存款""应收账款"等科目,贷记本科目"非限定性收入"明细科目。如果存在限定性会费收入,应当贷记本科目"限定性收入"明细科目。期末结转参照捐赠收入。

4. 提供服务收入

"提供服务收入"科目核算民间非营利组织根据章程等的规定向其服务对象提供服务取得的收入,包括学费收入、医疗费收入、培训收入、承接政府购买服务等。本科目应当按照提供服务的种类设置明细账,进行明细核算。提供服务收入主要发生在各类社会服务机构,也可以发生在其他类型的民间非营利组织。

提供服务取得收入时,按照实际收到或应当收取的价款,借记"现金""银行存款""应收账款"等科目,按照应当确认的提供服务收入金额,贷记本科目,按照预收的价款,贷记"预收账款"科目。在以后期间确认提供服务收入时,借记"预收账款"科目,贷记本科目"非限定性收入"明细科目。如果存在限定性提供服务收入,应当贷记本科目"限定性收入"明细科目。期末结转参照捐赠收入。

5. 投资收益

"投资收益"科目核算民间非营利组织因对外投资取得的投资净损益。

出售短期投资或到期收回债券本息,按照实际收到的金额,借记"银行存款"科目,按照已计提的减值准备,借记"短期投资跌价准备"科目,按照所出售或收回短期投资的账面余额,贷记"短期投资"科目,按照未领取的现金股利或利息,贷记"其他应收款"科目,按照其差额,借记或贷记本科目。

民间非营利组织因进行长期股权投资、长期债权投资、其他长期投资而取得的投资收益的日常核算与企业会计相似,在此不做详细解释。期末结转参照捐赠收入。

6. 其他收入

为了监督和核算民间非营利组织除捐赠收入、会费收入、提供服务收入、商品销售收入、政府补助收入、投资收益、总部拨款收入等主要业务活动收入以外的其他收入,如存款利息、确实无法支付的应付款项、存货盘盈、固定资产盘盈、固定资产处置净收入、无形资产处置净收入等,设置"其他收入"账户。本科目应当按照其他收入种类设置明细账,进行明细核算。

现金、存货、固定资产等盘盈的,根据管理权限报经批准后,借记"现金""存货""固定资产""文物资源"等科目,贷记本科目"非限定性收入"明细科目。如果存在限定性其他收入,应当贷记本科目"限定性收入"明细科目。

对于固定资产处置净收入,借记"固定资产清理"科目,贷记本科目。对于无形资产处置净收入,按照实际取得的价款,借记"银行存款"等科目;按照该项无形资产的账面余额,贷记"无形资产"科目;按照其差额,贷记本科目。

确认无法支付的应付款项,借记"应付账款"等科目,贷记本科目。在非货币性交易中收到补价情况下应确认的损益,借记有关科目,贷记"其他收入"科目。期末结转参照捐赠收入。

## 二、费用

### (一) 费用的概念

民间非营利组织在业务经营过程中,必然要发生各种耗费,包括人工或劳动的耗费、机器设备等劳动手段的耗费,以及原材料等劳动对象的耗费。《民间非营利组织会计制度》规定,费用是指民间非营利组织为开展业务活动所发生的,导致本期净资产减少的经济利益或者服务潜力的流出。费用根据其功能主要分为业务活动成本、税金及附加、管理费用、筹资费用、资产减值损失、所得税费用和其他费用等。

### (二) 费用的分类

根据会计核算的需要,按照费用性质主要分为以下几类:

1. 业务活动成本,是指民间非营利组织为了实现其业务活动目标、开展其项目活动或者提供服务所发生的费用,如基金会发生的项目支出,民办学校发生的教学支出、科研成本,社会团体的项目服务费、会员服务费、产品销售成本等。

2. 税金及附加,是指民间非营利组织业务活动发生的消费税、城市维护建设税、资源税、教育费附加、房产税、城镇土地使用税、车船税、印花税等相关税费。

3. 管理费用,是指民间非营利组织为组织和管理其业务活动所发生的各项费用,包括民间非营利组织理事会或者类似权力机构经费和行政管理人员的工资、奖金、福利费、住房公积金、住房补贴、社会保障费、残保金、离退休人员工资及补助,以及办公费、水电费、邮电费、物业管理费、差旅费、折旧费、修理费、租赁费、无形资产摊销费、资产盘亏损失、因预计负债所产生的损失、聘请中介机构费和因民间非营利组织自身原因应偿还的受赠资产或政府补助资产等。

4. 筹资费用,是指民间非营利组织为筹集业务活动所需资金而发生的费用,包括民间非营利组织为了获得捐赠资产而发生的费用,以及应当计入当期费用的借款费用、汇兑损失(减汇兑收益)等。民间非营利组织为了获得捐赠资产而发生的费用包括举办募款活动费,准备、印刷和发放募款宣传资料费,以及其他与募款或者争取捐赠资产有关的费用。

5. 资产减值损失,是指民间非营利组织计提各项资产减值准备所形成的损失。

6. 所得税费用,是指有企业所得税缴纳义务的民间非营利组织按规定缴纳企业所得税所形成的费用。

7. 其他费用,是指民间非营利组织发生的、无法归属到上述费用中的费用,包括固定资产处置净损失、无形资产处置净损失等。

### (三) 费用的核算

民间非营利组织的某些费用如果属于多项业务活动或者属于业务活动、管理活动和筹资活动等共同发生的,而且不能直接归属于某一类活动,应当将这些费用按照合理的方法在各项活动中进行分配。

民间非营利组织发生的业务活动成本、税金及附加、管理费用、筹资费用、所得税费用和其他费用,应当在发生时按其发生额计入当期费用。

民间非营利组织对于各项费用应当按是否存在限定,区分为非限定性费用和限定性费用进行核算。如果资产提供者对资产的使用设置了时间限制或者(和)用途限制,则所确认的相关费用为限定性费用;除此之外,为非限定性费用。

期末,民间非营利组织应当将本期限定性费用结转至净资产项下的限定性净资产,非限定性费用结转至净资产项下的非限定性净资产,作为净资产的减项。

#### 1. 业务活动成本

"业务活动成本"科目核算民间非营利组织为了实现其业务活动目标、开展其项目活动或者提供服务所发生的费用,包括设立与实现本组织业务活动目标相关的民间非营利组织的出资。

如果民间非营利组织从事的项目、提供的服务或者开展的业务比较单一,可以将相关费用全部归集在"业务活动成本"项目下进行核算和列报;如果民间非营利组织从事的项目、提供的服务或者开展的业务种类较多,民间非营利组织应当在"业务活动成本"项目下分别项目、服务或者业务大类进行核算和列报。

发生的业务活动成本,借记本科目,贷记"现金""银行存款""存货""应付账款"等科目。民间非营利组织收到退回的捐赠资产,按照退回的金额,借记"现金""银行存款""存货""应付账款"等科目,贷记本科目。

#### 2. 管理费用

"管理费用"科目核算民间非营利组织为组织和管理其业务活动所发生的各项费用。

现金、存货、固定资产等盘亏,根据管理权限报经批准后,按照相关资产账面价值扣除可以收回的保险赔偿和过失人的赔偿等后的金额,借记本科目,按照可以收回的保险赔偿和过失人赔偿等,借记"现金""银行存款""其他应收款"等科目,按照已提取的累计折旧,借记"累计折旧"科目,按照相关资产的账面余额,贷记相关资产科目。

提取行政管理用固定资产折旧,借记本科目,贷记"累计折旧"科目。无形资产摊销时,借记本科目,贷记"累计摊销"科目。

发生的应归属于管理费用的应付职工薪酬、应交税费等,借记本科目,贷记"应付职工薪酬""应交税费"等科目。

对于因确认预计负债而确认的损失,借记本科目,贷记"预计负债"科目。发生的其他管理费用,借记本科目,贷记"现金""银行存款"等科目

#### 3. 筹资费用

"筹资费用"科目核算民间非营利组织为筹集业务活动所需资金而发生的费用。本科目应当按照筹资费用种类设置明细账,进行明细核算。

发生的筹资费用,借记本科目,贷记"预提费用""银行存款""长期借款"等科目。发生的应冲减筹资费用的利息收入、汇兑收益,借记"银行存款""长期借款"等科目,贷记本科目。

4. 资产减值损失

"资产减值损失"科目核算民间非营利组织计提各项资产减值准备所形成的损失。

因提取短期投资、应收款项、存货、长期投资、固定资产、无形资产等资产减值准备而确认的资产减值损失,借记本科目,贷记相关资产减值准备科目。冲减或转回资产减值准备时,按照转回的金额,借记相关资产减值准备科目,贷记本科目。

## 第四节 民间非营利组织会计的财务会计报告

财务会计报告是反映民间非营利组织某一特定日期的财务状况和某一会计期间的业务活动情况和现金流量等会计信息的书面文件,主要包括会计报表、会计报表附注和其他应当在财务会计报告中披露的相关信息和资料组成。会计报表主要包括:资产负债表、业务活动表、现金流量表三张主表及各种附表,见表 20-2。

表 20-2　　　　　　　　　　　民间非营利组织会计报表

| 编　号 | 报表名称 | 编　　制　　期 |
| --- | --- | --- |
| 会民非 01 表 | 资产负债表 | 中期报告、年度报告 |
| 会民非 02 表 | 业务活动表 | 中期报告、年度报告 |
| 会民非 03 表 | 现金流量表 | 年度报告 |

财务会计报告分为年度报告和中期报告。以短于一个完整的会计年度的期间(如半年度、季度和月度)编制的财务会计报告称为中期财务会计报告。年度财务会计报告则是以整个会计年度为基础编制的财务会计报告。

### 一、会计报表的主要内容

#### (一) 资产负债表

资产负债表是反映民间非营利组织某一会计期末全部资产、负债和净资产情况的报表。资产负债表根据"资产=负债+所有者权益"的会计等式,按照一定的分类标准和一定的顺序,把民间非营利组织一定日期的资产、负债和净资产项目予以适当排列。资产负债表表明民间非营利组织在特定日期所拥有或控制的资产、所承担的债务以及净资产的存量,属于静态报表。

资产负债表通常包括表头和基本内容两部分。其中,表头主要包括资产负债表的名称、编制单位、编制日期和金额单位;基本内容主要包括各项资产、负债和净资产各项目的年初数和期末数,并且按照账户设计资产负债表,即报表分为左方和右方,资产项目在左边,负债及净资产项目在右边。左方资产各项目合计等于负债和净资产各项目的合计,基本格式见表 20-3。

表 20-3  资产负债表  会民非 01 表

编制单位：　　　　　　　　　　　年　月　日　　　　　　　　　　　单位：元

| 资　产 | 年初余额 | 期末余额 | 负债和净资产 | 年初余额 | 期末余额 |
|---|---|---|---|---|---|
| **流动资产：** | | | **流动负债：** | | |
| 　货币资金 | | | 　短期借款 | | |
| 　短期投资 | | | 　应付款项 | | |
| 　应收款项 | | | 　应付职工薪酬 | | |
| 　预付账款 | | | 　应交税费 | | |
| 　存货 | | | 　预收账款 | | |
| 　待摊费用 | | | 　预提费用 | | |
| 　一年内到期的长期债权投资 | | | 　一年内到期的长期负债 | | |
| 　其他流动资产 | | | 　其他流动负债 | | |
| **　流动资产合计** | | | **　流动负债合计** | | |
| | | | | | |
| **非流动资产：** | | | **长期负债：** | | |
| 　长期投资： | | | 　长期借款 | | |
| 　　长期股权投资 | | | 　长期应付款 | | |
| 　　长期债权投资 | | | 　预计负债 | | |
| 　　其他长期投资 | | | 　其他长期负债 | | |
| 　　长期投资合计 | | | **　长期负债合计** | | |
| 　固定资产： | | | | | |
| 　　固定资产原价 | | | **受托代理负债：** | | |
| 　　减：累计折旧 | | | 　受托代理负债 | | |
| 　　固定资产净值 | | | | | |
| 　　在建工程 | | | **负债合计** | | |
| 　　固定资产清理 | | | | | |
| 　　固定资产合计 | | | **净资产：** | | |
| 　文物资源 | | | 　非限定性净资产 | | |
| 　无形资产： | | | 　限定性净资产 | | |
| 　　无形资产原价 | | | **净资产合计** | | |

续表

| 资　　产 | 年初余额 | 期末余额 | 负债和净资产 | 年初余额 | 期末余额 |
|---|---|---|---|---|---|
| 减：累计摊销 | | | | | |
| 无形资产净值 | | | | | |
| 长期摊销费用 | | | | | |
| **非流动资产合计** | | | | | |
| | | | | | |
| 受托代理资产： | | | | | |
| 受托代理资产 | | | | | |
| | | | | | |
| **资产总计** | | | **负债和净资产总计** | | |

## （二）业务活动表

业务活动表是反映民间非营利组织在某一会计期间内开展业务活动实际情况的报表。业务活动表是民间非营利组织主要报表之一，通过业务活动表能够判断民间非营利组织的业务活动成果，评价业绩。

业务活动表的主要内容包括：构成收入的各项要素，包括捐赠收入、会费收入、提供服务收入、商品销售收入、政府补助收入、总部拨款收入、投资收益和其他收入；构成费用的各项要素，包括业务活动成本、税金及附加、管理费用、筹资费用、资产减值损失、所得税费用和其他费用；限定性净资产转为非限定性净资产的金额；非限定性净资产转为限定性净资产；以前年度净资产调整；上述收入减去费用，得到本期净资产的变动额。其中各种收入和费用又分限定性和非限定性列示。（见表 20-4）。

表 20-4　　　　　　　　　　　　　业务活动表　　　　　　　　　　　　　会民非 02 表
编制单位：　　　　　　　　　　　　年　月　　　　　　　　　　　　　单位：元

| 项　　目 | 本月数 |||  本年累计数 |||
|---|---|---|---|---|---|---|
| | 非限定性 | 限定性 | 合计 | 非限定性 | 限定性 | 合计 |
| 一、收入 | | | | | | |
| 捐赠收入 | | | | | | |
| 会费收入 | | | | | | |
| 提供服务收入 | | | | | | |
| 商品销售收入 | | | | | | |
| 政府补助收入 | | | | | | |

续表

| 项目 | 本月数 ||| 本年累计数 |||
|---|---|---|---|---|---|---|
| | 非限定性 | 限定性 | 合计 | 非限定性 | 限定性 | 合计 |
| 总部拨款收入 | | | | | | |
| 投资收益 | | | | | | |
| 其他收入 | | | | | | |
| 收入合计 | | | | | | |
| 二、费用 | | | | | | |
| 业务活动成本 | | | | | | |
| 其中： | | | | | | |
| | | | | | | |
| | | | | | | |
| 税金及附加 | | | | | | |
| 管理费用 | | | | | | |
| 筹资费用 | | | | | | |
| 资产减值损失 | | | | | | |
| 所得税费用 | | | | | | |
| 其他费用 | | | | | | |
| 费用合计 | | | | | | |
| 三、限定性净资产转为非限定性净资产 | | | | | | |
| 四、非限定性净资产转为限定性净资产 | | | | | | |
| 五、以前年度净资产调整 | | | | | | |
| 六、净资产变动额（若为减少额，则以"—"填列） | | | | | | |

### （三）现金流量表

现金流量表是反映民间非营利组织在某一会计期间内现金和现金等价物的流入和流出信息的报表。它是民间非营利组织对外报送的三张主报表之一，该报表属于年度报告。

现金流量表中的现金，是指民间非营利组织的库存现金以及可以随时用于支付的存款，包括现金、可以随时用于支付的银行存款和其他货币资金；现金等价物，是指民间非营利组织持有的期限短、流动性强、易于转换为已知金额现金、价值变动风险很小的投资（除特别指明外，以下所指的现金均包含现金等价物）。

民间非营利组织应当根据实际情况确定现金等价物的范围，并且一贯性地保持其划分标准;如果改变划分标准,应当视为会计政策变更。民间非营利组织确定现金等价物的原则及其变更,应当在会计报表附注中披露。

现金流量表应当按照业务活动产生的现金流量、投资活动产生的现金流量和筹资活动产生的现金流量分别反映。现金流量表所指的现金流量,是指现金的流入和流出。本表运用现金的流入和流出反映民间非营利组织某一会计期间内在现金基础上的财务状况变动情况,并且能够说明民间非营利组织的偿债能力和未来获取现金的能力等。

民间非营利组织应当采用直接法编制业务活动产生的现金流量。采用直接法编制业务活动现金流量时,有关现金流量的信息可以从会计记录中直接获得,也可以在业务活动表收入和费用数据基础上,通过调整存货和与业务活动有关的应收应付款项的变动、投资以及固定资产折旧、无形资产摊销等项目后获得(见表 20-5)。

表 20-5　　　　　　　　　　　　　　现金流量表　　　　　　　　　　　会民非 03 表
编制单位：　　　　　　　　　　　　　　　　年　　　　　　　　　　　　　　　单位：元

| 项　　目 | 本年金额 | 上年金额 |
|---|---|---|
| 一、业务活动发生的现金流量 | | |
| 　接受捐赠收到的现金 | | |
| 　收取会费收到的现金 | | |
| 　提供服务收到的现金 | | |
| 　销售商品收到的现金 | | |
| 　政府补助收到的现金 | | |
| 　收到的其他与业务活动有关的现金 | | |
| 　　　　现金流入小计 | | |
| 　提供捐赠或者资助支付的现金 | | |
| 　支付给员工以及为员工支付的现金 | | |
| 　购买商品、接受服务支付的现金 | | |
| 　各项税费支付的现金 | | |
| 　支付的其他与业务活动有关的现金 | | |
| 　　　　现金流出小计 | | |
| 　业务活动产生的现金流量净额 | | |
| 二、投资活动产生的现金流量 | | |
| 　收回投资所收到的现金 | | |
| 　取得投资收益所收到的现金 | | |

续表

| 项 目 | 本年金额 | 上年金额 |
| --- | --- | --- |
| 处置固定资产、无形资产和其他非流动资产所收回的现金 | | |
| 收到的其他与投资活动有关的现金 | | |
| 现金流入小计 | | |
| 购建固定资产、无形资产和其他非流动资产所支付的现金 | | |
| 对外投资所支付的现金 | | |
| 支付的其他与投资活动有关的现金 | | |
| 现金流出小计 | | |
| 投资活动产生的现金流量净额 | | |
| 三、筹资活动产生的现金流量 | | |
| 借款所收到的现金 | | |
| 收到的其他与筹资活动有关的现金 | | |
| 现金流入小计 | | |
| 偿还借款所支付的现金 | | |
| 偿付利息所支付的现金 | | |
| 支付的其他与筹资活动有关的现金 | | |
| 现金流出小计 | | |
| 筹资活动产生的现金流量净额 | | |
| 四、汇率变动对现金的影响额 | | |
| 五、现金及现金等价物净增加额 | | |

## 二、会计报表附注

会计报表附注,是为了便于会计报表使用者理解会计报表的内容而对会计报表的编制基础、编制依据、编制原则和方法及主要项目等所做的解释。民间非营利组织的会计报表附注至少应当披露以下内容:

(1) 会计报表编制基础及遵循民间非营利组织会计制度的声明。

(2) 重要会计政策及其变更情况的说明。

(3) 理事会或者类似权力机构成员和员工的数量、变动情况以及获得的薪金等报酬情况的说明。

(4) 分支机构、代表机构设立情况的说明，包括分支机构、代表机构名称、设立时间、负责人情况等。

(5) 会计报表重要项目及其增减变动情况的说明。

(6) 资产提供者设置了时间或用途限制的相关资产情况的说明。

(7) 受托代理业务情况的说明，包括受托代理资产的构成、计价基础和依据、用途等。

(8) 重大资产减值情况的说明。

(9) 公允价值无法可靠取得的受赠资产和其他资产的名称、数量、来源和用途等情况的说明。

(10) 文物资源（包括按照名义金额计量的文物资源）类型、数量、来源等情况的说明。

(11) 对外承诺和或有事项情况的说明。

(12) 接受服务捐赠情况的说明。

(13) 长期股权投资中对投资单位持有股份情况的说明，包括名称、股份取得方式、认缴金额及出资时间、实缴金额及出资时间、持股比例情况等。

(14) 对被投资单位具有控制、共同控制或重大影响的长期股权投资情况的说明，包括对被投资单位的影响程度及变动情况、持有股权的权益变动情况等。

(15) 担任慈善信托的委托人和受托人的情况，包括参与的所有慈善信托的设立、变更、终止、信托事务处理情况和财产状况等。

(16) 出资设立其他民间非营利组织情况的说明。

(17) 资产负债表日后非调整事项的说明。

(18) 关联方的说明，包括关联方关系的性质、交易类型及交易要素等。交易要素至少包括交易的金额，未结算项目的金额、条款和条件，未结算应收项目的坏账准备金额，定价政策等。

(19) 发生的重大差错更正的说明。

(20) 有助于理解和分析会计报表需要说明的其他事项。

# 复习思考题

1. 简述民间非营利组织的特征。
2. 民间非营利组织收入包括哪些？
3. 民间非营利组织支出包括哪些？
4. 民间非营利组织的受托资产如何核算？
5. 民间非营利组织的流动负债如何分类？
6. 民间非营利组织的受托代理负债如何核算？
7. 民间非营利组织的限定性净资产如何核算？
8. 民间非营利组织的财务会计报表有哪些主表，各自有什么作用？
9. 民间非营利组织的会计报表附注应披露哪些内容？

# 参考文献

1. 中华人民共和国财政部.《政府会计准则制度 2024 版》[M].上海：立信会计出版社,2024.
2. 中华人民共和国财政部.《政府会计准则》[M].上海：立信会计出版社,2018.
3. 中华人民共和国财政部.《政府会计制度——行政事业单位会计科目和报表》[M].北京：中国财政经济出版社,2017.
4. 中华人民共和国财政部.《2024 年政府收支分类科目》[M].上海：立信会计出版社,2023.
5. 中华人民共和国财政部.《财政总会计制度》[M].北京：经济科学出版社,2023.
6. 中华人民共和国财政部.《民间非营利组织会计制度 2024》.
7. 政府会计制度编审委员会.《政府会计制度实务案例详解》[M].北京：人民邮电出版社,2022.
8. 政府会计制度编审委员会.《政府会计准则制度精解》[M].北京：人民邮电出版社,2022.
9. 徐曙娜.《政府与非营利组织会计》[M].上海：上海财经大学出版社,2006.
10. 徐曙娜.《政府与非营利组织会计》(第二版)[M].上海：上海财经大学出版社,2010.
11. 徐曙娜.《政府与非营利组织会计》[M].上海：上海财经大学出版社,2020.
12. 徐曙娜.《2015 中国财政发展报告——中国政府综合财务报告制度研究》[M].北京：北京大学出版社,2015.
13. 管亚梅.《新编政府会计》(第 3 版)[M].北京：人民邮电出版社,2019.
14. 赵建勇.《政府与非营利组织会计》[M].北京：人民邮电出版社,2019.
15. 王晨明,周欣.《政府会计实务及案例解析》[M].上海：立信会计出版社,2018.
16. 张庆龙,王彦.《政府会计制度解读与操作实务指南》[M].北京：中国财政经济出版社,2018.
17. 王雍君.《政府预算会计问题研究》[M].北京：经济科学出版社,2004.
18. (美) 陈立齐,李建发.《国际政府会计准则及其发展评述》[J]会计研究,2003(9).
19. (美) 陈立齐,陈穗红,石英华.《美国政府会计准则研究》[M].北京：中国财政经济出版社,2009.
20. 童光辉等.《政府会计》(第二版)[M].北京：中国人民大学出版社,2023.